中华传世藏书

【图文珍藏版】

春秋左传

[春秋]左丘明⊙原著

王艳军⊙主编

第二册

线装书局

僖公二十四年

【原文】

[经]二十有四年:春,王正月。

夏,狄伐郑。

秋,七月。

冬。天王出居于郑。

晋侯夷吾卒。

【原文】

[传]二十四年春,王正月,秦伯纳之。不书,不告入也。

及河,子犯以璧授公子①,曰:"臣负羁绁从君巡于天下②,臣之罪甚多矣。臣犹知之,而况君乎! 请由此亡③。"公子曰:"所不与舅氏同心者,有如白水④!"投其璧于河。

济河,围令狐,入桑泉,取臼衰⑤。二月甲午,晋师军于庐柳⑥。秦伯使公子絷如晋师。师退,军于郇。辛丑⑦,狐偃及秦、晋之大夫盟于郇。壬寅⑧,公子入于晋师。丙午,入于曲沃⑨。丁未,朝于武宫⑩。戊申,使杀怀公于高梁⑪。不书,亦不告也。

【注释】

①授:交给,还给。以璧授公子:此为辞行之礼。

②羁:马笼头。绁:系马的缰绳。

③亡:去,离开。

④白水:以河水为证,这里指让河神作证。

⑤令狐:晋国地名,在今山西猗氏县。桑泉:晋国地名,在今山西临晋州市。臼衰:晋国地名,在今山西解县。

⑥甲午:二曰四日。军:驻军,驻扎。庐柳:晋国地名,在今山西猗氏县。

⑦辛丑:二月十一日。

⑧壬寅:二月十二日。

⑨丙午:二月十六日。曲沃:晋国地名,在今山西闻喜县,为晋国宗庙所在地。

⑩丁未：二月十七日。武宫：重耳祖父晋武公的宗庙。

⑪戊申：二月十八日。高梁：晋国地名，在今山西临汾县。

【译文】

　　鲁僖公二十四年春季，周历的正月，秦穆公把公子重耳送回晋国。《春秋》未记载这件事，因为晋国没有向鲁国报告此事。

　　到达黄河岸边，子犯把玉璧还给公子，说："下臣鞍前马后跟随您在天下巡行，下臣的罪过很多，下臣自己尚且知道，何况您呢？请您让我从这里走开吧。"公子说："若不和舅父一条心，有河神作证。"把他的玉璧扔到黄河里。

　　重耳等一行渡过黄河，包围了令狐，进入桑泉，占取了白衰。二月的一天，晋国的军队驻扎在庐柳。秦穆公派公子絷到晋国军队里陈说事情利害，晋军退走，驻扎在郇地。又一天，狐偃和秦国、晋国的大夫在郇地结盟。又一天，公子重耳到达晋国的军队里。又一天，重耳进入曲沃。又一天，重耳在晋武公的庙宇中朝见群臣。又一天，重耳派人在高梁杀死了晋怀公。《春秋》没有记载这件事，也是因为晋国没有来鲁国报告的缘故。

【原文】

　　[传]吕、郤畏偪，将焚公宫而弑晋侯。寺人披请见，公使让之①，且辞焉②。曰："蒲城之役，君命一宿，女即至③。其后余从狄君以田渭滨，女为惠公来求杀余，命女三宿，女中宿至。虽有君命，何其速也！夫袪犹在④，女其行乎！"对曰："臣谓君之入也，其知之矣。若犹未也，又将及难。君命无二，古之制也。除君之恶，唯力是视！蒲人、狄人，余何有焉？今君即位，其无蒲、狄乎！齐桓公置射钩而使管仲相⑤，君若易之，何辱命焉！行者甚众，岂唯刑臣？"公见之。以难告。三月，晋侯潜会秦伯于王城。己丑晦，公宫火。瑕甥、郤芮不获公，乃如河上，秦伯诱而杀之。晋侯逆夫人嬴氏以归。秦伯送卫于晋三千人，实纪纲之仆⑥。

【注释】

①让：责备。

②辞：拒绝。

③即：立刻，马上。

④袪：指被割断的袖子。

⑤射钩：指管仲射齐桓公事。

⑥纪纲仆：懂得纪律和纲常的仆人。

【译文】

吕、郤两家害怕祸难逼近，准备焚烧宫室而杀死晋文公。寺人披请求进见。晋文公派人责备他，并拒绝接见，说："蒲城那一次，国君命令你过一个晚上到达，你立刻就到了。后来我跟随狄君在渭水边上打猎，你为惠公来杀我，惠公命令你过三个晚上到达，你过两个晚上就到了。虽然有国君的命令，为何那么快呢？那只被割断的袖子还在，你还是走开吧！"寺人披回答说："小臣原来认为您已经回国为君，已经了解为君的道理了。如果您还没有懂得什么是为君之道，那么，恐怕您还将会遇到祸难。执行国君的命令只有一心一意，这是古代的制度。除去国君所厌恶的人，只看自己有多大力量。那时我站在两位先君的立场上，不过把您看成与国君对立的蒲人、狄人，对我来说杀了你就如同杀了一个蒲人、狄人，又算什么呢？现在您做国君，难道就没有蒲、狄这样反对您的人了吗？当初，齐桓公不追究管仲射钩的事，而让管仲辅助他。君王如果没有黄公的大度，那我会自己走的，哪里还需要君王的命令呢？如果您心胸狭隘，那么离开的人会很多，哪里只是我一个受过宫刑的小臣呢？"晋文公改变了主意，接见了寺人披，寺人披就把祸乱告诉了晋文公。三月，晋文公秘密地和秦穆公在王城会见。三十日，文公的宫殿起火。瑕甥、郤芮找不到晋文公，于是就到黄河边上去找，秦穆公把他们诱去杀死了。晋文公迎接夫人嬴氏回国。秦穆公赠送给晋国卫士三千人，都是一些谨慎忠诚的臣仆。

【原文】

[传]初，晋侯之竖头须，守藏者也①。其出也，窃藏以逃，尽用以求纳之。及入，求见，公辞焉以沐②。谓仆人曰："沐则心覆，心覆则图反③，宜吾不得见也。居者为社稷之守，行者为羁绁之仆④，其亦可也，何必罪居者？国君而雠匹夫，惧者甚众矣。"仆人以告，公遽见之⑤。

【注释】

①守藏：贮藏保管。

②沐：洗头发。

③图：意图，心意。

④羁绁:马络头和马缰绳。亦泛指驭马或缚系禽兽的绳索。

⑤遽:立刻,马上。

【译文】

当初,晋文公有个侍臣名叫头须,是管理财物的。当晋文公在国外的时候,头须偷了财物潜逃,但把这些财物都用来设法让晋文公回国。等到晋文公回来,头须请求进见。晋文公推辞说正在洗头。头须对仆人说:"洗头的时候心倒过来,心倒了意图就反过来,难怪我不能被接见了。留在国内的人是国家的守卫者,跟随在外的人鞍前马后为他服务。无论留者行者,都是正常的,何必要以留在国内的为有罪? 身为国君而仇视普通人,害怕的人就多了。"仆人把这些话告诉晋文公,晋文公马上接见了他。

【原文】

[传]狄人归季隗于晋而请其二子。文公妻赵衰,生原同、屏括、楼婴。赵姬请逆盾与其母,子馀辞①。姬曰:"得宠而忘旧②,何以使人③? 必逆之!"固请,许之。来,以盾为才,固请于公,以为嫡子,而使其三子下之;以叔隗为内子,而己下之。

【注释】

①辞:辞谢。

②宠:新宠。

③使人.任用指使别人。

【译文】

狄人把季隗送回晋国,而请求留下她的两个儿子。晋文公把女儿嫁给赵衰。生了原同、屏括、楼婴。赵姬即赵衰之妻请求赵衰把赵盾和他的母亲接回来,赵衰辞谢不肯。赵姬说:"得到新欢而忘记旧爱,以后还怎么任用别人? 一定要把他们接回来。"坚决请求,赵衰同意了。回来以后,姬认为赵盾有才,坚决向赵衰请求,把赵盾作为嫡子,而让她自己生的三个儿子居于赵盾之下,让叔隗作为正妻,而自己居于她之下。

【原文】

[传]晋侯赏从亡者。介之推不言禄,禄亦弗及。推曰"献公之子九人,唯君在矣。

惠、怀无亲,外内弃之。天未绝晋,必将有主。主晋祀者,非君而谁?天实置之,而二三子以为己力,不亦诬乎①!窃人之财犹谓之盗,况贪天之功以为己力乎?下义其罪②,上赏其奸③;上下相蒙④,难与处矣!"其母曰:"盍亦求之?以死,谁怼⑤?"对曰:"尤而效之⑥,罪又甚焉。且出怨言,不食其食。"其母曰:"亦使知之,若何?"对曰:"言,身之文也⑦。身将隐,焉用文之?一是求显也。"其母曰:"能如是乎!与女偕隐。"遂隐而死。晋侯求之,不获;以绵上为之田,曰:"以志吾过,且旌善人⑧。"

【注释】

① 诬:欺骗。

② 义:当作正义。

③ 赏:赏赐。奸:欺骗。

④ 蒙:蒙蔽。

⑤ 怼:怨恨。

⑥ 尤:过失。效:效仿。

⑦ 文:文饰。

⑧ 旌:赞扬,表彰。

【译文】

晋文公赏赐跟随他逃亡的人,介之推没有提及禄位,禄位也没有考虑到他。介之推说:"献公的儿子有九个,只有国君在世了。惠公、怀公没有亲近的人,国内外都抛弃了他们。上天不使晋国绝后,定会有贤明的君主。主持晋国祭祀的人,不是国君又会是谁?这实在是上天立他为君,而他们这些人却认为是自己的力量,这不是欺骗吗?偷别人的财物,尚且叫作盗,何况贪天之功据为己有的呢?下面的人把罪恶当成正义,上面的人对欺骗加以赏赐,上下相互欺蒙,这就难和他们相处了。"介之推的母亲说:"为什么不也去求赏?这样而死,又能怨谁?"介之推回答说:"明知错误而去效法,错误就更大了。况且我口出怨言,不再吃他的俸禄。"他母亲说:"也让他知道一下,如何?"介之推回答说:"说话,是身体的文饰。身体将要隐藏,哪里用得着文饰?这只不过是去求显露罢了。"他母亲说:"你能够这样吗?我和你一起隐居起来。"结果介子推便隐居起来,直到去世。晋文公派人到处找寻他没有找到,就把绵上的田封给他,说:"用这来记载我的过失,并且表彰好人。"

【原文】

[传]郑之入滑也，滑人听命。师还，又即卫。郑公子士泄、堵俞弥帅师伐滑。王使伯服、游孙伯如郑请滑。郑伯怨惠王之入而不与厉公爵也，又怨襄王之与卫、滑也，故不听王命而执二子。王怒，将以狄伐郑。

富辰谏曰："不可！臣闻之：大上以德抚民①，其次亲亲以相及也②。昔周公吊二叔之不咸③，故封建亲戚以蕃屏周④。管、蔡、郕、霍、鲁、卫、毛、聃、郜、雍、曹、滕、毕、原、酆、郇，文之昭也⑤。邗、晋、应、韩，武之穆也⑥。凡、蒋、邢、茅、胙、祭，周公之胤也⑦。召穆公思周德之不类，故纠合宗族于成周而作诗，曰：'常棣之华⑧，鄂不𬀷𬀷。凡今之人，莫如兄弟。'其四章曰：'兄弟阋于墙⑨，外御其侮。'如是，则兄弟虽有小忿，不废懿亲⑩。今天子不忍小忿以弃郑亲，其若之何？庸勋⑪，亲亲，昵近，尊贤，德之大者也。即聋，从昧，与顽，用嚚⑫，奸也大者也。弃德，崇奸，祸之大者也。郑有平、惠之勋，又有厉、宣之亲，弃𫘪宠而用三良，于诸姬为近。四德具矣。耳不听五声之和为聋，目不别五色之章为昧，心不则德义之经为顽，口不道忠信之言为嚚，狄皆则之，四奸具矣。

周之有懿德也，犹曰'莫如兄弟'，故封建之。其怀柔天下也，犹惧有外侮。扞御侮者莫如亲亲⑬，故以亲屏周。召穆公亦云。今周德既衰，于是乎又渝周、召以从诸奸，无乃不可乎？民未忘祸，王又兴之，其若文、武何？"

王弗听，使颓叔、桃子出狄师。

【注释】

①大上：最上，最高。

②亲亲：爱自己的亲属。

③不咸：不周遍，不普遍。

④屏：作为屏障。

⑤昭：古时宗法制度，宗庙次序，始祖居中，二世、四世、六世位于始祖之左方，称"昭"。

⑥穆：三世、五世、七世，位于右方，称"穆"。

⑦胤：子孙，后裔。

⑧常棣：木名，一说即郁李。华：花。

⑨阋：争吵，吵架。

⑩懿亲:特指皇室宗亲、外戚。

⑪庸勋:酬赏有功的人。

⑫罿:奸诈。

⑬扞御侮者:抵御外界侵犯的措施。

【译文】

　　郑军进入滑国的时候,滑国人表示听从命令。但郑国军队一回去,滑国又亲附卫国。于是郑国的公子士泄、堵俞弥带兵进攻滑国。周天子派伯服、游孙伯到郑国请求不要进攻滑国。郑文公怨恨周惠王回到成周而不给厉公爵位,又怨恨周襄王偏袒卫、滑两国,因此不听周天子的命令而逮捕了伯服和游孙伯。周天子发怒,打算率领狄人进攻郑国。富辰劝谏说:"不行。下臣听说,地位最高的人要用德行来安抚百姓,位居其次的则要先亲近其亲属,由近到远,依次施恩。从前周公感伤管叔、蔡叔不得善终,所以给亲戚分封建制以作为周的屏障。管、蔡、郕、霍、鲁、卫、毛、聃、郜、雍、曹、滕、毕、原、酆、郇各国,是文王的儿子,邘、晋、应、韩各国,是武王的儿子。凡、蒋、邢、茅、胙、蔡各国,是周公的后代。后来召穆公忧虑周德衰微,所以集合了宗族在成周,并赋诗,说:'郁李的花儿,花朵是那么漂亮艳丽,如今的人们,总不能亲近得像兄弟。'诗的第四章说:'兄弟们在墙里争吵,一到墙外就共同对敌。'像这样,那么兄弟之间虽然有小小怨怼,也并不会因此而断绝亲近关系。现在您不忍受小怨而丢弃郑国这门亲属,又能把它怎么办? 酬答勋劳,亲爱亲属,接近近臣,尊敬贤人,这是德行中的大德。靠拢耳背的人,跟从昏暗的人,赞成固陋的人,使用奸诈的人,这是邪恶中的大恶,抛弃德行,崇尚邪恶,是祸患中的大祸。郑国有过辅佐平王、惠王的勋劳,又有厉王、宣王的亲属关系,郑国国君舍弃宠臣而任用三良,在姬姓诸姓中属于近亲,四种德行都具备了。耳朵不能听到五声的唱和是耳聋,眼睛不能辨别五色的文饰是昏暗,心里不学德义的准则是固陋,嘴里不说忠信的话是奸诈。狄人效法这些,四种邪恶都具备了。周室拥有美德的时候,尚且说'没有比兄弟之间更为亲近的了',所以分封建制。当它笼络天下的时候,尚且担心有外界的侵犯;抵御外界侵犯的措施,没有比亲近亲属再好的了,所以用亲属作为周室的屏障。召穆公也是这样的说的。现在周室的德行已经衰败,而这时又改变周公、召公的措施而效仿各种邪恶,我想不可以吧! 百姓没有忘记祸乱,君王又把它挑起来,你这是否准备将文王、武王的伟业葬送吗?"

　　周天子不听,派遣颓叔、桃子前去让狄军出兵。

【原文】

[传]夏,狄伐郑,取栎。王德狄人①,将以其女为后。富辰谏曰:"不可!臣闻之曰:'报者倦矣②,施者未厌③。'狄固贪惏④,王又启之。女德无极,妇怨无终,狄必为患。"王又弗听。

初,甘昭公有宠于惠后,惠后将立之,未及而卒。昭公奔齐,王复之;又通于隗氏。王替隗氏⑤。颓叔、桃子曰:"我实使狄,狄其怨我。"遂奉大叔以狄师攻王。王御士将御之,王曰:"先后其谓我何?宁使诸侯图之。"王遂出,及坎欿,国人纳之。

秋,颓叔、桃子奉大叔,以狄师伐周,大败周师,获周公忌父、原伯、毛伯、富辰。王出适郑,处于氾。大叔以隗氏居于温。

【注释】

①德:感谢。

②倦:厌倦。

③厌:满足。

④贪惏:贪婪,不知足。

⑤替:废弃。

【译文】

夏季,狄军进攻郑国,占取了栎地。

周天子感谢狄人,准备把狄君的女儿做王后。富辰劝阻说:"不行。臣听说:'报答的人已经厌倦了,施恩的人还未满足。'狄人本来贪婪,而您又引导他们。女子的德行没有尽头,妇人的怨恨没有终了,狄人必然成为祸患。"周天子又不听。

当初,甘昭公即王子带曾受到惠后的宠爱,惠后打算立他为嗣君,没有来得及惠后就死去了。昭公逃亡到齐国,周天子让他回来,他又和隗氏私通。周天子废了隗氏。颓叔、桃子说:"狄人这样,是我们二人的主意,现在狄后被废,狄人可能会怨恨我们。"于是就转而侍奉太叔攻打周天子,周王的侍卫人员准备抵御,周王说:"若杀死太叔,先王后将会说我什么?我宁可让诸侯来处理这个问题。"周王于是就离开成周,到达坎欿,都城里的人又把周王接回都城。

秋季,颓叔、桃子侍奉太叔领了狄人的军队进攻成周,把周军打得大败,俘虏了周公忌父、原伯、毛伯、富辰。周天子离开成周去郑国，住在汜地。太叔和隗氏居住在温地。

【原文】

[传]郑子华之弟子臧出奔宋，好聚鹬冠①。郑伯闻而恶之，使盗诱之。八月，盗杀之于陈、宋之间。君子曰："服之不衷②，身之灾也。《诗》曰③：'彼己之子，不称其服。'子臧之服，不称也夫！《诗》曰，'自诒伊戚'④，其子臧之谓矣。《夏书》曰'地平天成'，称也。"

宋及楚平，宋成公如楚。还，入于郑。郑伯将享之，问礼于皇武子。对曰："宋，先代之后也，于周为客。天子有事膰焉⑤，有丧拜焉，丰厚可也。"郑伯从之，享宋公有加，礼也。

【注释】

①鹬冠：以鹬羽为饰的冠。

②不衷：不合适，不恰当，不相称。

③出自《诗·曹风·候人》。

④出自《诗·小雅·小明》。自诒伊戚：自寻烦恼，自招灾殃。

⑤膰：古代祭祀用的熟肉。指送祭肉。

【译文】

郑国子华的兄弟子臧逃到宋国，喜欢收集鹬毛冠。郑文公听到了很讨厌他，指使杀手骗他出来。八月，杀手将子臧杀死在陈国和宋国两国交界的地方。君子说："衣服不合适，这是身体的灾祸。《诗》说：'那一个人啊，和他的服饰不能相称'。子臧和他的服饰，就是不相称啊！《诗》说：'自己给自己找来忧戚。'这话正适用于子臧。《夏书》说'大地平静，上天成全。'这可以说是上下相称了。"

宋国和楚国讲和，宋成公为此到楚国访问。回国时，进入郑国。郑文公准备设宴招待他，向皇武子询问礼仪。皇武子回答说："宋国是先朝的后代，对周朝来说是客人。天子祭祀宗庙，要送给他祭肉；有了丧事，宋国国君来吊唁，天子是要答拜的。丰盛地款待他是可以的。"郑文公听从皇武子的话，设享礼招待宋公，比常礼有所增加。这是合于礼制的。

【原文】

[传]冬，王使来告难曰①："不榖不德，得罪于母氏之宠子带，鄙在郑地汜②，敢告叔

父③。"臧文仲对曰:"天子蒙尘于外④,敢不奔问官守⑤?"王使简师父告于晋,使左鄢父告于秦。天子无出,书曰"天王出居于郑",辟母弟之难也⑥。天子凶服降名⑦,礼也。

郑伯与孔将锄、石甲父、侯宣多省视官、具于氾⑧,而后听其私政,礼也。卫人将伐邢,礼至曰:"不得其守⑨,国不可得也。我请昆弟仕焉。"乃往,得仕。

【注释】

①王:周襄王。告难:报告所发生的灾祸,指周襄王被其弟王子带攻击,被迫居于郑国之事。

②氾:郑国地名,在今河南襄城县。

③叔父:天子对同姓诸侯的称呼。

④蒙尘:蒙受尘土,指天子出奔。

⑤官守:周朝的官属,即天子的群臣。

⑥母弟:指王子带。

⑦降名:指自称为"不榖"。

⑧省视:检查,查阅。

⑨守:官职。

【译文】

冬季,周天子的使者前来报告发生的祸难,说:"不榖缺乏德行,得罪了母亲所宠爱的儿子带,现在僻处在郑国的氾地,谨敢以此报告叔父。"臧文仲回答说:"天子在外边蒙受尘土,岂敢不赶紧去问候左右。"周天子派简师父向晋国报告,派左鄢到秦国报告。天子无所谓出国,《春秋》记载说:"王出居于郑",意思是因为躲避兄弟所导致的祸难。天子穿着素服,自称"不榖",这是合于礼的。

郑文公和孔将锄、石甲父、侯宣父到氾地问候天子的官员和检查供应天子的用品,然后听取属于郑国的政事,这是合乎礼制的。卫国人准备攻打邢国,卫大夫礼至说:"不做他们的官,国家是不能得到的。我请求让我们兄弟去邢国做官。"于是他们就前往邢国,做了官。

【讲评】

晋国的贤士介之推随从公子重耳流亡十九年,但有功不言禄,隐居绵山而死。《左传》《史记》都有记载。到西汉末刘向《新序·节士篇》中增添了不少新的情节,书中记录了介之推所赋的《龙蛇歌》云:"有龙矫矫,将失其所。有蛇从之,周流天下。龙既入深渊,得其安所;蛇脂尽干,独不得甘雨。"诗中以"龙"比重耳,以"蛇"自比。说介之推是因为晋文公寡恩少德而决定隐居的,并且赋予这位贤士悲惨的结局,文公派去寻访介之推的人想用放火烧山的方法逼他现身,却不幸把他烧死在山上。东汉蔡邕《琴操》开始把这位贤人与民俗中的寒食节联系起来,说是晋文公为纪念他的遇难,下令此后每逢其忌日五月五日晋国臣民不得烧火。当然这些都是传说而非正史。到东汉末曹操《明罚令》中所说的绝火寒食之俗已经移到冬至后一百零五天,此时与古代"修火禁"之俗相应,又尽可能照顾到了天气将暖,对人们身体损害较小。这一民俗流传到唐宋时正式成为寒食节,在诗词中多有表现,如著名的唐韩君平《寒食》诗云:"春城无处不飞花,寒食东风御柳斜。日暮汉宫传蜡烛,轻烟散入五侯家。"明代以后禁火寒食之俗逐渐消失。

僖公二十五年

【原文】

[经]二十有五年:春,王正月丙午,卫侯燬灭邢。

夏,四月癸酉,卫侯燬卒。

宋荡伯姬来逆妇。

宋杀其大夫。

秋,楚人围陈,纳顿子于顿。

葬卫文公。

冬,十有二月癸亥,公会卫子、莒庆,盟于洮。

【原文】

[传]二十五年春,卫人伐邢,二礼从国子巡城,掖以赴外①,杀之。"正月丙午,卫侯燬灭邢。"同姓也,故名。礼至为铭曰②:"余掖杀国子,莫余敢止。"

【注释】

①掖:用手扶着别人的胳膊,此为挟持之意。

②铭:在金属上刻字为铭。这里是铭文的意思。

【译文】

二十五年春季,卫军进攻邢国,礼氏两兄弟跟随邢国大官国子在城上巡察,两人左右挟持国子把他扔到城外,摔死了。正月二十日,卫侯燬灭亡邢国。因为卫国和邢国同姓,因此记载卫侯的名字。礼至在铜器上做铭文说:"我挟持杀死国子,没有人敢来阻止我。"

【原文】

[传]秦伯师于河上,将纳王。狐偃言于晋侯曰①:"求诸侯,莫如勤王②。诸侯信之,且大义也。继文之业而信宣於诸侯③,今为可矣。"使卜偃卜之④,曰:"吉!遇黄帝战于阪泉之兆⑤。"公曰:"吾不堪也!"对曰:"周礼未改⑥。今之王,古之帝也。"公曰:"筮之⑦。"筮之,遇"大有☰"之"睽☲",曰:"吉!遇'公用享于天子'之卦(也)。战克而王飨⑧,吉孰大焉?且是卦也,天为泽以当日⑨,天子降心以逆公⑩,不亦可乎?'大有'去'睽'而复,亦其所也。"

【注释】

①晋侯:晋文公重耳。

②勤王:为王做事,服务于王。

③文:指晋文侯,晋国祖先,拥立周平王有功。

④卜偃:名叫偃的占卜之官。卜:占卜。

⑤黄帝战于阪泉之兆:指黄帝与炎帝在阪泉作战的预兆。阪泉:地名,在今河北涿鹿县。

⑥周礼未改:指周室的礼制尚未改变。

⑦筮:占卜的一种。

⑧克:战胜。

⑨泽:恩泽。

⑩逆:迎,迎接。

【译文】

秦穆公把军队驻扎在黄河边上,准备送周天子回朝,狐偃对晋文公说:"求得诸侯的拥护,最好的办法是为天子效劳。这样不但可以受到诸侯信任,而且合于大义。不但能继续文侯的事业,而且能在诸侯之中提高信誉,现在可以做了。"让卜偃占卜,说:"吉利。得到黄帝在阪泉作战的预兆。"晋文公说:"我当不起啊。"卜偃回答说:"周室的礼制没有改变,如今的王,就是古代的帝。"晋文公说:"占筮!"又占筮,得到大有䷍变成睽䷥,说:"吉利。得到'天子设享礼招待公'这一卦,战胜以后天子设享礼招待,还有比这更大的吉利吗? 而且这一卦,天变成水泽以承受太阳的照耀,象征天子自己降格而迎接您,这不也是很好吗? 大有变成睽,而又回到大有,说明天子也就会回到他的处所。"

【原文】

[传]晋侯辞秦师而下。三月甲辰,次于阳樊①,右师围温②,左师逆王。夏四月丁巳,王入于王城③,取大叔于温,杀之于隰城④。

戊午⑤,晋侯朝王。王飨醴,命之宥⑥。请隧,弗许,曰:"王章也⑦。未有代德而有二王,亦叔父之所恶也。"与之阳樊、温、原、攒茅之田。晋于是始启南阳⑧。

阳樊不服。围之。苍葛呼曰:"德以柔中国⑨,刑以威四夷。宜吾不敢服也。此谁非王之亲姻,其俘之也?"乃出其民。

【注释】

①阳樊:地名,在今河南济源市。

②温:地名,在今河南温县。

③丁巳:四月四日。王城:周朝都城,在今河南洛阳市。

④隰城:地名,在今河南武陟县。

⑤戊午:四月五日。

⑥宥:酬酢。

⑦章:章法,制度。

⑧南阳:太行山之南。

⑨柔:怀柔,安抚。

【译文】

晋文公辞退秦军,顺流而下。三月十九日,军队驻扎在阳樊,军队右翼部队包围温地,左翼部队迎接周天子。夏四月初三日,天子进入王城,在温地抓了太叔,把他杀死在

《春秋左传》原典详解

初四日，晋文公朝觐周天子。周天子用甜酒招待晋文公，又让晋文公向自己敬酒。晋文公请求死后能以天子之礼葬在隧道，周襄王没有允许，说："这是天子的典章。还没有取代周室的德行而有两个天子，这也是叔父不喜欢的。"赐给晋文公阳樊、温、原、攒茅的田地。晋国在这时候才开辟了南阳的疆土。

由于阳樊人不服，晋国军队包围了阳樊。仓葛大喊说："德行用来安抚中原国家，刑罚用来威慑四方夷狄，你们这样干，无怪我们不敢降服了。这里谁不是天子的亲戚，难道能俘虏他们吗?"于是就放百姓出城了。

【原文】

[传]秋，秦、晋伐郡①。楚斗克、屈御寇以申、息之师戍商密②。秦人过析隈③，入而系舆人④，以围商密，昏而傅焉⑤。宵，坎血加书⑥，伪与子仪、子边盟者。商密人惧，曰："秦取析矣，戍人反矣!"乃降秦师。囚申公子仪、息公子边以归。楚令尹子玉追秦师，弗及。遂围陈，纳顿子于顿⑦。

【注释】

①郡：秦、楚边界的小国。
②申：在今河南南阳市。息：在今河南息县。
③商密：郡国地名，在今河南淅县。
④系：捆绑，绑缚。
⑤傅：即附，包围的意思。
⑥坎：挖掘，掘地。血：歃血。
⑦顿：顿国，姬姓，在今河南项城市。

【译文】

秋季，秦国和晋国进攻郡国。

楚国的斗克、屈御寇带领申、息两国的军队戍守商密。秦军经过析地，绕道丹江水湾，同时捆绑着自己的士兵假装俘虏，以包围商密，黄昏的时候逼近城下。夜里掘地歃血，把盟书放在上面，假装和斗克、屈御寇盟誓的样子。商密人害怕，说："秦军已经占领析地了! 戍守的人背叛了!"于是就向秦军投降。秦国军队囚禁了申公斗克、息公屈御寇返回国内。楚国的令尹子玉追赶秦军,没有赶上。楚军就包围陈国,把顿子送回顿国。

【原文】

[传]冬,晋侯围原,命三日之粮。原不降,命去之。谍出①,曰:"原将降矣。"军吏曰:"请待之。"公曰:"信,国之宝也,民之所庇也②。得原失信,何以庇之?所亡滋多。"退一舍而原降,迁原伯贯于冀③。赵衰为原大夫,狐溱为温大夫。

卫人平莒于我。十二月,盟于洮,修卫文公之好,且及莒平也。

晋侯问原守于寺人勃鞮。对曰:"昔赵衰以壶飧从径,馁而弗食④。"故使处原。

【注释】

①谍:间谍,探子。

②庇:庇佑,保障。

③冀:晋国地名,在今山西河津市。

④馁:饥饿。

【译文】

冬季,晋文公率军包围原国,命令携带三天的粮食。到了三天原国还不投降,就下令离开。间谍从城里出来,说:"原国准备投降了。"军官说:"请等待一下。"晋文公说:"信用,是国家的宝贝,百姓靠它庇护。得到原国而失去信用,用什么庇护百姓?所丢掉的东西更多。"退兵三十里,原国投降。晋文公把原伯贯迁到冀地。任命赵衰做原大夫,狐溱作为温大夫。

卫国人调解莒国和我国的关系。十二月,鲁僖公和卫成公、莒庆在洮地结盟,重温卫文公时代的旧好,同时和莒国讲和。

晋文公向寺人勃鞮询问镇守原地的人选。勃鞮回答说:"以前赵衰用壶携带了食物跟随您,有时您走大道,他一个人走在小道上,饿了也不去吃您的食物。"所以晋文公让赵衰作为原地的地方官。

【讲评】

清马骕《左传事纬》称赞周襄王为"春秋之贤王"。襄王在位长达三十三年,在他统治的时期,王室日卑,诸侯之间的征战更加频繁,齐桓公死后又有晋文公称霸。再加上襄王在即位之初就卷入了母弟王子带的夺嫡之争，内乱使得王室的力量进一步削弱，襄王依靠实力强大的诸侯"勤王"才得以屡次战胜王子带。诸侯支持襄王固然是自己的利益使然，但也从侧面说明了他们对襄王的认可。襄王的长处在于审时度势，既不像周桓王那么刚愎自用，也不像周平王那么软弱胆怯，一方面他积极向诸侯寻求武力援助，同时以重视孝道、讲究兄弟情谊表明姿态，赢得舆论的同情和肯定，另一方面他敢于与提出非分要求的诸侯霸主争辩，如拒绝了晋文公的以天子之礼隧葬的请求，辞正理端，不卑不亢，尽力维护了天子的名义和尊严。

僖公二十六年

【原文】

[经]二十有六年春，王正月己未，公会莒子、卫宁速，盟于向。齐人侵我西鄙。公追齐师至酅，弗及。夏，齐人伐我北鄙。卫人伐齐。公子遂如楚乞师。秋，楚人灭夔，以夔子归。冬，楚人伐宋，围缗。公以楚师伐齐，取穀。公至自伐齐。

【原文】

[传]二十六年春王正月，公会莒兹丕公、宁庄子盟于向，寻洮之盟也。齐师侵我西鄙，讨是二盟也。

夏，齐孝公伐我北鄙。卫人伐齐，洮之盟故也。公使展喜犒师，使受命于展禽。齐侯未入竟①，展喜从之，曰："寡君闻君亲举玉趾，将辱于敝邑，使下臣犒执事。"齐侯曰："鲁人恐乎？"对曰："小人恐矣，君子则否。"齐侯曰："室如县罄，野无青草，何恃而不恐？"对曰："恃先王之命。昔周公、大公股肱周室，夹辅成王。成王劳之而赐之盟，曰：'世世子孙，无相害也。'载在盟府，大师职之，桓公是以纠合诸侯而谋其不协。弥缝其阙而匡救其灾，昭旧职也。及君即位，诸侯之望曰：'其率桓之功'。我敝邑用不敢保聚，曰：'岂其嗣世九年而弃命废职。其若先君何？君必不然。'恃此以不恐。齐侯乃还。东门襄仲、臧文仲如楚乞师，臧孙见子玉而道之伐齐、宋，以其不臣也。夔子不祀祝融与鬻熊，楚人让之，对曰：我先王熊挚有疾，鬼神弗赦而自窜于夔。吾是以失楚，又何祀焉？"

秋，楚成得臣、斗宜申帅师灭夔，以夔子归。宋以其善于晋侯也，叛楚即晋。

冬，楚令尹子玉、司马子西帅师伐宋，围缗。公以楚师伐齐，取谷。凡师能左右之曰

“以”。置桓公子雍于谷，易牙奉之以为鲁援。楚申公叔侯戍之。桓公之子七人，为七大夫于楚。

中华传世藏书

春秋左传

《春秋左传》原典详解

【注释】

①竟：同“境”。

【译文】

　　鲁僖公二十六年春季，周历正月，僖公见莒兹丕公、宁庄子，在向地结盟。重温洮地盟约。齐国军队侵扰我国西部边境，这是对鲁国参加洮、向两次盟约的惩处。

　　夏天，齐孝公进攻我国北部边境。卫国人进攻齐国，因鲁、卫两国曾在洮结盟的原因。僖公派展喜前去犒劳齐国军队，并先让他向展禽请教怎样措辞。齐侯还没入鲁国地，展喜便迎上去，讲：“我君主听说您亲自移步，将屈尊前来我国，派我来犒劳您。”齐侯讲：“鲁国人害怕吗？”答复说：“小人恐惧了，君子却不怕！”齐侯讲：“公室像悬挂的磬，野地里都不长青草，依仗什么不惊恐？”答复说：“仗恃着先王的命令，从前周公、太公捍卫周王室，在左右辅助成王。成王慰劳他们，而且赐给他们盟约，说：‘世世代代、子子孙孙不要互相侵害！’这盟约放在盟府里，由太史掌管它。齐桓公由此联命诸侯，解决了他们的不和谐，弥合了他们的裂痕，救援他们的灾难，这正是昭明太公的责任。到您就位的时候，诸侯期望您，讲：‘将会继承桓公的事业！’故而我国也

展喜犒师

便没调集军队，防守边境。我们觉得：‘难道他继承君位九年，便丢弃先王的命令、废除太公的责任吗？将如何向他的先君交代？您一定不会如此做。’仗恃着这一点便不惊恐。”齐侯于是撤兵回国。东门襄仲、臧文仲到楚国请求援兵，臧孙进见子玉并引着他进攻齐、宋国，因齐、宋两国不肯臣服楚国。夔国不祭奠楚国先祖祝融、鬻熊，楚国人谴责他。夔子答复说：“我们的先王熊挚有病，鬼神不能免罪，才自己窜逃到夔地，故而失去了楚国的救助，又何必去祭奠他们呢？”

　　秋季，楚国的成得臣、斗宜申领兵灭亡了夔国，把夔子抓回楚国。宋国因同晋侯友好，就背离了楚国而亲近晋国。

冬季,楚国的令尹子玉、司马子西领兵进攻宋国,包围了缗地。僖公领着楚军攻打齐国,夺取了谷地。但凡领兵打仗,能够任意指挥别国军队的就称为"以"。僖公把齐桓公的儿子雍安排在谷地,由易牙服侍他,把他作为鲁国的援助。楚国的申叔防守谷地。齐桓公有七个儿子,都在楚国做了大夫。

【讲评】

展喜犒师,也是春秋行人辞令中的著名篇章之一。鲁国展喜是春秋贤人展禽(柳下惠)的弟弟,他代表积贫积弱的鲁国与强齐交涉,在措辞上是很动了番脑筋的。外交辞令讲究委婉含蓄,不能指斥对方侵略而激怒对方,又要以理服人,达到外交斡旋的目的。展喜运用正话反说的手段,借小人和君子打比方,极力称赞齐国的贤君姜太公、齐桓公的仁义,暗示来侵的孝公不仁,提醒他应迷途知返,不要做有损齐国和诸位先王在列国间声誉的举动。鲁使者义正词严,加上盟国的军事救援,化解了这次危机。

僖公二十七年

【原文】

[经]二十有七年(前633年)春,杞子来朝。
[传]二十七年春,杞桓公来朝①,用夷礼,故曰子②。公卑杞,杞不共也③。
[经]夏六月庚寅,齐侯昭卒。
[传]夏,齐孝公④卒,有齐怨,不废丧纪,礼也。

【注释】

①杞桓公来朝:杞国君来到鲁国朝见。
②用夷礼故曰子:他虽然是夏的后人,但与东夷杂居,故变成东夷化,所以《春秋》上就以杞子称呼他。
③公卑杞,杞不共也:共同恭。鲁国君轻视杞国,就是因为杞国不恭敬鲁国的缘故。
④齐孝公:即齐桓公的儿子公子昭。

【译文】

二十七年春杞桓公来到鲁国朝见,因为他用东夷的礼节,《春秋》上所以称他杞子,鲁僖公轻视杞君，因为他对鲁国不恭敬。

夏天，齐孝公死了，虽然有齐国的怨恨，但是对于吊丧全不废除，这是合于礼的。

【原文】

[经]秋，八月乙未葬齐孝公^①。

[经]乙巳，公子遂帅师入杞。

[传]秋，入杞，责无礼^②也。

[经]冬，楚人、陈侯、蔡侯、郑伯、许男围宋。

[传]楚子将围宋。使子文治兵于暌^③。终朝而毕^④，不戮一人。子玉复治兵于蒍^⑤。终日而毕，鞭七人，贯三人耳^⑥。国老皆贺子文^⑦，子文饮之酒。蒍贾^⑧尚幼，后至不贺。子文问之。对曰："不知所贺^⑨。子之传政于子玉，曰以靖国也^⑩。靖诸内而败诸外，所获几何^⑪？子玉之败，子之举也^⑫，举以败国，将何贺焉^⑬？子玉刚而无礼，不可以治民^⑭。过三百乘，其不能人矣^⑮？苟入而贺，何后之有^⑯？"冬楚子及诸侯围宋。宋公孙固如晋告急^⑰。先轸^⑱曰："报施救患，取威定霸，于是乎在矣^⑲？"狐偃曰："楚始得曹而新昏于卫^⑳，若伐曹卫，楚必救之，则齐宋免矣^㉑？"于是乎蒐于被庐^㉒，作三军^㉓，谋元帅^㉔。赵衰曰："郤縠^㉕可。臣亟闻其言矣^㉖？说礼乐而敦诗书^㉗。诗书，义之府也，礼乐，德之则也^㉘，德，义，利之本也^㉙。夏书^㉚曰：'赋纳以言，明试以功，车服以庸^㉛。'君其试之。"乃使郤縠将中军，郤溱^㉜佐之。使狐偃将上军，让于狐毛而佐之^㉝。命赵衰为卿^㉞，让于栾枝^㉟，先轸，使栾枝下军，先轸佐之。荀林父^㊱御戎，魏犨为右。晋侯始入而教其民^㊲。二年，欲用之^㊳。子犯曰："民未知义，未安其居^㊴。"于是乎出定襄王^㊵，入务利民，民怀生矣^㊶，将用之。子犯曰："民未知信，未宣其用^㊷。"于是乎伐原以示之信^㊸，民易资者，不求丰焉，明征其辞^㊹。公曰："可矣乎？"子犯曰："民未知礼，未生其共^㊺。"于是乎大蒐以示之礼^㊻，作执秩以正其官^㊼。民听不惑而后用之^㊽。出谷戍，释宋围^㊾。一战而霸，文之教也^㊿。

【注释】

①有经无传。

②责无礼：责他对鲁国不恭敬的失礼。按"责无礼，本或作责礼也"。《释文》亦作责礼，按淳化本以下，皆作责无礼，今从淳化本。

③使子文治兵于暌：暌为楚邑，其地应在湖北江陵县郢都附近。这时候子文已经不做令尹了，所以叫子文治兵习号令。

④终朝而毕:一早晨就训练完了。

⑤子玉复治兵于蒍:子玉当时为令尹,就在蒍的地方治兵习号令,蒍在暌左近。

⑥鞭七人,贯三人耳:拿鞭子打了七个人,用箭穿了三个人的耳朵。

⑦国老皆贺子文:国老指着楚国的卿大夫及致仕的人。这班人全都给子文道喜。

⑧蒍贾:即是伯嬴,为孙叔敖的父亲。

⑨不知所贺:不知为什么来庆贺你。

⑩曰以靖国也:说为的是能安定国家。

⑪靖诸内而败诸外,所获几何:在国内安定而在国外失败,那所获的好处又有多少。

⑫子玉之败,子之举也:子玉的失败是由于你的推荐。

⑬举以败国,将何贺焉:推举他是为的来使国家失败,那又何必来道贺。

⑭子玉刚而无礼,不可以治民:子玉这个人刚强而没有礼貌,不能够来治理人民。

⑮过三百乘,其不能入矣:如果带领的军队超过了三百辆车,就不能够使全部的军队返到国家。据《司马法》说:"三百乘为二万二千五百人。"

⑯苟入而贺,何后之有:假设能够全军队回到国家,然后再贺,那又有什么晚呢?

⑰公孙固如晋告急:公孙固是宋庄公的孙子。如晋告急是往晋国求援。

⑱先轸:即晋国下军佐原轸。

⑲报施救患,取威定霸,于是乎在矣:报答宋国的送马的施舍,救宋国的患难,得到了威风,定了霸主的地位,就在这一举了。

⑳楚始得曹而新昏于卫:楚方才得到曹国的联系,而新近与卫国有婚姻的约盟。

㉑则齐、宋免矣:自从僖公二十六年,楚国使申叔侯戍守谷的地方,以压迫齐国,那齐国、宋国就可以免被灾殃。

㉒蒐于被庐:蒐是春天打猎的礼节。晋国常常以春蒐的礼节改革政令。被庐为晋地,应在晋都东南境。

㉓作三军:闵公元年,晋献公始作二军,现在又恢复大国的礼节三军。

㉔谋元帅:元帅就是中军的帅,总管三军的政令。

㉕郤谷:晋大夫郤芮的儿子。

㉖臣亟闻其言矣:我常听见他说过的话。

㉗说礼乐而敦诗书:说等于悦。喜欢礼同乐而嗜好诗同书。

㉘诗、书,义之府也;礼、乐,德之则也:诗同书是藏义的府库;礼同乐是德性的规则。

㉙德、义,利之本也:德同义是利的根本。

㉚夏书:即《虞夏书》中的话。

㉛赋纳以言,明试以功,车服以庸:用言辞以观其志向;拿功事以考验他;用车及官服以报答他的功,这是《尚书·虞夏书》中的话。

㉜郤溱:是晋国中军佐,郤溱是郤谷的族人。

㉝让于狐毛而佐之:狐毛是狐偃的哥哥。此句谓狐偃将上军将让给狐毛,而他自己为上军佐。

㉞命赵衰为卿:命赵衰做卿,也就是三军将佐之一。

㉟栾枝:是栾宾的孙子,亦称栾贞子。

㊱荀林父:即中行桓子。

㊲晋侯始入而教其民:晋文公方才回到国里就教令他的人民,这是僖公二十四年的事。

㊳二年,欲用之:经过两年,就要用他打仗。

㊴民未知义,未安其居:百姓尚未能知道义礼,还未能够安于生活。

㊵于是乎出定襄王:于是就派遣他的军队,安定周襄王,这是僖公二十五年的事。

㊶入务利民,民怀生矣:回到国里就想使人民得有福利,于是人民就获得了生机。

㊷民未知信,未宣其用:人民尚没有知道信用,没能宣布信用的用处。

㊸伐原以示之信:讨伐原的地方,以象征晋国的信用。伐原在僖公二十五年。

㊹民易资者,不求丰焉,明征其辞:人民做生意的,不求更多的钱财,明白的重视他所定的契约。

㊺民未知礼,未生其共:人民尚不知道礼节,还不能产生他的恭敬。

㊻大蒐以示之礼:大蒐是把年长的同年少的排列秩序,分明军队的贵同贱。

㊼作执秩以正其官:定了执秩专为主持爵秩的官。

㊽民听不惑而后用之:人民听上面的话,就没有疑惑,然后用他们作战。

㊾出谷戍,释宋围:迫使楚国从谷地撤兵,解救宋国之围。

㊿一战而霸,文之教也:这指着明年在城濮的那个胜仗,晋文公就成了霸王,这是晋文公对人民的教化成功。

【译文】

秋天,八月乙未这天给齐孝公行葬礼。

鲁国军队攻入杞国,这是责备他没有礼貌。

楚王将围宋都城,使子文在睽这地方治理军队。一早晨就完了,不杀戮一个人。子玉又治理军队在蒍这地方,一天方才完毕,他鞭打了七个人,贯穿了三个人的耳朵。楚国的老人全都恭贺子文,子文将酒供给他们喝了。蒍贾尚很年轻到的很晚也不贺喜。子文问他,回答说:"不知道所贺的在哪里? 你想把政权传给子玉目的是使国家安定。在内里安定,而在外边失败,所得的能有多少? 子玉的失败是你的推举,推举来使国家失败,这又何必贺呢? 子玉这个人是刚而无礼,他不可以管理人民。过了三百辆车,他就没方法回来了。假设等他回来,我再贺喜那有什么晚呢?"冬天,楚王同诸侯围了宋国都城。宋国公孙固到晋国去告急。先轸就说:"报各种恩施,救灾患,取威严而定霸业,全在这里。"狐偃说:"楚开始得了曹国,而同卫国先定婚姻,若先伐曹卫两国,楚国必定去救援,则齐宋可以免了。"于是就在被庐举行大蒐,改作三军,推举中军元帅。赵衰说:"郤縠可以。我常听见他说的话,他喜欢礼乐,而又好阅诗书。诗书是义的府藏,礼乐是德性的法则,德义是利的本源。夏书说:'听他的言语,再拿功劳来试验他,然后拿车服来奖励他,'你何不试试呢!"就使郤縠将中军,郤溱辅佐他。派狐偃将上军,让给他哥哥狐毛而自己辅佐他。派赵衰做卿,他就让给栾枝同先轸。叫栾枝将下军,先轸为他的辅佐。荀林父赶着车,魏犫做戎右。晋文公刚回到晋国而教训他的人民。二年以后就想用他。狐偃说:"人民尚没有知道义礼,不能安定在他的居处。"于是就出去使安定周襄王,回到晋国安定他的人民,人民就怀着生存的意思,又将用他们,狐偃说:"民没有知道信,没有宣示他的信用。"于是就伐原这地方以表示信用,人民做生意的并不求着多得钱,以言辞为规定。晋文公说:"可以了吗?"狐偃说:"人民尚没有知道礼节,未生到恭顺。"于是就大蒐来表示礼节,作执秩以表示他的官职,然后人民就不疑惑,才用他。迫使楚国从谷地撤兵,解救宋都城的围困。一战就成了霸主,这是晋文公的教化成功。

【讲评】

晋文公即位后励精图治,积极图霸,在内安定民心,在外借尊襄王提高声誉。晋文公的对手是北上争霸的楚国,齐、鲁、郑、宋等国都受到楚国的侵伐或威胁。公元前 633 年楚围宋,晋文公沿袭楚国"围许救郑"的做法,把晋国旧有的二军扩充为三军,围曹、卫而救宋。由于文公君臣筹谋得当,而楚将子玉轻敌,晋国取得了次年城濮之战的胜利,为称霸奠定了基础。

僖公二十八年

【原文】

[经]二十有八年:春,晋侯侵曹。晋侯伐卫。

公子买戍卫,不卒戍,刺之。

楚人救卫。

三月丙午,晋侯入曹,执曹伯。畀宋人。

夏四月己巳,晋侯、齐师、宋师、秦师及楚人战于城濮,楚师败绩。

楚杀其大夫得臣。卫侯出奔楚。

五月癸丑,公会晋侯、齐侯、宋公、蔡侯、郑伯、卫子、莒子,盟于践土。

陈侯如会。

公朝于王所。

六月,卫侯郑自楚复归于卫。卫元咺出奔晋。

陈侯款卒。

秋,杞伯姬来。

公子遂如齐。

冬,公会晋侯、齐侯、宋公、蔡侯、郑伯、陈子、莒子、邾子、秦人于温。

天王狩于河阳。

壬申,公朝于王所。

晋人执卫侯,归之于京师。卫元咺自晋复归于卫。

诸侯遂围许。

曹伯襄复归于曹,遂会诸侯围许。

【原文】

[传]二十八年春,晋侯将伐曹,假道于卫。卫人弗许。还,自河南济。侵曹,伐卫。正月戊申①,取五鹿。二月,晋郤縠卒。原轸将中军,胥臣佐下军,上德也。晋侯、齐侯盟于敛盂②。卫侯请盟,晋人弗许。卫侯欲与楚,国人不欲,故出其君以说于晋。卫侯出居于襄牛③。

【注释】

①戊申:正月十一日。

②齐侯.齐昭公。敛盂:卫国地名,在今河北濮阳县。

③襄牛:卫国地名。

【译文】

二十八年春季,晋文公准备攻打曹国,向卫国借路。卫国不答应。回来,从南河渡过黄河,进攻曹国,攻打卫国。正月初九日,占取了五鹿。二月,郤縠死。

原轸率领中军,胥臣辅助下军,把原轸提升,是为了重视才德。晋文公和齐昭公在敛盂结盟。卫成公请求参加盟约,晋国人不答应。卫成公想结好楚国,国内的人们不愿意,所以赶走了他们的国君.来讨好晋国。卫成公离开国都住在襄牛。

【原文】

[传]公子买戍卫①,楚人救卫,不克。公惧于晋,杀子丛以说焉。谓楚人曰:"不卒戍也。"

【注释】

①公子买:即子丛,鲁国大夫,负责戍卫。

【译文】

公子买在卫国驻守,楚国人救援卫国,未能得胜。鲁僖公害怕晋国,杀了公子买来讨好晋国。骗楚国人说:"他驻守没有满期就想走,所以杀了他。"

【原文】

[传]晋侯围曹,门焉①,多死。曹人尸诸城上②,晋侯患之。听舆人之谋曰:称"舍于墓",师迁焉。曹人凶惧③,为其所得者棺而出之。因其凶也而攻之。三月丙午,入曹。数之④,以其不用僖负羁而乘轩者三百人也,且曰献状。

令无入僖负羁之宫⑤,而免其族,报施也⑥。魏犨、颠颉怒曰:"劳之不图,报于何有?"

熟僖负羁氏⑦。魏犨伤于胸。公欲杀之而爱其材;使问,且视之。病,将杀之。魏犨束胸见使者,曰:"以君之灵,不有宁也⑧。"距跃三百,曲踊三百⑨。乃舍之。杀颠颉以徇于师⑩,立舟之侨以为戎右。

【注释】

①门.攻打城门。

②尸:陈列,将死者尸体陈列。

③凶:同"讻",恐惧时发出的声音。

④数:列举。

⑤宫:居住的房子。

⑥报施:报答恩惠。

⑦熟:烧。

⑧宁:安宁。不有宁:不敢偷安。

⑨距跃:向上跳。曲踊:向前跳。

⑩徇:号令,通报。

【译文】

晋文公发兵包围曹国,攻城,战死的人非常多。曹军把晋军的尸体陈列在城上,晋文公很担心。听了士兵们的主意,声称"在曹国人的墓地宿营,以掘墓曝尸。"军队转移。曹国人恐惧,把他们得到的晋军尸体装进棺材运出来。晋军由于曹军恐惧而攻城。三月初八日,攻克曹都,责备曹国不任用僖负羁,做官坐车的反倒有三百人,并且说当年观看自己洗澡,现在罪有应得。下令不许进入僖负羁的家里,同时赦免他的族人,这是为了报答恩惠。犨、颠颉发怒说:"不为有功劳苦劳的人着想,还报答个什么恩惠?"放火烧了僖负羁的家。犨胸部受伤,晋文公想杀死他,但又爱惜他的才能,派人去慰问,同时观察病情。如果伤势很重,就准备杀了他。犨捆紧胸膛出见使者,说:"由于国君的威灵,难道我敢图安逸吗!"说着就向上跳了很多次,又向前跳了很多次。晋文公于是便饶恕了他,而杀死颠颉通报全军,立舟之侨作为车右。

【原文】

[传]宋人使门尹般如晋师告急。公曰:"宋人告急,舍之,则绝。告楚,不许。我欲战

矣,齐、秦未可,若之何?"先轸曰:"使宋舍我而赂齐、秦,藉之告楚①。我执曹君,而分曹、卫之田以赐宋人。楚爱曹、卫,必不许也。喜赂怒顽,能无战乎?"公说,执曹伯,分曹、卫之田以畀宋人②。

【注释】

①藉:托名,假借。

②畀:给与。

【译文】

宋国派大夫门尹般到晋军中告急。晋文公说:"宋国来报告危急情况,不去救他就断绝了交往,请楚国解围,他们又不答应。我们想作战,齐国和秦国又不同意。怎么办?"先轸说:"让宋国丢开我国而去给齐国、秦国赠送财礼,假借他们两国去请求楚国。我们逮住曹国国君,把曹国、卫国的田地分给宋国。楚国喜欢曹国、卫国,必定不答应齐国和秦国的请求。齐国和秦国喜欢宋国财礼而对楚国的顽固不化恼怒,还能不参战吗?"晋文公很高兴,拘捕了曹共公,把曹国和卫国的田地分给了宋国人。

【原文】

[传]楚子入居于申,使申叔去穀,使子玉去宋,曰:"无从晋师!晋侯在外十九年矣,而果得晋国。险阻艰难,备尝之矣;民之情伪①,尽知之矣。天假之年,而除其害。天之所置,其可废乎?《军志》曰②:'允当则归③。'又曰:'知难而退。'又曰:'有德者不可敌。'此三《志》者,晋之谓矣。"

子玉使伯棼请战,曰:"非敢必有功也,愿以间执谗慝之口④。"王怒,少与之师,唯西广、东宫与若敖之六卒实从之。

【注释】

①情:真实。情伪:真伪。

②《军志》:古代兵书,已失传。

③允:信。允当则归:适可而止。

④间执:乘机折服。谗慝:谗恶之人,奸佞小人。

【译文】

楚成王进入申城并住下来，让申叔离开榖地，让子玉离开宋国，说："不要去追逐晋国军队！晋文公在外边十九年了，终于得到了晋国。险阻艰难，都尝过了；民情真假，都了如指掌。上天给予他年寿，同时除去了他的祸害，上天所设置的，难道可以废除吗？《军志》说：'适可而止'。又说'知难而退'。又说：'有德的人不能抵挡。'三条记载，适用于晋国。"子玉派遣伯棼向成王请战，说："不敢说一定有功劳，愿意以此塞住奸邪小人的嘴巴。"楚成王发怒，少给他军队，只有西广、东宫和若敖的一百八十辆战车跟去。

【原文】

[传]子玉使宛春告于晋师曰："请复卫侯而封曹，臣亦释宋之围。"子犯曰："子玉无礼哉！一君取一，臣取二①。不可失矣！"先轸曰："子与之。定人之谓礼，楚一言而定三国，我一言而亡之，我则无礼，何以战乎？不许楚言，是弃宋也，救而弃之，谓诸侯何？楚有三施②，我有三怨③。怨雠已多④，将何以战？不如私许复曹、卫以携之，执宛春以怒楚，既战而后图之。"公说，乃拘宛春于卫，且私许复曹、卫，曹、卫告绝于楚。

【注释】

①君：指晋侯。取一：指解除对宋国的包围。臣：指楚臣子玉。取二：指复卫封曹两项。

②三施：三项恩惠，指对宋、卫、曹都有利。

③三怨：三项怨仇，指对宋、卫、曹都不利。

④雠：同"仇"。

【译文】

子玉派宛春到晋军中报告说："请恢复卫侯的君位，同时把土地交还曹国，我也解除对宋国的包围。"子犯说："子玉无礼啊！给君王的，只是解除对宋国的包围一项，而要求君王给出的，却是复卫封曹两项。我们不要失去进攻楚国的机会。"先轸说："君王应该答应他的请求！安定别人叫作礼，楚国一句话而安定三国，而我们一句话而使三国灭亡，这样我们的行为就无礼了，拿什么来作战呢？不答应楚国的请求，这是抛弃宋国；救援了又抛弃他，将对诸侯说什么？楚国对三国有恩惠，而我们对三国有怨仇。怨仇已经多了，还准备拿什么作战？不如私下里答应恢复曹国和卫国来离间他们，逮了宛春来激怒楚国，等打起仗再说。"晋文公很高兴。于是把宛春囚禁在卫国，同时私下里允诺恢复曹、卫。曹、卫就与楚国断交。

【原文】

[传]子玉怒，从晋师。晋师退。军吏曰："以君辟臣，辱也。且楚师老矣①，何故退？"子犯曰："师直为壮，曲为老，岂在久乎？微楚之惠不及此②，退三舍辟之，所以报也。背惠食言③，以亢其仇④，我曲楚直，其众素饱，不可谓老。我退而楚还，我将何求。若其不还，君退臣犯，曲在彼矣。"退三舍，楚众欲止，子玉不可。

【注释】

①老：暮气，指军队疲惫。

②微：无，没有。

③食言：不守信用，说话不算话。

④亢：抵抗，掩护。

【译文】

子玉发怒，追击晋军，晋军撤退。军吏说："以国君而躲避臣下，这是耻辱；而且楚军已经疲惫，为什么退走？"子犯说："出兵作战，有理就气壮，无理就气衰，哪里在于在外边时间的长短呢？如果没有楚国的恩惠，我们到不了这里。退三舍躲避他们，就是作为报答。如果背弃恩惠说话不算数，并且要用这个来掩护他们的敌人，我们无理而楚国理直。加上他们的士气一向饱满，不能认为是衰疲。我们退走而楚军回去，我们还要求什么？若他们不回去，国君退走，而臣下进犯，他们就缺理了。"晋军退避三舍。楚国骑士要停下来，子玉不同意。

【原文】

[传]夏，四月戊辰，晋侯、宋公、齐国归父、崔夭、秦小子憖次于城濮①。楚师背鄐而舍②，晋侯患之，听舆人之诵③。曰："原田每每，舍其旧而新是谋④。"公疑焉。子犯曰："战也！战而捷，必得诸侯！若其不捷，表里山河⑤，必无害也。"公曰："若楚惠何？"栾贞子曰："汉阳诸姬⑥，楚实尽之。思小惠而忘大耻，不如战也！"晋侯梦与楚子搏⑦，楚子伏己

而齝其脑⑧,是以惧。子犯曰:"吉! 我得天⑨,楚伏其罪。吾且柔之矣。"

【注释】

①宋公:宋成公,宋襄公之子。秦小子憖:秦穆公之子。城濮:卫国地名,在今河南陈留。

②背:背靠着。酅:城濮附近一个险要的丘陵。

③诵:没有配乐的歌曲。

④原田:原野。每每:茂盛的样子。舍其旧:将旧草根除掉。新是谋:谋新,指开辟新田。

⑤山:指太行山,河:黄河。

⑥汉阳:汉水的北面。

⑦搏:徒手对打,搏斗。

⑧伏己:伏在晋文公身上。齝:咀嚼,吮吸。

⑨得天:得到天助。伏其罪:面朝地认罪。

【译文】

夏四月初一日,晋文公、宋成公、齐国的归父、崔夭、秦国的小子憖率军驻扎在城濮。楚军背靠着险要的丘陵扎营,晋文公担心不能战胜。又听到士兵念诵说:"休耕田里的绿草油油,丢开旧的而对新的加以犁锄。"晋文公知道士兵作战心切,但是心中又有些疑虑。子犯说:"出战吗! 战而得胜,一定得到诸侯;若不胜,我国外有大河,内有高山,一定没有什么害处。"晋文公说:"对楚国的恩惠怎么办?"栾枝说:"汉水以北的姬姓诸国,楚国都把它们吞并完了。想着小的恩惠,而忘记大的耻辱,不如出战。"晋文公梦见和楚王搏斗,楚王伏在自己身上咀嚼自己的脑浆,因而害怕。子犯说:"吉利。我得到上天,楚国服罪,而且我们已经安抚他们了。"

【原文】

[传]子玉使门勃请战,曰:"请与君之士戏①。君冯轼而观之,得臣与寓目焉②。"晋侯使栾枝对曰:"寡君闻命矣。楚君之惠,未之敢忘,是以在此。为大夫退,其敢当君乎? 既不获命矣,敢烦大夫谓二三子③:'戒尔车乘④,敬尔君事,诘朝将见⑤!'"

【注释】

①戏：角力游戏，较量。

②得臣：子玉的字。寓目：观看。

③二三子：指楚军将领子玉、子西等人。

④戒：准备好。

⑤诘朝：明天早晨。

【译文】

子玉派遣门勃向晋国请战，说："请和君王的斗士做一次角力游戏，君王可以靠在车横板上观看，得臣可以陪同君王一同观看。"晋文公派遣栾枝回答说："我们国君知道您的意思了。楚君的恩惠，没有敢忘记，所以一直停在这里没有前进。以为大夫已经退兵了，臣下难道敢抵挡国君吗？既然大夫不肯退兵那就烦大夫对贵部将士们说：'驾好你们的战车，忠于你们的国事，明天早晨咱们将再见面。'"

【原文】

[传]晋车七百乘，韅、靷、鞅、靽①。晋侯登有莘之虚以观师②，曰："少长有礼，其可用也！"遂伐其木，以益其兵。

己巳，晋师陈于莘北，胥臣以下军之佐当陈、蔡③。子玉以若敖之六卒将中军④，曰："今日必无晋矣！"子西将左，子上将右。胥臣蒙马以虎皮，先犯陈、蔡。陈、蔡奔，楚右师溃，狐毛设二旆而退之⑤。栾枝使舆曳柴而伪遁⑥，楚师驰之，原轸、郤溱以中军公族横击之⑦，狐毛、狐偃以上军夹攻子西，楚左师溃。楚师败绩。子玉收其卒而止。故不败。

【注释】

①韅：马背上的皮件。靷：马胸部的皮件。鞅：马腹的皮件。靽：马后的皮件。

②有莘：有莘国，在今河南陈留县。虚：同"墟"，旧城废址。

③陈、蔡：陈、蔡两国军队属于楚军右师。

④中军：楚军分为左、中、右三军，中军为最高统帅。

⑤旆：有飘带为装饰的大旗。

⑥舆曳柴：战车后面拖着木柴。

⑦中军公族:晋文公统率的禁卫军。横:拦腰。

【译文】

晋国战车七百辆,装备齐全。晋文公登上有莘的废城检阅军容,说:"士兵长幼排列有序,合于礼,可以使用了。"就命令砍伐山上的树木,以增加作战武器。

初二日,晋军在莘北摆开阵势,胥臣让下军分别抵挡陈、蔡军队。子玉用若敖的一百八十乘率领中军,说:"今天就一定没有晋国了。"楚大夫子西率领左军,子上率领右军。胥臣把马蒙上老虎皮,先攻陈、蔡两军。陈、蔡两军奔逃,楚军的右翼部队溃散。狐毛派出前军两队击退楚军的溃兵,栾枝让战车拖着木柴假装逃走,果然楚军追击,原轸、郤溱率领中军的禁卫军拦腰袭击。狐毛、狐偃率领上军夹攻子西,楚国的左翼部队溃散。楚军大败。子玉及早收兵,仅他的直属部队得以保住。

【原文】

[传]晋师三日馆穀①,及癸酉而还。甲午,至于衡雍②,作王宫于践土③。

乡役之三月④,郑伯如楚致其师⑤。为楚师既败而惧,使子人九行成于晋⑥。晋栾枝入盟郑伯。五月丙午,晋侯及郑伯盟于衡雍。

【注释】

①馆:驻扎,这里指住在楚国军营。穀:通"谷",吃粮食,指吃楚军丢弃的军粮。

②衡雍:郑国地名,在今河南原阳西。

③践土:郑国地名,在今河南原阳西南。

④乡:不久之前。役:指城濮之战。

⑤致其师:将郑国军队交给楚军指挥。

⑥子人九:郑国大夫,姓子人,名九。行成:谓议和,休战讲和。

【译文】

晋军休整三天,食用楚军留下的粮食,到初六日起程回国。在二十七日,到达衡雍,替天子在践土建造了一座王宫。

这一战役之前的三个月,郑文公派军队到楚国助战,由于楚军已经失败而害怕了,派遣子人九和晋国讲和。晋国的栾枝进入郑国和郑文公研究结盟之事。五月初九日,晋文公和郑文公在衡雍结盟。

【原文】

[传]丁未,献楚俘于王:驷介百乘①,徒兵千②。郑伯傅王③,用平礼也④。己酉,王享醴,命晋侯宥⑤。王命尹氏及王子虎、内史叔兴父策命晋侯为侯伯⑥,赐之大辂之服⑦。戎辂之服⑧,彤弓一⑨,彤矢百,卢弓矢千⑩,秬鬯一卣⑪,虎贲三百人⑫;曰:"王谓叔父⑬:'敬服王命,以绥四国⑭,纠逖王慝⑮!'"晋侯三辞,从命,曰:"重耳敢再拜稽首,奉扬天子之丕显休命⑯!"受策以出,入三觐⑰。

【注释】

①驷介:四马披甲。

②徒兵:步兵。

③傅:主持礼节仪式。

④用平礼:用周平王的礼节。

⑤宥:同"侑",劝酒。

⑥内史:掌管爵禄策命的官。策命:以策书封官授爵。侯伯:诸侯之长。

⑦大辂之服:与礼车相配套的服饰仪仗。大辂:玉辂,古时天子所乘之车,这里指礼车。

⑧戎辂之服:乘兵车时的服饰仪仗。戎辂即兵车。

⑨彤弓:朱漆弓。古代天子用以赐有功的诸侯或大臣使专征伐。

⑩卢:黑色。

⑪秬鬯:古代以黑黍和郁金香草酿造的酒,用于祭祀降神及赏赐有功的诸侯。卣:盛酒的器具。

⑫虎贲:勇士。

⑬叔父:天子对同姓诸侯的称呼,这里指晋文公重耳。

⑭绥:安抚。

⑮纠:检举。逖:惩治。慝:坏人。

⑯丕:大。显:明。休命:美善的命令,多指天子或神明的旨意。

⑰出入:来回。三觐:进见了三次。

【译文】

初十日,把楚国的战俘献给周天子:驷马披甲的战车一百辆,步兵一千人。郑文公作为相礼,用的是周平王时的礼仪。十二日,周天子设宴招待,赐给晋文公甜酒喝,并允许他向自己回敬酒。周天子命令尹氏和王子虎、内史叔兴父用策书任命晋文公为诸侯的领袖,赐给他大辂车、戎辂车以及相应的服装仪仗,红色的弓一把、红色的箭一百枝,黑色的弓十把和箭一千枝,黑黍加香草酿造的酒一卣,勇士三百人,说:"天子对叔父说:'恭敬地服从天子的命令,以安抚四方诸侯,惩治王朝的邪恶。'"晋文公辞谢三次,然后接受命令,说:"重耳谨再拜叩头,接受和宣扬天子的重大赐命。"接受了策书离开成周。自从进入成周到离开,朝觐三次。

【原文】

[传]卫侯闻楚师败,惧,出奔楚,遂适陈,使元咺奉叔武以受盟①。癸亥,王子虎盟诸侯于王庭,要言曰②:"皆奖王室,无相害也!有渝此盟③,明神殛之④!俾队其师⑤,无克祚国⑥,及而玄孙⑦,无有老幼!"君子谓是盟也信;谓晋于是役也,能以德攻。

【注释】

①奉:拥戴。

②要言:约言,盟约;约定的内容或条款。

③渝:改变。

④殛:惩罚。

⑤俾:使。队:同"坠",灭亡。

⑥克:能。祚:享有。

⑦玄孙:曾孙的儿子,指后代子孙。

【译文】

卫成公听说楚军战败,害怕,逃亡到楚国,又到陈国,派遣元咺辅佐叔武去接受盟约。二十六日,王子虎和诸侯在天子的庭院里盟誓,约定说:"全部辅助王室,不要互相伤害!谁要违背盟约,就要受到神的诛杀,使他军队颠覆,不能享有国家,直到你的玄孙,不论老小。"君子认为这次结盟是守信用的,并认为晋国在这次战役中完全是以德取胜的。

【原文】

[传]初,楚子玉自为琼弁玉缨①,未之服也。先战,梦河神谓己曰:"畀余,余赐女孟诸之麋②。"弗致也。大心与子西使荣黄谏③,弗听。荣季曰:"死而利国,犹或为之,况琼玉乎?是粪土也④,而可以济师,将何爱焉?"弗听。出告二子曰:"非神败令尹。令尹其不勤民,实自败也。"既败,王使谓之曰:"大夫若入,其若申、息之老何?"子西、孙伯曰:"得臣将死,二臣止之曰:'君其将以为戮。'"及连穀而死⑤。晋侯闻之而后喜可知也,曰:"莫余毒也已⑥!蒍吕臣实为令尹,奉己而已⑦,不在民矣⑧。"

【注释】

①琼弁:用美玉装饰的马冠。缨:套在马脖子上的革带。

②孟诸:宋国地名,在今河南商丘东北;麋:同"媚",水边草地。孟诸之麋:指宋国的土地。

③大心:孙伯,子玉的儿子。荣黄:荣季,楚国大夫。

④粪土:粪便和泥土,古时指脏土。比喻令人鄙视厌恶或不值钱的东西。

⑤连穀:楚国地名。

⑥毒:危害。

⑦奉己:奉养自己,谓养护己身,无所作为。

⑧不在民:不为民事着想。

【译文】

当初,楚国的子玉自己制作了镶玉的马冠马鞍,尚未使用。作战之前,梦见黄河河神对他说:"送给我,我就保佑你打胜,赐给你孟诸的水草地。"子玉没有送去。他儿子大心和子西让荣黄劝谏,子玉不听。荣黄说:"死而有利于国家,尚且还要去做,何况是美玉呢?和国家比起来这不过是粪土而已。如果可以使军队成功,有什么可爱惜的?"子玉仍然不肯。荣黄出来告诉两个人说:"不是神明让令尹失败,令尹不以百姓的事情为重,实在是自取失败啊。"子玉失败之后,楚成王派使臣对子玉说:"申、息的子弟大多伤亡了,大夫如果回来,怎么向申、息两地的父老交代呢?"子西、孙伯说:"子玉打算自杀,我们两个阻拦他说:'国君正准备杀你呢。'"到达连穀,子玉就自杀了。晋文公听说子玉自杀,喜形于色,说:"没有人来害我了。蒍吕臣做令尹,不过是奉养自己而已,而不是为了百姓。"

【原文】

[传]或诉元咺于卫侯曰①："立叔武矣。"其子角从公,公使杀之。

咺不废命②,奉夷叔以入守③。六月,晋人复卫侯。甯武子与卫人盟于宛濮,曰:"天祸卫国④,君臣不协,以及此忧也⑤。今天诱其衷⑥,使皆降心以相从也。不有居者⑦,谁守社稷? 不有行者,谁扞牧圉⑧? 不协之故,用昭乞盟于尔大神以诱天衷⑨。自今日以往,既盟之后,行者无保其力⑩,居者无惧其罪。有渝此盟,以相及也。明神先君,是纠是殛⑪!"国人闻此盟也,而后不贰。

【注释】

①诉:诬告,控告。

②废命:废弃命令。

③入:回国。守:看守,掌管。这里指摄政,掌管政权。

④天祸:上天降下的祸殃。

⑤忧:忧患。

⑥天诱其衷:上天开导其心意。

⑦不有:没有。

⑧牧圉:牛马。指养牛马的人。也指牧地,边境。

⑨乞盟:请求参加盟约。大神:尊神。天衷:天的善意,即天意。

⑩行者:出门远行的人。

⑪殛:诛,杀死;惩罚。

【译文】

有人在卫成公面前诬告元咺说:"他已立了叔武做国君了。"当时元咺的儿子角跟随卫成公,卫成公便派人杀了他。元咺并没有因此而废弃卫成公的命令,还是侍奉叔武回国摄政。

六月,晋国人恢复卫侯的君位。宁武子和卫国官吏、大夫等在宛濮结盟,说:"上天降祸卫国,使得君臣不和,并因此而遭到这样的忧患。现在天意保佑我国,让大家放弃成见而互相团结起来。如果没有留下的人,谁来守卫国家? 如果没有跟随君王的人,谁去保卫那些牧牛养马的人? 由于不和谐,因此乞求在大神面前明白宣誓,以求天意保佑。从今天订立盟约开始，以后随主公在外的人不要居功自傲，留下的人也不要害怕有罪。谁要违背这一盟约，就让祸害降临到他的头上。神明和先君在上，将对背弃盟约者严加惩罚。"国内的人们听到了这盟约，才消除了三心二意。

【原文】

[传]卫侯先期入。宁子先，长牂守门以为使也，与之乘而入。公子歂犬、华仲前驱。叔武将沐，闻君至，喜，捉发走出；前驱射而杀之。公知其无罪也，枕之股而哭之①。歂犬走出，公使杀之。元咺出奔晋。

城濮之战，晋中军风于泽②，亡大旆之左旃③。祁瞒奸命④，司马杀之，以徇于诸侯。使茅筏代之。师还。壬午，济河。舟之侨先归，士会摄右⑤。秋，七月丙申，振旅⑥，恺以入于晋。献俘授馘⑦，饮至大赏，征会讨贰⑧；杀舟之侨以徇于国：民于是大服。

君子谓文公其能刑矣，三罪而民服⑨。《诗》云："惠此中国⑩，以绥四方。"不失赏刑之谓也。

【注释】

①股：大腿。

②泽：沼泽。

③旃：赤红色的帛。

④奸：通"干"。奸命：触犯命令。

⑤摄：代理。

⑥振旅：整队，指得胜归来。

⑦馘：杀敌割掉其左耳朵为馘，用来计算杀敌数量。

⑧征会：征召诸侯之会，指诸侯会盟。

⑨三罪：指颠颉、祁瞒、舟之侨三个罪人。

⑩出自《诗·大雅·民劳》。惠：施惠。

【译文】

卫成公比约定的日期提前进入卫国。宁武子在卫成公之前，长牂把守城门，以为他是国君的使者，和他同乘一辆车进入。公子歂犬、华仲作为前驱，叔武正要洗头发，听说国君来到，很高兴，握着头发跑出来，前驱把他射死了。卫成公知道他没有罪，把头枕在尸体的大腿上而哭他。颠犬逃跑,卫成公派人把他杀死了。元咺逃亡到晋国。

在城濮的战役中,晋军的中军在沼泽地遇到天刮大风,丢掉了前军左边的大旗。祁瞒因此触犯了军令,司马把他杀了,并通报诸侯,派茅筏代替他。军队回来,六月十六日,渡过黄河,舟之侨先行回国。士会代理车右。秋七月某一天,胜利归来,高唱凯歌进入晋国,在太庙报告俘获和杀死敌人的数字,置酒犒赏,召集诸侯会盟和攻打有二心的国家。杀舟之侨并通报全国,百姓因此而大为顺服。

君子认为:"晋文公能够严明刑罚,杀了颠颉、祁瞒、舟之侨三个罪人而百姓顺服。《诗》说:'施惠于中原国家,安定四方的诸侯',说的就是不要失去公正的赏赐和刑罚。"

【原文】

[传]冬,会于温,讨不服也①。

卫侯与元咺讼②,宁武子为辅③,庄子为坐④,士荣为大士⑤。卫侯不胜⑥。杀士荣,刖鍼庄子⑦,谓宁俞忠而免之⑧。"执卫侯,归之于京师,寘诸深室⑨。宁子职纳橐馈焉。元咺归于卫,立公子瑕。是会也,晋侯召王,以诸侯见,且使王狩。仲尼曰:"以臣召君,不可以训⑩。"故书曰:"天王狩于河阳",言非其地也,且明德也。

【注释】

①不服:不臣服,不顺服。

②讼:争颂,争论。

③辅:佐助,从旁帮助。

④坐:主持、掌管。

⑤大士:这里指负责答辩的人。

⑥胜:胜诉。

⑦刖:断足。古代的一种酷刑。

⑧忠:忠诚。

⑨寘:安排,放置。深室:指囚室。

⑩训:典式,榜样。

【译文】

冬季,僖公和晋文公、齐昭公、宋成公、蔡庄公、郑文公、陈子、莒子、邾子、秦人在温地会见，商量出兵攻打不归顺的国家。

卫成公和元咺因叔武被杀一事争论，宁武子作为卫成公的诉讼人，鍼庄子作为卫成公的代理人，士荣作为卫成公的答辩人。卫成公没有胜诉。作为诸侯领袖的晋国杀了士荣，砍了鍼庄子的脚，认为宁武子忠诚而赦免了他。捉拿卫成公，把他送到京师，关在牢房里。宁武子负责给卫成公送衣食。元咺回到卫国，立公子瑕为国君。这次温地的会盟，晋文公请周天子前来，带领诸侯朝见，并让周天子打猎。孔子说："以臣下而请君主，是不能作为榜样的。"因此《春秋》记载说："天王狩于河阳"，就是说这里已经不是周天子的地方了，是为了表明晋国的功德而避讳的说法。

【原文】

[传]壬申，公朝于王所。

丁丑，诸侯围许。

晋侯有疾，曹伯之竖侯獳货筮史[①]，使曰——以曹为解："齐桓公为会而封异姓，今君为会而灭同姓。曹叔振铎，文之昭也；先君唐叔，武之穆也。且合诸侯而灭兄弟，非礼也。与卫偕命[②]，而不与偕复，非信也；同罪异罚[③]，非刑也。礼以行义，信以守礼，刑以正邪，舍此三者，君将若之何？"公说，复曹伯，遂会诸侯于许。

晋侯作三行以御狄：荀林父将中行，屠击将右行，先蔑将左行。

【注释】

①竖：童仆。筮史：筮人。

②偕命：一同得到许诺。

③同罪：同样的罪行，同样的罪名。异罚：不同的惩罚。

【译文】

十月初七日，僖公到周天子的住处朝觐。

十一月十二日，诸侯包围许国。

晋文公患重病，曹共公的童仆侯獳贿赂晋文公的筮史，让他把得病的原因说成是由于灭了曹国。于是筮史对晋文公说："齐桓公主持会盟而封异姓的国家，现在君王主持会盟而灭同姓的国家。曹国的叔振铎，是文王的儿子；先君唐叔，是武王的儿子。况且会合诸侯而又灭掉兄弟之国，这是不合礼仪的；曹国和卫国一起得到君王的诺言，但是不能一起复国,这是不符合信用的;罪过相同而惩罚不同,这是不符合刑律的。礼仪用来推行道义,信用用来保护礼仪,刑律用来纠正邪恶。丢开了这三项,君王准备如何办?"晋文公很高兴,恢复了曹共公的君位,曹共公就在许国和诸侯会盟。

晋文公建立三个步兵师来抵抗狄人,荀林父率领中行,屠击率领右行,先蔑率领左行。

【讲评】

晋、楚城濮之战是一次具有重要意义的战争。楚国历代君主都致力于开疆辟土,实行郡县制,强化君权,经济、军事实力都与日俱增。到楚成王更是积极北上向中原扩张。就连齐桓公在世时都对新兴的楚国无可奈何,等桓公死后齐国大乱,国力削弱,原来依附齐国的许多诸侯小国都投靠了楚国,楚国大有统一中原的势头。与此同时,流亡十九年的晋

城濮之战

文公回国后就致力于治国图强、重振霸业,平定周王室之乱,"尊王攘夷"使他获得了绝好的政治资本,国家实力的增强使得中原小国纷纷归顺。这两个大国都要称霸,战争在所难免。城濮之战的导火线是宋国投靠晋国,引起楚国的征伐。晋国君臣在战前就精心准备,积极外交,取得广泛的支持,孤立楚国,又退避三舍以表示对楚国旧恩的报答,取得道义上的主动,战争中使用佯败诱敌的诈谋,避实就虚。而楚国君臣意见就不统一,互相掣肘,指挥官子玉又骄傲轻敌。战争最终以晋国胜利告终。这次战争以及随后晋文公、楚成王的先后去世改变了中原的政治格局,晋国成为诸侯霸主。后人高度评价了这次战争的意义,如童书业《春秋左传研究》说:"(楚国)不特庄王为霸主,成王亦为霸主也。是时微晋人大挫楚锋,楚将有中原而或代周,春秋历史之形势必大变矣。"《左传》对城濮之战的描写很有特色,并不仅限于对战斗过程的描写,而是把战争与双方的政治、外交活动结合起来,花了大量的笔墨详述双方战前的准备谋划和善后工作,层层铺垫,从而揭示战事发展的因果关系和战争胜负之必然性,并阐发了一些深邃的军事思想,如"师直为壮,曲为老""少长有礼,其可用也"等。城濮之战涉及众多的人物事件,头绪纷繁,但作者条分缕析,详略得当,对主要人物性格的刻画简练传神,如子玉的刚愎自用、狂妄轻敌,先轸的理智冷静、英勇果敢,晋文公的谨慎稳重、知人善任等,无不给人以深刻的印象。

僖公二十九年

【原文】

[经]二十有九年春,介葛卢来。公至自围许。夏六月,会王人、晋人、宋人、齐人、陈人、蔡人、秦人盟于翟泉。秋,大雨雹。冬,介葛卢来。

【原文】

[传]二十九年春,介葛卢来朝,舍于昌衍之上。公在会,馈之刍米,礼也。

夏,公会王子虎、晋狐偃、宋公孙固、齐国归父、陈辕涛涂,秦小子慭,盟于翟泉,寻践土之盟,且谋伐郑也。卿不书,罪之也。在礼,卿不会公侯,会伯子男可也。

秋,大雨雹,为灾也。

冬,介葛卢来,以未见公故,复来朝。礼之,加燕好。介葛卢闻牛鸣,曰:"是生三牺,皆用之矣。其音云。"问之而信。

【译文】

二十九年春天,介葛卢前来朝觐,让他住在昌衍山上。当时僖公正在参加许国翟泉的见面,赠送给他草料、粮食等物,这是合乎礼的。

夏季,僖公跟王子虎、晋国狐偃、宋国公孙固、齐国国归父、陈国辕涛涂、秦国小子慭在翟泉会盟,重温践土的盟约,而且策划进攻郑国。参加结盟的卿没有记录,这是表示指责他们。按照礼制。诸侯的卿不能参加公、侯的见面,参加伯、子、男的见面可以。

秋天,有大雨跟雹子,成了灾,《春秋》才加以记录。

冬天,介葛卢前来,因为前次没有见到僖公,再次来朝。对他加以礼遇,再加上燕礼和赠送上等财礼。介葛卢听见牛叫,讲:"这头牛生了三头小牛,都用来祭奠了,故而它的声音是这样的。"进行询问,真这样。

【讲评】

郑国的特殊地理位置使之成为晋、楚争霸的焦点,而郑文公在晋文公重耳流亡时表现不恭,且投靠了楚国,因此争霸的晋文公致力于征服郑国,召集诸侯于翟泉会盟。

僖公三十年

【原文】

[经]三十年(前630年)春王正月①。

[经]夏狄侵齐。

[传]三十年春,晋人侵郑,以观其可攻与否。狄闻晋之有郑虞也②,夏狄侵齐③。

[经]卫杀其大夫元咺及公子瑕。

[经]卫侯郑归于卫。

[传]晋侯使医衍酖卫侯④,宁俞货医使薄其酖⑤,不死。公为之请,纳玉于王与晋侯,皆十毂⑥,王许之,乃释卫侯。卫侯使赂周歂,冶廑⑦曰:"苟能纳我,吾使尔为卿⑧。"周冶杀元咺及子适子仪⑨。公入祀先君;周、冶既服,将命⑩,周歂先入,及门⑪,遇疾而死⑫,冶廑辞卿⑬。

【注释】

①此亦必具四时的例子。

②狄闻晋之有郑虞也:狄国听说晋国有了郑的危害。

③狄侵齐:齐晋是联合国,现晋国亦有事,无法救齐。

④衍:医生的名字,晋文公使医生名衍的,用药酒毒杀卫侯。

⑤宁俞货医使薄其酖:宁俞贿赂医衍将毒药减轻。

⑥皆十毂:玉一双为毂,鲁僖公献给晋侯及周王每人各十对玉。

⑦周歂及冶廑皆是卫大夫。

⑧苟能纳我,吾使尔为卿:若能纳我返国为君,我必使你们为卿。

⑨子仪:他是子适的母弟。

⑩周、冶既服,将命:周歂冶廑既已穿着卿的礼服,并将入祖庙受命。

⑪及门:到祖庙门时。

⑫遇疾而死:恰好遇见病死了。

⑬冶廑辞卿:冶廑因而畏惧就辞为卿。

【译文】

春天周王的正月。

三十年春晋国人侵略郑国，以观看他可以打不可以。狄国听说晋国有郑国的危害，夏天狄国就侵略齐国。

晋文公叫医衍给卫侯毒药吃。宁俞给了医生的钱使用的毒药很少，所以卫侯能够不死。鲁僖公为他申请送王跟晋文公玉各十双，周王就答应了，秋天就放卫侯出来。卫侯派人给周歂，冶廑说："你若能接纳我为君，我必定使你做卿。"他们二人就杀了元咺，同子适子仪。卫侯去祭卫国的先君，周冶即服了卿服，将到庙去受命，周歂先进去，到了庙门恰好有病就死了。冶廑害怕，赶紧辞让卿的位置。

【原文】

[经]晋人秦人围郑。

[传]九月甲午，晋侯秦伯围郑，以其无礼于晋①，且贰于楚也②。晋军函陵③，秦军氾南④。佚之狐⑤言于郑伯曰："国危矣⑥！若使烛之武⑦见秦君，师必退。"公从之。辞曰："臣之壮也，犹不如人⑧；今老矣，无能为也已⑨！"公曰："吾不能早用子！今急而求子，是寡人之过也⑩！然郑亡，子亦有不利焉⑪！"许之，夜缒而出⑫。见秦伯曰："秦晋围郑，郑既知亡矣⑬！若亡郑而有益于君，敢以烦执事⑭！越国以鄙远，君知其难⑮也！焉用亡郑以倍邻⑯？邻之厚，君之薄也⑰。若舍郑以为东道主⑱，行李之往来，共其乏困⑲，君亦无所害。且君尝为晋君赐矣⑳，许君焦瑕㉑，朝济而夕设版焉㉒，君之所知也。夫晋何厌之有㉓？既东封郑，又欲肆其西封㉔，若不阙秦将焉取之㉕？阙秦以利晋㉖，唯君图之。"秦伯说，与郑人盟，使杞子逢孙杨孙戍之㉗，乃还。子犯请击之。公曰："不可！微夫人之力㉘不及此。因人之力而敝之，不仁㉙；失其所与，不知㉚；以乱易整，不武㉛；吾其还也！"亦去之。初郑公子兰㉜出奔晋，从晋侯伐郑，请无与围郑㉝，许之，使待命于东㉞。郑石甲父，侯宣多㉟逆以为大子，以求成于晋㊱，晋人许之。

[经]介人侵萧㊲。

[经]冬天王使周公来聘。

[传]王使周公阅㊳来聘，飨有昌歜，白黑形盐㊴。辞曰："国君文足昭也，武可畏也㊵，则有备物之飨㊶，以象其德；荐五味，羞嘉谷，盐虎形㊷，以献其功，吾何以堪之！"

[经]公子遂如京师，遂如晋。

［传］东门襄仲㊸将聘于周,遂初聘于晋㊹。

【注释】

①以其无礼于晋:晋公子重耳过郑,郑文公亦不礼焉,见僖公二十三年《左传》。

②且贰于楚也:"郑伯如楚攻其师"见僖公二十八年《左传》。

③晋军函陵:《河南通志》说:"在今河南新郑县北十三里,山形如函,故名函陵。"

④秦军氾南:《一统志》说:"在河南中牟县南三十里,一称东氾,所以别于南氾也。"

⑤佚之狐:郑大夫。

⑥国危矣:国家已甚危险了。

⑦烛之武:郑大夫。

⑧臣之壮也,犹不如人:我强壮的时候尚且不如旁人。

⑨今老矣,无能为也已:现在老了,更不能有所作为啦!

⑩今急而求子,是寡人之过也:现在事情急而求你,这真是我的错误!

⑪然郑亡,子亦有不利焉:但是郑国若被灭亡,你亦有甚多的不利。

⑫夜缒而出:乘着夜晚由城上缒着出去。

⑬郑既知亡矣:郑国弱小既然自知必亡。

⑭敢以烦执事:那就敢有劳秦国的执事的人员。

⑮越国以鄙远,君知其难也:经过旁的国家以达到远的地方,你亦知道这种困难。

⑯焉用亡郑以倍邻:焉就是安,何必使郑国灭亡以增加他的邻国的封疆。

⑰邻之厚君之薄也:与邻国有富厚就与你薄浅。邻国指晋而言。

⑱以为东道主:郑国可以为秦国往东方去的主人。

⑲行李之往来,共其乏困:行李是指着使臣,意说使臣路过,郑国可以供给各种缺乏的事务。

⑳且君尝为晋君赐矣:晋君指晋惠公夷吾。

㉑许君焦瑕:《地理志》说:"陕县有故焦城"在今河南省陕县南二里。至于瑕,顾炎武《日知录》说:"晋有二瑕,其一《左传》成公六年诸大夫皆曰必居郇瑕之地,在今山西临晋县境。其一文公十三年,晋侯使詹嘉处瑕,以守桃林之塞。《汉书·地理志》:'故曰胡,武帝建元元年更名湖。'古瑕胡二字通用,是瑕转为胡,又改为湖,而瑕邑即桃林之塞也。郦道元以郇瑕之瑕为詹嘉之邑误矣。"《春秋大事表》以"陕县西南三十里有曲沃城,即晋之瑕邑"。

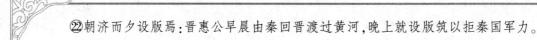

㉒朝济而夕设版焉:晋惠公早晨由秦回晋渡过黄河,晚上就设版筑以拒秦国军力。

㉓夫晋何厌之有:晋国又何能满足的时候?

㉔既东封郑,又欲肆其西封:既然东边的封疆已达到郑国,当然更想扩充他的西方。

㉕若不阙秦,将焉取之:假如不取秦国土地,那将怎么办呢?

㉖阙秦以利晋:使秦国国土受损而使晋国有利。

㉗使杞子,逢孙,杨孙戍之:杞子,逢孙,杨孙三人皆是秦大夫。逢音旁。使他们三人以军队看守郑国。

㉘微夫人之力:夫人是指秦穆公,意在说那个人。

㉙因人之力而敝之,不仁:用他人的力量成功而打败他,这是不合于仁心。第一句是指着晋文的返回晋国,是受到秦穆的帮助。

㉚失其所与,不知:失掉与他合作的不合于聪明。知音义同智。

㉛以乱易整,不武:用战乱换去整齐不合于武猛。

㉜郑公子兰:即郑穆公。

㉝请无与围郑:请求不要参加围郑都。

㉞使待命于东:使他在晋国东境等候命令。

㉟郑石甲父,侯宣多:石甲父及侯宣多皆郑大夫。

㊱以求成于晋:用此以求达成和平与晋国。

㊲此经无传。

㊳周公阅:亦称宰周公,是周王室的三公而兼冢宰的名阅。

㊴饩有昌歜,白黑形盐:昌歜是用昌蒲做的菜泥;黑是用黍熬成,白是用稻成的,皆表示虎的形状。

㊵国君文足昭也,武可畏也:凡国的君长,文章可以昭显,武功可以被畏惧。

㊶则有备物之饩:备物是指着文武兼有。

㊷荐五味,羞嘉谷,盐虎形:甘咸苦辛酸为五味,吃黍稻两种嘉谷,并有虎形状的盐。

㊸东门襄仲:即公子遂。

㊹遂初聘于晋:乘这机会,就往聘晋国,这是春秋时鲁始聘晋国。

【译文】

九月甲午那天,晋侯秦伯一同率兵围攻郑国,因为他对晋文公无礼而且有了二心,和楚国通好的缘故。晋兵驻扎在函陵,秦兵驻扎在氾南。郑大夫佚之狐对郑伯说:"国家危险了，若派烛之武去见秦君，秦兵肯定退回去的。"郑伯听从他的言语，便去喊烛之武，烛之武推辞说："臣年壮的时候，还不及他人，如今老了，越加没用了。"郑伯说："我不能早些用你，现在事情急了才来请求你，这都是寡人的过失，不过郑国灭亡以后，于你也有不利的呢！"烛之武只得应许了，夜间把身子用绳悬到城外。烛之武见秦伯说："秦晋两军围住郑国，郑国已经早知道要灭亡了。如果郑国灭亡以后，有益于你君的，自然敢烦劳你们执事的。不过要走过他国，却把远地方做边界，你君也该知道难保的罢。为什么要灭亡了郑国，增加那邻国的土地呢？邻国的土地多了，你的土地就显得少了。如果舍掉郑国，使他做个东道的主人，将来贵国有使臣往来，也可以供给种种缺少的东西，在你君也并没有什么不利啊！而且你君曾经有好处给晋君的了，晋君允许把焦瑕二邑给你，哪知他朝晨渡过黄河，晚上就筑城守住，这也是你君所知道的。晋国哪里有餍足的心思；若是东边灭了郑国，推广他的封疆，便又要扩充他西面的疆土了。如果不是削弱你秦国，教他到什么地方去取呢？弱了秦国，强着晋国，只请你君自己思量吧！"秦伯听了这话，非常快乐，便和郑人订盟，反而使大夫杞子逢孙扬孙替郑国守城，自己却领了兵回去。子犯请追击秦兵。文公说："不可以的，没有穆公的帮助，我不能到这地步。依靠秦国得了国，如今反要打败他，这便叫作不仁，失掉共事的人，这便叫作不智。本来和睦的变成不和睦，这便叫作不武。我们也回去吧！"于是晋国也带着兵回去了。最初的时候，郑穆公逃到晋国，跟着晋侯讨伐郑国，请求不要参加围郑国都城，晋侯答应了他。使他在晋国东境等候命令。郑大夫石甲父、侯宣多，迎接他以做太子，用这以求达成与晋国和平，晋人允许了。

　　介人侵了萧国。

　　周王派了周卿士周公阅来鲁国聘问，晏享中有昌歜，白黑形态的盐。他辞让说："国君凡是文可以昭明者，武可以被人畏惧，就有备物的缯食，以表示他的德性，吃五味之缯食，另外吃嘉谷，盐，就贡献老虎形的，这表示他的功劳，我怎么能够配呢？"

　　公子遂将聘问周国，遂头一次聘问晋国。

【讲评】

　　烛之武退秦师是左传行人辞令中的著名篇章之一。烛之武深谙国家之间的政治利益关系，对秦穆公晓以利害，成功地离间了秦、晋这对盟友，使重重围困中的郑国摆脱了危机。

僖公三十一年

【原文】

[经]三十有一年春,取济西田。

公子遂如晋。

夏四月,四卜郊不从,乃免牲,犹三望。

秋七月。

冬,杞伯姬来求妇。

狄围卫。十有二月,卫迁于帝丘。

【原文】

[传]三十一年春,取济西田,分曹地也。使臧文仲往,宿于重馆。重馆人告曰:"晋新得诸侯,必亲其共,不速行,将无及也。"从之,分曹地,自洮以南,东傅①于济,尽曹地也。

襄仲如晋,拜曹田也。

夏四月,四卜郊,不从,乃免牲,非礼也。犹三望,亦非礼也。礼不卜常祀,而卜其牲、日,牛卜日曰牲。牲成而卜郊,上怠慢也。望,郊之细也。不郊,亦无望可也。

秋,晋蒐于清原,作五军以御狄。赵衰为卿。

冬,狄围卫,卫迁于帝丘。卜曰三百年。

卫成公梦康叔曰:"相夺予享。"公命祀相,宁武子不可,曰:"鬼神非其族类,不歆②其祀。杞、鄫何事?相之不享于此久矣,非卫之罪也,不可以间③成王、周公之命祀。请改祀命。"

郑泄驾恶公子瑕,郑伯亦恶之,故公子瑕出奔楚。

【注释】

①傅:近。

②歆:享。

③间:违犯。

【译文】

三十一年春天,鲁国获得了济水以西的土地,这是瓜分的曹国土地。僖公派臧文仲前去接受,臧文仲住在重地的旅馆里。旅馆里的人告诉他:"晋国新近获得诸侯的拥护,一定对尊重他的人格外亲近,你还不快点去,不然会赶不上的。"臧文仲听了他们的话,分得了曹国的土地,从洮水以南,东边紧靠济水,这全是曹国的土地。

襄仲便分得曹国土地,前去晋国拜谢。

夏季四月,鲁国便举办郊祭,占卜四次,都不吉利,就不再宰杀牛羊,这是不合礼的。不过还是又举办了三次望祭,这也是不合礼的。依规定,对常规祭奠不用占卜,只占卜祭奠所用的牛和日期便行了。牛在占卜到吉日后便改称为牲。已经成为牲却还要占卜郊祭的吉凶,这是在上位的人对大典跟龟甲的不恭跟亵渎。望祭本是郊祭的一个环节。既然不举办郊祭,自然便不必举办望祭了。

秋天,晋国在清原检阅军队,组建了五个军准备抵抗狄人。赵衰被任命为卿。

冬天,狄人围困卫国,卫国被迫迁都帝丘。对其国运占卜,还能延续三百年。

卫成公梦见康叔讲:"相夺走了我的祭品。"成公命令祭奠相,宁武子不同意,说:"要是祭祀者不是同族,神灵便不会享用祭品。杞国和鄫国为什么不祭奠呢?杞国跟卫国已经很久没有祭奠相了,这不是卫国的罪过,不能违背成王、周公所规定的祭奠对象。请改变祭奠相的命令。"

郑国的泄驾很讨厌公子瑕,郑文公也厌恶他,故而公子瑕逃亡到了楚国。

【讲评】

从晋献公开始,晋国的军制不断扩大。到晋文公称霸后,改三军为五军,仅次于周天子,说明了晋国军事实力的强大。此时不仅中原诸侯纷纷服从,对手楚国也慑服于晋。

僖公三十二年

【原文】

[经]三十有二年:春,王正月。

夏,四月己丑,郑伯捷卒。

卫人侵狄。秋,卫人及狄盟。

冬,十有二月己卯,晋侯重耳卒。

【原文】

[传]三十二年,春,楚鬭章请平于晋,晋阳处父报之①。晋、楚始通②。

夏,狄有乱。卫人侵狄,狄请平焉。秋,卫人及狄盟。

冬,晋文公卒。庚辰,将殡于曲沃③,出绛④,柩有声如牛⑤。卜偃使大夫拜⑥,曰:"君命大事⑦:将有西师过轶我⑧。击之,必大捷焉。"

【注释】

①报:回聘。

②通:往来,交往。

③殡:停丧。曲沃:晋国旧都,在今山西闻喜县,晋国祖庙所在地。

④绛:晋国国都,在今山西翼城东南。

⑤柩:灵柩,装尸体的棺材。

⑥拜:跪拜。

⑦大事:重大的事情。指祭祀或征伐。

⑧西师:西方的军队,指秦军。过轶:谓车辆通过,指越过。

【译文】

三十二年春季,楚国的鬭章来到晋国请求媾和,晋国的阳处父到楚国回聘,晋国和楚国从此开始正式交往。

夏季,狄人发生动乱,卫军侵袭狄人,狄人请求媾和。这年秋季,卫国和狄结盟。

冬季,晋文公死。十二月初十,准备把棺材在曲沃停放。离开绛城,棺材里有声音像牛叫。卜偃请大夫跪拜,说:"国君发布军事命令:将要有西边的军队过境袭击我国,如果攻击他们,必定大胜。"

【原文】

[传]杞子自郑使告于秦曰①:"郑人使我掌其北门之管②。若潜师以来③,国可得也④。"穆公访诸蹇叔⑤,蹇叔曰:"劳师以袭远,非所闻也。师劳力竭,远主备之⑥,无乃不

可乎？师之所为，郑必知之。勤而无所⑦，必有悖心⑧。且行千里，其谁不知？"公辞焉。召孟明、西乞、白乙，使出师于东门之外。蹇叔哭之，曰："孟子！吾见师之出而不见其入也！"公使谓之曰："尔何知？中寿⑨，尔墓之木拱矣⑩。"蹇叔之子与师，哭而送之，曰："晋人御师必于殽。殽有二陵焉⑪：其南陵，夏后皋之墓也⑫；其北陵，文王之所辟风雨也。必死是间，余收尔骨焉⑬！"秦师遂东。

【注释】

①杞子：秦国大夫。

②掌：主管。管：钥匙。

③潜师：秘密出兵。

④国：国都。

⑤访：询问，征求意见。蹇叔：秦国老臣。

⑥远主：远方的主人，指郑国国君。

⑦勤：劳苦。无所：一无所得。

⑧悖心：违逆之心，反感。

⑨中寿：中等的年寿，指七十岁。

⑩拱：两手合抱。

⑪殽：山名，在今河南洛宁西北。陵：大山。殽山有两陵，南陵和北陵，其间地势险要。

⑫夏后皋：夏代君主，名皋，夏桀的祖父。后：国君。

⑬尔骨：你的尸骨。

【译文】

杞子从郑国派人告诉秦国说："郑国人让我掌管他们北门的钥匙，若偷偷发兵前来，可以占领他们的国都。"秦穆公去问蹇叔。蹇叔说："使军队疲劳而去侵袭相距遥远的地方，我没有听说过，军队疲劳，力量衰竭，远地的国家必有防备，恐怕不行吧！我们军队的行动，郑国一定知道，费了力气不讨好，士兵一定有抵触情绪。而且行军一千里，有谁会不知道？"秦穆公不接受他的意见。召见孟明、西乞、白乙，让他们在东门外出兵。蹇叔哭着送他们说："孟明，我看到军队出去却看不到回来了！"秦穆公派人对他说："你知道什么？如果你六七十岁死了，你坟上的树木已经合抱了。"蹇叔的儿子在军队里，蹇叔哭着送他,说:"晋国人必定在崤山抵御我军,崤山有两座山陵。它的南陵,是夏后皋的坟墓;它的北陵,是文王在那里避过风雨的地方。你必定死在两座山陵之间,我去那里收你的只骨吧!"秦国军队就出发向东进。

【讲评】

卜偃托晋文公的命令要晋军伏击秦军和蹇叔哭师的内容为秦晋殽之战做足了铺垫,此战标志着晋襄公对文公霸业的顺利继承,晋国仍是当时最强大的国家。秦国对此战没有充分的考虑,本来前次跟晋国一起出兵攻打郑国时,就因秦单方与郑媾和而与晋国有了嫌隙,又想占郑国的便宜,只考虑自己军队越境长途偷袭可能取得的好处,完全没有准备如何应对晋国可能的伏击。穆公此次军事行动知己而不知彼,盲目行事,大失水准,只能说是利令智昏。卜偃的话已经为晋的出兵埋下伏笔,蹇叔的预测进一步揭示了摆在秦军面前的巨大危险,奈何穆公已被幻想中的国家利益冲昏了头脑,秦军只能走向失败的深渊。

僖公三十三年

【原文】

[经]三十有三年:春,王二月,秦人入滑。齐侯使国归父来聘。

夏,四月辛巳,晋人及姜戎败秦师于殽。

癸巳,葬晋文公。

狄侵齐。

公伐邾,取訾娄。

秋,公子遂帅师伐邾。

晋人败狄于箕。

冬,十月,公如齐。

十有二月,公至自齐。

乙巳,公薨于小寝。

陨霜不杀草。李梅实。

晋人、陈人、郑人伐许。

【原文】

[传]三十三年春,秦师过周北门。左右免胄而下,超乘者三百乘①。

王孙满尚幼,观之,言于王曰:"秦师轻而无礼,必败。轻则寡谋,无礼则脱②。入险而脱,又不能谋,能无败乎?"

及滑,郑商人弦高将市于周,遇之;以乘韦先③,牛十二,犒师,曰:"寡君闻吾子将步师出于敝邑④,敢犒从者。不腆敝邑⑤,为从者之淹⑥,居则具一日之积,行则备一夕之卫。"且使遽告于郑⑦。

则束载、厉兵、秣马矣。使皇武子辞焉,曰:"吾子淹久于敝邑,唯是脯资饩牵竭矣⑧。为吾子之将行也,郑之有原圃,犹秦之有具囿也,——吾子取其麋鹿,以间敝邑⑨,若何?"杞子奔齐,逢孙、扬孙奔宋。

孟明曰:"郑有备矣,不可冀也。攻之不克,围之不继⑩,吾其还也。"灭滑而还。

【注释】

①超乘:跳上兵车。

②脱:简易,满不在乎。

③乘:四。韦:熟牛皮。

④步师:行军。

⑤腆:厚,不腆即不丰厚、贫乏。

⑥淹:留,停留。

⑦遽:使用邮车或驿马。

⑧脯:干肉。资:粮食。饩牵:指牲口。

⑨间:休息,空闲。

【译文】

　　三十三年春季,秦国军队经过成周王城的北门,战车上除御者以外,车左、车右都取下头盔下车致敬,但随即就跳上车,有三百辆战车都是这样。王孙满年纪还小,看到了,对周天子说:"秦国军队轻佻而无礼,一定失败。轻佻就缺少计谋,无礼就满不在乎。进入险地而满不在乎,又不能出主意,能够不打败仗吗?"秦军抵达滑国,郑国的商人弦高准备到成周做买卖,碰到秦军,先送秦军四张熟牛皮做引礼,再送十二头牛犒劳军队,说:

"寡君听说您准备行军经过敝邑，谨来犒赏您的随从。敝邑贫乏，为了您的随从在这里停留，住下就预备一天的供应，离开就准备一夜的保卫。"弦高同时又派邮车紧急地向郑国报告。

郑穆公派人去探看杞子等人的馆舍，发现他们已经装束完毕、磨利武器、喂饱马匹了。派皇武子辞谢他们，说："大夫们久住在这里，敝邑的干肉、粮食、牲口都竭尽了。为了大夫们将要离开，郑国的有原圃，就如同秦国的有具圃，大夫们自己猎取麋鹿，使敝邑得有闲空，如何？"于是杞子逃到齐国，逢孙、扬孙逃到宋国。孟明说："郑国有准备了，不能存有希望了。攻打郑国不能取胜，包围它又没有后援，我们还是回去吧。"灭亡了滑国就回去。

【原文】

〔传〕齐国庄子来聘，自郊劳至于赠贿，礼成而加之以敏。臧文仲言于公曰："国子为政，齐犹有礼，君其朝焉！臣闻之：服于有礼，社稷之卫也。"

晋原轸曰："秦违蹇叔而以贪勤民[1]，天奉我也[2]。奉不可失，敌不可纵。纵敌患生，违天不祥，必伐秦师！"栾枝曰："未报秦施而伐其师，其为死君乎！"先轸曰："秦不哀吾丧而伐吾同姓，秦则无礼，何施之为？吾闻之，一日纵敌，数世之患也。谋及子孙，可谓死君乎！"遂发命，遽兴姜戎。子墨衰绖[3]，梁弘御戎，莱驹为右。

夏四月辛巳，败秦师于殽，获百里孟明视、西乞术、白乙丙以归。遂墨以葬文公[4]。晋于是始墨。

【注释】

①勤：劳。

②奉：给与。

③衰：麻衣。绖：麻带。衰绖.指丧服。

④墨：黑色丧服。

【译文】

齐国的庄子来聘问，从郊外迎接一直到赠礼送行，行礼如仪而处事又审慎恰当。臧文仲对僖公说："国子执政，齐国还是有礼的，君王去觐见吧！下臣听说：对有礼之邦顺服，这是国家的保障。"

晋国的原轸说:"秦君违背蹇叔的话,因为贪婪而劳动百姓,这是上天给予我们的机会。给予的不能丢失,敌人不能放走。放走敌人,就会发生祸患;违背天意,就不吉利。一定要进攻秦国军队。"栾枝说:"没有报答秦国的恩惠而进攻他的军队,心目中还有死去的国君吗?"先轸说:"我们有丧事秦国不悲伤,反而攻打我们的同姓国家,他们就是无礼,还讲什么恩惠?我听说:'放走敌人一天,就是几代的祸患。'为子孙后代打算,这可以有话对死去的国君说了吧!"于是就发布起兵的命令,立即动员姜戎的军队。晋襄公把丧服染成黑色,梁弘驾驭战车,莱驹作为车右。

夏四月十三日,在崤山打败秦国军队,并且俘虏了三个指挥官百里孟明视、西乞术、白乙丙回去。于是就穿着黑色的丧服来安葬晋文公。晋国从此使用黑色丧服。

【原文】

[传]文嬴请三帅①,曰:"彼实构吾二君②。寡君若得而食之,不厌③,君何辱讨焉?使归就戮于秦,以逞寡君之志,若何?"公许之。先轸朝④,问秦囚。公曰:"夫人请之,吾舍之矣。"先轸怒曰:"武夫力而拘诸原⑤,妇人暂而免诸国,堕军实而长寇雠⑥,亡无日矣!"不顾而唾。公使阳处父追之。及诸河,则在舟中矣。释左骖,以公命赠孟明。孟明稽首曰:"君之惠,不以累臣衅鼓⑦,使归就戮于秦。寡君之以为戮,死且不朽。若从君惠而免之,三年将拜君赐。"

【注释】

①文嬴:秦穆公之女,晋文公夫人,晋襄公之母,秦为嬴姓,因此称文嬴。

②构:挑衅,挑拨。

③不厌:不满足。

④朝:朝见。

⑤力:努力,费力。原:指战场。

⑥堕:毁坏。长:助长。

⑦累臣:俘虏。衅鼓:杀人将其血涂于战鼓之上,即祭鼓。

【译文】

文嬴请求把三位指挥官释放回国,说:"他们挑拨我们两国国君关系,寡君如果抓到他们,吃他们的肉还不能满足,何必劳君王去讨伐呢?让他们回到秦国受诛杀,以使寡君快意,怎么样?"晋襄公答应了。先轸上朝,问起秦国的囚犯,晋襄公说:"母亲代他们提出请求,我就放走他们了。"先轸生气地说:"武人花力气在战场上逮住他们,女人说几句谎话就把他们在国都放了,毁伤战果而长了敌人的志气,晋国快要灭亡了!"先轸不顾襄公在面前就在地上吐唾沫。晋襄公派阳处父追赶放走的三个人,追到黄河边上,他们已经上船了。阳处父解下车左边的骖马,用晋襄公的名义赠送他们。孟明叩头说:"蒙君王的恩惠,不用被囚之臣来祭鼓,让我们回到秦国去受诛戮,寡君若杀了我们,死而不朽,如果蒙君王的恩惠而赦免我们,三年以后将要拜谢君王恩赐。"

【原文】

[传]秦伯素服郊次①,乡师而哭②,曰:"孤违蹇叔以辱二三子,孤之罪也!"不替孟明③,[曰]"孤之过也,大夫何罪?且吾不以一眚掩大德④。"

"狄侵齐",因晋丧也。

公伐邾,取訾娄,以报升陉之役。邾人不设备。秋,襄仲复伐邾。

狄伐晋,及箕。八月戊子,晋侯败狄于箕。郤缺获白狄子。先轸曰:"匹夫逞志于君⑤,而无讨,敢不自讨乎?"免胄入狄师,死焉。狄人归其元⑥,面如生。

【注释】

①素服:丧服。

②乡:通"向",朝着。

③替:废,撤换。

④眚:罪过。

⑤逞志:逞一时之快。

⑥元:头,脑袋。

【译文】

秦穆公身着素服在郊外等候,面对着被释放回来的将士号哭,说:"我没有听蹇叔的话,使你们几位受到侮辱,是我的罪过。不撤回孟明的驻军,这也是我的过错。你们三位有什么罪?而且我不能用一次的过错来掩盖大德。"

狄人入侵齐国,由于晋国有丧事,不能派兵来支援齐国。

僖公进攻邾国,占取了訾娄,以报复升陉这一战役。邾国没有设防。这年秋季,襄仲再一次攻打邾国。

狄军攻打晋国,到达箕地。八月二十二日,晋襄公在箕地打败狄军。郤缺俘虏了白狄子。先轸说:"一个普通人在国君面前一时快意而没有受惩罚,哪里敢不自己惩罚自己?"先轸脱下头盔冲入狄军中,死在战阵上。狄人送回他的脑袋,面色如同活着一样。

【原文】

[传]初,臼季使过冀,见冀缺耨①,其妻馌之,敬②,相待如宾③。与之归,言诸文公曰:"敬,德之聚也④。能敬必有德。德以治民,君请用之!臣闻之:出门如宾,承事如祭⑤,仁之则也。"公曰:"其父有罪,可乎?"对曰:"舜之罪也殛鲧⑥,其举也兴禹⑦。管敬仲⑧,桓之贼也,实相以济。《康诰》曰:'父不慈,子不祗,兄不友,弟不共,不相及也⑨。'《诗》曰:'采葑采菲⑩,无以下体⑪,'君取节焉可也⑫。"文公以为下军大夫。反自箕,襄公以三命命先且居将中军⑬,以再命命先茅之县赏胥臣,曰:"举郤缺,子之功也。"以一命命郤缺为卿,复与之冀,亦未有军行⑭。

【注释】

①冀缺:就是,郤缺,因气候被封于冀地,又名冀缺。耨:锄草。

②敬:恭敬。

③相待如宾:相敬如宾。

④聚:聚集,集中。

⑤承事:治事,受事。

⑥殛:通"极",流放,放逐。

⑦举:举拔。

⑧管敬仲:即管仲。

⑨祗:恭敬。共:通"恭"。相及:相关联,相牵涉。

⑩出自《诗·邶风·谷风》。葑:蔬菜名,即芜菁,又名蔓菁。菲:菲菜,一种芜菁类植物,指萝卜。

⑪下体:指植物的根茎。

⑫节:关键,这里指长处。

⑬中军:古代行军作战分左、中、右或上、中、下三军,由主将所在的中军发号施令。

⑭军行:担任军职。

【译文】

当初,臼季出使,经过冀国,看到冀缺在锄田除草,他妻子给他送饭,二人相敬如宾。臼季便邀请冀缺一起回到国都,对文公说:"恭敬,是德行的集中表现。能够恭敬,就必定有德行。德行应该用来治理百姓,请君王任用他。下臣听说:'出门好像会宾客,承担事情好像参加祭祀,这是仁爱的准则。'"晋文公说:"他的父亲冀芮有罪,可以吗?"臼季回答说:"舜惩办罪人,流放了鲧,他举拔人才却起用鲧的儿子禹。管敬仲是桓公的敌人,任命他为相而得到成功。《康诰》说:'父亲不慈爱,儿子不孝敬,哥哥不友爱,弟弟不恭顺,这是与别人无关的。'《诗》说:'采蔓菁,采萝卜,不要把它下部当糟粕。'您挑他的长处就可以了。"晋文公让冀缺担任下军大夫。从箕地回来,晋襄公用诸侯大臣中的最高级别任命先且居率领中军,用次等级命令把先茅的县赏给胥臣,说:"推举郤缺,是您的功劳。"用三等级别命令郤缺做卿,再给他冀地,但是不担任军职。

【原文】

[传]冬,公如齐,朝,且吊有狄师也①。反,薨于小寝②,即安也③。

晋、陈、郑伐许,讨其贰于楚也。

楚令尹子上侵陈、蔡。陈、蔡成,遂伐郑,将纳公子瑕。门于桔柣之门,瑕覆于周氏之汪④。外仆髡屯禽之以献。文夫人敛而葬之郐城之下⑤。

【注释】

①吊:悼念死者,引申为慰问。

②小寝:天子、诸侯寝宫。

③安:安逸。

④汪:池,指污浊的小水坑。

⑤敛:收敛,入殓。

【译文】

这年冬季,僖公到齐国朝见,同时对狄人进攻这件事表示慰问。回国,死在休息室里,是因为贪图安逸的缘故。

晋国、陈国、郑国进攻许国。惩罚它向着楚国。

楚国令尹子上攻打陈国、蔡国。陈国、蔡国和楚国讲和,然后又进攻郑国,准备把公子瑕送回去做国君。在桔秩之门攻城,公子瑕的战车翻倒在周氏的池塘中,外边的仆人髡屯抓住了他献给郑文公。文公夫人为他收敛而安葬在邻城边上。

中华传世藏书

春秋左传

《春秋左传》原典详解

【原文】

[传]晋阳处父侵蔡,楚子上救之,与晋师夹泜而军①。阳子患之,使谓子上曰:"吾闻之:'文不犯顺②,武不违敌'。子若欲战,则吾退舍③,子济而陈,迟速唯命④。不然,纾我⑤。老师费财⑥,亦无益也。"乃驾以待。子上欲涉,大孙伯曰:"不可!晋人无信,半涉而薄我⑦,悔败何及?不如纾之。"乃退舍。阳子宣言曰:"楚师遁矣。"遂归。楚师亦归。大子商臣谮子上曰:"受晋赂而辟之,楚之耻也。罪莫大焉!"王杀子上。

【注释】

①夹:左右两方相持,从两旁限制。

②犯顺:违背情理,违反正道。

③退舍:退却,退避。

④迟速:慢和快,缓慢或迅速。

⑤纾:宽缓,宽松。

⑥费财:耗费钱财。

⑦薄:通"迫",迫近,接近。

【译文】

晋国的阳处父入侵蔡国,楚国的子上前去救援,和晋军隔着泜水对峙。阳处父对此极为担心,派人对子上说:"我听说:'来文的不能触犯有理之人,来武的不能躲避仇敌之辈。您若想打,那么我后退三十里,您渡河再摆开阵势,何时打听从您的安排。不这样,让我渡过河去缓口气。耗日子,费钱财,也没有什么好处。"于是就驾上战车等着他。子上想要渡河,大孙伯说:"不行。晋国人不讲信用,如果我军渡过一半,他们乘机追击我们,那时战败而后悔,哪里还来得及?不如让他们缓口气。"于是就后退三十里。阳子宣布说:"楚国军队逃走了。"就回国了。楚国军队也就回国。太子商臣诬告子上说:"子上接受了晋国的贿赂而躲避他们,这是楚国的耻辱。罪过没有比这再大的了。"楚成王杀死了子上。

【原文】

[传]葬僖公。缓①,作主②,非礼也。凡君薨,卒哭而祔③,祔而作主,特祀于主④,烝:尝、禘于庙。

【注释】

①缓:推迟,不及时。
②作主:制作木主、神位。
③祔:附祭。
④特祀:谓单向新死者祭祀。

【译文】

安葬僖公,未及时制作神主牌位,这是不合于礼的。凡国君死去,安葬后十多天停止了不定时的号哭,就把死者的神主附祭于祖庙,附祭就要制作神主牌位,单独向新死者的神主祭祀,烝祭、尝祭、禘祭就在祖庙中连同其他祖先一起祭祀。

【讲评】

秦晋之间既有通婚和好的关系,又为了各自的国家利益而发生摩擦。前者在民间留下了"秦晋之好"的俗语,后者则留下了许多著名的战例和行人辞篇。看来国家之间没有永恒的友谊,利益永远是第一位的。但国君作为一国之主,其品行方略对于国家的形象和前途还是有着至关重要的影响。晋文公、秦穆公同为春秋霸主,又是姻亲,雄才大略相似,为人则不尽相同。史家对晋文公颇有微词,多认为不如五霸之首的齐桓公:如孔子《论语》认为"晋文公谲而不正,齐桓公正而不谲",马骕《左传事纬》则认为"凡其(指晋文)举动,大抵报复私仇,不顾礼义,则较之齐桓为不侔"。而秦穆公虽功业不及齐桓公、晋文公,但史家的

秦晋之好

褒赞甚多，如高士奇《左传纪事本末》称之为"春秋之贤诸侯"，马骕《左传事纬》称："秦穆公奋然有为，再置晋君，城濮一战，文公遂霸。君子曰晋之霸也，秦穆其有焉。定晋之乱，成文之功，左右霸主，中国再振，齐桓所不能为者，穆能为之，虽谓之霸，亦未尝不可也。"秦穆公善于审时度势，对外与比邻的晋国基本以和为主，多次表现出大国气度，如两次输送粮食给遭灾的晋国；在国内不拘一格选用人才，勇于承担责任，用人不疑，如崤之战中他不听老臣蹇叔的谏言，未防备晋国而贸然出兵郑国，导致秦军惨败，但是他并未归咎于出征的将士，而是主动担当了战败之责，在军前作了悔过的誓词《秦誓》，并一直信任和重用败军之将孟明视等。秦穆公的这一系列举措为秦国的发展奠定了良好的基础，秦始皇统一六国的基业可以说始肇端于此。

文公

文公元年

【原文】

[经]元年春王正月，公即位。二月癸亥，日有食之。天王使叔服来会葬。夏四月丁巳，葬我君僖公。天王使毛伯来锡公命。晋侯伐卫。叔孙得臣如京师。卫人伐晋。秋，公孙敖会晋侯于戚。冬十月丁未，楚世子商臣弑其君頵。公孙敖如齐。

【原文】

[传]元年春，王使内史叔服来会葬。公孙敖闻其能相人也，见其二子焉。叔服曰："穀也食子，难也收子。谷也丰下[1]，必有后于鲁国。"

于是闰三月，非礼也。先王之正时也，履端于始，举正于中，归余于终。履端于始，序则不愆。举正于中，民则不惑。归余于终，事则不悖。

夏四月丁巳，葬僖公。

王使毛伯卫来赐公命，叔孙得臣如周拜。

晋文公之季年，诸侯朝晋，卫成公不朝，使孔达侵郑，伐绵、訾及匡。晋襄公既祥，使告于诸侯而伐卫，及南阳。先且居曰："效尤，过也。请君朝王，臣从师。"晋侯朝王于温，先且居、胥臣伐卫。五月辛酉朔，晋师围戚。六月戊戌，取之，获孙昭子。卫人使告于陈。陈共公曰："更伐之，我辞之。"卫孔达帅师伐晋，君子以为古。古者越国而谋。

秋，晋侯疆戚田，故公孙敖会之。

初，楚子将以商臣为太子，访诸令尹子上。子上曰："君之齿未也，而又多爱，黜乃乱也。楚国之举，恒在少者。且是人也，蜂目而豺声，忍人也，不可立也。"弗听。既，又欲立王子职，而黜太子商臣。商臣闻之而未察，告其师潘崇曰："若之何而察之？"潘崇曰："享江芈而勿敬也。"从之。江芈怒曰："呼！役夫！宜君王之欲杀女而立职也。"告潘崇曰："信矣。"潘崇曰："能事诸乎？"曰："不能。""能行乎？"曰："不能。""能行大事乎？"曰："能。"

冬十月，以宫甲围成王。王请食熊蹯而死。弗听。丁未，王缢。谥之曰灵，不瞑；曰成，乃瞑。

穆王立，以其为大子之室②与潘崇，使为大师，且掌环列之尹。

穆伯如齐，始聘焉，礼也。凡君即位，卿出并聘，践修旧好，要结外援，好事邻国，以卫社稷，忠信卑让之道也。忠，德之正也；信，德之固也；卑让，德之基也。

殽之役，晋人既归秦帅，秦大夫及左右皆言于秦伯曰："是败也，孟明之罪也，必杀之。"秦伯曰："是孤之罪也，周芮良夫之诗曰：'大风有隧，贪人败类。'听言则对，诵言如醉。匪用其良，覆俾我悖，是贪故也，孤之谓矣，孤实贪以祸夫子，夫子何罪？"复使为政。

【注释】

①丰下：指脸的下部长得丰满。

②室：此指一切财产，包括田地奴隶。

【译文】

文公元年春天，周天子派遣内史叔服来鲁国参加僖公的葬礼。公孙敖知道他能给人相面，便领自己两个儿子穀和难来见他。叔服说："穀能够祭祀供养您，难能够安葬您。穀的下颌丰满，后代在鲁国一定昌大！"

今年闰三月，这是不合礼制的。先王端正时令，年历的推算以冬至当作开始，测定春分、秋分、夏至、冬至的月份当作四季的中月，把剩余的日子归总在一年的末尾。年历的推算以冬至当作开始，四季的次序就不会错乱；以正朔的月份当作标准，民众便不会迷惑，把剩余的月份归总在一年的终了置闰月，事情便没有谬误。

夏四月二十六日,安葬僖公。

周天子派遣毛伯卫来鲁国赐予鲁文公以策命的荣宠。叔孙得臣到成周答谢。

晋文公的晚年,诸侯朝觐晋国,卫成公不去朝觐,反倒派遣孔达侵袭郑国,进攻絺、訾和匡地。晋襄公在举行小祥祭奠之后,派人通告诸侯而征讨卫国,抵达南阳。先且居讲:"效法错误,这是祸害。请您朝觐周天子,下臣随着军队。"晋襄公在温地朝觐了周天子。先且居、胥臣攻击卫国。五月初一日,晋军包围戚地。六月初八日,占取戚地,抓捕了孙昭子。卫国派人报告陈国。陈共公讲:"转过去攻击他们。我去对他们说。"卫国的孔达便带兵攻击晋国。君子认为,如此做属于粗心忽略。粗心忽略,指的是让别国给自己出主意。

秋天,晋襄公划定戚地田土的疆界,故而公孙敖参加了。

先前,楚成王想要立商臣为太子,征求令尹子上的意见。子上讲:"君王的年纪还不算大,并且内宠又多,要是立了商臣再进行废黜,便会有祸乱。楚国立太子,常常选择年轻的。而且商臣这个人,眼睛如胡蜂,声音如豺狼,是一个残忍的人,不能立为太子。"楚成王没有听从。立了商臣之后,又想立王子职而废除太子商臣。商臣听见消息但还没有弄清楚,告诉他老师潘崇说:"如何能弄清楚?"潘崇讲:"你设宴招待江芈而故意表示不尊敬。"商臣听从了。江芈生气说:"啊!贱东西!难怪君王要杀死你而立职做太子。"商臣告诉潘崇讲:"事情确实了。"潘崇说:"你可以事奉公子职吗?"商臣讲:"不可以。"潘崇讲:"可以逃亡出国吗?"商臣讲:"不可以。"潘崇讲:"可以办大事吗?"商臣讲:"可以。"

冬十月,商臣领着宫中的警卫军包围楚成王,逼成王自杀。成王请求吃了熊掌之后去死,商臣不同意。十八日,楚成王上吊而死,给他上谥号称为"灵",尸体不闭眼睛;谥为"成",才闭上眼睛。

楚穆王就位,把他做太子时的房屋财物给了潘崇,让潘崇做太师,并且作为掌管宫中警卫军的长官。

穆伯到齐国去,开始聘问,这是合乎礼的。但凡国君就位,卿出国普遍聘问,继续重温过去的友好,团结外援,善待邻国,来保卫国家,这是合乎忠、信、卑让之道的。忠,意味德行的纯正;信,意味德行的巩固;卑让,意味德行有基础。

肴地这次战役,晋国放回了秦国的主将,秦国的大夫跟左右侍臣都对秦穆公讲:"这次战败,是孟明的罪过,必须要杀死他。"秦穆公说:"这是我的罪过。周朝芮良夫的诗讲:'大风迅猛把全部摧毁,贪婪的人把善良摒退。听见不相干的便喜欢插嘴,听到《诗》、《书》便打瞌睡,不能任命有才能的人,反倒使我和道义相背。'这是因为贪婪的缘故,说的即是我啊。我因为贪婪而让孟明受祸,孟明有什么罪?"重新让孟明执政。

【讲评】

《左传》多预言,较早地记载了相面预言之事。如周内史叔服为鲁国公孙敖的两个儿子看相并预言后事,而楚国令尹子上更为神奇,他反对立商臣为太子的一条重要理由就是商臣长得蜂目而豺声,是残忍之人,后来商臣果然弑父自立。商臣先用激将法从性格急躁的姑母那里探听到了父亲废立的意向,果断发动逼宫篡位,连其父借口吃熊掌拖延时间等待救援,也被他拒绝,还给其父上了恶谥,因为尸体死不瞑目才改谥为"成"。这些行事都说明了他的确如令尹子上所说,是残忍之人。

文公二年

【原文】

[经]二年春王二月甲子,晋侯及秦师战于彭衙,秦师败绩。

[传]二年春,秦孟明视帅师伐晋,以报殽之役。二月,晋侯御之。先且居将中军,赵衰佐之①。王官无地御戎②,狐鞫居③为右。甲子,及秦师战于彭衙④。秦师败绩。晋人谓:"秦拜赐之师⑤。"战于殽也,晋梁弘御戎,莱驹为右。战之明日,晋襄公缚秦囚,使莱驹以戈斩之。囚呼,莱驹失戈。狼瞫⑥。取戈斩囚,禽之以从公乘,遂以为右。箕之役,先轸黜之⑦,而立续简伯。狼瞫怒。其友曰:"盍死之。"瞫曰:"吾未获死所⑧。"其友曰:"吾与汝为难⑨。"瞫曰:"周志⑩有之,勇则害上,不登于明堂⑪。死而不义,非勇也。共用⑫之谓勇。吾以勇求右,无勇而黜,亦其所也。谓上不我知,黜而宜,乃知我矣⑬。子姑待之。"及彭衙,既陈,以其属驰秦师死焉。晋师从之,大败秦师。君子谓狼瞫于是乎君子⑭,诗曰:"君子如怒,乱庶遄沮⑮。"又曰:"王赫斯怒,爰整其旅⑯。"怒不作乱,而以从师⑰,可谓君子矣。秦伯犹用孟明,孟明增修国政⑱,重施于民。赵成子⑲言于诸大夫曰:"秦师又至,将必辟之⑳,惧而增德,不可当也㉑。诗曰:'毋念尔祖,聿修厥德㉒。'孟明念之矣,念德不怠其可敌乎㉓?"

[经]丁丑,作僖公主。

[传]丁丑,作僖公主,书不时也㉔。

[经]三月乙巳及晋处父盟。

[传]晋人以公不朝来讨,公如晋。夏四月己巳,晋人使阳处父盟公以耻之㉕,书曰及晋处父盟,以厌之也㉖,适晋不书,讳之也。

[经]夏六月,公孙敖会宋公、陈侯、郑伯、晋士穀盟于垂陇。

【注释】

①赵衰佐之:赵衰为中军佐,替代郤溱。

②王官无地御戎:王官是氏,无地是人名,御戎是军车。

③狐鞫居:即续简伯,鞫音菊。

④彭衙:秦邑,即陕西白水县东北之衙县故城,今为彭衙堡。

⑤秦拜赐之师:因为当时孟明被秦国放归的时候曾经说:"三年将拜君赐。"

⑥狼瞫:是晋国的勇士。

⑦先轸黜之:先轸就把狼瞫免职。

⑧吾未获死所:我还没得到死的地方。

⑨吾与汝为难:我跟你去造反。

⑩周志:周国的志书。

⑪勇则害上,不登于明堂:勇敢而又害了上边的人,就不会到明堂去受降赐。

⑫共用:以死力来供给国家的用途。

⑬黜而宜,乃知我矣:现在我被免职是很合理的,上边已经知道我。

⑭君子谓狼瞫于是乎君子:因为狼瞫先攻击秦师而死。晋师跟着他打了胜仗,所以君子说狼瞫等于是个君子。

⑮君子如怒,乱庶遄沮:见《诗经·小雅·节南山之什·巧言》篇。意思说君子要发了怒,战乱就可以停止。

⑯王赫斯怒,爰整其旅:见《诗经·大雅》,《文王之什·皇矣》篇。意思说文王要是发起脾气来整顿他的军队,就可以讨伐祸乱了。

⑰怒不作乱,而以从师:发怒而不为祸乱,反倒遵从军队的办法。

⑱增修国政:孟明就修整秦国的政治,特别加重对人民的施舍。

⑲赵成子:即赵衰。

⑳秦师又至,将必辟之:秦国的军队,又要来了,我们只好躲避他。

㉑惧而增德,不可当也:他害怕,增加了德性,那是不可以抵抗的。

㉒诗曰:"毋念尔祖,聿修厥德":这是《诗经·大雅》的一篇,意思说,你要时常想念

你的祖先文王之德,来修明自己的德行。

㉓念德不怠,其可敌乎:思念德性,永远不停止,那怎样能够抵挡。

㉔作僖公主,书不时也:按僖公葬已过十个月方才作神主,所以说是不合时期。

㉕晋人使阳处父盟公以耻之:阳处父是晋大夫使他与鲁君盟誓,使鲁君得到羞耻。

㉖以厌之也:为的用以表示对他讨厌。

【译文】

　　文公二年春王二月,秦国孟明率领军队去伐晋国,用以报复殽的战役,二月晋襄公率兵去抵御,先且居率领中军,赵衰佐助他,王官无地赶着车,狐鞫居作车右。甲子这天,同秦国的军队在彭衙开战,秦国大败,晋国人称他为道谢的军队。以前在殽打仗的时候,晋国梁弘赶着车,莱驹作车右。作战的第二天,晋襄公囚着秦人,使莱驹用戈杀他,囚大叫,使莱驹失了戈,狼瞫取起戈就将囚杀掉,擒莱驹,更登上公的车,就成了晋襄公的车右。箕那次战役,先轸降下了他,更以续简伯为车右。狼瞫生了气,他的朋友说:"何不去死呢?"他说:"我不知往哪里去死。"他的朋友又说:"我同你去杀先轸。"狼瞫就说:"周国的志书上说,勇敢而又害了上边的人,他死了以后就不能登上到明堂去。死了而不合义礼这不是勇敢。为国家来拼命这叫作勇,我是拿勇敢来得到车右,没有勇敢而就被降下,也很合理的。说是上边人不知道我,把我降下是应该的。知道我了,你就慢慢地看着吧。"到了彭衙,已经摆成阵,带着他的属兵,攻打秦国军队就死了。晋国军队随上去,把秦国军队大大打败了。君子说狼瞫这个人是个君子。《诗经·小雅》说过,君子若发怒,乱就可以止住。又说王要发怒,就赶紧整理他的军队。发怒而不作乱反倒领着兵,可以说是君子了。秦穆公仍旧用孟明,孟明就增加修理秦国的政治,对人民很施舍,赵衰对晋国大夫们说:"秦国军队假设又来,我们必定躲避他,害怕而增加德性,这是不可以抵挡的。《诗经·大雅》说:'你要时常想念祖先文王之德,修明自己的德行。'孟明是想念这诗,想念德性又不懈怠,这还能够抵挡吗?"

　　丁丑这天,作僖公的神主牌,这是表示不合于时候。

　　晋国人因为文公不去朝见,就来讨伐鲁国,文公就到晋国去了。夏四月己巳,晋人叫阳处父来与公盟誓,这是为的羞耻鲁国。《春秋》上写着同晋国处父盟誓,这表示对晋国人的损。到晋国去不写到《春秋》上,这是避讳的关系。

【原文】

　　[传]公未至,六月穆伯会诸侯及晋司空士縠①盟于垂陇②,晋讨卫故也。书士縠,堪

其事也③。陈侯为卫请成于晋，执孔达以说④。

[经]自十有二月不雨，至于秋七月⑤。

[经]八月丁卯，大事于大庙，跻僖公。

[传]秋八月丁卯，大事于大庙⑥跻僖公⑦，逆祀也⑧。于是夏父弗忌为宗伯⑨，尊僖公，且明见曰⑩："吾见新鬼大，故鬼小⑪。先大后小，顺也⑫。跻圣贤明也⑬，明顺礼也⑭。"君子以为失礼，礼无不顺。祀，国之大事也。而逆之，可谓礼乎⑮？子虽齐圣不先父食久矣⑯！故禹不先鲧，汤不先契⑰，文武不先不窋⑱，宋祖帝乙，郑祖厉王犹上祖也⑲，是以鲁颂曰："春秋匪懈，享祀不忒，皇皇后帝，皇祖后稷⑳。"君子曰："礼，谓其后稷亲而先帝也㉑。"诗曰："问我诸姑遂及伯姊㉒。"君子曰："礼，谓其姊亲而先姑也㉓。"仲尼曰："臧文仲其不仁者三，不知者三。下展禽㉔，废六关㉕，妾织蒲㉖，三不仁也。作虚器㉗，纵逆祀㉘，祀爰居㉙，三不知也。"

[经]冬晋人宋人陈人郑人伐秦。

[传]冬晋先且居，宋公子成，陈辕选，郑公子归生㉚，伐秦，取汪及彭衙㉛而还，以报彭衙之役。卿不书，为穆公故尊秦也㉜，谓之崇德㉝。

[经]公子遂如齐纳币。

[传]襄仲如齐纳币㉞，礼也。凡君即位，好舅甥修昏姻娶元妃以奉粢盛，孝也㉟。孝，礼之始也㊱。

【注释】

①司空士縠：晋国的司空是官名，士縠是士芳的儿子。

②盟于垂陇：垂陇是郑地，在今河南省广武县，东北有旧陇城。

③书士縠，堪其事也：司空不是卿，因为他很能够做卿的事情，所以写上士縠的名字。

④执孔达以说：就使卫国把孔达捉拿起来，以作解说。说字也可作悦字解。

⑤自十有二月不雨，至于秋七月：虽然不下雨，但是并不成灾害，五谷均能丰收。此经无传。

⑥大事于大庙：大事是祭享，大庙是祖庙。大与泰同音。

⑦跻僖公：僖公是闵公的哥哥。将僖公排在闵公之上。

⑧逆祀也：因为僖公长，为闵公的臣子，可是现在摆在闵公的上面，所以称为逆祀。

⑨夏父弗忌为宗伯：夏父是氏，弗忌是名字，宗伯是掌宗庙昭穆的礼节。

⑩且明见曰：表明他亲眼看见。

⑪吾见新鬼大,故鬼小:新鬼指新死的僖公,故鬼指久已死的闵公。

⑫先大后小顺也:将大鬼摆在前面,小鬼摆在后面,这是顺理成章的。

⑬跻圣贤明也:使圣贤居在高位,是明白的事情。

⑭明顺礼也:明同顺才是合礼的。

⑮祀,国之大事也,而逆之,可谓礼乎:祭祀是国家的大事情,而把它不顺着次序,可以说是合礼吗?

⑯子虽齐圣不先父食久矣:儿子虽是圣贤,可是在祭祀中不能比他父亲先享受。这是久已常见的事情。

⑰故禹不先鲧,汤不先契:所以禹不比他父亲在先,而汤也不能比他十三世祖契在先。

⑱文武不先不窋:周文王同周武王,不能在后稷的儿子不窋之先。

⑲宋祖帝乙,郑祖厉王,犹上祖也:宋国以微子的父亲帝乙为祖先。郑国以郑桓公的父亲周厉王为祖先。可见对于祖上的恭敬。

⑳春秋匪懈,享祀不忒,皇皇后帝,皇祖后稷:春天秋天全不懈怠,祭享不能有错误,后帝是很高美的,皇祖就是后稷。

㉑礼,谓其后稷亲而先帝也:这是合礼,说这句话指着后稷虽然亲近,但是要把上天帝摆在前面。

㉒问我诸姑,遂及伯姊:问我的诸位姑姑,遂后到长姊姊,这是毛诗《邶风》的诗句。

㉓礼,谓其姊亲而先姑也:这是合礼的,因为姊姊虽是亲,但是姑姑仍旧在先。

㉔下展禽:展禽就是柳下惠。

㉕废六关:六关是鲁国的六关,比如塞关,阳关等。

㉖妾织蒲:他的家人织蒲席与人民争利。

㉗作虚器:这就是所谓居蔡,山节,藻棁,没有位置,而做这种器具,所以叫作虚器。

㉘纵逆祀:就是上文所说的听从夏父弗忌的话。

㉙祀爰居:海鸟曰爰居,止于鲁东门外,文仲以为神,命国人祭祀也。

㉚宋公子成,陈辕选,郑公子归生:他们全是宋国同陈国同郑国的卿。

㉛取汪及彭衙:汪是秦地,在今陕西省白水县境内,江永说:"这应当与彭衙相近。"

㉜卿不书,为穆公故尊秦也:不写卿的名字,这是为了秦穆公的缘故,对秦国特别尊敬。

㉝崇德:为的尊重德性。

㉞襄仲如齐纳币：襄仲就是公子遂，到齐国订婚。

㉟好舅甥修昏姻娶元妃以奉粢盛，孝也：舅是岳父，甥是女婿，修婚姻的好合，娶嫡夫人，为的是来共同祭祀，这是孝的道理。

㊱孝，礼之始也：孝是礼的开始。

【译文】

鲁文公没到晋国以前六月，公孙教同诸侯开会，同晋国的司空士縠在垂陇这地方盟誓，这是为的要讨伐卫国的使晋国高兴。上写着士縠，因为他能够担任卿的事情。陈侯为卫国向晋国请求和平，就使卫国把孔达逮起来，以作解说。

自去年冬天不下雨至今秋天七月。

秋天八月丁卯，在祖庙中祭祀，把僖公的神主摆在上边，这是不合礼的祭祀。这时间夏父弗忌做宗伯的官，他尊重僖公，并且能看见鬼，说：“我看见新鬼很大，旧鬼很小。把大的摆在前边，把小的摆在后边，这是很平顺的。把圣贤摆在上面，这是很明白的，明和顺全是合礼的。”君子以为这是很失了礼节，礼没有不顺的。祭祀，是国家的大事，而反过，可以说他是合于礼吗？儿子虽然是圣人，久已不先他父亲吃饭。所以禹不先鲧，汤也不先契，周文武不在不窋先，宋以帝乙为祖先，郑以厉王为祖先，全是尊重祖先的。所以《鲁颂》说：“春天秋天全不能懈怠，祭享不能错误，后帝是很高美的，皇祖就是后稷。”君子说：“这很合于礼，说后帝是亲，而把上帝推在上边。”《诗经》又说过：“问我的诸位姑姑的好，遂连到长的姊姊。”君子说：“这也是礼，虽然姊姊亲，而姑姑要在前。”仲尼说：“臧文仲有不仁的三件事，不智的三件事。不使展禽在高位，废除六个关口，他的妾全都织蒲草，这是三种不仁的事。作没有用的器具，放纵夏父弗忌的话，又祭祀爰居的鸟，这是三种不智的事情。”

冬天，晋国的先且居，宋公子成，陈辕选，郑公子归生讨伐秦国，拿了汪及彭衙就回来了，这是报复彭衙的战役。卿不写上，因为秦穆公的缘故，尊重秦国，说是崇德。

公子遂到齐国订婚，这是很合于礼的。凡是在君即位以后，修甥舅的好，修婚姻，娶长妃，以为的祭祀，这是孝顺的。孝是礼的开始。

【讲评】

夏父弗忌把鲁僖公的灵位升于闵公之前，即“逆祀”，被君子认为“失礼”，但他提到“明德”为先，反映出当时人对于德行的重视。

文公三年

【原文】

[经]三年春,王正月,叔孙得臣会晋人、宋人、陈人、卫人、郑人伐沈。沈溃。

夏五月,王子虎卒。

秦人伐晋。

秋,楚人围江。

雨螽于宋。

冬,公如晋。十有二月己巳,公及晋侯盟。

晋阳处父帅师伐楚以救江。

【原文】

[传]三年春,庄叔会诸侯之师伐沈,以其服于楚也。沈溃,凡民逃其上曰溃,在上曰逃。卫侯如陈,拜晋成也。

夏四月乙亥,王叔文公卒。来赴,吊如同盟,礼也。秦伯伐晋,济河焚舟,取王官,及郊。晋人不出,遂自茅津济,封殽尸而还。遂霸西戎,用孟明也。君子是以知秦穆之为君也,举人之周也,与人之壹也;孟明之臣也,其不解也,能惧思也;子桑之忠也,其知人也,能举善也。《诗》曰:“于以采蘩?于沼于沚。于以用之?公侯之事。”秦穆有焉。“夙夜匪解,以事一人”,孟明有焉。“诒厥孙谋,以燕翼子,”子桑有焉。

秋,雨螽于宋,队而死也。楚师围江。晋先仆伐楚以救江。

冬,晋以江故告于周,王叔桓公、晋阳处父伐楚以救江。门于方城,遇息公子朱而还。

晋人惧其无礼于公也,请改盟。公如晋,及晋侯盟。晋侯飨公,赋《菁菁者莪》。庄叔以公降、拜,曰:“小国受命于大国,敢不慎仪?君贶①之以大礼,何乐如之。抑小国之乐,大国之惠也。”晋侯降,辞,登,成拜。公赋《嘉乐》。

【注释】

①贶:赏赐。

【译文】

鲁文公三年春季，庄叔会合诸侯进攻沈国，由于它投靠楚国。沈国的民众溃散，但凡民众逃避他们上层人物称为"溃"，上层人物逃走称为"逃"。卫侯到陈国去，这是为了答谢陈国所促成的卫、晋两国的和议的原因。

夏四月二十四日，王叔文公死，发来了讣告。鲁国派人以同盟国的礼节吊唁他，这是合于礼的。秦伯进攻晋国，渡过黄河后烧掉船只，攻取了晋国的王官跟郊地。晋军不出战，于是秦军从茅津渡过黄河，埋葬完前次地之战的尸骨才回国，秦伯便此成了西戎的霸主，这全是因为任命了孟明。故而君子晓得秦穆公作为国君，提拔人才考虑全面，任命人才专一不疑，孟明作为臣子，可以努力不懈，戒惧多思；子桑忠心耿耿，他了解别人，可以推举好人。《诗经》里讲："哪里去采白蒿？到池塘里，到小洲上。在哪儿使用它？在公侯的典礼上。"秦穆公便是如此的。"从早到晚不松懈，以侍奉天子一个人。"孟明做到了这些。"留给子孙好计谋，子孙安定受庇护。"子桑便是如此的人。

秋季，宋国发现很多鹢斯如雨落下来，落到地上便死了。楚军包围江国，晋国的先仆进攻楚国以救援江国。

冬季，晋国把楚国侵略江国的事上奏周天子，王叔桓公、晋国的阳处父去进攻楚国以救援江国。晋、周联军进攻楚国方城山关口时，碰到了楚国的息公子朱，此后便回国了。

晋国人担心曾经对文公无礼，请求更改盟约。文公到了晋国，与晋侯结盟。晋侯设宴招待文公，并吟赋《菁菁者莪》表达欢迎。庄叔让文公走下台阶拜谢，讲："小国接受大国的命令，怎敢对礼仪不慎重？君王赐我们以隆重的礼教，还有什么比这更愉快的呢？小国的愉快，是大国的恩惠。"晋侯也走下台阶辞让，再登上台阶，完成了拜礼，文公赋《嘉乐》吟诵以表达感谢。

【讲评】

秦穆公为人宽厚，知人善任，在孟明视一再失利的情况下仍坚持任用，以至于《左传》作者忍不住夸赞其人，后人也评论说"不以成败论英雄，古今惟秦穆一人！"（钟惺《史怀·评左传》）。而孟明视忠心耿耿，知耻后勇，修明德行，最终以胜利报答了主君的知遇之恩。君臣都值得称许，难怪秦国能称霸西戎。

文公四年

【原文】

[经]四年春公至自晋①。

[传]四年春,晋人归孔达于卫。以为卫之良也,故免之②。夏卫侯如晋拜③,曹伯如晋会正④。

【注释】

①此经无传。

②以为卫之良也,故免之:文公二年,卫人曾执孔达,为使晋人高兴,晋国以为他是卫国的良臣,就把他赦免了。

③夏卫侯如晋拜:卫侯朝谢晋国为释放孔达。

④曹伯如晋会正:曹伯也到晋国去,受贡赋之数目。

【译文】

四年春天,文公自晋国回来。

四年春,晋国人把孔达归还给卫国,以为他是卫国的良臣,所以把他赦免了。夏天,卫侯到晋国拜谢,曹伯也到晋国询问贡赋的数目。

【原文】

[经]夏逆妇姜于齐。

[传]逆妇姜于齐,卿不行非礼也①,君子是以知,出姜之不允于鲁也②,曰:"贵聘而贱逆之③,君而卑之,立而废之④,弃信而坏其主⑤,在国必乱,在家必亡。不允宜哉⑥。诗曰:'畏天之威于时保之。'敬主之谓也⑦。"

[经]狄侵齐⑧。

[经]秋楚人灭江。

[传]楚人灭江,秦伯为之降服,出次不举过数⑨,大夫谏,公曰:"同盟灭,虽不能救,敢不矜乎⑩?吾自惧也⑪!"君子曰:"诗云:'惟彼二国,其政不获,唯此四国,爰究爰

度⑫。'其秦穆之谓矣?"

[经]晋侯伐秦。

[传]秋晋侯伐秦,围刓新城⑬;以报王官之役⑭。

[经]卫侯使宁俞来聘。

[传]卫宁武子⑮,来聘,公与之宴,为赋湛露及彤弓⑯。不辞,又不答赋,使行人私焉⑰。对曰:"臣以为肄业及之也⑱。昔诸侯朝正于王⑲,王宴乐之,于是乎赋湛露,则天子当阳诸侯用命也⑳。诸侯敌王所忾而献其功㉑,王于是乎赐之彤弓一,彤矢百,玈弓矢千,以觉报宴㉒。今陪臣来继旧好㉓,君辱贶之,其敢干大礼以自取戾㉔。"

[经]冬,十有一月壬寅夫人风氏薨。

[传]冬,成风薨㉕。

【注释】

①逆妇姜于齐卿不行非礼也:去迎接妇姜在齐国,卿自己不去,这不合于礼节。

②君子是以知出姜之不允于鲁也:这可以知道,出姜是不为鲁国所尊敬。因为文公死了以后,出姜就被遣送回齐国,所以称呼她为出姜。

③贵聘而贱逆之:当时是公子遂去订婚的,而现在卿不去,派低贱的官吏去迎接她。

④君而卑之,立而废之:君是等于小君,不以夫人礼迎她是鄙视她,立了以后又废掉她。

⑤弃信而坏其主:背了信实,而毁坏他的主人。

⑥不允宜哉:不被尊敬,这是很相宜的。

⑦畏天之威于时保之,敬主之谓也:敬畏上天的威严,于是保全福禄,这是恭敬主人的原因。

⑧此经无传。

⑨秦伯为之降服,出次不举过数:秦穆公为这件事穿着素服,不住正殿,不举行宴会,超过固定的礼数。

⑩同盟灭,虽不能救,敢不矜乎:同盟被灭虽然不能援救他,不敢不自我庄敬。

⑪吾自惧也:我为自己而害怕。

⑫惟彼二国,其政不获,惟此四国,爰究爰度:那二国政治不安定,可是这四国是真正对于政治有所研究的。

⑬围刓新城:刓音元,在今陕西省澄城县境。江永以为刓与新城是两个地方,俞樾以

为新城就是刜，不是两个地方。《一统志》说："新城在今陕西省澄城县东北二十里。"

⑭王官之役：见文公三年。

⑮宁武子：即宁俞。

⑯为赋湛露及彤弓：《湛露》及《彤弓》两篇诗，皆属于毛诗《小雅》。

⑰不辞，又不答赋，使行人私焉：他不辞让，也不另赋旁的诗篇来答谢，鲁文公就使掌管兵科的行任官，偷偷地问他。

⑱臣以为肄业及之也：我以为是偶然的练习到此。

⑲昔诸侯朝正于王：诸侯在周王那里上朝而受政教，叫朝正。

⑳王宴乐之，于是乎赋湛露，则天子当阳，诸侯用命也：王给他宴会。于是乐工歌唱《湛露》这篇诗，这就是天子在上边，诸侯全服从命令。

㉑诸侯敌王所忾而献其功：忾是又恨又怒。诸侯反对王所愤怒的人，而献他的功劳。

㉒彤弓一，彤矢百，玈弓矢千，以觉报宴：玈弓是红颜色的弓，玈弓是黑颜色的弓，旅音卢。彤矢是红颜色的箭。

㉓今陪臣来继旧好：现在我来继续旧的和好。

㉔君辱贶之其敢干大礼以自取戾：你特别赐给我宴会，我何敢干犯大礼，以自己取得罪。

㉕成风薨：僖公的母亲即文公的祖母死了。

【译文】

夏天，到齐国去迎接妇姜，这次鲁国的卿不去，这是不合礼的。君子所以知道出姜不被鲁国所尊敬，说："派贵人去聘问，而派低贱的人去迎接，以她为小君而看不起她，立了以后又把她废掉，丢弃信用而坏了内主，有这种事在国家必定要乱，在家里必定要亡。她不为人民所尊敬，这很合宜的。《诗经·周颂》也说：'怕上天的威严。就为的保持福禄。'这是对主人的尊敬所说的。"

狄人侵略齐国。

秋天楚国人把江国灭掉，秦伯因为这缘故，穿着素服，不住正寝，去掉所有的宴会。大夫们全谏他。他说："同盟被灭掉，虽不能去救护他，敢不自我庄敬吗？我是为自己害怕。"君子说："《诗经·大雅》一句话：'那两个国家政治不很安定，可是这四个国家，能够研究有度谋。'这就是指着秦穆公所说的。"

晋侯伐秦国，围了刜同新城两个地方，这是为的报复王官的战役。

卫国宁速来鲁国聘问，鲁文公给他宴会，叫乐工们歌唱《湛露》同《彤弓》两篇诗。他不辞谢也不回答歌唱，鲁文公派行人去私问。他回答说："我以为你们练习，来歌唱到这两篇诗。从前诸侯在周王那里朝正的时候，王给他宴会，于是就给他歌唱《湛露》，就是天子在正面，诸侯全听话。诸侯反对王所恨的人而献他的功劳，周王就赏给他彤弓一个，彤矢一百个，玈弓矢一千，以明示庆功宴会。我现在来续旧的要好，你就给我这种赏赐，我哪里敢干犯大的礼节，以自取到罪戾。"

冬天，僖公的母亲成风死了。

【讲评】

甯武子是春秋时期卫国名臣，孔子对他的评价是："甯武子，邦有道，则知；邦无道，则愚。其知可及也，其愚不可及也。"（《论语·公冶长》）历代注家对这段话意见纷纭，一种理解如邢昺疏："若遇邦国有道，则显其知谋；若遇无道，则韬藏其知而佯愚。"即认为甯武子懂得明哲保身，国家政治清平就贡献聪明才智，国家政治昏乱就揣着明白装糊涂。另一种如朱熹《论语集注》的理解："武子仕卫，当文公、成公之时。文公有道，而武子无事可见，此其知之可及也。成公无道，至於失国，而武子周旋其间，尽心竭力，不避艰险。凡其所处，皆智巧之士所深避而不肯为者，而能卒保其身以济其君，此其愚之不可及也。"甯武子在卫文公政治清平、国家无事之时好像碌碌无为，到成公和卫国社稷陷入危难时竭力支撑，辅佐成公奠定卫国的安定局面，其愚非常人所及，然而正可谓社稷之良臣。

文公五年

【原文】

［经］五年春王正月，王使荣叔归含，且赗。三月辛亥，葬我小君成风。王使召伯来会葬。夏，公孙敖如晋。秦人入鄀。秋，楚人灭六。冬十月甲申，许男业卒。

【原文】

［传］五年春，王使荣叔来含且赗，召昭公来会葬，礼也。

初，鄀叛楚即秦，又贰于楚。夏，秦人入鄀。

六人叛楚即东夷。秋，楚成大心、仲归帅师灭六。冬，楚公子燮灭蓼。臧文仲闻六与蓼灭,曰:"皋陶、庭坚,不祀忽诸。德之不建,民之无援。哀哉!"

晋阳处父聘于卫,反过宁,宁嬴从之,及温而还,其妻问之。嬴曰:"以刚①。《商书》曰:'沈渐刚克,高明柔克。'夫子壹之,其不没乎!天为刚德,犹不干时,况在人乎?且华而不实,怨之所聚也。犯而聚怨,不可以定身。余惧不获其利而离其难,是以去之。"晋赵成子、栾贞子、霍伯、臼季皆卒。

【注释】

①以刚:太刚硬。

【译文】

鲁文公五年春季,周天子派荣叔来鲁国致送含玉跟丧葬用物,召昭公来鲁国参与成风的葬礼,这是合乎礼的。

先前,郜国背叛楚国亲近秦国,又和楚国有勾结。夏天,秦军攻入都国。

六国人反叛楚国亲近东夷。这年秋天,楚国成大心、仲归领着军队灭亡了六国。这年冬季,楚国公子燮灭掉了蓼国。鲁国大夫臧文仲听到六国跟蓼国灭亡,讲:"皋陶、庭坚,忽然就没有人祭奠了。国君不修德行,民众得不到救援,伤心啊!"

晋国阳处父到卫国聘问,回国时经过宁地,宁嬴跟随着他。抵达温地宁嬴又回来了,他的妻子问他。宁嬴讲:"太刚硬了。《商书》讲:'深沉不暴露的人能刚硬,爽朗不弱的人能柔和。'那个人只具备其一,或许不得善终吧!上天属于刚强的德行,并且还不触犯寒暑四时的次序,况且在人事上呢?并且华而不实,便会聚集怨恨。触犯别人而聚集怨恨,不可以安定自身。我害怕不能获得利益反倒遭到祸害,故而才远离他。"晋国的赵衰、栾枝、先且居、胥臣都死了。

【讲评】

《左传》在写人之时的一个惯用手法是不正面评述,而是借周围人的看法突出这个人的个性特征,如晋国的阳处父虽被晋襄公信服,但是为人刚强,不善谋略,处理关系时难免考虑不周而到处树敌,令自己陷入孤立无援境地。后来他果然因为力挺赵盾而被贾季怀恨杀死。通过甯嬴对阳处父恰如其分的评价,揭露了其人的性格特点,预示了后文他不得善终的原因。这是作者写人的巧妙之处。

文公六年

【原文】

[经]文公六年春,葬许僖公①。

[传]春晋蒐于夷,舍二军②,使狐射姑将中军③,赵盾佐之④。阳处父至自温,改蒐于董⑤,易中军⑥。阳子成季之属也,故党于赵氏。且谓赵盾能,曰:"使能,国之利也,是以上之⑦。"宣子于是乎始为国政⑧,制事典⑨,正法罪⑩,辟狱刑⑪,董逋逃由质要⑫,治旧洿⑬,本秩礼⑭,续常职,出滞淹,既成以授大傅阳子与大师贾陀,使行诸晋国以为常法。

【注释】

①此经无传。

②晋蒐于夷舍二军:在僖公三十一年,晋始作五军,现在又抛去二军回复三军制度。夷是晋地,江永以为就是庄公十九年的夷,但是师大程发轫教授以为不对,应该距离晋国的都城绛不远。

③使狐射姑将中军:替代先且居。射音亦。

④赵盾佐之:赵盾是赵衰的儿子,他替代赵衰。

⑤改蒐于董:《水经注》:"涑水西迳董泽,陂南即古池,东西四里,南北三里,《春秋》文公六年,蒐于董,即斯泽也。"

⑥易中军:改换以赵盾为中军帅,而将狐射姑由中军帅改成中军佐。

⑦使能,国之利也,是以上之:使派能干的人,是国家的利益,所以把赵盾改为中军帅,比较地位更高。

⑧宣子于是乎始为国政:宣子是赵盾的谥号,于是开始管理国家的政治。

⑨制事典:制定各种规章。

⑩正法罪:使法律的轻重全都合适。

⑪辟狱刑:治理刑狱事件。

⑫董逋逃由质要:清查因欠债而逃走的人。并用契约来防止逃债。

⑬治旧洿:清理旧的错误。

⑭本秩礼:分别贵同贱。

【译文】

六年春,给许僖公下葬。

晋国在夷这地方打猎,去掉两个军,叫狐射姑为中军将,赵盾来辅佐他。阳处父从温这地方回来,就又在董的地方打猎,换了中军的将佐。因为阳处父是赵衰的属下,所以跟赵盾为党并且说赵盾很能干,就说:"使很能干的,是对国家有利的,所以把他摆在上面。"赵盾就开始管理晋国的政权,制定规章,正法律的轻重,办理刑狱事件,清查因欠债而逃亡的人,并用契约来防止逃债,清理旧的错误,分别贵贱,把废的官职更立好,又拔贤能官,这个法典修成以后,就交给太傅阳处父同大师贾陀,使他们在晋国行使,以为常用的法典。

【原文】

[经]夏季孙行父如陈。

[传]臧文仲以陈卫之睦也,欲求好于陈①夏季文子聘于陈且娶焉②。

[经]秋季孙行父如晋。

[经]八月乙亥,晋侯骦卒。

[传]秋,季文子将聘于晋,使求遭丧之礼以行。其人曰:"将焉用之③?"文子曰:"备豫不虞,古之善教也④,求而无之实难⑤,过求何害⑥。"八月乙亥,晋襄公卒,灵公少,晋人以难故欲立长君⑦,赵孟曰:"立公子雍,好善而长。先君爱之,且近于秦,旧好也。置善则固,事长则顺,立爱则孝,结旧则安⑧,为难故,故欲立长君,有此四德者,难必抒矣⑨。"贾季⑩曰:"不如立公子乐⑪,辰嬴嬖于二君⑫,立其子,民必安之。"赵孟曰:"辰嬴贱,班在九人⑬其子何震之有⑭?且为二君嬖淫也⑮,为先君子,不能求大,而出在小国,辟也⑯,母淫子辟,无威,陈小而远,无援⑰,将何安焉⑱。杜祁以君故,让偪姞而上之⑲,以狄故让季隗而己次之,故班在四⑳,先君是以爱其子,而仕诸秦,为亚卿焉㉑。秦大而近,足以为援,母义子爱,足以威民㉒,立之,不亦可乎?"使先蔑士会㉓如秦逆公子雍。贾季亦使召公子乐于陈,赵孟使杀诸郫㉔。贾季怨阳子之易其班也㉕,而知其无援于晋也㉖,九月,贾季使续鞫居㉗杀阳处父,书曰:"晋杀其大夫,侵官也。"

【注释】

①臧文仲以陈卫之睦也,欲求好于陈:臧文仲因为陈国同卫国很和睦,所以想同陈国

要好。

②季文子聘于陈且娶焉：季文子即季孙行父，因此就往陈国聘问，并且在那里娶陈侯的女儿。

③将焉用之：有什么用处。

④备豫不虞，古之善教也：预先预备好了，就不会发生困难，这是古人的好教导。

⑤求而无之实难：如临时要寻找，不易得到，那就是困难。

⑥过求何害：求得过分有什么错误。

⑦晋人以难故，欲立长君：晋人因为国家多难，所以想立年长的为君。

⑧置善则固，事长则顺，立爱则孝，结旧则安：立了善良的人则政治可以安稳，侍奉年长的君这是很顺理的，立了先君所爱的儿子，这是很孝顺，并且秦国是晋国的旧好，跟旧好的国家结合，就可以安全。

⑨有此四德者，难必抒矣：有以上四种德性的人，国家的困难必定会抒除。

⑩贾季：就是狐射姑。

⑪公子乐：也是晋文公的儿子。

⑫辰嬴嬖于二君：辰嬴是怀嬴，秦穆公的女儿先嫁晋怀公，后来秦穆公又叫她嫁给晋文公。

⑬班在九人：在晋文公的各夫人中她列在第九位。

⑭其子何震之有：她的儿子有什么威力（影响力）。

⑮且为二君嬖淫也：曾经为二君喜爱，这是等于淫乱。

⑯而出在小国辟也：而他出在小的陈国，这是固陋。

⑰陈小而远无援：陈国小而且又远这是没法帮助他回来的。

⑱将何安焉：那么这将何以安定。

⑲杜祁以君故，让偪姞而上之：杜祁是杜国的女孩子，祁是她的姓，以君故，是因晋襄公的缘故，使偪姞的地位在她上面。偪姞是偪国的女儿姬姓，是襄公的生母。

⑳以狄故让季隗而己次之，故班在四：季隗是狄国的女儿，文公在狄国的时候所娶，所以杜祁让她，因而她的地位排于第四。

㉑而仕诸秦，为亚卿焉：叫他到秦国做官，为第二等的卿官。

㉒母义子爱足以威民：母亲谦让，很有义气，儿子又为父亲所爱，这足以使人民威信。

㉓先蔑士会：先蔑是士伯，士会就是随季。全是晋大夫。

㉔郫：是晋地，《一统志》："邵原废县，在济源县西一百二十里，古曰郫亦曰郫邵，今为

邳原镇。"

㉕易其班也：因为怨恨阳处父将他的中军帅，变成中军佐。

㉖而知其无援于晋也：因为族人少，而又得罪人多，所以晋国没人援助他。

㉗鞫居：是狐射姑的族人。

【译文】

臧文仲因为陈国同卫国全很和睦，就希望同陈国要好，夏天，季文子到陈国聘问，并且娶了他的夫人回来。

秋天，季文子将到晋国去聘问，要求遇见丧事的礼节去办。他的随从人说："这哪里有用？"文子说："预备意外的事，是古时候的好教训，临时要找那是很难，多要求有什么害处？"八月乙亥，晋襄公死了，他的儿子灵公年幼，晋人因为祸难的缘故，想立年长的君，赵盾说："立文公的儿子公子雍，喜欢善事而年长。先君也很喜欢他，并且他近于秦国，秦国是与晋国旧好的国家，立一个善良的人，政局就能坚固，事奉长君也很顺理，立了先君所爱就是孝顺，联合旧的友好，就安定，因为祸难的缘故，所以想立年长的君，有了这四件事，这祸难必定可以解除了。"狐射姑说："不如立公子乐，他的母亲辰嬴为两个君所喜欢，立了她的儿子为君，人民必定安定。"赵盾说："辰嬴是很低贱的，班次在第九人，她的儿子有什么威严，并且她是两个君所喜欢，是淫乱的。为先君的儿子，不能到大国去，而出在小国，这是固陋，母亲是淫乱，儿子固陋，没有威严，陈国很小而离晋国远，没法援助，这怎么安定呢？杜祁因为襄公的缘故，所以使偪姞在她的上边，因为狄国的缘故，让季隗而自己在下边，所以班次在第四，文公因而喜爱她的儿子，叫他到秦国做亚卿的官，秦国很大又近，可以做援助，母亲很有义气，儿子被怜爱，足以使人民畏惧，立他，不也可以吗？"就派先蔑士会到秦国去迎接公子雍。狐射姑也派人去陈国去迎接公子乐，赵盾派人在郓这地方把他杀掉。狐射姑因为恨阳处父，换了他的班次，又知他在晋国没有援助，九月，狐射姑使续简伯杀了阳处父，《春秋》上写着："晋国杀他大夫。这是因为阳处父侵夺官职。"

【原文】

[传]秦伯任好卒，以子车氏之三子奄息，仲行，鍼虎为殉①，皆秦之良也。国人哀之，为之赋黄鸟②。君子曰："秦穆之不为盟主也宜哉，死而弃民③。先王违世犹诒之法④而况夺之善人乎？诗曰：'人之云亡，邦国殄瘁⑤。'无善人之谓，若之何夺之⑥？古之王者知命之不长，是以并建圣哲⑦，树之风声⑧，分之采物⑨著之话言⑩，为之律度⑪，陈之艺极⑫引之

表仪⑬,予之法制⑭,告之训典⑮,教之防利⑯,委之常秩⑰,导之以礼则,使毋失其土宜⑱,众隶赖之⑲,而后即命⑳,圣王同之㉑。今纵无法以遗后嗣,而又收其良以死㉒,难以在上矣㉓!"君子是以知秦之不复东征也㉔。

[经]冬十月公子遂如晋葬晋襄公。

[经]晋杀其大夫阳处父。

[经]晋狐射姑出奔狄。

[传]冬十月襄仲如晋葬襄公,十一月丙寅,晋杀续简伯㉕。贾季奔狄㉖。宣子使臾骈送其帑㉗。夷之蒐,贾季戮臾骈,臾骈之人欲尽杀贾氏以报焉㉘。臾骈曰:"不可,吾闻前志㉙有之曰:'敌惠敌怨,不在后嗣,忠之道也㉚。'夫子礼于贾季,我以其宠报私怨,无乃不可乎?介人之宠非勇也㉛,损怨益仇非知也㉜,以私害公非忠也㉝,释此三者,何以事夫子?"尽具其帑与其器用财贿㉞,亲帅扞之送至诸竟㉟。

[经]闰月不告朔犹朝于庙。

[传]闰月不告朔㊱,非礼也。闰以正时㊲,时以作事㊳,事以厚生㊴。生民之道于是乎在矣。不告闰朔,弃时政也,何以为民㊵?

【注释】

①以子车氏之三子奄息、仲行、鍼虎为殉:子车是秦国大夫的氏,奄息,仲行,鍼虎是他族中的三个儿子,跟秦穆公一起下葬,殉是活葬的意思,这种殉葬是古代的方法,到春秋已经废除,不过秦国是西戎化的东夷,可能在这时候,仍旧保持古代的风俗。

②黄鸟:秦国人就给他赋《黄鸟》这篇诗,现见于毛诗《秦风》中。

③死而弃民:死了以后而抛弃了人民。

④先王违世犹诒之法:先王死的时候,尚且留下法律。

⑤人之云亡,邦国殄瘁:这是《诗经·大雅》的一句,他说善人要死了,就使他的国家整个全像得了病一样。

⑥无善人之谓,若之何夺之:这是讲没有善人的话,为什么还要把善人夺掉。

⑦古之王者知命之不长,是以并建圣哲:古代的王者,知道命已不长,就养成很多圣哲,使他们管理人民。

⑧树之风声:依土地同风俗建立了声教的方法。

⑨分之采物:采物指的是旗子,衣服各有不同。

⑩著之话言:写下很多好的言语。

⑪为之律度:律度是指得钟律同度量。

⑫陈之艺极:贡献了很多的标准。

⑬引之表仪:还给他引申出来很多威仪。

⑭予之法制:给他各种法律制度。

⑮告之训典:训典是先王所著的书册。

⑯教之防利:教他防备坏事,兴发利益。

⑰委之常秩:给他各官常用的职务。

⑱导之以礼则,使毋失其土宜:用礼来导引他,叫他不要丢掉他这方面所应该用的事物。

⑲众隶赖之:大家全都听从他的。

⑳而后即命:然后方才死。

㉑圣王同之:圣智的王跟古代一样。

㉒今纵无法以遗后嗣,而又收其良以死:现在虽然没有方法留下后来做君的人,又把他的善良的人殉葬了。

㉓难以在上矣:难以在上面做君王。

㉔君子是以知秦之不复东征也:所以秦国从此以后没有办法东征各诸侯而称霸。

㉕续简伯:即续鞠居。

㉖贾季奔狄:贾季即狐射姑逃到狄国去了。

㉗宣子使臾骈送其帑:赵盾叫臾骈(晋大夫)把他的家产及妻子全都送到狄国去了。

㉘夷之蒐,贾季戮臾骈,臾骈之人欲尽杀贾氏以报焉:在夷蒐的时候,贾季曾经刑辱臾骈,所以臾骈的部属,就想尽杀贾氏的人报仇。

㉙吾闻前志:我听说从前的书上讲过。

㉚敌惠敌怨,不在后嗣,忠之道也:敌人有恩惠同敌人有怨恨,对他的后人,没有关系这是忠厚的道理。

㉛介人之宠非勇也:利用人家的宠爱这不是勇敢。

㉜损怨益仇非知也:消除了对贾氏的怨恨,却造成赵盾对我的仇恨,这是不智慧。知音义同智。

㉝以私害公非忠也:因私人的事而害了公事,这不是忠正。

㉞尽具其帑与其器用财贿:完全将他的妻子与他所用的物品钱财。

㉟亲帅扞之送至诸竟:亲自保卫护送到晋国同狄人的边境上。

㊱闰月不告朔：闰月而不告朔于庙中。

㊲闰以正时：因为时间见差错，就加上闰月以修正它。

㊳时以作事：时间正了，就可以按着时间来做事情。

㊴事以厚生：做事会有收获，可改善生活。

㊵不告闰朔，弃时政也，何以为民：在闰月而不告朔于庙，这是丢掉时间同政令，怎样治理民间呢？

【译文】

秦穆公死了，把子车氏的三个儿子奄息，仲行，鍼虎做了殉葬的人，这全是秦国的良臣，秦国人很哀痛他们，为他们赋《黄鸟》这篇诗。君子说："秦穆公不能做盟主，这是很相宜的，死了而抛弃人民。先王离开这个世界，尚且留下法典。何况又把善人夺掉呢？《诗经·大雅》说过：'善人要死了，邦国全得到了病。'这是指着没有善人，为什么还要夺掉他。古代的王者，知道他的寿命不能长，所以养成很多圣哲，来管理人民，因土地风俗建立教化方法，还有旌旗衣服给他们分配等级，写下很多善言，制作钟律度量，贡献了很多法则，引了很多威仪，并给他法制，告诉他先王的训典，教给他防恶兴利，还给他长的官职，以礼指导他，使他不要失掉他的土宜，众人全仰赖他，而后才死。圣王也同这相同。现在既然没有法留给后嗣的人，而又收他的良臣去死，这很难为在上位了。"君子所以知道秦国不能再往东边征伐。

冬天十月，公子遂到晋国，为的晋襄公的下葬。十一月丙寅，晋国杀了续简伯，狐射姑也逃到狄国，赵盾派史骈送他的妻子去。夷那次打猎的时候，狐射姑曾刑辱史骈，史骈的部下，想把狐射姑的人全杀掉，以报这个仇。史骈说："不可以。我听见古书中说：'同敌人有恩惠，或者敌人有怨望，全与他后嗣无干，这是忠的道理。'赵盾对狐射姑很有礼貌，我拿他的宠爱，来报私的怨恨，这是不可以的。利用人的宠爱，这不是勇敢，消除了怨恨，增加了仇敌，这不是智，因为私事来害公家，这不是忠，只有这三种，怎么能够事奉赵盾？"把他的家族跟他的物件同财赂，亲自率领他们送到边境上。

闰月初一不在庙中告朔，这是不合礼的。闰是可以正四时的，时间正了就可以按时做事情。做事情可以使人民生活好，为人民的生存道理，就在这里。现在闰月不告朔在庙，这是丢掉时政，怎么样治理人民？

【讲评】

城濮之战奠定了晋文公的霸主地位，晋襄公继承霸业后，接连与秦作战，如崤之战、

中华传世藏书

春秋左传

《春秋左传》原典详解

四六七

彭衙之战、王官之战等,晋国胜多败少,实力强于秦国。而秦国春秋中叶以后开始中衰,东征之路被晋、周、楚三面遏制,晋国占据崤,正当要冲的是周王室,南边又有大国楚国,最终春秋时期秦国不能再到中原争霸。所以《左传》说:"君子是以知秦之不复东征矣。"这是就当时的国际形势做出的判断。不过作者借用人事表明,即秦穆公不该用贤人生殉,玷污其德行,导致秦国不能称霸,反映出作者一贯的观点,即战争胜败、国家兴亡与当事者的德行密切相关。

文公七年

【原文】

[经]七年:春,公伐邾。

三月甲戌,取须句。遂城郚。

夏,四月,宋公王臣卒。宋人杀其大夫。

戊子,晋人及秦人战于令狐。

晋先蔑奔秦。

狄侵我西鄙。

秋,八月,公会诸侯、晋大夫,盟于扈。

冬,徐伐莒。

公孙敖如莒莅盟。

【原文】

[经]七年,春,公伐邾,间晋难也①。

三月,甲戌,取须句,置文公子焉,非礼也。

夏,四月。宋成公卒。于是公子成为右师,公孙友为左师,乐豫为司马②,鳞矔为司徒③,公子荡为司城④,华御事为司寇⑤。

【注释】

①间:钻空子。

②司马:官名。《周礼》夏官大司马之属官,有军司马、舆司马、行司马、春秋晋作三

军,每军别置司马。

③司徒:官名。周官有大司徒,掌国家之土地与人民。

④司城:官名。即司空。

⑤司寇:官名。管理刑事。

【译文】

七年春季,文公发兵攻伐邾国,这是乘晋国有内难而钻空子的原因。

三月十七日,占取了须句,把邾文公的儿子安置在那里,这是不合于礼的。

夏季四月,宋成公卒。这时候公子成担任右师,公孙友担任左师,乐豫担任司马,鳞瞳担任司徒,公子荡担任司城,华御事担任司寇。

【原文】

[传]昭公将去群公子,乐豫曰:"不可。公族,公室之枝叶也。若去之,则本根无所庇荫矣①。葛藟犹能庇其本根②,故君子以为比,况国君乎?此谚所谓'庇焉而纵寻斧焉③'者也。必不可!君其图之。亲之以德,皆股肱也,谁敢携贰?若之何去之?"不听。

穆、襄之族率国人以攻公,杀公孙固、公孙郑于公宫。六卿和公室④,乐豫舍司马以让公子卬。昭公即位而葬。书曰:"宋人杀其大夫。"不称名,众也,且言非其罪也。

【注释】

①庇荫:树木遮住阳光。比喻尊长的照顾或祖宗的保佑。

②本根:草木的根干。指事物的最重要部分。

③斧:刀斧。

④六卿:指春秋时晋之范、中行、知、赵、韩、魏六氏。公室:指君主之家,王室。

【译文】

宋昭公准备铲除掉诸公子,乐豫说:"不行!公族是公室的枝叶;若去掉枝叶,那么树根树干就没有遮阴的东西了。葛藟这种植物还知道保护自己的藤干和根子,所以君子用它作为比喻说明这个道理,何况是国君呢?这就是俗话所说的'貌似保护自己,实则持斧自斫',这样做一定不可以!君王仔细思考一下。如果用德行去亲近诸公子,那他们都是左右辅佐之臣,谁敢存离心?为什么要杀掉他们呢?"昭公不听。

穆公、襄公的族人带领国内的人攻打昭公,在宫中杀死了公孙固和公孙郑。六卿和公室讲和,乐豫放弃司马的官职,把它让给公子印。昭公即位后为死者举行葬礼。《春秋》记载说"宋人杀了它的大夫",不记载名字,这是因为被杀的人多,而且他们没有罪。

【原文】

[传]秦康公送公子雍于晋,曰:"文公之入也无卫①,故有吕、郤之难。"乃多与之徒卫②。

穆嬴日抱大子以啼于朝②,曰:"先君何罪?其嗣亦何罪?舍适嗣不立④,而外求君,将焉置此?"出朝,则抱以适赵氏,顿首于宣子⑤,曰:"先君奉此子也,而属诸子,曰:'此子也才,吾受子之赐;不才,吾唯子之怨。'今君虽终,言犹在耳⑥,而弃之,若何?"宣子与诸大夫皆患穆嬴,且畏偪,乃背先蔑而立灵公,以御秦师。

【注释】

①无卫:没有护卫的人。

②徒卫:卫兵。

③啼:啼哭,哭泣。

④适嗣:嫡嗣。指正妻所生的长子。

⑤顿首:磕头。

⑥言犹在耳:说的话还在耳边响。谓记忆犹新或说过不久。

【译文】

秦康公送公子雍回晋国,说:"先前文公回国的时候没有保卫的人,所以发生了吕、郤两家的祸难。"于是就给了他许多步兵卫士。

此时晋襄公夫人穆嬴每天抱着太子在朝廷上哭泣,说:"先君有什么罪?他的后人又有何罪?抛弃嫡子不立而到别国去求国君,你们准备怎样安置这个孩子?"走出朝廷,就抱着孩子到赵家去,向赵宣子叩头,说:"先君在世时,捧着这个孩子托付给您,说:'这个孩子如果成材,我就是受了您的赐予;如果不成材,我就要怨您。'如今先君虽然死了,他的话还在耳边,可是您却对他丢开不管,这可怎么办?"宣子和大夫们都害怕穆嬴,同时又畏惧穆嬴的同党进行迫害,于是背弃了先蔑前往秦国迎接的公子雍,而立了灵公,并采取行动抵抗秦军。

中华传世藏书

春秋左传

《春秋左传》原典详解

【原文】

[传]箕郑居守。赵盾将中军,先克佐之①;荀林父佐上军;先蔑将下军,先都佐之。步招御戎,戎津为右。及堇阴,宣子曰:"我若受秦,秦则宾也②;不受,寇也。既不受矣,而复缓师③,秦将生心。先人有夺人之心,军之善谋也;逐寇如追逃④,军之善政也。"训卒利兵⑤,秣马蓐食⑥,潜师夜起⑦。戊子,败秦师于令狐,至于刳首。

【注释】

①佐:辅助,帮助。

②宾:宾客,客人。

③缓师:延迟出兵。

④寇:敌寇。逃:逃犯。

⑤训卒:训练士卒。利兵:磨快兵器。

⑥秣马:喂饱战马。蓐食:早晨未起身,在床席上进餐。谓早餐时间很早。一说"蓐食"为饱食。

⑦潜师:秘密出兵。夜起:晚上行动。

【译文】

箕郑在国都留守。赵盾率领中军,先克辅助他。荀林父辅佐上军,先蔑率领下军,先都辅佐他。步招驾驭戎车,戎津担任车右。到达堇阴时,赵宣子说:"我们若接受秦国送公子雍回来,他们就是客人;不接受,他们就是敌人。我们已经决定不接受了,却又迟迟不出兵,秦国将会产生新的念头。先采取行动而有夺取敌人的决心,这是作战的好谋略。追击敌人好像追赶逃犯一样,这是作战的好方案。"便动员士卒,磨利武器,喂饱战马,让战士吃饱,隐蔽出兵,晚上行动。戊子日,在令狐击败秦军,一直追到刳首。

【原文】

[传]己丑,先蔑奔秦,士会从之。

先蔑之使也,荀林父止之①,曰:"夫人、大子犹在,而外求君,此必不行。子以疾辞,若何②? 不然③,将及。摄卿以往④,可也,何必子? 同官为寮⑤,吾尝同寮,敢不尽心乎?"弗听。为赋《板》之三章,又弗听。及亡,荀伯尽送其帑及其器用财贿于秦,曰:"为同寮故也。"

【注释】

①止之：劝阻他。

②若何：怎么样。

③不然：不这样。

④摄卿：代理的官员。

⑤寮：同"僚"，官。

【译文】

初二日，先蔑逃奔到秦国，士会也跟着他去了。

先蔑出使秦国的时候，荀林父劝阻他，说："夫人和太子还在，反而跑到外边去求国君，这种做法一定行不通。您推托有病辞谢不去，怎么样？不这样，您将会招来祸患。派一位代理卿前往就行了，为何一定要您去？我们同朝为官，也曾并肩作战，我这是尽心为你着想。"先蔑没有听从。荀林父给他吟诵《板》这首诗的第三章，先蔑又不听。等到后来先蔑逃奔出国，荀林父将他的妻子儿女和器用财货全部送到秦国，说："这是为了我们曾经同僚一场的原因。"

【原文】

[传]士会在秦三年，不见士伯。其人曰："能亡人于国，不能见于此，焉用之？"士季曰："吾与之同罪，非义之也，将何见焉？"及归，遂不见。狄侵我西鄙①，公使告于晋。赵宣子使因贾季问酆舒，且让之。酆舒问于贾季曰："赵衰、赵盾孰贤②？日之日也。"

【注释】

①西鄙：西面边境。

②孰：哪一个。

【译文】

士会在秦国三年，没有和先蔑见过面。士会的随从说："能和别人一起亡命到这里来，却不能够在这里相见，为何要这样呢？"士会说："我之所以和他一同出逃，是因为我们都是获罪之人,并不是认为他有道义才跟他逃走的,又何必要见他呢?"一直到后来士会回晋国,始终未见面。

狄人进攻鲁国西部边境,文公派使者向晋国报告。赵宣子派贾季去问酆舒,并且责备他侵袭鲁国的事。酆舒向贾季询问,说:"赵衰、赵盾哪一个贤明?"贾季回答说:"赵衰,是冬天的太阳;赵盾,是夏天的太阳。"

【原文】

[传]秋,八月,齐侯、宋公、卫侯、陈侯、郑伯、许男、曹伯会晋赵盾,盟于扈,晋侯立故也。公后至①,故不书所会。凡会诸侯,不书所会,后也。后至不书其国,辟不敏也。

穆伯娶于莒,曰戴己,生文伯;其娣声己,生惠叔。戴己卒,又聘于莒。莒人以声己辞,则为襄仲聘焉。

【注释】

①后至:迟到,来晚了。

【译文】

秋天八月,齐侯、宋公、卫侯、陈侯、郑伯、许男、曹伯和晋国的赵盾在郑地扈结盟,这是因为晋侯新立为君的缘故。文公到晚了,所以《春秋》未记载他参加会议。凡是诸侯会盟,不记载与会的国家,就是因为晚到的缘故。晚到,不记载这些国家,是为了避免因弄不清班位的序列而误记的原因。

穆伯在莒国娶妻,叫作戴己,生下文伯;又娶了她的妹妹声己,生下惠叔。戴己死了以后,穆伯又到莒国行聘续娶,莒国以有声己为由而谢绝,于是就替襄仲订了婚。

【原文】

[传]冬,徐伐莒。莒人来请盟。穆伯如莒莅盟①,且为仲逆。及鄢陵,登城见之,美,自为娶之。仲请攻之,公将许之。叔仲惠伯谏曰:"臣闻之,兵作于内为乱,于外为寇。寇犹及人,乱自及也。今臣作乱,而君不禁,以启寇仇,若之何?"公止之。惠伯成之。使仲舍之,公孙敖反之,复为兄弟如初。从之。

【注释】

①莅盟:参加盟会。

【译文】

冬季,徐国攻打莒国。莒国人来请求结盟,穆伯到莒国参加盟会,同时为襄仲迎接新夫人。到达鄢陵,登城见到莒女,非常美丽,就自己娶了她。襄仲请求攻打穆伯,文公准备同意。叔仲惠伯劝谏说:"下臣听说:'战争发生在内部叫作乱,发生在外部叫寇。在外部作战还能使敌人造成一定伤亡,而内部发生战乱则是自己伤害自己了。'现在臣下在内部作乱,而君王不加禁止,由此而引起外患,该怎么办?"文公制止了襄仲的进攻。由惠伯出面调解,让襄仲放弃了这门亲事,公孙敖送回莒女,他们重新作为兄弟和起初一样。襄仲和公孙敖都听从了。

【原文】

[传]晋郤缺言于赵宣子曰:"日卫不睦,故取其地。今已睦矣,可以归之。叛而不讨,何以示威①?服而不柔,何以示怀②?非威非怀,何以示德③?无德,何以主盟④?子为正卿⑤,以主诸侯,而不务德⑥,将若之何?《夏书》曰:'戒之用休⑦,董之用威⑧。劝之以九歌,勿使坏。'九功之德皆可歌也,谓之九歌。六府三事,谓之九功。水、火、金、木、土、榖,谓之六府。正德、利用、厚生。谓之三事。义而行之,谓之德、礼。无礼不乐,所由叛也。若吾子之德,莫可歌也,其谁来之?盍使睦者歌吾子乎⑨?"宣子说之。

【注释】

①示威:显示威严。

②示怀:表示恩德。

③示德:显示德行。

④主盟:主持会盟。盟主,首领。

⑤正卿:上卿。春秋时诸侯国的最高执政大臣,权力仅次于国君。

⑥务德:重视德行。

⑦休:喜,美善,吉庆,福禄。

⑧董:监督,督察。

⑨盍:何,为什么。

【译文】

晋国的郤缺对赵宣子说:"往日卫国不顺从我国,因此夺取它的土地。如今已经顺服了,可以还给它了。背叛了不进行讨伐,不足以显示大国的威严,而服从了不加以安抚,又怎能显示大国的恩惠?不显示威严和恩惠,用什么来显示德行?没有德行,用什么来做诸侯首领?您身为执政的正卿,负责处理诸侯事务,却不重视德行,怎么行呢?《夏书》说:'要用美好的德政去劝诫众人,拿严刑去督促众人,用《九歌》去勉励众人,不要让其学坏。'有关九功的德行都可以歌颂,叫作《九歌》。六府、三事,叫作九功。水、火、金、木、土、谷叫作六府;端正德行,便于利用,大有益于民生,叫作三事。合乎道义而推行这些,叫作德、礼。如果没有德、礼,就不快乐,这就是背叛的根由。假若您的德行没有地方可以歌颂的,又会有谁肯来归顺?何不让顺服的人来歌颂您呢?"赵宣子听了这番话非常高兴。

【讲评】

《左传》善于刻画人物,往往通过他人之口说出。如贾季(狐射姑)对赵衰、赵盾父子的评价就十分恰当,赵衰如冬天的太阳,赵盾如夏天的太阳,冬日可爱,夏日可畏,两个比喻正好形象地说明了二人不同的个性和行事风格。赵衰为人温和忍让,居功不傲,对国君忠心耿耿,善于结交同僚,积极举荐贤能,获得了上下的良好评价。虽然他本人在世时不够风光,但为家族后来的崛起积聚了充分的人际资源。赵盾直率刚毅,有治国才能,对内镇压叛乱、打击政敌十分果断,对外竭力维持晋国的霸主地位,尽忠职守,殚精竭虑,但他的长期强权统治招来了其他家族的嫉恨,埋下了身后赵氏家族险些被灭门的祸根。好在他保留了父亲的某些宽厚的品质,不仅使自己逃脱了暗杀,而且泽及后人,才有了赵氏孤儿的重振家声。

文公八年

【原文】

[经]八年春,王正月。

夏四月。

秋八月戊申，天王崩。

冬十月壬午，公子遂会晋赵盾，盟于衡雍。乙酉，公子遂会雒戎，盟于暴。公孙敖如京师，不至而复。丙戌，奔莒。蟊。宋人杀其大夫司马，宋司城来奔。

【原文】

[传]八年春，晋侯使解扬归匡、戚之田于卫，且复致公婿池之封，自申至于虎牢之竟。

夏，秦人伐晋，取武城，以报令狐之役。

秋，襄王崩。

晋人以扈之盟来讨。

冬，襄仲会晋赵孟，盟于衡雍，报扈之盟也。遂会伊、雒之戎。书曰"公子遂"，珍之也。

穆伯如周吊丧，不至，以币奔莒，从己氏焉。

宋襄夫人，襄王之姊也，昭公不礼焉。夫人因戴氏之族，以杀襄公之孙孔叔、公孙钟离及大司马公子印，皆昭公之党也。司马握节以死，故书以官。司城荡意诸来奔，效①节于府人而出。公以其官逆之，皆复之。亦书以官，皆贵之也。

夷之蒐，晋侯将登②箕郑父、先都，而使士縠、梁益耳将中军。先克曰："狐、赵之勋，不可废也。"从之。先克夺蒯得田于堇阴，故箕郑父、先都、士縠、梁益耳、蒯得作乱。

【注释】

①效：致献。

②登：提升。

【译文】

八年春天，晋灵公派解扬把匡、戚两地的田地交还给卫国，同时也把公婿池所划定的疆界从申地到虎牢边境送交还郑国。

夏天，秦军进攻晋国，抢夺了武城，以报"令狐之役"的仇。

秋季，周襄王驾崩。

晋国人因为在扈会盟文公晚到的事前来征讨。

冬季，襄仲会见晋国的赵孟，在衡雍会盟，这是为了弥补前次在扈地结盟后到的原因,并由此和伊、雒的戎人会见。《春秋》记录称他为"公子遂",这是表示看重他。

穆伯到周室去吊唁,没有到周都,带着吊唁的礼物逃奔莒国,追随莒女己氏去了。

宋襄公夫人是周襄王的姐姐,宋昭公对她不以礼相待。宋襄公夫人依赖戴氏的族人杀死襄公的孙子孔叔、公孙钟离跟大司马公子,都是宋昭公的党羽。司马手里拿着符节死去,故而《春秋》写上他的官职。宋司城荡意诸逃奔来鲁国,把他的符节交给府人此后出走。文公依据他原来的官职来接待,对同来的随从官属也都恢复了他们原来的职位。《春秋》也写上他的职位,都是为了表示尊敬他。

在夷地阅兵的时候,晋侯准备提升箕郑父跟先都,让士縠、梁益耳领着中军。先克讲:"狐、赵两人的功劳,不可废掉。"晋侯听从了。先克夺走了蒯得在董阴的田地,故而箕郑父、先都、士縠、梁益耳、蒯得等人暴发叛乱。

【讲评】

春秋时期,不少诸侯都有政权下移的情况,如鲁国的三桓,郑国的七穆,还有宋国的戴、桓之族,等等。公室与公族之间的权力之争以及公族内部的权力之争屡见不鲜。一方面公族势力的强大威胁着公室的地位,另一方面公族的削弱也会动摇公室的根基。总体来说,"政出大夫"的政治现象代表着新的阶层的出现,因之出现了新的生产关系,动摇了旧的奴隶制度,为向封建制度转变造就了基础,是一种进步的现象。

宋襄夫人作为《左传》中刻画的女性形象,无疑是反面人物。她身份尊贵,却为人淫恶,一方面威逼利诱孙辈的公子鲍私通,另一方面制造宋国的内乱,一手扶植公子鲍登上国君之位。《左传》中除了善于进谗、为人阴毒的骊姬,恐怕就是这位宋襄夫人的手段了得了,从宋昭公被逐步铲除势力到被弑,竟然无力反抗,也可见宋襄夫人身为"母后"的权力之大了。

文公九年

【原文】

[经]先九年春王正月,己酉,使贼杀先克①。乙丑,晋人杀先都,梁益耳②。

[经]文公九年春,毛伯来求金。

[传]毛伯卫来求金,非礼也③。不书王命未葬也④。

[经]夫人姜氏如齐⑤。

[经]二月,叔孙得臣如京师,辛丑,葬襄王。

[传]二月,庄叔如周,葬襄王⑥。

[经]晋人杀其大夫先都⑦。

【注释】

①使贼杀先克:这是箕郑所派的人杀先克。

②晋人杀先都、梁益耳:晋国的政府杀先都、梁益耳。

③毛伯卫来求金,非礼也:天子不应该对诸侯私求财货,所以说他非礼。

④不书王命未葬也:不写周王派他来,因为那时周王未下葬。

⑤夫人姜氏如齐:在没到齐国以前,曾经先告鲁国的祖庙,所以写在《春秋》上。

⑥庄叔如周葬襄王:庄叔就是叔孙得臣,到周国参加襄王的葬礼。

⑦晋人杀其大夫先都:因为先都作乱,晋人讨伐他,所以在《春秋》上写着他的名字。此经无传。

【译文】

九年春天正月己酉,晋国使贼杀先克。乙丑,晋人杀先都、梁益耳。

周王的卿士毛伯卫到鲁国要求金子,这是不合礼的。不写王的命令,因为周襄王尚没有行葬礼。

文公的夫人姜氏到齐国去。

二月,叔孙得臣到京师去,辛丑,为周襄王行葬礼。

晋人杀了他们的大夫先都。

【原文】

[经]三月夫人姜氏至自齐①。

[传]晋人杀其大夫士縠,及箕郑父。

[传]三月甲戌,晋人杀箕郑父,士縠,蒯得②。

[经]楚人伐郑。

[传]范山③言于楚子曰:“晋君少,不在诸侯,北方可图也。”楚子师于狼渊④以伐郑,囚公子坚公子龙及乐耳⑤,郑及楚平。

［经］公子遂会晋人宋人卫人许人救郑。

［传］公子遂会晋赵盾、宋华耦、卫孔达、许大夫救郑，不及楚师，卿不书缓也，以惩不恪。

【注释】

①此经无传。

②晋人杀箕郑父、士縠、蒯得：他们与先人都有同样的罪过，所以晋国政府杀他们。

③范山：楚大夫。

④楚子师于狼渊：据《河南通志》说："在临颖县西北繁城镇。"楚子率军队到此，为讨伐郑国。

⑤公子坚，公子龙及乐耳：他们都是郑大夫。

【译文】

三月文公的夫人姜氏从齐国回来。

三月甲戌，晋人杀箕郑父、士縠、蒯得。

楚大夫范山告诉楚王说："晋国的君年轻，不能够统治诸侯，我们可以图谋北方。"楚王将军队派到狼渊以讨伐郑国，把郑国的大夫公子坚公子龙同乐耳囚禁起来，郑人同楚国讲和。

公子遂同晋赵盾，宋华耦，卫孔达，许大夫去救郑国，来不及赶到楚国军队，《春秋》上不写卿的名字，因为他们太慢了，为的惩戒不恭敬。

【原文】

［经］夏狄侵齐①。

［经］秋八月曹伯襄卒②。

［经］九月癸酉地震③。

［传］夏楚侵陈，克壶丘④，以其服于晋也⑤。

［传］秋楚公子朱⑥自东夷伐陈，陈人败之获公子茷⑦。陈惧⑧乃及楚平⑨。

【注释】

①夏狄侵齐：此经无传。

②曹伯襄:即曹共公。此经无传。

③地震:古人以为地震是一种灾害。

④壶丘:陈邑,《一统志》说:"在今河南省,新蔡县东南。"

⑤以其服于晋也:因为陈与晋国有联合。

⑥楚公子朱:即息公。

⑦公子茷:也是楚国的公子。

⑧陈惧:陈国因为小国胜大国,所以害怕了。

⑨乃及楚平:就同楚国和好。

【译文】

夏天狄人侵略齐国。

秋八月曹伯襄死了。

九月癸酉,鲁国有地震。

夏天楚国侵略陈国,得到壶丘这地方,因为陈国服从晋国。

秋天,楚国公子朱由东夷伐陈国,陈人打败他,捕获了公子茷,但是陈国人很害怕,就同楚国和平了。

【原文】

[经]冬楚子使椒来聘。

[传]冬楚子越椒来聘,执币傲①。叔仲惠伯曰:"是必灭若敖氏之宗②,傲其先君,神弗福也③。"

[经]秦人来归僖公成风之襚。

[传]秦人来归僖公成风之襚,礼也。诸侯相吊贺也,虽不当事,苟者礼焉,书也,以无忘旧好。

【注释】

①楚子越椒来聘,执币傲:子越椒是令尹子文的侄子,拿着货币很骄傲。

②是必灭若敖氏之宗:这必定要使若敖的宗族全部灭亡。

③傲其先君,神弗福也:替他祖先骄傲,神不会保佑他。若敖氏是子越椒的祖先,所以有此说。

【译文】

冬天,楚国子越椒来聘问,拿着币很不恭敬。叔仲惠伯说:"这必定要灭掉若敖氏的宗族,为他先君骄傲,这神不会降福的。"

秦人来送僖公同成风的丧衣,这是很合礼的。诸侯的互相吊贺,虽然不赶上时候,假设有礼,《春秋》也加以记载,以表示不忘旧的恩好。

【讲评】

晋灵公时,晋国内部君臣之间、卿大夫之间的矛盾都比较尖锐,晋国国力比前期下降,虽然仍挂着诸侯霸主之名,但在很多时候并没有实际能力,也没有很强的意愿去与新起的楚国争衡。所以在楚国攻打郑国时,来援救的诸侯联军很不积极。楚国利用这个有利时机,进入中原争霸的舞台。

楚国内部也存在族人争权的隐患,若敖氏的覆灭本质上说是楚国贵族内部权力争夺的必然,但与代表人物的德行又有密切关系,越椒的傲慢连叔仲惠伯都看不过去,他在国内的跋扈可想而知。若敖氏面临的政治对手楚庄王又是一位雄才大略的君主,越椒以及整个家族的灭亡在所难免。

文公十年

【原文】

[经]十年春,王正月辛卯,臧孙辰卒。

夏,秦伐晋。

楚杀其大夫宜申。

自正月不雨,至于秋七月。

及苏子盟于女栗。

冬,狄侵宋。

楚子、蔡侯次于厥貉。

【原文】

[传]十年春,晋人伐秦,取少梁。

夏,秦伯伐晋,取北征。

初,楚范巫矞似谓成王与子玉、子西曰:"三君皆将强死①。"城濮之役,王思之,故使止子玉曰:"毋死。"不及。止子西,子西缢而县绝,王使适至,遂止之,使为商公。沿汉泝江,将入郢。王在渚宫,下,见之。惧而辞曰:"臣免于死,又有谗言,谓臣将逃,臣归死于司败也。"王使为工尹,又与子家谋弑穆王。穆王闻之,五月,杀斗宜申及仲归。

秋七月,及苏子盟于女栗,顷王立故也。

陈侯、郑伯会楚子于息。冬,遂及蔡侯次于厥貉,将以伐宋。

宋华御事曰:"楚欲弱②我也。先为之弱乎,何必使诱我?我实不能,民何罪?"乃逆楚子,劳,且听命。遂道以田孟诸。宋公为右盂,郑伯为左盂。期思公复遂为右司马,子朱及文之无畏为左司马。命夙驾载燧。宋公违命,无畏抶其仆以徇。

或谓子舟曰:"国君不可戮也。"子舟曰:"当官而行,何强之有?《诗》曰:'刚亦不吐,柔亦不茹。''毋纵诡随,以谨罔极。'是亦非辟强也。敢爱死以乱官乎!"

厥貉之会,麇子逃归。

【注释】

①强死:无病而死。强,健。

②弱:降服,归附。

【译文】

十年春天,晋国人进攻秦国,夺取了少梁。

夏季,秦康公征讨晋国,夺取了北征。

先前,楚国范地的巫人似就楚成王跟子玉、子西预言讲:"这三个人将不能善终!"城濮之战时,成王想起了这句话,派人劝止子玉讲:"不要自杀。"没有来得及。去阻止子西,子西也正预备上吊,刚好绳子断了,使者赶到,才阻止了他没有自杀,并任命为商公。子西顺汉水而下,溯长江而上,准备进到郢都。成王正在渚宫,下来接见他。子西十分害怕,急忙辩解说:"臣即使幸免一死,又有人诬陷说我预备逃走,臣特来请求让司败把臣处死!"成王让他做了工尹,他又跟仲归勾结企图杀死楚穆王。穆王听说后,五月,杀了他与仲归。

秋天七月,文公跟苏子在女栗结盟,这是周顷王即位的原因。

陈共公、郑穆公跟楚穆王在息地见面。冬季,和蔡庄公一块驻扎在厥貉,准备进攻宋国。

宋国的华御事讲:"楚国想让我们降服。我们先主动表示降服吗,何必等他们诱迫呢?我们真的是没有能耐,不过百姓们有什么罪呢?"便前去迎接楚穆王,向他慰问,而且表示降服。此后给穆王带路在孟诸打猎。宋昭公率领右边圆阵,郑穆公领着左边圆阵,期思公复遂出任右司马,子朱和文之无畏出任左司马。穆王下令一大早便用车子载上取火工具出发。宋昭公违反了命令,文之无畏便鞭打了宋昭公的仆人,并在全军示众。

有人对子舟讲:"不能任意侮辱国君。"子舟讲:"我秉公办事,国君有什么了不起?《诗经》讲:'硬的不怕,软的也不怕。''不能纵容狡诈之人,以便使其有所收敛。'讲的就是不畏强权,我如何敢为了保全性命而不履行职责呢?"

在厥貉见面时,麇子逃了回去。

【讲评】

楚穆王组织的厥貉之会,是楚国在城濮之战受挫后霸业复盛的表现,诸侯引导楚穆王在孟诸打猎的举动说明楚国仍是左右中原局势的主要强国,同时楚国势力进一步向江淮地区发展,加强了对中原政治的参与权。

文公十一年

【原文】

[经]十有一年春楚子伐麇。

[传]十一年春,楚子伐麇①,成大心败麇师于防渚②,潘崇复伐麇,至于锡穴③。

[经]夏叔仲彭生会晋郤缺于承筐。

[传]夏叔仲惠伯④会晋郤缺于承筐⑤,谋诸侯之从于楚者⑥。

【注释】

①楚子伐麇:因为楚国讨伐麇子,去年逃厥貉的盟誓的缘故。

②防渚:麇地,据《纪要》说:"房陵城,在今湖北省,房县县治。"

③锡穴:也是麇地,据《大事表》说:"以锡穴即今湖北郧县县治。"

④叔仲惠伯:鲁大夫,就是叔仲彭生。

⑥谋诸侯之从于楚者：商讨如何对付服从楚国的诸侯。

【译文】

十一年春楚王伐麇国，成大心败麇国的军队在防渚，潘崇又伐麇，一直打到锡穴。夏天，鲁叔仲彭生到承筐去与晋国郤缺开会。商讨如何对付服从楚国的诸侯。

【原文】

［经］秋曹伯来朝。

［传］秋曹文公来朝，即位而来见也①。

［经］公子遂如宋。

［传］襄仲聘于宋，且言司城荡意诸而复之②，因贺楚师之不害也③。

［经］狄侵齐。

［经］冬十月甲午，叔孙得臣败狄于咸。

［传］鄋瞒侵齐④遂伐我，公卜使叔孙得臣追之吉，侯叔夏御庄叔⑤，緜房甥为右，富父终甥驷乘⑥。冬十月甲午，败狄于咸⑦，获长狄侨如⑧，富父终甥摏其喉，以戈杀之⑨，埋其首于子驹之门⑩，以命宣伯⑪。初宋武公之世⑫，鄋瞒伐宋。司徒皇父帅师御之⑬，形班御皇父充石⑭，公子谷甥为右，司寇牛父驷乘⑮，以败狄于长丘⑯，获长狄缘斯⑰，皇父之二子死焉⑱，宋公于是以门赏耏班，使食其征⑲，谓之耏门。晋之灭潞⑳也，获侨如之弟焚如㉑，齐襄公之二年，鄋瞒伐齐，齐王子成父获其弟荣如㉒，埋其首于周首之北门㉓。卫人获其季弟简如㉔，鄋瞒由是遂亡㉕。

［传］郕大子朱儒自安于夫钟㉖。国人弗徇㉗。

【注释】

①即位而来见也：他做君位以后来鲁国朝见。

②且言司城荡意诸而复之：在文公八年荡意诸逃到鲁国，到现在鲁国又对宋国说，准他回宋国。

③因贺楚师之不害也：并且贺喜楚国的军队，对宋国没有妨害，这是因为文公十年楚国的军队厥貉一直想侵略宋国。

④鄋瞒侵齐：鄋瞒是狄国的君名，漆姓。

⑤侯叔夏御庄叔:侯叔夏是鲁大夫,他为叔孙得臣驾车。

⑥縣房甥为右,富父终甥驷乘:縣孙与富父终甥皆是鲁大夫,普通三个人共一个车,这因为对于长狄害怕,所以车上另有第四个人,因而名为驷乘。

⑦咸:据《山东通志》说:"在山东巨野县南。"

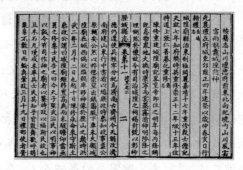

《山东通志》书影

⑧长狄侨如:侨如是鄋瞒国君长,身高有三丈。

⑨摏其喉以戈杀之:用戈撞他的喉管,杀掉他。

⑩埋其首于子驹之门:子驹之门是鲁都的国门,将他的头埋于此地。

⑪以命宣伯:命就是名,宣伯是叔孙得臣的儿子,这也是古代社会的一种习惯。

⑫宋武公之世:这是在春秋前的事情。

⑬司徒皇父帅师御之:司徒皇父是宋戴公的儿子,领着军队来抵抗。

⑭耏班御皇父充石:耏(音而)班是宋大夫,充石是皇父的名字。

⑮公子谷甥为右,司寇牛父驷乘:公子谷甥同司寇牛父皆宋大夫,因为长狄甚为可怕,所以四个人共一辆车以抵抗。

⑯以败狄于长丘:长丘是宋地,《左通补释》说在今河南封邱县南八里,有长邱亭。

⑰缘斯:是侨如的祖先。

⑱皇父之二予死焉:皇父同谷甥牛父皆战死。

⑲宋公于是以门赏耏班使食其征:门是指着关税的门。使耏班享用这种关税。

⑳晋之灭潞:晋国灭潞国的时候。

㉑焚如:焚如是侨如弟弟的名字。

㉒荣如:是焚如的弟弟。

㉓周首之北门:《山东通志》说:"周首在今山东省,东阿县东北,与平阴县接界。"

㉔简如:是侨如最小的弟弟。

㉕鄋瞒由是遂亡:长狄也就从此绝种。

㉖邾大子朱儒自安于夫钟:邾国的太子名字叫朱儒,居住在夫钟。夫钟是邾邑在今山东省宁阳县西北。

㉗国人弗徇:国人也不顺从他,这就是明年邾伯来奔鲁国的原因。

【译文】

秋天，曹文公来鲁国朝见，这是因为他初即位而来见的。

公子遂往宋国聘问，并提及司城荡意诸使他重回到宋国，并道贺楚国军队的无妨害。

鄋瞒先去侵掠齐国，遂便中来侵掠鲁国。鲁文公占卜派叔孙得臣追他甚吉，便派侯叔夏去驾得臣的兵车，緜房甥做车右，富父终甥做同车的第四个人。冬天十月甲午这天，叔孙得臣在咸这地方打败了狄人，捉住长狄侨如，富父终甥用戈撞着他的喉咙，杀了他，埋他的尸首在鲁国的子驹门外边，得臣就把他的名字来叫他的第三个儿子。以前宋武公的时候，鄋瞒来代宋国，宋国的司徒皇父率领军队去抵抗，耏班给皇父充石驾车，公子谷甥做车右，司寇牛父做同车的第四个人，在长丘这地方打败狄人，捉住长狄缘斯，皇父及谷甥同牛父皆受伤死了，宋公因此将此门赏给耏班，使他享受关门的税，就叫作耏门。晋国灭赤狄潞氏的时候，捕着侨如的弟弟焚如。齐襄公的二年，鄋瞒来伐齐，齐大夫王子成父擒着焚如的弟弟荣如，埋他的首在周首的北门。当狄人退走的时候，卫国人捉着他的小弟弟简如。鄋瞒从此就绝种了。

邾国太子朱儒自己住在夫钟这地方，邾国的贵族全不服从他。

【讲评】

春秋战国时期多民族杂居，除了中原的华夏族，还有东方的夷、南方的蛮、西方的戎和北方的狄。这种划分既有地域上的因素，更是因为种族、风俗、道德、文化等都各不相同。其中，狄(或作"翟")人部落众多，春秋时以赤狄、白狄、长狄最为著名。春秋初一度与南方兴起的楚国形成"南夷与北狄交，中国不绝如线"、严重威胁诸夏发展生存的局面。后来狄人发生分裂，力量削弱，陆续被晋、齐、宋、鲁、卫等攻灭，逐步融合于华夏族和华夏文化。可以说，诸侯四处征伐作战，本意是为了掠夺土地、人口和财富，故有"春秋无义战"之说，但是客观上也促进了民族、文化的融合，实现了区域性的统一，为秦汉的大一统局面奠定了基础。

文公十二年

【原文】

[经]十有二年春王正月，郕伯来奔。

[传]十二年春郳伯卒,郳人立君①。大子以夫钟与郳邦来奔②,公以诸侯逆之,非礼也,故书曰郳伯来奔,不书地,尊诸侯也③。

【注释】

①郳人立君:因为太子自己住在外邑,所以郳人就自己立了另外的君。

②夫钟与郳邦来奔:杜注以为郳邦也是邑,但是《太平御览》皇亲部十二引服虔注曰:郳圭邑名也,一曰郳邦之宝圭,太子以其国宝与地夫钟来奔也,王引之谨案宝圭之说是也,郳大子以郳圭来奔,犹莒太子仆以其宝玉来奔耳(见十八年)郳为伯爵当执躬圭,圭为郳国之宝故谓之曰郳圭,犹王子朝所用之圭称成周之宝圭也(见昭公二十四年)。

③不书地,尊诸侯也:不写以夫钟来奔,这所谓尊敬诸侯的原因。

【译文】

十二年春天,郳伯死了,郳人自己立了君,太子将夫钟与郳邦两个地方,一同逃到鲁国来,鲁文公拿诸侯的礼节来迎接他,这是不合于礼的,所以《春秋》上写着郳伯来奔,不写地,这是为的尊诸侯。

【原文】

[经]杞伯来朝。

[经]二月庚子,子叔姬卒。

[传]杞桓公来朝,始朝公也①,且请绝叔姬而无绝昏②,公许之。二月,叔姬卒,不言杞绝也③。书叔姬,言非女也④。

[经]夏楚人围巢。

[传]楚令尹大孙伯卒,成嘉为令尹⑤。群舒⑥叛楚。夏,子孔执舒子平⑦及宗子,遂围巢⑧。

[经]秋,滕子来朝。

[传]秋,滕昭公来朝,亦始朝公也⑨。

【注释】

①朝公:开始朝见鲁文公。

②且请绝叔姬而无绝昏:请鲁女叔姬断绝关系,但是不要断绝婚姻,这意思是立她的

从嫁的女娣为夫人。

③不言杞绝也：不称为杞叔姬，就因为她已经跟杞国断绝关系。

④书叔姬，言非女也：只写上叔姬，意思是说，她是已结婚的女儿。因为女子要没有结婚就死，那就不加记载。

⑤成嘉为令尹：成嘉字子孔，是若敖的曾孙。

⑥群舒：是偃姓的各国。比如，舒庸舒鸠这类。在今安徽省卢江舒城二县境。

⑦子孔执舒子平：成嘉逮着舒国的军长叫平。

⑧及宗子，遂围巢：同宗君的军长，就把巢国围住了。

⑨始朝公也：也是开始来朝见鲁文公。

【译文】

杞桓公来鲁国朝见，头一次来朝鲁文公，并且请求与叔姬断绝，而不要断绝婚姻的关系，文公就答应他。二月，叔姬死了，不说杞叔姬，就是因为她与杞国断绝关系。只说叔姬，表示她不是未嫁的女子。

楚国令尹大孙伯死了，成嘉接着他做令尹。各舒国全都背叛了楚国。夏天，成嘉把舒子平同宗子全逮着，就围了巢的国。

秋天，滕昭公来鲁国朝见，也是开始朝见鲁文公。

【原文】

[经]秦伯使术来聘。

[传]秦伯使西乞术来聘，且言将伐晋。襄仲辞玉①曰："君不忘先君之好，照临鲁国，镇抚其社稷，重之以大器②，寡君敢辞玉。"曰："不腆敝器，不足辞也③。"主人三辞，宾客曰④："寡君愿徼福于周公鲁公以事君，不腆先君之敝器⑤，使下臣致诸执事，以为瑞节⑥。要结好命，所以藉寡君之命，结二国之好，是以敢致之。"襄仲曰："不有君子，其能国乎？国无陋矣⑦。"厚贿之。

[经]冬十有二月戊午晋人秦人战于河曲。

【注释】

①襄仲辞玉：公子遂辞谢玉器不受。

②重之以大器：大器是指着玉做的圭璋之类的东西。

③不腆敝器,不足辞也:不丰富的坏玉器,这不值得辞谢。

④宾客曰:石经,宋本淳熙本,岳本足利本。客作荅。

⑤不腆先君之敝器:因为在出聘以前,必定先告于宗庙,所以称为先君之敝器。

⑥使下臣致诸执事,以为瑞节:使我将它送到掌事人的手中,以作为祥瑞的信物。

⑦不有君子,其能国平,国无陋矣:要没有这种君子的人,还能维持国家吗?所以这种国家,并不会简陋。

【译文】

秦伯派西乞术来聘问,并且说将伐晋国。公子遂辞掉他所送的玉说:"你君不忘先君的要好,来光临着鲁国,镇抚他的国家,还加上大的玉器,寡君不敢接受玉。"他回答说:"不值钱的玉器,你不要辞。"主人三次辞让,客人说:"寡君愿意对周公鲁公的幸福以侍奉你君,所以用不值钱先君的玉器,使我给你管事的人,作为祥瑞的。这为得到要好的命分,是为的藉寡君的命令,结两国的要好。所以敢把这玉送到。"公子遂说:"不有这种君子人,还能够立国吗?现在他的国家就不会简陋了。"给他很好的礼物。

【原文】

[传]秦为令狐之役故,冬秦伯伐晋,取羁马①,晋人御之,赵盾将中军,荀林父佐之,郤缺将上军,臾骈佐之②,栾盾将下军③,胥甲佐之④。范无恤御戎,以从秦师于河曲。臾骈曰:"秦不能久,请深垒固军以待之。"从之,秦人欲战,秦伯谓士会曰:"若何而战?"对曰:"赵氏新出其属曰臾骈,必实为此谋,将以老我师也⑤!赵有侧室曰穿,晋君之婿也。有宠而弱,不在军事⑥,好勇而狂⑦,且恶臾骈之佐上军也,若使轻者肆焉,其可⑧!"秦伯以璧祈战于河⑨,十二月戊午,秦军掩晋上军,赵穿追之不及。反怒曰:"裹粮坐甲,固敌是求,敌至不击,将何俟焉⑩?"军吏曰:"将有待也⑪。"穿曰:"我不知谋。将独出。"乃以其属出。宣子曰:"秦获穿也,获一卿矣⑫!秦以胜归,我何以报?"乃皆出战交绥⑬。秦行人夜戒晋师曰:"两君之士,皆未憗也⑭,明日请相见也!"臾骈曰:"使者目动而言肆,惧我也⑮,将遁矣,薄诸河必败之。"胥甲赵穿当军门呼曰:"死伤未收而弃之,不惠也⑯。不待期而薄人于险,无勇也⑰。"乃止,秦师夜遁,复侵晋入瑕⑱。

[经]季孙行父帅师城诸及郓。

[传]城诸⑳,及郓㉑,书时也。

【注释】

①羁马:晋邑,《寰宇记》:"名涉邱,今山西永济市南三十六里,有羁马城。"

②臾骈佐之:臾骈替代荀林父。

③栾盾:是栾枝的儿子。是替代先蔑的位置。

④胥甲佐之:胥甲是胥臣的儿子,替代先都的位置。

⑤赵氏新出其属曰臾骈,必实为此谋,将以老我师也:赵盾新派出他的部属叫臾骈,必定是他的计划,使我们的军心变老。

⑥有宠而弱,不在军事:他得到晋君的宠爱而年青,不懂得作战的事情。

⑦好勇而狂:喜欢打仗而又狂妄无知。

⑧若使轻者肆焉,其可:肆是去挑战而又后退。要使一个轻锐的人去挑战,那就可以。

⑨秦伯以璧祈战于河:秦康公拿玉璧向河水祈求战胜。

⑩裹粮作甲,固敌是求,敌至不击,将何俟焉:吃着粮食,穿着铁甲这是专门为着得到敌人,敌人来了而不打他,还等什么呢?

⑪将有待也:因为是等到可以的时候再说。

⑫秦获穿也,获一卿矣:秦国如果得到赵穿,这等于得到晋国一个卿。

⑬秦以胜归,我何以报?乃皆出战交绥:秦国战胜回去,我怎样报告国家,于是全体出去作战。交绥,就是两方面一交战就后退。

⑭两君之士皆未憖也:憖方言说等于伤,两方面的人全没有受伤。

⑮使者目动而言肆,惧我也:秦国派来的人,眼睛乱动,表示心在不安,而说的话非常之狂,可见他是怕我。

⑯死伤未收而弃之不惠也:死伤的人没有收埋起来,而遗弃他们,这不是恩惠的事情。

⑰不待期而薄人于险,无勇也:秦国本来约着明天打仗,而现在不等到明天,又在河边险要的地方去打,这是没有勇气。

⑱秦师夜遁,复侵晋入瑕:秦军漏夜逃走,又侵了晋国,到瑕这个城,瑕是晋地,在今河南省阌乡县西。

⑲诸:今山东诸城县西南,一名季孙城。

⑳郓:《一统志》说:"今山东沂水县东北四十里,有员亭,在沭水西岸,即郓城也,是为

东郓。"又成四年城郓,是为西郓。

【译文】

秦人因为令狐那次战败的缘故,冬天秦伯便领兵来伐晋,取了晋国羁马的地方。晋人出兵抵御他,赵盾带了中军,荀林父帮着他,郤缺带了上军,臾骈帮着他,栾盾带了下军,胥甲帮着他,范无恤做驾戎车的,一同跟上秦师于河曲那里。臾骈说:"秦兵不能久留的,只请开深壕沟,高筑营垒,坚固的屯扎住,等到秦兵自己退去的时候,再攻击他。"赵盾听了他的话,不同秦国开战。秦人要想速战;秦伯问士会说:"怎样可以使晋人出战呢?"士会说:"赵盾属下的大夫,新出来佐上军的,名叫臾骈,一定是他想出这法子的,他是要使我们的兵心松懈呢!赵氏有个侧室的支子,名叫赵穿,他却是晋君的女婿,很有荣宠,但是年纪还轻,不知道什么军事,喜欢勇武又很轻狂,并且恨臾骈担任上军佐!如果差轻锐的兵士,去激怒他,或者可以一战的。"秦伯便用璧玉祈求战胜于黄河中。十二月戊午那天,秦伯听了士会的计策,差轻锐的兵士掩去攻打晋国的上军,上军不出动,只赵穿独自追来,却是追不到,回去便大怒说:"包裹了粮食,披着甲衣坐等,不过是要抵御敌人啦,如今敌人来了,却不去追击,还等什么呢?"军吏回答说:"要等候可击的机会呢!"赵穿说:"我不懂什么计谋的,我只独自出战便了。"就领了自己的属下人等出去。赵盾说:"秦国如果捉住了赵穿,便是捉得我们一个卿了,秦国若因此得胜回去,我们怎样回报国家?"就大家出战,两边都接战了一下便退着。秦国的军使夜间约晋师说:"我们两军的兵士,都没有缺少,只等明天再请相会吧!"臾骈说:"秦国军使眼睛很流动,言语很放肆,他在惧我了,怕要逃走了。我只逼他们到黄河边,一定可打败他的。"胥甲赵穿两人,便立在军门前大叫说:"死的伤的还没有收拾,却丢掉他去追赶敌人,这便是没有恩义了,不等到相约的时候,却去逼人家于险要地方,这便是没有勇武了。"晋师便停止不进。秦兵果然趁夜间逃走,又侵掠晋地,进了瑕那地方。

修理诸城同郓城,《春秋》上写着,因为合于时宜。

【讲评】

臾骈通过分析敌人辞貌、识破敌人伪诈的事例,被后来的军事家孙武概括进其察敌之法中,即"辞强而进驱者,退也"。(《孙子兵法·行军篇》)敌人措辞强硬,表现出驰驱进逼的姿态,其实是在准备撤退。它指出了战场上的复杂情况,"兵不厌诈",提醒人们掌握战情的真实情况,识辨敌人的诈情。

文公十三年

【原文】

[经]十有三年春，王正月。夏五月壬午，陈侯朔卒。邾子蘧蒢卒。自正月不雨，至于秋七月。大室屋坏。冬，公如晋。卫侯会公于沓。狄侵卫。十有二月己丑，公及晋侯盟。公还自晋。郑伯会公于棐。

【原文】

[传]十三年春，晋侯使詹嘉处瑕，以守桃林之塞。晋人患秦之用士会也，夏，六卿相见于诸浮。赵宣子曰："随会在秦，贾季在狄，难日^①至矣，若之何？"中行桓子曰："请复贾季，能外事，且由旧勋。"郤成子曰："贾季乱，且罪大，不如随会，能贱而有耻，柔而不犯，其知足使也，且无罪。"乃使魏寿余伪以魏叛者，以诱士会。执其帑于晋，使夜逸。请自归于秦，秦伯许之。履士会之足于朝。秦伯师于河西，魏人在东。寿余曰："请东人之能与夫二三有司言者，吾与之先。"使士会。士会辞曰："晋人，虎狼也。若背其言，臣死，妻子为戮，无益于君，不可悔也。"秦伯曰："若背其言，所不归尔帑者，有如河。"乃行。绕朝赠之以策，曰："子无谓秦无人，吾谋适不用也。"既济，魏人噪^②而还。秦人归其帑。其处者为刘氏。

【注释】

①随会：即士会。难日：祸难的日子。

②噪：喧哗，即吵吵嚷嚷。

【译文】

鲁文公十三年春季，晋灵公派晋大夫詹嘉住在瑕地，防守桃林这个险要地方。晋国人担忧秦国任命士会，夏天，晋国六卿在诸浮相见。赵盾讲："士会在秦国，贾季在狄人那儿，祸难的日子到了，对他们怎么办？"荀林父讲："请召回贾季，他晓得外边的事情，并且由于有过去的功劳。"郤缺讲："贾季好作乱，并且罪过大，不如让士会回来，他能做到卑贱而晓得耻辱，柔和而不可侵犯，他的智谋能够使用，而且没有罪过。"于是便让魏寿余装着领着魏地叛变的人，诱骗士会。把魏寿余的妻子儿女拘留在晋国，让他晚上逃走。魏寿余请求把自己魏地归入秦国，秦康公同意了。魏寿余在朝廷上踩了一下士会的脚。秦康公屯驻在河西，魏地人在河东。魏寿余讲："请派一位东边人而能跟那边几位官员说话的，我跟他一块先去。"秦康公派遣士会去。士会辞谢讲："晋国人，是老虎豺狼。要是违反他原来的话不让臣下回来，臣下死了，妻子被杀戮，对君王没有好处，后悔都来不及。"秦康公讲："要是晋国违反原来的话不让你回来，我不送还你的妻子儿女，有河神为证。"士会便走了。秦大夫绕朝把马鞭送给他，讲："您不要觉得秦国没有人才，我的计谋正好不被采用而已。"渡过黄河以后，魏地人吵吵嚷嚷而回去了。秦国人送还士会的妻子儿女。士会的子孙留在秦国的即是刘氏。

【原文】

邾文公卜迁于绎。史曰："利于民而不利于君。"邾子曰："苟利于民，孤之利也。天生民而树之君，以利之也。民既利矣，孤必与焉。"左右曰："命可长也，君何弗为？"邾子曰："命在养民。死之短长，时也。民苟利矣，迁也，吉莫如之！"遂迁于绎。五月，邾文公卒。君子曰："知命。"

秋七月，大室①之屋坏，书不共也。

冬，公如晋朝，且寻盟。卫侯会公于沓，请平于晋。公还，郑伯会公于棐，亦请平于晋。公皆成之。

郑伯与公宴于棐，子家赋《鸿雁》。季文子曰："寡君未免于此。"文子赋《四月》。子家赋《载驰》之四章。文子赋《采薇》之四章。郑伯拜，公答拜。

【注释】

①大室：太庙之室，即周公之庙。

【译文】

邾文公为了迁都到绎地而占卜吉凶。史官讲："对民众有利而对国君不利。"邾文公说："要是对民众有利，也就是我的利益。上天生育民众并为他们设置君主，便是用来给他们利益的。民众既然得到利益了，我一定也在其中。"左右随从讲："寿命是能够延长的，君王为什么不去做？"邾文公说："活着就是为了抚养民众。而死的早晚，是命运决定的。民众要是有利，就迁都，没有比这再吉利的了！"于是便迁都到绎地。这年五月，邾文公死。君子讲:"邾子懂得天命。"

秋天七月,太庙正屋的屋顶倒塌,《春秋》记录是表示臣下的不恭敬。

冬季,鲁文公到晋国朝觐,并且重温过去的同盟友好关系。卫成公在沓地会面鲁文公,请求和晋国讲和。鲁文公回国时,郑穆公在地会见文公,也请求和晋国讲和。鲁文公都帮助他们跟晋国达成和议。

郑穆公跟鲁文公在棐地饮宴,子家赋了《诗经》中《鸿雁》这首诗。季文子讲:"寡君也不能免于此种处境。"季文子赋了《诗经》中《四月》这首诗。子家赋了《诗经》中《载驰》这首诗的第四章。季文子赋了《诗经》中《采薇》这首诗的第四章。郑穆公拜谢,鲁文公答拜。

【讲评】

邾国,文献中又称为"邾娄",战国以后称邹。故址在今山东省邹城市附近,毗邻鲁国,两国之间长期存在利益冲突,在文化上又彼此影响,表现出道德文化上的趋同性,后人用"邹鲁文化"统称之。邹、鲁建立地区的原居民为东夷族,以讲究礼让、崇尚仁德而著称,如《说文解字》中有"夷俗仁,仁者寿,有君子不死之国"的说法,故"邹鲁文化"的特征之一是崇尚仁德。而鲁文化作为当时社会主流文化,其"重民"思想尤具特色,所以"邹鲁文化"的另一特征是"以民为本"的思想。邾文公关于迁都的议论使人可以清楚地看到邹鲁文化中的仁德、民本思想。

文公十四年

【原文】

[经]十有四年春王正月公至自晋①。

[传]十四年春,顷王崩,周公阅与王孙苏争政②,故不赴③。凡崩薨不赴,则不书④,祸福不告,亦不书,惩不敬也⑤。

[经]邾人伐我南鄙。

[经]叔彭生帅师伐邾。

[传]邾文公之卒也⑥,公使吊焉不敬⑦,邾人来讨伐我南鄙,故惠伯伐邾⑧。

[经]夏五月乙亥齐侯潘卒。

【注释】

①此经无传,是因为回到鲁国,告于祖庙。

②周公阅与王孙苏争政:周公阅与王孙苏都是周王的卿士。他们争夺政权。

③故不赴:所以没有讣告给各诸侯。

④凡崩薨不赴,则不书:凡是天子的崩,同诸侯的薨,要不赴告,那么就不写到竹简上。

⑤祸福不告,亦不书,惩不敬也:祸乱同福祚不赴告,也不写在《春秋》上,这是惩戒怠慢不恭敬的。

⑥邾文公之卒也:邾文公死在去年。

⑦公使吊焉不敬:鲁文公使人去吊祭,不恭敬。

⑧故惠伯伐邾:惠伯即叔彭生,去打邾国。

【译文】

十四年春正月,鲁文公从晋国回来。

周顷王死了,卿士里周公阅同王孙苏争政权,也不讣告鲁国,凡是周王死了不赴告就不写到《春秋》上,他有祸福,不告也不写,这是为的惩戒不恭敬。

邾文公死的时候,鲁文公派人去吊他,不恭敬,邾人所以来讨伐,侵掠鲁国南边边境,所以叔仲惠伯去讨伐邾国。

【原文】

[传]子叔姬①齐昭公生舍②,叔姬无宠,舍无威③,公子商人骤施于国④,而多聚士,尽其家贷于公有司以继之⑤。夏五月,昭公卒,舍即位。

[传]邾文公元妃,齐姜生定公⑥,二妃晋姬生捷菑⑦。文公卒,邾人立定公⑧,捷菑奔晋⑨。

[经]六月公会宋公、陈侯、卫侯、郑伯、许男、曹伯、晋赵盾,癸酉同盟于新城。

[传]六月同盟于新城⑩,从于楚者服⑪,且谋邾也⑫。

【注释】

①子叔姬:是鲁国的女子。

②齐昭公生舍:齐昭公就是公子潘生的儿子叫舍。

③叔姬无宠舍无威:子叔姬不得齐侯的宠爱而舍也没有威严。

④公子商人骤施于国:公子商人是齐桓公的儿子,叫齐懿公,屡次在国里施舍。

⑤而多聚士,尽其家贷于公,有司以继之:并且养很多壮士,用尽家财不足,就问齐国的官家借钱,仍旧养士。

⑥定公:名獳且。

⑦捷菑:是晋国的女儿所生。

⑧邾人立定公:因为定公是年长。所以邾人就立他为君。

⑨捷菑奔晋:捷菑逃到晋国,因为他母亲是晋国的女儿。

⑩新城:宋地,《一统志》:"在今河南商丘县西南"。

⑪从于楚者服:于是服从楚国的譬如陈、郑、宋三国从此皆服从晋国。

⑫且谋邾也:并且计划送邾国的捷菑回国。

【译文】

　　子叔姬嫁给齐昭公生了儿子叫舍,叔姬不被宠爱,舍也没有威严,公子商人经常在齐国施舍,并且聚了很多勇士,尽把他的家产用掉又同公家借了很多。夏五月,昭公死了,舍就即位。

　　邾文公的元妃齐姜生了定公,二妃晋姬生了捷菑,文公死了以后,邾国人立了定公,捷菑逃到晋国去。

　　六月在新城同盟,这次服从楚国的陈郑宋,全服从晋国,并且计谋邾国的事情。

【原文】

　　[经]七月有星孛入于出斗。

　　[传]秋七月乙卯,夜,齐商人弑舍而让元。元曰:"尔,求之久矣!我能事尔,尔不可,使多蓄憾,将免我乎①?尔为之。"有星孛入于北斗,周内史叔服②曰:"不出七年,宋齐晋之君皆将死乱③。"

　　[经]公至自会④。

　　[经]晋人纳捷菑于邾弗克纳。

　　[传]晋赵盾以诸侯之师八百乘⑤,纳捷菑于邾。邾人辞曰:"齐出獳且长⑥。"宣子曰:"辞顺而弗从,不祥⑦。"乃还。

【注释】

①尔求之久矣！我能事尔，尔不可，使多蓄憾，将免我乎：你想做君很久了，我可以侍奉你，你不能够侍奉我，使你不做君长，这存在的怨恨很多，那时间你必定不能赦免我。

②周内史叔服：周国的内史官，名字叫叔服的。

③不出七年，宋齐晋之君皆将死乱：在三年以后宋国是昭公，五年以后齐国是懿公，七年以后晋国是灵公，这皆在七年以内，他们全被弑。

④此经无传。

⑤八百乘：照《司马法》说最多是六万人。

⑥齐出貜且长：齐国所生的儿子貜且年长。

⑦辞顺而弗从，不祥：说的话很合理，要不听他，是不吉评的。

【译文】

秋天七月乙卯夜，齐国商人杀了舍，而让位给他的哥哥齐惠公。齐惠公说："你想这件事很久了，我能够侍奉你，你不能侍奉我，使你多增加怀恨，你能赦免我吗？不如你做吧！"有星星到了北斗，周国的内史叔服说："过不了七年，宋齐晋的君全部在乱事中死了。"

鲁文公从开会回来。

晋国赵盾用诸侯的兵八百辆车，到邾国去纳捷菑。邾国人辞让说："齐国女子所出生的貜且年长。"赵盾说："他说得有理，不听他的，就不吉祥。"就回晋国。

【原文】

[传]周公将与王孙苏讼于晋。王叛王孙苏①而使尹氏与聃启讼周公于晋②，赵宣子平王室而复之③。

[传]楚庄王立，子孔潘崇将袭群舒，使公子燮与子仪守而伐舒蓼④，二子作乱⑤，城郢⑥而使贼杀子孔，不克而还。八月二子以楚子出将如商密⑦，庐戢黎及叔麇诱之⑧，遂杀斗克及公子燮⑨。初，斗克囚于秦⑩，秦有殽之败，而使归求成，成而不得志⑪，公子燮求令尹而不得⑫，故二子作乱。

【注释】

①王叛王孙苏：王是周匡王，本来许王孙苏合作，现在不与他合作了。

②尹氏与聃启讼周公于晋:派尹氏,是周王的卿士,聃启是周大夫,告周公在晋国。

③赵宣子平王室而复之:赵盾使王室里的人能够和亲,使周公与王孙苏都回到周都城。

④舒蓼:就是群舒。

⑤二子作乱:二子就是斗克与公子燮叛乱。

⑥城郢:郢是楚国国都,在今湖北省江陵县。

⑦二子以楚子出将如商密:《国语·楚语》说:"楚庄王文弱,子仪为师,王子燮为傅。"

⑧庐戢黎及叔麇诱之:卢是楚地,《一统志》说:"中卢城在襄阳城南,今湖北南漳县东五十里,有中卢城故址。"

⑨遂杀斗克及公子燮:斗克号子仪,就把斗克及公子燮杀了。

⑩斗克因于秦:斗克在秦国被囚禁。

⑪成而不得志:成是求和,但是已经和平了,而斗克没有得到楚国的赏赐。

⑫公子燮求令尹而不得:公子燮求做令尹的官,而没有成,令尹等于是楚国的宰相。

【译文】

周公将同王孙苏到晋国去诉讼,周匡王违叛了王孙苏,而派尹氏同聃启告周公到晋国,赵盾平治王室叫王孙苏回来。

楚庄王立了,子孔潘崇将袭击各舒国,派公子燮与子仪看守而攻伐舒蓼,公子燮跟子仪作乱,修了郢都城,而派人去杀子孔,没能成功就回来了。八月,公子燮与子仪挟持楚王离都城,将到商密去,庐戢黎同叔麇引诱他们,就杀了子仪与公子燮。最早时,子仪在秦被囚禁,恰好遇到殽的败仗,就派他去要求和平,和平成了,而他没得到赏赐,公子燮因为求做令尹而没成功,所以他们两人作乱。

【原文】

[经]九月甲申公孙敖卒于齐。

[传]穆伯之从己氏也①,鲁人立文伯②,穆伯生二子于莒,而求复③,文伯以为请,襄仲使无朝听命,复而不出④。二年而尽室以复适莒,文伯疾而请曰:"谷之子弱⑤,请立难也⑥!"许之,文伯卒,立惠叔。穆伯请重赂以求复⑦,惠叔以为请,许之。将来,九月卒于齐,告丧请葬,弗许⑧。

[经]齐公子商人弑其君舍⑨。

[经]宋子哀来奔。

[传]宋高哀为萧封人,以为卿⑩,不义宋公而出⑪,遂来奔。书曰:"宋子哀来奔。"贵之也⑫。

[传]齐人定懿公,使来告难,故书以九月⑬。齐公子元不顺懿公之为政也,终不曰公,曰夫己氏⑭。

[经]冬单伯如齐。

[经]齐人执单伯。

[经]齐人执子叔姬。

[传]襄仲使告于王,请以王宠求昭姬于齐⑮,曰:"杀其子,焉用其母,请受而罪之⑯。"冬,单伯如齐,请子叔姬,齐人执之⑰,又执子叔姬。

【注释】

①穆伯之从己氏也:这件事在文公八年,公孙敖到莒国找己氏女子。

②鲁人立文伯:文伯就是穆伯的儿子谷。

③而求复:要求回鲁国。

④襄仲使无朝听命,复而不出:公子遂叫他不要上朝,所以他回来而不能出门。

⑤谷之子弱:他的儿子就是孟献子,这时年纪尚轻。

⑥请立难也:请就赶紧立我的弟弟,难。

⑦穆伯请重赂以求复:穆伯用很重的贿赂,要求回国。

⑧请葬弗许:以卿的礼节来下葬,不准许。

⑨齐公子商人弑其君舍:见传秋七月乙卯,夜,齐商人弑舍而让元。

⑩宋高哀为萧封人,以为卿:宋国的高哀,先做宋国附庸的萧封人,后来升到宋国的卿。

⑪不义宋公而出:不以宋国的君为合理,而逃出。

⑫书曰宋子哀来奔,贵之也:《春秋》上写着,宋子哀来奔,这是尊贵他。

⑬故书以九月:齐国人不服从懿公,所以三个月后,方才安定,因而《春秋》上只写上九月。

⑭夫己氏:等于说那个人。

⑮昭姬于齐:昭姬即子叔姬。

⑯杀其子,焉用其母,请受而罪之:杀了她的儿子舍,何必用他的母亲,请接受加给她

罪行。

⑰齐人执之：齐国人以为依仗周王的势力，所以把单伯逮起来。

【译文】

公孙敖从前到莒国跟着己氏时，鲁人立了谷，公孙敖在莒国生了两个儿子，要求再回鲁国，谷给他请求。公子遂叫他不要上朝，所以回来也不出门。二年的工夫，又把全家送到莒国去。谷有了病，就要求说："谷的儿子尚年轻，请立我的弟弟难。"鲁国人许他，谷死了立了难。公孙敖用重的贿赂又要求回来，难受他去要求，答应他。将回鲁国，九月，死在齐国，请用卿的葬礼，不答应。

齐公子商人杀他的君舍。

宋国高哀为萧地方的封人，做了卿的位置，不以宋公为合理就逃奔到鲁国。《春秋》上写着："宋子哀来奔。"这很尊贵他。

齐国人已经安定了懿公，所以来告弑君的事，《春秋》上写着九月，齐惠公不以懿公的政令为合理，所以不称他做公，称他做夫己氏。

公子遂告诉周王，请求以王的宠往齐国求子叔姬，说："杀他的儿子何必用他的母亲，请把她送到鲁国，来给她定罪。"冬天，周卿士单伯到齐国去请子叔姬，齐人把他逮起来，又逮子叔姬。

【讲评】

《左传》中记载的占星，跟占梦一样，是春秋时期流行于社会上层的重要的预测方式，与国家的政治生活密切相关。占星主要以天空中出现的星象变化来占卜各个地方人世间的吉、凶、祸、福，为此将地上的州、国与星空的区域互相匹配对应，称为分野。如《周礼》所记"保章氏"："以星土辨九州岛之地，所封封域皆有分星，以观妖祥。"这些神秘的预测，在今天看来不具备科学性，却深刻反映了当时的人们对天人关系的理解。如周内史从星象预测宋国、齐国、晋国等国君主的灾厄，与其说是星象预言，不如说是基于其各自国内动荡的政治形势做出的政治预言。不过，此条记录在天文学史上有重要价值，它是世界上关于哈雷彗星的最早记录。

文公十五年

【原文】

[经]十有五年春,季孙行父如晋。三月,宋司马华孙来盟。夏,曹伯来朝。齐人归公孙敖之丧。六月辛丑朔,日有食之。鼓,用牲于社。单伯至自齐。晋郤缺帅师伐蔡。戊申,入蔡。秋,齐人侵我西鄙。季孙行父如晋。冬十有一月,诸侯盟于扈。十有二月,齐人来归子叔姬。齐侯侵我西鄙,遂伐曹,入其郛。

【原文】

[传]十五年春,季文子如晋,为单伯与子叔姬故也。三月,宋华耦来盟,其官皆从之。书曰:"宋司马华孙"贵之也。公与之宴,辞曰:"君之先臣督,得罪于宋殇公,名在诸侯之策。臣承其祀,其敢辱君,请承命于亚旅。"鲁人以为敏。

夏,曹伯来朝,礼也。诸侯五年再相朝,以修王命,古之制也。齐人或为孟氏谋,曰:"鲁,尔亲也。饰棺置诸堂阜,鲁必取之。"从之。卞人以告。惠叔犹毁以为请,立于朝以待命。许之。取而殡之,齐人送之。书曰:"齐人归公孙敖之丧",为孟氏,且国故也。葬视共仲。声己不视,帷堂①而哭。襄仲欲勿哭,惠伯曰:"丧,亲之终也。虽不能始,善终可也。史佚有言曰:'兄弟致美。救乏、贺善、吊灾、祭敬、丧哀,情虽不同,毋绝其爱,亲之道也。'子无失道,何怨于人?"襄仲说,帅兄弟以哭之。他年,其二子来。孟献子爱之,闻于国。或潛之曰:"将杀子。"献子以告季文子。二子曰:"夫子以爱我闻,我以将杀子闻,不亦远于礼乎?远礼不如死!"一人门于句鼆,一人门于戾丘?皆死。六月辛丑朔,日有食之。鼓,用牲于社,非礼也。日有食之,天子不举,伐鼓于社,诸侯用币于社,伐鼓于朝,以昭事神、训民、事君,示有等威②,古之道也。齐人许单伯请而赦之,使来致命。书曰:"单伯至自齐,"贵之也。新城之盟,蔡人不与。晋郤缺以上军、下军伐蔡,曰:"弱,不可以怠。"戊申,入蔡,以城下之盟而还。凡胜国,曰"灭之";获大城焉,曰入之。"

秋,齐人侵我西鄙,故季文子告于晋。

冬十一月,晋侯、宋公、卫侯、蔡侯、陈侯、郑伯、许男、曹伯盟于扈,寻新城之盟,且谋伐齐也。齐人赂晋侯,故不克而还。于是有齐难,是以公不会。书曰:"诸侯盟于扈,"无能为故也。凡诸侯会,公不与,不书,讳君恶也。与而不书,后也。齐人来归子叔姬,王故也。齐侯侵我西鄙,谓诸侯不能也。遂伐曹,入其郛,讨其来朝也。季文子曰:"齐侯其不免乎? 己则无礼,而讨于有礼者,曰:'女何故行礼?'礼以顺天,天之道也,己则反天,而又以讨人,难以免矣。诗曰:'胡不相畏,不畏于天?'君子之不虐幼贱,畏于天也。在周颂曰:'畏天之威,于时保之',不畏于天,将何能保? 以乱取国,奉礼以守,犹惧不终,多行无礼,弗能在矣!"

【注释】

①帷堂:古时,人死后尸体放置堂中小敛,四周围帷幕,叫帷堂。
②等威:威仪之等差。

【译文】

鲁文公十五年春季,季文子去晋国,为了单伯和子叔姬的原因。三月,宋国的华耦前来会盟,他的属下也都跟他一块前来。《春秋》称其为"宋司马华孙",是表示尊敬他。文公跟他饮宴,华耦辞谢说:"君王的先臣华督得罪了宋殇公,他的名字被写在诸侯的史册上。下臣继承的祭奠,岂敢使君王遭受耻辱? 请在亚旅接受命令。"鲁国人觉得华耦聪明敏捷。

夏季,曹伯前来朝见,这是合乎礼的。诸侯每五年相互朝见两次,以重温天子的命令,这是古代的制度。齐国有人替孟氏策划说:"鲁国是你的亲属国,把公孙敖的饰棺放在堂阜,鲁国一定会去取的。"孟氏听从了。下邑大夫把这事做了汇报。惠叔一直很哀伤,他容颜消瘦,请示运回棺材,站在朝廷上等待命令。鲁国同意这一请求,于是取回饰棺停放。齐国也来送丧。《春秋》记录说:"齐人归公孙敖之丧。"这是为了孟氏世为鲁卿,又是鲁国公族的原因。公孙敖的葬礼依照安葬共仲的葬礼进行。声己不肯去看棺材,只在堂上隔着幔帐哭。襄仲也不想去哭丧。惠伯讲:"丧事,是对待亲人的终结。即使不能有个好的开始,有个好的终结是可以的。史佚有如此的话说:'兄弟之间要各自尽自己的美德。救济困乏,祝贺喜庆,吊唁灾祸,祭奠恭敬、丧事悲哀,这些情况各不一样,不过都旨在不断绝彼此之间的友爱。'又何怨恨别人呢?"襄仲听了这话很高兴,便领着兄弟一块去哭丧。后来,穆伯在莒国的两个儿子回来,孟献子喜欢他们的事全国都晓得,有人对孟献子讲:"这两个人想要杀死你。"孟献子把这话告诉了季文子。这两个人辩解说:"那个人以爱我们闻名,我们以想要杀他而闻名,这不是远远不合于礼吗? 不合于礼还不如一死。"一个在句鼆守门,一人在戾丘守门,后来都阵亡了。六月一日,日食。人们去鼓,用牲在土地庙里祭奠,这是不合于礼的。日食,天子减善撤乐,在土地神庙里击鼓。诸侯用玉帛在土地神庙里祭奠,在朝廷击鼓,以表明服侍神灵,教训民众、侍奉国君,表示威仪有一定的等级,这是古代的制度。齐国人同意了单伯要子叔姬回国的请求同时也赦免了单伯,而且让他到鲁国通报这一决定。《春秋》记录说"单伯至自齐",这是表示尊敬他。在新城盟会时,蔡国人没参加。晋国的郤缺领着上军、下军进攻蔡国,说:"国君年少,不能因而懈怠。"六月八日,进入蔡国,在蔡国首都门下订立了盟约之后回国。但凡战胜一个国家,称为"灭之",获得大城,称为"入之"。

秋季,齐军侵入我国西部边境,故而季文子向晋国报告。

冬十一月,晋侯、宋公、卫侯、蔡侯、郑伯、许男、曹伯在扈地会盟,重温新城盟会的旧好,而且谋划进攻齐国。齐国人贿赂晋侯,故而没有战胜便撤兵了。那时因齐国正侵犯我国西部边境,故而鲁文公没有去参加盟会。《春秋》记录为"诸侯盟于扈",表示诸侯没有可以解救鲁国。但凡诸侯会见,要是鲁国君主不参加,就不加记录,这是为了避讳国君的过失。参加了要是不加记录,是因为晚到。齐国人前来送回子叔姬,这是为了周天子的原因。齐侯侵犯我国西部边境,他觉得诸侯拿他没办法。并因此而进攻曹国,进入了曹国的外城,这是征讨它曾经前来鲁国朝见。季文子讲:"齐侯恐怕很难免除祸难吧!自己本来就不合乎礼,反而征讨有礼的国家,还说:'你为何去鲁国朝见?'礼是用来顺乎天意的,这是替天行道。自己违背天意,却以此来征讨别国,因此一定灾祸难免。《诗经》说:'为何不互相畏惧,由于不畏惧上天。'君子之所以不虐待弱小和卑贱,这是因为畏惧上天。在《周颂》里讲:'害怕上天的威严,因此而能保有福禄。'要是不怕上天,又能保得住什么?依靠动乱获得政权国家,奉行礼来保持君位,还害怕不得善终,多做不合礼的事情,便不能有好日,便更难保全善终了。"

【讲评】

鲁国大夫公孙穆伯贪恋莒女美色而一再抛弃亲人和故国,但是其兄弟襄仲在惠伯的劝告下还是接回其灵柩并依礼哭灵。惠伯的劝说又一次体现出鲁人"尊尊而亲亲"的治国思想。

文公十六年

【原文】

[经]十有六年春季孙行父会齐侯于阳谷,齐侯弗及盟。

[传]十六年春王正月及齐平。公有疾,使季文子会齐侯于阳谷①,请盟,齐侯不肯,曰:"请俟君间②?"

[经]夏五月,公四不视朔。

[经]六月戊辰,公子遂及齐侯盟于郪丘。

[传]夏五月公四不视朔,疾也③。公使襄仲纳赂于齐侯,故盟于郪丘④。

【注释】

①公有疾使季文子会齐侯于阳谷:鲁文公有病,使季文子,即季孙行父,到阳谷去会齐侯。阳谷在今山东省阳谷县,东北五十里。

②请俟君间:请等到鲁文公病好再说。

③公四不视朔,疾也:诸侯每个月必定告朔于庙,现在因为疾病的缘故,四个月不能告朔。

④郪丘:齐地,《释地》说:"在临淄南侧之天齐渊。"

【译文】

十六年春天同齐国和平。鲁文公有病,使季孙行父在阳谷会见齐懿公,请求盟誓,齐侯不肯,说:"等你好了再说吧。"

夏天五月,鲁文公四次不告朔,这是因为有病的缘故。派公子遂对齐懿公纳贿赂,所以在郪丘这地方盟誓。

【原文】

[经]秋八月辛未,夫人姜氏薨。

[经]毁泉台。

[传]有蛇自泉宫出,入于国,如先君之数①。秋八月辛未,声姜薨②,毁泉台③。

［经］楚人、秦人、巴人灭庸。

［传］楚大饥，戎④伐其西南，至于阜山⑤，师于大林⑥。又伐其东南，至于阳丘⑦，以侵訾枝⑧，庸⑨人率群蛮以叛楚。麇⑩人率百濮⑪聚于选⑫，将伐楚。于是申息⑬之北门不启⑭，楚人谋徙于阪高⑮。蒍贾曰："不可，我能往，寇亦能往，不如伐庸。夫麇与百濮谓我饥不能师，故伐我也。若我出师，必惧而归。百濮离居，将各走其邑，谁暇谋人。"乃出师，旬有五日⑯，百濮乃罢⑰。自庐以往⑱，振廪同食⑲，次于句澨⑳使庐戢黎㉑侵庸，及庸方城㉒，庸人逐之，囚子扬窗㉓，三宿而逸㉔，曰："庸师众，群蛮聚焉，不如复大师㉕，且起王卒，会而后进。"师叔㉖曰："不可，姑又与之遇，以骄之㉗，彼骄我怒㉘而后可克。先蚡分冒㉙所以服陉隰㉚也。"又与之遇，七遇皆北㉛，唯裨、鯈、鱼人实逐之㉜，庸人曰："楚不足与战矣。"遂不设备。楚子乘驲㉝会师于临品㉞，分为二队。子越㉟自石溪㊱，子贝㊲自仞㊳以伐庸。秦人、巴人㊴从楚师，群蛮从楚子盟㊵。遂灭庸。

［经］冬十有一月宋人弑其君杵臼。

［传］宋公子鲍㊶礼于国人㊷，宋饥，竭其粟而贷之㊸，年自七十以上无不馈诒也，时加羞珍异㊹无日不数于六卿之门㊺，国之材人，无不事也㊻，亲自桓以下，无不恤也㊼。公子鲍美而艳，襄夫人欲通之㊽，而不可㊾，夫人助之施㊿，昭公无道，国人奉公子鲍以因夫人。于是华元为右师㊿，公孙友为左师，华耦为司马○，鳞鱹为司徒，荡意诸为司城，公子朝为司寇○。初，司城荡卒。公孙寿○辞司城，请使意诸为之○。既而告人曰："君无道，吾官近，惧及焉○。弃官则族无所庇○，子身之贰也，姑纾死焉○！虽亡子，犹不亡族○！"既夫人将使公田孟诸而杀之。公知之尽以宝行○。荡意诸曰："盍适诸侯？"公曰："不能其大夫，至于君祖母以及国人，诸侯谁纳我？且既为人君而又为人臣，不如死。"尽以其宝赐左右，以使行。夫人使谓司城去公，对曰："臣之而逃其难，若后君何？"冬十一月甲寅，宋昭公将田孟诸，未至，夫人王姬使帅甸攻而杀之，荡意诸死之。书曰："宋人弑其君杵臼，君无道也。"文公即位，使母弟须为司城，华耦卒，而使荡虺为司马。

【注释】

①如先君之数：鲁世家，鲁公伯禽，子考公酋，弟炀公熙，子幽公圉，弟微公溃，子厉公擢，弟献公具，子顺公濞，弟武公敖，子懿公戏，弟孝公称，子惠公弗皇，子隐公息姑，弟桓公允，子庄公同，子闵公开，兄僖公申。周公不之鲁，从鲁公数起为十七君。

②声姜薨：声姜是鲁僖公的夫人，鲁文公的母亲。

③泉台：在今山东省曲阜市南郊。

④戎：是山夷。

⑤阜山：在今湖北房县南一百五十里。

⑥大林：楚邑，《太平御览》伍端休《江陵纪》曰："江陵城西北六十里有林，春秋师于大林，即此。"

⑦阳丘：楚邑，阳丘的地方，应该在湖南岳阳，石首一带。

⑧訾枝：《左传地名补注》："谓訾枝，即今之枝江市。"

⑨庸：国名，在今湖北省，竹山县东四十里，有上庸故城。

⑩糜：在今湖南省岳阳县。

⑪百濮：在今湖北省，石首市以南，直到湖南省常德等地，为百濮散处的地方。

⑫选：楚地，在今湖北省枝江市南境。

⑬申息：楚邑名，在今河南南阳，信阳一带，为楚国之北屏。

⑭北门不启：向北方的城门全不开，以防备北方各国的侵入。

⑮阪高：险要的高地，《汇纂》："当在湖北省，襄阳府西境。"

⑯旬有五日：十五天。

⑰百濮乃罢：百濮就离散了。

⑱自庐以往：庐在今湖北省，当阳远安之境，就从庐去伐庸。

⑲振廪同食：振是发，发开仓库，上下同吃饭。

⑳句滋：《汇纂》说在今湖北省均县的西边。

㉑庐戢黎：戢黎是庐大夫。

㉒方城：《括地志》："今湖北竹山县东南四十里有方城山。山南有城长十余里。名曰方城。"

㉓子扬窗：戢黎明的官属。

㉔三宿而逸：住了三天就逃走了。

㉕复大师：把大的军队招来。

㉖师叔：楚大夫潘尪。

㉗姑又与之遇，以骄之：姑且再与他相遇，益发使他骄傲。

㉘彼骄我怒：他骄傲，我们更发怒。

㉙蚡冒：楚武王的父亲。

㉚陉隰：大约在湖北省宜昌宜都之间。

㉛七遇皆北：七次遇见，楚国全打败仗。

㉜裨、儵、鱼人实逐之:这三种人大约在湖北省,巫山、巫溪、溪山,到竹山的地方,与上庸相近。

㉝驲:驲是一种车辆。

㉞会师于临品:临品是地名,大约在今湖北省均县境内,把军队全集中在此。

㉟子越:司马子良之子斗椒。

㊱石溪:在今湖北省均县竹山之交。

㊲子贝:是楚大夫。

㊳仞:《汇纂》说在今湖北省,均州界。

㊴巴:姬姓国,即今重庆市巴南区。

㊵群蛮从楚子盟:各种蛮夷全都同楚王盟会。

㊶公子鲍:是宋昭公庶出的弟弟。

㊷礼于国人:春秋时代所谓国人,皆指着贵族而言。

㊸宋饥竭其粟而贷之:宋国荒年的时候,就尽用他所藏的谷子接济人民。

㊹无不馈诒也,时加羞珍异:没有不煮饭给他们吃,并且时常加上珍贵的菜蔬。

㊺无日不数于六卿之门:没有一天不到宋国六卿的家中。六卿是指着右师、左师、司马、司徒、司城、司寇。

㊻国之材人,无不事也:宋国所有的贤材,没有他不侍奉的。

㊼亲自桓以下,无不恤也:亲族里,自从他的曾祖,宋桓公以下的族人,没有不周济的。

㊽公子鲍美而艳,襄夫人欲通之:公子鲍长得美,而且漂亮,宋襄公的夫人,即宋昭公的祖母,欲与他通奸。

㊾而不可:公子鲍不愿意。

㊿夫人助之施:襄夫人就帮助他施舍。

（51）华元为右师:华元是华督的曾孙。

（52）华耦为司马:华耦替代公子卬。

（53）公子朝为司寇:替代华御事。

（54）公孙寿:是公子荡的儿子。

（55）请使意诸为之:就请让他的儿子荡意诸为司城。

（56）君无道,吾官近,惧及焉:现在的君没有道理,我所做的官又很接近君,恐怕将来有祸乱发生,就会连到自己。

(57)官则族无所庇：要丢掉这个官，我们全族就没有人保护。

(58)子身之贰也，姑纾死焉：儿子等于本身的附体，姑且缓慢死的日期。

(59)虽亡子，犹不亡族：虽然丢了儿子，不至于丢了全族。

(60)公知之尽以宝行：昭公知道了，把他的宝物全都带走。

【译文】

有长蛇从泉宫出来，到了都城里，跟先君的数目一样，就是有十七个蛇。秋天八月辛未，鲁僖公的夫人声姜死了，因此就把泉台毁掉。

楚国大饥饿，戎人伐他的西南，一直到阜山，车队驻扎到大林，又伐他的东南，一直到阳丘，去侵掠訾枝，庸人领着群蛮对楚国反叛。麇人率领着百濮在选这地方相聚，也要伐楚国，这时申同息的北门不敢开，楚人想迁到阪高这地方。芳贾说："不可以，我能去敌人也能去，不如讨伐庸国，因为麇同百濮全以为我们饥饿了，不能派军队，所以讨伐我们，若我派军队出去，必定害怕而回去。百濮是分着住，将各走到他城里去，谁还能够计谋旁人？"就出军队，十五天的工夫，百濮军队就退了。就从庐去伐庸，把仓库中的食物同吃，到了句澨，叫庐戢黎侵伐庸国，到了庸国的方城，庸人追逐他，捕获了黎的官员，但过了三夜，子扬窻就逃走了说："庸的军队很多，群蛮聚在一起不如再领大军队来，并且把王的军队全兴起，合在一块再往前进。"师叔说："不可以，姑且再与他碰到一块，使他骄傲，他骄傲，我们愤怒，然后可以打胜仗。这是先君蚡冒所以占领陉隰两地的方法。"又跟他碰在一块，七次全打败仗，庸国的三个城邑的人追逐他，庸人说："楚国不值得跟他打仗。"于是就不设防备。楚王乘着普通的车在临品会军队，分成两队。子越由石溪，子贝由仞，两路来伐庸国。秦国人巴国人跟着楚国军队，群蛮跟楚王盟誓，就把庸国灭了。

宋文公对国人很有礼貌，宋国有饥饿，把他的粟米就出借，年在七十岁以上，没有不送的，并且加很多好吃的，每天常去见六卿，国中有贤材的人，没有不事奉，亲戚自他曾祖桓公以下，没有不怜恤的。宋文公很美，宋襄公的夫人想着要同他通奸，但是宋文公不答应，夫人就帮助他施舍，昭公无道，贵族们全奉着文公，又因着夫人。那时华元做右师，公孙友做左师，华耦做司马，鳞鱹做司徒，荡意诸做司城，公子朝做司寇。最初时，司城荡死了。他的儿子公孙寿辞掉司城的官，使他的儿子意诸来做。后来就告诉人说："君没有道，我的官离着君很近，恐怕会连上。丢掉官则全族没人保护，儿子是我第二，姑且缓慢不死，虽然丢了儿子，就不会丢了全族。"后来襄夫人将使昭公到孟诸打猎而把他杀掉。昭公知道尽带着他的宝贝就走。荡意诸说："何不逃到诸侯那里去？"昭公说："跟他大夫，甚至祖母襄夫人并连贵族们都处不好,诸侯谁肯接纳我?并且既为人君,又做人的臣子,那不如死。"拿他的宝物,赏给左右的人们,并且使他们赶紧逃。襄夫人派人对荡意诸说,叫他离开昭公,回答说:"给他做了臣子,而逃避他的祸难,那怎样侍奉后来的君?"冬天十一月甲寅,宋昭公将去孟诸打猎,还没有到,襄夫人就叫野外的军队来攻杀他,荡意诸就死了。《春秋》上写着:"宋人杀了他的君杵臼。"这是君没有道。文公即位,使母弟须做司城,华耦死了,就使荡意诸的弟弟荡虺做了司马。

【讲评】

楚庄王是春秋霸主中受到后人最多称誉的一位,孔子曾多次称其言论。有人认为,与其他霸主相比,齐桓公有大略而无雄才,秦穆公有雄才而无大略,晋文公虽说两者兼有,可惜天不假年。只有楚庄王才略、德行兼备,纵横驰骋数十年。所以,在"春秋五霸"中,若论功业之巨、霸权之盛,非楚庄王莫属。楚庄王登上历史舞台之初却充满艰辛险恶,其父楚穆王卒后,强敌晋国欺负楚新君年弱,乘机攻打原来跟从楚国的诸侯,使之改从晋国,给楚国造成很大压力,接着楚国发生大饥荒,周边蛮族纷纷反叛,严重威胁楚国的安全。国内政局动乱,若敖氏等贵族野心勃勃,随时蓄谋叛乱,一度挟持国君,可谓内忧外患,年轻的楚庄王面对的国际国内形势非常严峻,但是他韬光养晦,即位之初"自静三年"(贾谊《新书·先醒》),而"三年不蜚,蜚将冲天;三年不鸣,鸣则惊人",表面上纵酒淫乐,实则磨炼心志,辨别忠奸;一旦亲政,出兵灭庸,整肃吏治,楚国上下焕然一新。灭庸之战具有重要意义。梁启超在评价庸国亡时说:"楚庄即位三年,联秦、巴之师灭庸,春秋一大事也。巴庸世为楚病,巴服而庸灭,楚无内忧,得以全力争中原。"而且楚人兼并上庸国后吸收了庸国的先进文化,国力大增。

文公十七年

【原文】

[经]十有七年春,晋人、卫人、陈人、郑人伐宋。夏四月癸亥,葬我小君声姜,齐侯伐我西鄙。六月癸未,公及齐侯盟于穀。诸侯会于扈。秋,公至自穀。冬,公子遂如齐。

【原文】

[传]十七年春,晋荀林父、卫孔达、陈公孙宁、郑石楚伐宋,讨曰:"何故弑君!"犹立

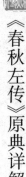

文公而还。卿不书，失其所也。

夏四月癸亥，葬声姜。有齐难，是以缓。

齐侯伐我北鄙。襄仲请盟。六月，盟于穀。

晋侯蒐于黄父，遂复合诸侯于扈，平宋也。公不与会，齐难故也。书曰“诸侯”，无功也。

于是，晋侯不见郑伯，以为贰于楚也。郑子家使执讯[1]而与之书，以告赵宣子，曰：

“寡君即位三年，召蔡侯而与之事君。九月，蔡侯入于敝邑以行。敝邑以侯宣多之难，寡君是以不得与蔡侯偕。十一月，克减[2]侯宣多而随蔡侯以朝于执事。十二年六月，归生左寡君之嫡夷，以请陈侯于楚而朝诸君。十四年七月，寡君又朝，以蒇陈事。十五年五月，陈侯自敝邑往朝于君。往年正月，烛之武往朝夷也。八月，寡君又往朝。以陈、蔡之密迩于楚而不敢贰焉，则敝邑之故也。虽敝邑之事君，何以不免？在位之中，一朝于襄，而再见于君。夷于孤之二三臣相及于绛，虽我小国，则蔑以过之矣。今大国曰：‘尔未逞吾志。’敝邑有亡，无以加焉。”

“古人有言曰：‘畏首畏尾，身其余几。’又曰：‘鹿死不择音。’小国之事大国也，德，则其人也；不德，则其鹿也；铤而走险，急何能择？命之罔极，亦知亡矣。将悉敝赋以待于儵，唯执事命之。”

“文公二年六月壬申，朝于齐。四年二月壬戌，为齐侵蔡，亦获成于楚。居大国之间而从于强令，岂其罪也？大国若弗图，无所逃命。”

晋巩朔行成于郑，赵穿、公婿池为质焉。

秋，周甘歜败戎于邧垂，乘其饮酒也。

冬十月，郑大子夷、石楚为质于晋。

襄仲如齐，拜穀之盟。复曰：“臣闻齐人将食鲁之麦。以臣观之，将不能。齐君之语偷[3]。臧文仲有言曰：‘民主偷必死。’”

【注释】

①执讯：通讯官。

②克减：灭绝。

③偷：苟且。

【译文】

十七年春天，晋国的荀林父、卫国的孔达、陈国的公孙宁、郑国的石楚进攻宋国。理

五一〇

由是:"为何杀了你们的国君?"直到立了宋文公才回国,《春秋》没有记录卿的名字,是由于他们对此事处置不够妥当。

夏季四月四日,鲁国安葬了声姜。由于齐国的动乱,葬礼才推迟了。

齐懿公进攻鲁国北部边境。襄仲请求结盟。六月,双方在榖地结盟。

晋灵公在黄父阅兵,又召集诸侯在扈地集合,商量平定宋国内乱之事。文公没有参加会议,由于那时齐国正攻打鲁国。《春秋》只写"诸侯"而不写他们的名字,显示没有成效。

那时晋灵公不肯接见郑穆公,觉得郑国暗中亲近楚国。郑国子家派一位负责通讯、联络的官员交给赵盾一封信。信中讲:

"寡君就位三年时,就召请蔡侯一起服侍贵君。九月,蔡侯到我国,从这儿去了贵国。那时我国发生了侯宣多的叛乱,因此寡君未能与蔡侯一同前往。十一月,平定了侯宣多之乱后,就同蔡侯一块朝见了阁下。十二年六月,公子归生辅助太子夷,到楚国请求答应陈侯同去朝见贵君。十四年七月,寡君又到贵国朝觐,促成了陈国顺服贵国一事。十五年五月,陈侯又从我国前往朝觐贵君。去年正月,烛之武去了贵国,目的是让太子夷前往朝觐贵君。八月,寡君又一次前去朝觐。陈、蔡两国即使紧邻楚国却不敢对贵国存有二心,这全是我国努力的结果。我国这样侍奉贵国,为何还不能免于灾祸呢?寡君在位期间,曾朝觐贵国先君襄公一次,现任国君两次。太子夷跟我国几个臣子也先后都抵达绛城。作为一个小国,这样侍奉贵国,能够说不能比这再过分了。而现在大国却说:'你们还没有使我们满足。'那便只有等待灭亡,真的不能做得更好了。"

"古人有句话讲:'要是怕这怕那,还能有什么不怕?'又说:'当鹿快要死亡的时候,便顾不上选择庇荫的地方了。'小国事奉大国,要是大国能以恩德相待,那么小国便像人一样恭顺服贴;要是不以恩德相待,小国便会像将死的鹿一般铤而走险,危急时刻也便顾不上危险不危险了。既然贵国的要求反复无常,我们也便晓得亡国在即了。那便只好动员所有兵力,在地严阵以待了。何去何从,我们唯命是从。"

"文公于二年六月二十日曾到齐国朝觐。四年二月某日,为齐国进攻蔡国,跟楚国讲和。处在大国之间而不得不听从大国的命令,难道是我们的罪过吗?要是大国不体谅小国的苦衷,我们也便别无出路了。"

晋国的巩朔到郑国讲和,赵穿跟公婿池到郑国作为人质。

秋天,王室的甘歜在邥垂击败了戎人,是乘戎人喝酒时攻击的。

冬天十月,郑国的太子夷、石楚到晋国作了人质。

襄仲抵达齐国,就地结盟一事表示谢意。回来后对文公讲:"我听说齐国人预备吃鲁国的麦子。依我看来,做不到。由于齐君的话缺乏远虑。臧文仲有句话说:'民众的君主要是缺乏长远考虑,一定很快死去'。"

【讲评】

春秋时期诸侯之间外交活动频繁,既有处理妥当避免争端的事例,也有应对失当招致冲突的情况。各国由于处境不同,其外交辞令具有鲜明的国别特点。如"共主"周室的辞令典雅古朴,诸侯霸主晋国的辞令强硬凌厉,而郑国处于大国争霸的战略要冲,晋、楚争相讨伐郑国。处于困难境地的郑国外事活动频繁,出现了很多著名的外交人才,如烛之武、子产、子羽等,郑国行人辞令往往机智巧妙,既敢于维护国家利益,坚持原则,又委婉周至,令人爱敬,因此郑国外交鲜有失败的事例。后人称赞说:"其于晋、楚也,不亢不卑,而折之以礼,动之以诚。"如郑国子家给赵宣子的书信就具有该国行人辞令委婉周至的典型特征。

文公十八年

【原文】

[经]十有八年春王二月丁丑公薨于台下。

[传]十八年春,齐侯戒师期,而有疾①,医曰:"不及秋将死②"。公闻之,卜曰:"尚无及期③。"惠伯令龟④,卜楚丘占之曰:"齐侯不及期,非疾也⑤。君亦不闻令龟有咎⑥。"二月丁丑公薨。

[经]秦伯嵤卒⑦。

[经]夏五月戊戌齐人弑其君商人。

[传]齐懿公之为公子也⑧,与邴歜之父争田弗胜⑨,及即位,乃掘而刖之⑩,而使歜仆⑪,纳阎职⑫之妻,而使职骖乘⑬。夏五月公游于申池⑭,二人浴于池⑮,歜以扑抶职⑯,职怒,歜曰:"人夺女妻而不怒,一抶女庸何伤⑰。"职曰:"与刖其父而弗能病者何如⑱?"乃谋弑懿公,纳诸竹中,归舍爵而行⑲。齐人立公子元⑳。

【注释】

①而有疾:齐懿公有病。

②不及秋将死：不到秋天，就会死了。

③尚无及期：希望不要到打仗的时期，他就先死了。

④惠伯令龟：惠伯是叔仲惠伯，他命令占卜的人占卜。

⑤齐侯不及期，非疾也：齐侯不能到打仗的时候，但是不是疾病所致。

⑥君亦不闻，令龟有咎：鲁君将听不到齐侯死讯，下令占卜的人亦有凶咎。

⑦此经无传。

⑧齐懿公之为公子也：齐懿公做公子的时候。

⑨与邴歜之父争田弗胜：和邴歜的父亲争田地，但是没能得到胜利。

⑩乃掘而刖之：邴歜的父亲已经死了，把他的尸首掘出来，把他的脚切断。

⑪而使歜仆：而命令邴歜给他驾车。

⑫阎职：是齐国的官吏。

⑬骖乘：陪他乘车。

⑭申池：齐都城，南城的西门，门外的池塘叫申池。

⑮二人浴于池：邴歜同阎职，在池塘里洗澡。

⑯歜以扑扶职：邴歜用木棍打阎职。

⑰一抶女庸何伤：打一次有什么要紧？

⑱与刖其父而弗能病者何如：把他的父亲的脚削下来，而不能怨恨他，又怎么样？

⑲归舍爵而行：杀了懿公，然后去喝酒，再从容地逃走。

⑳公子元：齐桓公的儿子，齐惠公。

【译文】

文公十八年春，齐懿公规定伐鲁日期，可是有了病。医生说到不了秋天他就要死。鲁文公听了就占卜说："最好是到不了齐国动军队的时期。"叔仲惠伯令占卜，卜楚丘占卜说："齐侯不能活到出军队的时候，并不是因为病，你鲁君也不能听见，下令占卜的人也有凶咎。"二月丁丑，鲁文公死了。

秦伯罃死了。

齐懿公作公子的时候，与邴歜的父亲争田地，而未能胜利。等到他即位以后，邴歜之父已死，就将他掘出把他的脚切断了，并且派邴歜驾车，另把阎职的太太收过来，而叫阎职在车上陪乘。夏五月，齐懿公到申池去游玩，邴歜同阎职往池中洗澡，歜用木棍打职，职生了气。歜就说："人夺了你的妻反不发怒，那么打一下又有什么伤损呢？"职说："那么切断他的父亲的脚又不恨怎么样?"就议妥弑了懿公,置放在竹子中间,回家饮了酒才走。齐国就立了惠公。

【原文】

[经]六月癸酉,葬我君文公。

[传]六月葬文公①。

[经]秋公子遂,叔孙得臣如齐。秋,襄仲庄叔如齐,惠公立故,且拜葬也②。

[经]冬十月子卒。

[传]文公二妃敬嬴③生宣公。敬嬴嬖而私事襄仲④,宣公长而属诸襄仲⑤,欲立之,叔仲不可⑥,仲见于齐侯而请之⑦,齐侯新立而欲亲鲁⑧,许之。冬十月,仲杀恶及视⑨,而立宣公。书曰:"子卒。"讳之也。仲以君命召惠伯⑩,其宰公冉务人⑪,止之曰:"入必死。"叔仲曰:"死君命可也!"公冉务人曰:"若君命可死,非君命何听⑫!"弗听乃入,杀而埋之马矢之中⑬,公冉务人奉其帑以奔蔡,既而复叔仲氏⑭。

[经]夫人姜氏归于齐。

[传]夫人姜氏归于齐,大归也⑮。将行哭而过市曰:"天乎,仲为不道,杀适立庶⑯。"市人皆哭,鲁人谓之哀姜⑰。

【注释】

①六月葬文公:六月鲁文公下葬。

②惠公立故,且拜葬也:襄仲是为贺齐惠公的即位,庄叔是为道谢齐国派人来会葬鲁文公。

③敬嬴:鲁文公的第二位夫人。

④敬嬴嬖而私事襄仲:敬嬴很得鲁文公的宠爱,但是又偷着侍奉东门襄仲。

⑤宣公长而属诸襄仲:宣公长大以后,文公把他交给襄仲。

⑥欲立之叔仲不可:襄仲想立宣公为君,但是叔仲惠伯不肯。

⑦仲见于齐侯而请之:东门襄仲看见齐惠公,就请求立鲁宣公。

⑧齐侯新立而欲亲鲁:齐惠公刚刚新立,而又想与鲁国亲善。

⑨仲杀恶及视:恶是文公的太子,视是同母的弟弟。

⑩仲以君命召惠伯:东门襄仲,假以恶的命令,召叔仲惠伯。

⑪公冉务人:是叔仲惠伯的家宰。

⑫非君命何听：要不是君的命令何必听他。

⑬马矢之中：就把他埋在马粪里头。

⑭既而复叔仲氏：不久，就回复叔仲氏，以表示不绝他的后人。

⑮大归也：就是一去不再回来。

⑯天乎，仲为不道，杀适立庶：天啊！东门襄仲，不合道理，杀了嫡出的太子，立了庶出的宣公。适，通嫡。

⑰鲁人谓之哀姜：鲁国人就称她为哀姜。

【译文】

六月为鲁文公行葬礼。

秋，公子遂及叔孙得臣往齐国，分着为贺齐惠公并谢他派使臣来参加鲁文公的葬礼。

鲁文公的第二位妃子敬嬴生宣公，敬嬴甚得文公宠幸而又私事公子遂，宣公长大就交给公子遂。公子遂甚想立他，但叔仲惠伯以为不可。公子遂见了齐惠公就请求立宣公，惠公新立表示与鲁亲善，就允诺了他。冬，十月，公子遂杀太子恶同他的母弟视，而立了宣公。《春秋》上写着"子卒"是为避讳。公子遂以恶的命令召叔仲惠伯，他的家宰公冉务人劝他不要进宫去，说："进去必死。"他说："死君的命令可以。"公冉务人说："若是君命可以死，但若不是君命又顺从谁呢？"他不听就进宫去了，遂被杀埋在马粪的中间。公冉务人带着他的妻子逃到蔡国，后来又重新回复叔仲氏。

文公的夫人姜氏回到齐不再回来。将走的时候哭着过市场说："天呀！仲是不讲道理，杀了嫡子而立庶子。"全市人皆哭，鲁国称她叫哀姜。

齐惠公

【原文】

[经]季孙行父如齐①。

[经]莒弑其君庶其。

[传]莒纪公生大子仆，又生季佗②。爱季佗而黜仆，且多行无礼于国。仆因国人似弑

纪公。以其宝玉来奔③，纳诸宣公。公命与之邑，曰："今日必授。"季文子④使司寇出诸竟⑤，曰："今日必达⑥。"公问其故，季文子使大史克⑦对曰："先大夫臧文仲教行父事君之礼，行父奉以周旋，弗敢失队⑧，曰：'见有礼于其君者，事之如孝子之养父母也。见无礼于其君者，诛之如鹰鹯之逐鸟雀⑨也。'先君周公制周礼曰：'则以观德，德以处事，事以度功，功以食民⑩。'作誓命曰⑪：'毁则为贼，掩贼为藏，窃贿为盗，盗器为奸⑫，主藏之名，赖奸之用⑬，为大凶德。有常无赦⑭。'在九刑，不忘⑮。行父还观⑯莒仆，莫可则也。孝敬忠信为吉德，盗贼藏奸为凶德。夫莒仆，则其孝敬，则弑君父矣；则其忠信，则窃宝玉矣。其人则盗贼也。其器则奸兆也。保而利之则主藏也。以训则昏，民无则焉，不度于善而皆在于凶德⑰，是以去之。昔高阳氏⑱有才子八人：苍舒、𬯎敳、梼戭、大临、龙降、庭坚、仲容、叔达⑲，齐圣广渊，明允笃诚，天下之民谓之八恺⑳。高辛氏㉑有才子八人：伯奋、仲堪、叔献、季仲、伯虎、仲熊、叔豹、季狸㉒，忠肃共懿，宣慈惠和，天下之民谓之八元㉓。此十六族也，世济其美，不陨其名㉔，以至于尧，尧不能举。舜臣尧㉕，举八恺，使主后土㉖，以揆百事㉗，莫不时序㉘，地平天成㉙。举八元，使布五教㉚，于四方，父义、母慈、兄友、弟共、子孝，内平外成㉛。昔帝鸿氏㉜有不才子，掩义隐贼，好行凶德，丑类恶物，顽嚚不友，是与比周㉝。天下之民谓之浑敦㉞。少皞氏㉟有不才子，毁信废忠，崇饰恶言，靖谮庸回，服谗蒐慝，以诬盛德㊱。天下之民谓之穷奇㊲。颛顼氏㊳有不才子，不可教训，不知话言，告之则顽，舍之则嚚，傲狠明德，以乱天常㊴。天下之民谓之梼杌㊵。此三族也㊶，世济其凶，增其恶名。以至于尧不能去。缙云氏㊷不才子，贪于饮食，冒于货贿，侵欲崇侈，不可盈厌，聚敛积实，不知纪极，不分孤寡，不恤穷匮㊸。天下之民以比三凶㊹，谓之饕餮㊺。舜臣尧，宾于四门㊻，流四凶族浑敦、穷奇、梼杌、饕餮，投诸四裔，以御螭魅㊼。是以尧崩而天下如一，同心戴舜以为天子。以其举十六相，去四凶也，故虞书㊽数㊾舜之功，曰：'慎徽五典，五典克从。'无违教也㊿，曰：'纳于百揆，百揆时序。'无废事也(51)，曰：'宾于四门，四门穆穆。'无凶人也(52)。舜有大功二十(53)而为天子。今行父虽未获一吉人，去一凶矣。于舜之功，二十之一也，庶几免于戾(54)乎！"

[传]宋武氏之族道昭公子(55)，将奉司城须以作乱。十二月，宋公杀母弟须及昭公子，使戴庄桓之族攻武氏于司马子伯之馆，遂出武穆之族，使公孙师为司城。公子朝卒，使乐吕为司寇，以靖国人。

【注释】

①此经无传。

②莒纪公生大子仆又生季佗：莒纪公名字叫庶其。纪是号。莒夷无谥，故有别号。大子仆是庶其长子。季佗一名来，继祀公，号渠丘公。

③来奔：奔到鲁国。这一年二月，文公薨，宣公虽以明年正月即位，时已主国，故莒仆以宝玉献给宣公。

④季文子：名行父，庄公母弟季友之子孙，鲁国的宗卿，亦称季孙行父，后为季孙氏。

⑤使司寇出诸竟：季文子乘莒仆未及见公，即使司寇驱之出于鲁境。司寇是刑官。竟通境。

⑥必达：必须达到与上"必授"对照。

⑦大史克：鲁国的史官。即里革。

⑧行父奉以周旋，弗敢失队：奉先训，以遵循。失队即蹉失，队音义通坠。

⑨如鹰鹯之逐鸟雀：喻御奸当尽心力打击，不要使他遁逃。

⑩则以观德，德以处事，事以度功，功以食民：则是君臣、父子、夫妇、朋友的法则。合于这法则就是吉德，违此法则就是凶德，故用以观察德。德的凶吉所以处制事的是非，事的是非所以量度功的成否，功的成否所以食养人民的厚薄。

⑪誓命：申命以要信守的文辞。

⑫毁则为贼，掩贼为藏，窃贿为盗，盗器为奸：毁则是坏法典，掩贼是掩庇盗贼，窃贿是窃取财物，盗器是盗取国器。

⑬主藏之名，赖奸之用：以掩饰贼为名，事实上用奸器。

⑭有常无赦：言犯此则国有常刑，无得赦免。

⑮在九刑不忘：言载在刑书，不能弃而忘，誓命以下所列之罪皆九刑之书，今亡。

⑯还观：还犹周旋，还观，等于观察。

⑰不度于善而皆在于凶德：言莒仆不居于孝敬忠信的善行，而皆在于盗贼藏奸的凶德。

⑱高阳氏：就是帝颛顼。

⑲苍舒、𬯀敱、梼戭、大、临、龙降、庭坚、仲容、叔达：此八个人皆是颛顼的苗裔，𬯀读如颓。敱读如瑰。梼读如桃。戭读如衍。

⑳齐圣广渊，明允笃诚，天下之民谓之八恺：此并序八人，总言其德，或据其行，一字为一事，其义亦更相通。齐是举措皆中，圣是博达众务，广是器宇宏大，渊是知能周备，明是晓解事务，允是言行相副，笃是志性良谨，诚是秉性纯直。天下的人民为其美名的谓八恺，言其和于群物。

㉑高辛氏:是帝喾的称号。

㉒伯奋、仲堪、叔献、季仲、伯虎、仲熊、叔豹、季狸:杜预注:"此即稷、契、朱虎、熊罴之伦。"

㉓忠肃共懿宣慈惠和,天下之民谓之八元:这也是总言其德于义亦得相通。元就是说他们能善于事也。

㉔此十六族也世济其美不陨其名:疏:"此十六人耳,而谓之族者,以其名有亲属,故称为族,世济其美,后世承前世之美,不陨其名,不坠前世之美名。言世代有贤人,积善而至其身也。"

㉕舜臣尧:谓舜作尧臣的时候。

㉖后土:地官,禹作司空,平水土,即掌土地的官。

㉗以揆百事:揆度百工的事,犹言调度庶政。

㉘莫不时序:百事皆得其次序,所以时程功无废举。

㉙地平天成:言水土既平,天道亦成。

㉚五教:又谓之五典,即下文父义、母慈、兄友、弟共、子孝。《尚书》契作司徒,五教在宽,故知契在八元之中。

㉛内平外成:言内而诸夏,外而夷狄,俱获平成。

㉜帝鸿氏:就是黄帝。

㉝掩义隐贼,好行凶德,丑类恶物,顽嚚不友,是与比周:丑恶也,比近也,周密也。"心不则德义之经为顽。口不道忠信之言为嚚。"有义的人则掩蔽而不用。做贼盗的人则隐庇而必用。平日所好,惟行凶德,凡恶人之不可亲友的,则与之比近而周密。

㉞浑敦:表示不开通的貌,杜预注谓即驩兜。

㉟少皞氏:就是少皞金天氏。

㊱毁信废忠,崇饰恶言,靖谮庸回,服谗蒐慝,以诬盛德:毁去了忠信,聚积坏的语言,信用邪人施行谗言以谤贤人盛德之士。

㊲穷奇:杜预注说就是共工。

㊳颛顼氏:即前举的高阳氏。

㊴不可教训不知话言,告之则顽,舍之则嚚,傲狠明德,以乱天常:他不受教训,不知好话,告诉以德义则不入于心,听其自然则不说忠信的话语。傲慢狠暴,不修明德,以悖乱天地的常理。

㊵梼杌:杌,杜预注指鲧。

㊶此三族:谓浑敦、穷奇、梼杌三族。

㊷缙云氏:黄帝时官名,贾逵曰:"缙云氏,姜姓也,炎帝之苗裔,黄帝时在缙云之官名。"

㊸贪于饮食冒于货贿,侵欲崇侈,不可盈厌,聚敛积实,不知纪极,不分孤寡,不恤穷匮:言专逞己欲,不恤他人。冒亦是侵欲谓侵人之欲以自肥。崇侈谓崇尚奢侈,不可盈厌,不见满足积实,求足无底止,不知纪极,意与"不可盈厌"同,不分孤寡,不肯分惠于孤寡的人,不恤穷匮,不怜哀困乏的人。

㊹天下之民以比三凶:缙云氏后非帝王子孙,故别以比三凶。三凶即浑敦、穷奇、梼杌。

㊺谓之饕餮:贪财为饕,读如滔;贪食为餮,读如帖。"饕餮是坏名恶目,"

㊻宾于四门:据甲骨文宾是祭的一种,宾四门等于祭四门。

㊼螭魅:读如蚩昧。山林异气所生,为人害者,实兽类物,亦作魑魅。投诸四裔,放之于四远的郊区地方,以御魑魅,使当魑魅的灾害。《尚书·尧典》:"流共工于幽州,放驩兜于崇山,窜三苗于三危,殛鲧于羽山,四罪而天下咸服。"

㊽虞书:《尚书》的开首,包括《尧典》《大禹谟》《皋陶益稷》等三篇。此从阎若璩说。

㊾数:列举而指数他们。

㊿慎徽五典,五典克从:见《尧典》。无违教也,大史克释文之辞。典等于常,五典即五教。徽等于美,此言举八元之功。

(51)纳于百揆,百揆时序:亦见《尧典》。"无废事也",这是史克的文辞,此言举八恺的功劳。

(52)宾于四门,四门穆穆:亦见《尧典》,穆穆静美貌。"无凶人也",这是史克的文辞,这言去四凶的功劳。

(53)舜有大功二十:舜举十六相,去四凶,故说有大功二十。

(54)戾:等于过恶。

(55)道昭公子:引导昭公的儿子。

【译文】

季孙行父到齐国去了。

莒纪公生了个太子叫仆,后来又生了一个小儿子名叫季佗。纪公爱季佗却不喜欢仆,又多干了没有礼的事情在国中;所以仆就靠了国人的助力,弑掉他的父亲,携带着国中的宝玉,逃到鲁国来,把宝玉献给宣公。宣公吩咐大夫给他一块地方,说道:"在今天一定要给他的。"季文子便差司寇把莒仆赶出鲁国的境界,说道:"限今天一定要达到目的的。"宣公便问他这是什么缘故,季文子差太史名克的代他回答道:"从前先大夫臧文仲教训我行父事君的礼,行父依了他的教训去干事,一直不敢丢失。他曾对臣道:'看见有礼于君的,要服侍他像孝子奉养父母的一般,看见没有礼于君的,要诛伐他像鹰鹯驱逐鸟雀一般。'先君周公者作《周礼》说:'五伦的法则,是观察人们的德行,德行是干事的,干事是要酌量使他成功的,成功是全在保养人民的。'所以做着誓命道:'毁坏了五伦的法则,便是贼,掩匿了贼便是窝藏,偷了财货便是盗,盗取了国器便是奸,坐实了窝藏的名声,依仗着奸盗的器用,这是极大的凶德,有一定的刑罚,不赦他的。'这都载在《九刑》的书中,不会忘掉。行父从几方面觉察莒仆这个人,竟没有一件事可以效仿的。孝敬忠信,算为吉德,盗贼藏奸,算是凶德,像那莒仆,如果要学他的孝敬,那么他不是弑过君父的吗?如果学他的忠信,那么他不是偷过宝玉的吗?他这人,就是盗贼呢!他的器用就是赃证呢!如果保护者利用他,就是窝家呢!如果把这事做教训,便成个昏头昏脑的人了,人民没有可以学着他的地方,他不酌量到好一方面去,却都是在着不好一方面,所以才逐出他的。从前高阳氏有能干的儿子八个人,名叫苍舒、𬯀敳、梼戭、大临、尨降、庭坚、仲容、叔达,为人都齐圣广渊,明允笃诚,天下的人民称他叫八恺。高辛氏有能干的儿子八个人,名叫伯奋、仲堪、叔献、季仲、伯虎、仲熊、叔豹、季狸,性都忠肃端美,仁慈平和的,天下的人民称他叫八元。这十六族,世代能成功他的优美,不堕落他的名声。直到尧的时候,尧不能举用他们,等到舜做了尧的臣子,方才举用八恺,使他们经管各处的水土,商酌百工的事体,没有一事不依照时候顺次干的。水土既平以后,天时也自然能调匀了。又举用八元,使他们宣布五种教化于四方,于是父义,母慈,做兄的友爱,做弟的恭敬,做儿子的孝顺。国内既太平,国外也自然依顺了。从前帝鸿氏有个不能干的儿子,见有义的人,便搁阻着不用,见贼盗的人,便保庇着他,平日喜欢做坏事,凡凶恶不可亲近的人,他却专和他们结党,天下的人民,喊他叫作浑敦。少皞氏有个不能干的儿子,毁坏诚信,废弃忠直,装饰着恶语算好,专说坏话,用干邪事的人,每听信了坏话,拿着些讹头,便去欺侮好人,天下的人民喊他叫作穷奇。颛顼氏有个不能干的儿子,既不可教训,又不知道说好话,告诉他却不进耳管,离开他却只是学坏,骄傲狠毒,成了天性,完全违反了天然的常理,天下的人民,喊他叫作梼杌。这三族呢,世世代代成功他的不好之处,增添他的恶名声。到了尧的时候,尧也不能撵去他们。缙云氏有个不能干的儿子,专是贪玩贪财,侵犯着他人要的东西,一味讲究奢侈,没有餍足的时候,积聚的货财,多得算也算不清,却从来不肯分给些孤儿寡妇,不肯周济些穷人的;天下的人民,拿他比三凶,喊他叫作饕餮。到舜做了尧的臣子,开了四城门接待贤人,一方面又撵掉这种恶人,把浑敦、穷奇、梼杌、饕餮,都赶他到四面荒远的地方,使他们去拦挡恶妖怪。所以尧死后,天下就同心爱戴着舜,把他奉为天子,只因为他能够举用十六相,去掉四凶的缘故。所以虞书上记舜的功业道:'能够小心做好五常的道理。五常能够依他的话。'这便是说没有违背他的教训,又道:'放他到百官中去,百官的事都有了次序。'这便是说他没有荒废的事啊! 又道:'接待四门的贤人,四门都肃静得很。'这是说没有坏人啊! 虞舜有了大功二十种,便做了天子,如今行父虽然没有得到一个好人,却去掉一个坏人了,和舜的功业比起来,是二十分中的一分呢! 哪怕不能说是有功,也差不多说可免掉罪了罢?"

宋国武氏的族人,引导昭公的儿子,奉着司城须作乱事。十二月宋文公杀了母弟须同昭公的儿子,派戴、庄、桓各公的后人,在司马子伯的馆中去攻打武氏,把武公穆公的后人全逐出宋国,使公孙师任司城。公子朝死了,派乐吕任司寇,以安定宋国人民。

【讲评】

莒国是东夷少昊后裔所建立的国家,与邾国、齐国、鲁国相邻。莒国对周文化采取排斥态度,不遵守礼制,统治集团内部矛盾重重,对外侵凌周边小国,与鲁国交恶,在霸主齐、晋、楚各大国之间的夹缝中求生存,国势日益衰微,最终被楚国所灭。国家的兴亡与统治者的德行有密切联系,历代的莒君失德处很多,春秋时期的莒纪公就动辄非礼,在立嗣的大事上因私废公,造成内乱,自此之后不断发生莒国贵族以宝物或土地投靠鲁国等邻国的事情,国家又怎能不败亡呢?

宣公

宣公元年

【原文】

[经]元年春,王正月,公即位。公子遂如齐逆女。三月,遂以夫人妇姜至自齐。夏,季孙行父如齐。晋放其大夫胥甲父于卫。公会齐侯于平州。公子遂如齐。六月,齐人取

济西田。秋,邾子来朝。楚子、郑人侵陈,遂侵宋。晋赵盾率师救陈。宋公、陈侯、卫侯、曹伯会晋师于棐林,伐郑。冬,晋赵穿帅师侵崇。晋人、宋人伐郑。

【原文】

[传]元年春,王正月,公子遂如齐逆女,尊君命也。三月,遂以夫人妇姜至自齐,尊夫人也。

夏,季文子如齐,纳赂①以请会。

晋人讨不用命者,放胥甲父于卫,而立胥克。先辛奔齐。

会于平州,以定君位。东门襄仲如齐拜成。六月,齐人取济西之田,为立公故,以赂齐也。

宋人之弑昭公也。晋荀林父以诸侯之师伐宋,宋及晋平,宋文公受盟于晋。又会诸侯于扈,将为鲁讨齐,皆取赂而还。郑穆公曰:"晋不足与也。"遂受盟于楚。陈共公之卒,楚人不礼焉。陈灵公受盟于晋。

秋,楚子侵陈,遂侵宋。晋赵盾帅师救陈、宋。会于棐林,以伐郑也。楚芳贾救郑,遇于北林,囚晋解扬,晋人乃还。

晋欲求成于秦,赵穿曰:"我侵崇,秦急崇,必救之。吾以求成焉。"冬,赵穿侵崇,秦弗与成。

晋人伐郑,以报北林之役。于是晋侯侈,赵宣子为政,骤谏而不入,故不竞于楚。

【注释】

①纳:进献。赂:财礼。

【译文】

元年春,周历正月,公子遂去到齐国迎娶齐女。《春秋》故而称之为"公子遂",是因为尊重国君的命令。三月,遂和夫人妇姜从齐来到,《春秋》故而又称之为"遂",是因为尊重夫人。

夏天,季文子到齐国,进献财礼,以请求参与会见。

晋国人惩处不肯卖命的人,把胥甲父流放到卫国,而立了胥克。先辛逃亡到齐国。

宣公跟齐惠公在平州会面,以稳定宣公的君位。东门襄仲去齐国,拜谢宣公的可以参加盟会。六月,齐国人拿去了济水以西的土田,这是因为齐国帮助宣公得为国君,故而用此作为对齐国的谢礼。

宋国人杀害昭公的时候，晋国的荀林父领着诸侯的军队进攻宋国，宋国与晋国讲和。宋文公在晋国接受盟约，又在扈地会合诸侯，想要为鲁国进攻齐国，两次都获得了财货而回国。

郑穆公讲："晋国是不值得亲附的。"便在楚国接受盟约。陈共公死的时候，楚不行诸侯吊唁的礼仪。陈灵公在晋国接受盟约。

秋天，楚庄王侵犯陈国，乘机又侵犯宋国。晋国赵盾率兵救助陈、宋。宋文公、陈灵公、卫成公、曹文公跟晋军在棐林会合，以进攻郑国。楚国芳贾去救助郑国，在北林跟晋军相遇，俘虏并囚禁了晋国的解扬，晋军便回国了。

晋国想要跟秦国讲和，赵穿说："我们侵犯崇国，秦国为崇国着急，一定会去救崇国。我们便以此要求讲和。"冬天，赵穿侵犯崇国，秦国不肯跟晋国讲和。晋军进攻郑国，以报复北林的那次战役。

先前，晋灵公奢侈，赵宣子执政，多次劝谏而不听。故而不能和楚国相争。

【讲评】

齐桓公去世之后，其子公子元、公子潘、公子商人和公子无亏为了国君的位置互相攻伐，阴谋与暗杀相续，使得最早的霸主齐国政治混乱、国力衰弱，一蹶不振。而晋国自文公、襄公死后，随从文公流亡的得力干将也相继辞世，即位的灵公与执政大臣赵盾意见不一，国内局势不稳定。南方羽翼正丰的楚国战略目标十分明确，以晋国为其争霸的最大对手，乘着晋国与秦国彻底失和的机会，积极与秦国结盟共同对付晋国，晋国作为诸侯霸主的名义逐渐变得有名无实，特别是出兵征讨违礼的宋国和齐国却两度受贿而回，大扫霸主的颜面，失去诸侯的信任和尊重。这造成了楚庄王称霸的良好时机。

宣公二年

【原文】

[经]宣公二年春王二月壬子,宋华元帅师及郑公子归生帅师战于大棘,宋师败绩,获宋华元。

[传]二年春,郑公子归生受命于楚伐宋,宋师败绩,囚华元,获乐吕①,及甲车四百六

十乘，捷二百五十人，馘百人，狂狡辂郑人②。郑人入于井，倒戟而出之，获狂狡，君子曰："失礼违命，宜其为禽也③，戎④，昭果毅以听之之谓礼⑤，杀敌为果，致果为毅⑥，易之戮也。"

【注释】

①乐吕：宋司空。

②狂狡辂郑人：狂狡是宋人，他迎战郑人。

③失礼违命，宜其为禽也：失掉礼节违背命令他被擒是相宜的。

④戎：用兵之事。

⑤昭果毅以听之之谓礼：上面宣布果敢，下面听从命令，这叫作礼。

⑥杀敌为果，致果为毅：努力杀敌是果敢，达到这个果敢就叫作毅。

【译文】

郑国的公子归生，受了楚国的命令，去伐宋国，宋师大败，元帅华元都被郑人囚住，乐吕也给郑人捉去。丢掉铁甲车四百六十乘；提去俘虏二百五十人，割去左耳的一百人。有个大夫叫狂狡的，正迎着郑人交战，一个郑人便跳入井中避他，他想倒戟下去将他拉上来，这郑人却趁势反把狂狡捉去。君子道："失掉战争的规矩，违反杀敌的命令，应该给他捉去的。用兵之事，上面宣布果敢，下面听从命令，这才合礼。能杀敌便算勇敢，能尽量勇敢便算坚决，要不是这么，便该正法的。"

【原文】

[传]将战，华元杀羊食士，其御羊斟不与①。及战，曰："畴昔之羊，子为政②；今日之事，我为政。"与入郑师，故败。君子谓羊斟"非人也③，以其私憾④，败国殄民⑤，于是刑孰大焉。《诗》所谓'人之无良'者⑥，其羊斟之谓乎！残民以逞⑦。"

宋人以兵车百乘、文马百驷以赎华元于郑⑧。半入，华元逃归，立于门外，告而入。见叔群，曰："子之马然也？"对曰："非马也，其人也。"既合而来奔。

【注释】

①御：御者，车夫。

②为政：做主。

③非人:不属于人应有的。

④私憾:私人间的怨恨。

⑤败国殄民:祸国殃民。

⑥出自《诗·小雅·角弓》。

⑦残民:残害百姓。

⑧文马:毛色有文采的马。百驷:四百匹马或一百辆车。驷,计算马或车的单位;古代一车套四马,故称四马为驷,亦称一车为驷。

【译文】

准备开战之时,华元杀羊犒赏士兵,他的车夫羊斟没有吃上。等到打起仗来,羊斟说:"前天的羊,是你做主;今天的打仗,是我做主。"驱车进入郑军,因此宋军失败。君子认为:"羊斟不像个人,由于私怨,使国家战败、百姓受害,还有比这应当受到更重的刑罚吗?《诗》所谓'人中间的坏人',羊斟就是这种人吧!他残害百姓以使自己快意。"

宋国人用兵车一百辆、毛色漂亮的马四百匹,从郑国赎取华元。才送去一半,华元就逃回来了。华元站在城门外,告诉守门人自己的身份,接着进城。见到羊斟说:"您的马不受驾驭才会这样吧?"羊斟回答说:"不在于马,在于人。"回答完就逃到鲁国来了。

【原文】

[传]宋城,华元为植①,巡功②。城者讴曰③:"睅其目④,皤其腹⑤,弃甲而复。于思于思,弃甲复来。"使其骖乘谓之曰⑥:"牛则有皮,犀兕尚多⑦,弃甲则那?"役人曰:"从其有皮,丹漆若何⑧?"华元曰:"去之!夫其口众我寡。"

秦师伐晋,以报崇也,遂围焦。夏,晋赵盾救焦,遂自阴地⑨,及诸侯之师侵郑,以报大棘之役。楚鬬椒救郑,曰:"能欲诸侯,而恶其难乎?"

遂次于郑,以待晋师。赵盾曰:"彼宗竞于楚⑩,殆将毙矣。姑益其疾。"乃去之。

【注释】

①植:主持。

②巡功:亦作"巡工"。巡视工役。

③讴:讴歌,唱歌。

④睅:鼓着眼睛,眼睛突出。

⑤暢:大,意为挺着。

⑥骖乘:也作"参乘"。古代乘车时居右边陪乘的人。

⑦犀兕:犀牛。兕:雌性犀牛。

⑧丹漆:红色的漆。

⑨阴地:春秋晋地,今陕西商县、河南陕县至嵩县皆是,南阴终南,北临大河,所谓河南山北也,今河南卢氏县东北有阴地城。

⑩竞:角逐,争斗。

【译文】

宋国筑城,华元作为主持人,巡视工作。筑城的人唱歌说:"鼓着眼睛挺着肚,丢了皮甲往回转。连鬓胡子长满腮,丢盔卸甲逃回来。"华元让他的骖乘对他们说:"有牛就有皮,犀牛兕牛多的是,丢了皮甲又有什么了不起?"做工的人说:"即使有牛皮,到哪里去找红漆?"华元说:"走开吧!他们的嘴多,我们的嘴少。"

秦国军队攻打晋国,以报复晋军入侵崇地的那次战役,于是乎包围焦地。夏季,晋国赵盾救援焦地,于是从阴地会同诸侯的军队袭击郑国,以报复郑国攻打大棘的那次战役。楚国鬬椒救援郑国,说:"难道想得到诸侯的拥护,而又害怕困难吗?"楚军就驻扎在郑国,等待晋军。赵盾说:"他那个宗族在楚国争权夺利,大概要完蛋了。姑且让他自相残杀。"于是就离开郑国。

【原文】

[传]晋灵公不君①;厚敛以雕墙②;从台上弹人,而观其辟丸也;宰夫胹熊蹯不熟③,杀之,置诸畚④,使妇人载以过朝⑤。赵盾、士季见其手,问其故,而患之。将谏,士季曰:"谏而不入⑥,则莫之继也。会请先,不入,则子继之。"三进⑦,及溜⑧,而后视之,曰:"吾知所过矣,将改之。"稽首而对曰:"人谁无过?过而能改,善莫大焉。《诗》曰⑨:'靡不有初,鲜克有终。'夫如是,则能补过者鲜矣。君能有终,则社稷之固也,岂惟群臣赖之⑩。又曰:'衮职有阙,惟仲山甫补之⑪',能补过也。君能补过,衮不废矣。"犹不改。宣子骤谏⑫,公患之,使鉏麑贼之。晨往,寝门辟矣⑬,盛服将朝⑭。尚早,坐而假寐⑮。麑退,叹而言曰:"不忘恭敬,民之主也⑯。贼民之主,不忠;弃君之命,不信。有一于此,不如死也。"触槐而死。

【注释】

①晋灵公:晋国国君,文公之孙,襄公之子,名夷皋。不君:不行君道。

②厚敛:加重征收赋税。雕墙:装饰墙壁。这里指修筑豪华宫室,生活奢华。

③宰夫:古代掌管膳食的小吏,厨师。腼:煮,炖。熊蹯:熊掌。

④畚:筐篓一类盛物的器具。

⑤载:同"戴",用头顶着。

⑥不入:不采纳,不接受。

⑦三进:向前走了三次。

⑧及:到。溜:屋檐下滴水的地方。

⑨出自《诗·大雅·荡》。靡:没有什么。初:开始,开端。鲜:少。克:能够。终:结束。

⑩赖:依靠。

⑪出自《诗·大雅·杰民》。衮:天子的礼服,借指天子,这里指周宣王。阙:过失。

⑫骤:多次。

⑬辟:开着。

⑭盛服:穿戴好上朝的礼服。

⑮假寐:闭目养神,打盹儿。

⑯主:主人,靠山。

【译文】

　　晋灵公做事违反为君之道:重重地征税用来雕画墙壁,从高台上用弹丸打人而看他们躲避弹丸的形状;厨子烧煮熊掌不熟,灵公杀死他,放在畚箕里,让女人用头顶着走过朝廷。赵盾和士会看到死尸的手,问起杀人的原因,感到担心,准备进谏。士会对赵盾说:"你劝谏他如果听不进去,就没有人接着劝谏了。请让士会先去,不听,你再接着劝谏。"士会前进三次,到达屋檐下,晋灵公才转眼看他,说:"我知道错了,打算改正。"士会叩头回答说:"一个人谁没有错,有了过错能够改正,就没有比这再好的事情了。《诗》说:'事情无不有个好开始,很少能有个好结果。'像你这样,知错即改的人就很少。如果君王能够有好结果,那就是国家的保障了,岂止仅仅臣下们依靠它。《诗》又说:'周宣王有了过失,只有仲山甫来弥补。'这说的是君王能够弥补错失,国君的职责就不至于废弃了。"

晋灵公尽管口头上说要改错,行动上还是不改正。赵盾屡次进谏,晋灵公很讨厌,派遣鉏麑去刺杀他。一天清早鉏麑前去刺杀赵盾,赵盾的卧室门已经开了,穿得整整齐齐,准备入朝。时间还早,赵盾正坐着打瞌睡,鉏麑退出来,叹气说:"如此恭敬勤奋之人,实在是百姓的主人。刺杀百姓的主人,就是不忠;但是违背国君的使命,就是不信。两件事情只要具备了其中的一条,就不如死了好。"于是他撞在槐树上死去了。

【原文】

[传]秋,九月,晋侯饮赵盾酒①,伏甲②,将攻之。其右提弥明知之③,趋登④,曰:"臣侍君宴,过三爵⑤,非礼也。"遂扶以下,公嗾夫獒焉⑥,明搏而杀之。盾曰:"弃人用犬,虽猛何为!"斗且出,提弥明死之。

初,宣子田于首山⑦,舍于翳桑⑧,见灵辄饿,问其病。曰:"不食三日矣。"食之⑨,舍其半。问之。曰:"宦三年矣⑩,未知母之存否。今近焉,请以遗之⑪。"使尽之,而为之箪食与肉⑫,置诸橐以与之⑬。既而与为公介⑭,倒戟以御公徒而免之。问何故。对曰:"翳桑之饿人也。"问其名居,不告而退,遂自亡也。

【注释】

①饮:让人饮。

②伏:埋伏。甲:披甲的士兵。

③右:车右。提弥明:晋国勇士,赵盾的车右。

④趋登:快步上殿堂。

⑤三爵:三巡。爵:古时的酒器。

⑥嗾:用嘴发出声音,驱使狗活动。獒:猛犬。

⑦田:打猎。首山:首阳山,在今山西永济东南。

⑧舍:住宿。翳桑:首山附近的地名。

⑨食之:给他东西吃。

⑩宦:给别人做奴仆。

⑪遗:送给。

⑫箪:古代盛饭的圆形竹器。

⑬橐:一种口袋,两头都有口,用时以绳扎紧。

⑭与:参加。介:甲,指甲士。

【译文】

秋九月,晋灵公请赵盾喝酒,埋伏下甲士,打算杀死赵盾。赵盾的车右提弥明察觉了,快步登上殿堂,说:"臣下侍奉国君饮酒,超过三杯,就不合乎礼了。"于是就扶了赵盾下殿。晋灵公叫恶狗扑过去,提弥明上前搏斗,把狗杀了。赵盾说:"丢开人而利用狗,虽然凶猛,又有什么用!"赵盾一边搏斗一边退了出去,提弥明被杀死在里边。

当初,赵盾在首阳山打猎,住在翳桑,看见灵辄饿得厉害,问他有什么病,灵辄说:"已经三天没吃东西了。"赵盾给他食物,他留下一半。问他原因,他说:"我在外做了三年奴仆,不知道母亲还在不在,现在快到家了,请让我把这个留给她。"赵盾让他吃完,并且又给他准备了一筐饭和一些肉,放在袋子里送给了他。后来灵辄做了晋灵公的卫兵,在这次事件中倒过戟来抵御晋灵公的其他卫兵,使赵盾免于祸难。赵盾问他为何这样做,他回答说:"我就是翳桑那个饿倒的人。"问他的姓名住处,他不回答就退了出去,逃走了。

【原文】

[传]乙丑,赵穿攻灵公于桃园①。宣子未出山而复。大史书曰"赵盾弑其君"②,以示于朝。宣子曰:"不然。"对曰:"子为正卿,亡不越竟,反不讨贼③,非子而谁?"宣子曰:"乌呼④!'我之怀矣,自诒伊慼⑤。'其我之谓矣。"孔子曰:"董孤,古之良史也⑥,书法不隐⑦。赵宣子,古之良大夫也,为法受恶⑧。惜也,越竟乃免。"

宣子使赵穿逆公子黑臀于周而立之。壬申,朝于武宫⑨。

【注释】

①赵穿:晋国大夫,赵盾的堂兄弟。

②大史:太史,官名。西周、春秋时太史掌记载史事、编写史书、起草文书,兼管国家典籍和天文历法等。这里指晋国史官董孤。

③贼:弑君的人,这里指赵穿。

④乌呼:感叹词,同"呜呼"。

⑤出自《诗·邶风·雄雉》。怀:眷恋。诒:同"贻",留下。

⑥良史:好的史官。

⑦书法:记事的原则。隐:隐讳,隐瞒。

⑧恶:指弑君的恶名。

⑨武宫：晋武公的宗庙，在曲沃。

【译文】

九月二十六日，赵穿在桃园杀死了晋灵公。赵盾未走出晋国国境就回来再度做卿。晋国太史董狐记载说："赵盾弑其君"，在朝廷上公布。赵盾说："不是这样。"太史回答说："您是正卿，逃亡而没有走出国境，回来不惩罚凶手，弑君的人不是您还是谁？"赵盾说："哎呀！《诗》说：'因为我的怀恋，给自己带来了忧伤。'恐怕就是说的我了。"孔子说："董狐，是古代的好史官，据事直书而不加隐讳。赵宣子，是古代的好大夫，为了法度而蒙受恶名。太可惜了，若走出了国境，就可以免于杀君的罪名了。"

赵盾派遣赵穿去成周边接公子黑臀而立他为国君。十月初三，公子黑臀到武宫庙朝祭。

【原文】

[传]初，丽姬之乱，诅无畜群公子①，自是晋无公族②。及成公即位，乃宦卿之适子而为之田，以为公族。又宦其馀子③，亦为馀子；其庶子为公行。晋于是有公族、馀子、公行。

赵盾请以括为公族，曰："君姬氏之爱子也。微君姬氏，则臣狄人也。"公许之。

冬，赵盾为旄车之族④，使屏季以其故族为公族大夫。

【注释】

①诅：诅咒。

②公族：诸侯或君王的同族。

③馀子：其他儿子。

④旄车：官名。春秋时掌兵车，从行。

【译文】

当初，丽姬作乱的时候，在神前诅咒，不允许收容公子们，从此晋国没有公族这个官职。等到晋成公即位，就把官职授给卿的嫡子，并且给他们土田，让他们做公族大夫。又把官职授给卿的其他儿子，也让他们担任馀子，还让他们的庶子担任公行。晋国从此开始有了公族、馀子、公行三种官职。

赵盾请求让赵括担任公族大夫，说："他是君姬氏的爱子。若没有君姬氏，那么下臣就是狄人了。"晋成公同意了。

冬季、赵盾掌管旄车之族，让赵括统率他的旧族，做公族大夫。

【讲评】

晋献公刻薄寡恩，对同宗或杀或逐，表面上似乎可以集中国君的权力，避免再出现类似曲沃那样的由公子作乱夺位的事情，其实并不明智。晋文公依靠流亡的功臣重图霸业，而这些重臣的家族也在不断壮大实力。晋襄公时期正卿赵盾已经军权政权合一，并以卿的身份召集诸侯盟会，开历史先河。晋成公时期关于公族等官职的变革进一步削弱了国君的权力，加大了卿及其家族的力量，并使之制度化。童书业《春秋左传研究》认为灵公被杀、赵盾迎立成公是"春秋史上一大事"，"自此而晋国政权渐下移，大夫专政，以致内政多门，霸业不竞，卒致三家分晋之局。"

宣公三年

【原文】

[经]三年：春，王正月，郊牛之口伤，改卜牛；牛死，乃不郊。犹三望。葬匡王。

楚子伐陆浑之戎。

夏，楚人侵郑。

秋，赤狄侵齐。

宋师围曹。

冬，十月丙戌，郑伯兰卒。

葬郑穆公。

【原文】

[传]三年，春，不郊，而望①，皆非礼也。望，郊之属也。不郊，亦无望可也。

晋侯伐郑，及郔。郑及晋平，士会入盟。

楚子伐陆浑之戎，遂至于雒，观兵于周疆②。定王使王孙满劳楚子。楚子问鼎之大小、轻重焉。对曰："在德不在鼎。昔夏之方有德也，远方图物③，贡金九牧，铸鼎象物，百物而为之备。使民知神、奸④。故民入川泽、山林，不逢不若⑤。螭魅罔两，莫能逢之，用能协于上下,以承天休⑥。桀有昏德,鼎迁于商,载祀六百。商纣暴虐,鼎迁于周。德之休明⑦,虽小,重也。其奸回昏乱,虽大,轻也。天祚明德,有所底止⑧。成王定鼎于郏鄏,卜世三十,卜年七百,天所命也。周德虽衰,天命未改。鼎之轻重,未可问也。"

夏,楚人侵郑,郑即晋故也。

【注释】

①望:望祭。

②观兵:过境示威。

③图物:图画事物。

④奸:怪物。

⑤不若:不顺,指不利于自己的东西。

⑥休:福佑。

⑦休明:美善光明。

⑧底止:限度。

【译文】

三年春季,未举行郊祭而举行望祭,这都不合乎礼。望祭,是属于郊祭的一种,不举行郊祭,也无须举行望祭了。

晋成公发兵攻打郑国,到达郔地。郑国和晋国议和,士会到郑国缔结和约。

楚庄王发兵攻打陆浑的戎人,到达雒水,在周朝境内陈兵示威。周定王派遣王孙满慰劳楚庄王。楚庄王问起九鼎的大小轻重怎么样。王

商纣王

孙满回答说:"鼎的大小轻重在于德而不在于鼎本身。从前夏朝正是有德的时候,把远方的东西画成图像,让九州的长官进贡青铜,铸造九鼎并且把图像铸在鼎上,所有的图像都铸在上面了,让百姓知道神物和怪物。所以百姓进入川泽山林,就不会碰上不利于自己的东西。魑魅魍魉这些鬼怪都不会碰上,因而能够使上下和谐,以承受上天的福佑。夏桀昏乱,鼎迁到了商朝,前后六百年。商纣暴虐,鼎又迁到了周朝,德行如果美善光明,鼎虽然小,也是重的。若奸邪昏乱,鼎虽然大,也是轻的。上天赐福给明德的人,是有一定

期限的。成王把九鼎固定在郏鄏，占卜的结果是传世三十代，享国七百年，这是上天所命令的。周朝的德行虽然衰减，天命未改变。因此关于九鼎的轻重大小，您就不必过问了。”

夏季，楚国人进攻郑国，这是因为郑国靠拢晋国。

【原文】

［传］宋文公即位三年，杀母弟须及昭公子①，武氏之谋也。使戴、桓之族攻武氏于司马子伯之馆，尽逐武、穆之族②。武、穆之族以曹师伐宋。秋，宋师围曹，报武氏之乱也。

冬，郑穆公卒。初，郑文公有贱妾曰燕姞，梦天使与己兰③，曰：“余为伯鯈。余，而祖也，以是为而子。以兰有国香，人服媚之如是④。”既而文公见之，与之兰而御之⑤。辞曰：“妾不才，幸而有子。将不信，敢征兰乎⑥？”公曰：“诺。”生穆公，名之曰兰。

【注释】

①母弟：同母之弟。别于庶弟。

②逐：驱逐，驱赶。

③与己：给自己。

④服媚：谓喜爱佩带。

⑤御之：侍奉，侍寝。

⑥征：证明。

【译文】

宋文公即位的第三年，杀了同胞弟弟须和昭公的儿子，因为须和昭公的儿子的叛乱，都是出于武氏的谋划。于是就让戴公、桓公的族人在司马子伯的客馆里攻打武氏，把武公、穆公的族人全部驱赶出国。武公、穆公的族人用曹国的军队攻打宋国。秋季，宋国军队包围曹国，来报复武氏的叛乱。

冬季，郑穆公死了。当初，郑文公有一个贱妾名叫燕姞，梦见天使给她一支兰花，说：“我是伯鯈。我，是你的祖先，把兰作为你的儿子。因为兰花的香味全国数第一，佩戴着它，别人就会像爱它一样地爱你。”不久以后，文公见到燕姞，给她一支兰花而让她侍寝，燕姞告诉文公说：“妾地位低贱，侥幸怀了孩子，如果别人不相信，敢请把兰花用来取信。”文公说：“好。”生了穆公，取名为兰。

【原文】

[传]文公报郑子之妃曰陈妫①,生子华、子臧。子臧得罪而出②。诱子华而杀之南里,使盗杀予臧于陈、宋之间。又娶于江,生公子士。朝于楚,楚人鸩之,及叶而死。又娶于苏,生子瑕、子俞弥。俞弥早卒。泄驾恶瑕,文公亦恶之,故不立也。公逐群公子,公子兰奔晋,从晋文公伐郑。石癸曰:"吾闻姬、姞耦,其子孙必蕃。姞,吉人也③,后稷之元妃也④。今公子兰,姞甥也,天或启之,必将为君,其后必蕃。先纳之,可以亢宠⑤。"与孔将钽、侯宣多纳之,盟于大宫而立之,以与晋平。

穆公有疾,曰:"兰死,吾其死乎! 吾所以生也。"刈兰而卒⑥。

【注释】

①报:指奸淫。

②得罪:获罪。

③吉人:指有福之人。

④元妃:国君或诸侯的嫡妻。

⑤亢宠:谓得到极度宠幸。

⑥刈:割掉。

【译文】

郑文公奸淫了郑子的妃子陈妫,生了子华、子臧。子臧因罪而离开了郑国。郑文公将子华诱骗到南里并杀死了他。又派坏人把子臧杀死在陈、宋两国之间。又在江国娶妻,生了公子士。公子士到楚国朝见,楚国人给他喝了毒酒,到叶地就死了。又在苏国娶妻,生了子瑕、子俞弥。俞弥早死。泄驾讨厌子瑕,郑文公也讨厌他,所以没有立为太子。郑文公赶走公子们,公子兰逃亡到晋国,跟随晋文公攻打郑国。石癸说:"我听说姬、姞两姓宜于成为配偶,他们的子孙必定繁衍。姞,就是吉人的意思,是后稷的嫡妻。现在公子兰是姞氏的外甥,上天或许要使他光大,必然会做国君,他的后代必然繁衍,如果先接纳他为国君,就可以长久保持他的宠信。"于是石癸就和孔将钽、侯宣多接纳了公子兰,在大宫里盟誓以后而立了公子兰为国君,借此与晋国讲和。

郑穆公有病,说:"兰花死了,我也就要死了吧! 我是靠着它出生的。"不久,当人们割掉了兰花,郑穆公就死了。

【讲评】

楚庄王攻打陆浑的戎人，在周王朝的直辖境地陈兵示威，问鼎轻重，实际上是有取代周王朝天下的意思，周定王的使者王孙满答以"鼎之轻重，未可问也"，用态度强硬的辞令维护了周天子不可动摇的地位。楚庄王此举留下了"问鼎中原"的成语，标志着楚国已进入空前强盛时代，实际上支配着中原局势。

《左传》不时在写实中掺入浪漫主义元素，它所虚构的贤者出生的神奇传说，奇幻莫测，给人深刻印象，开后世志怪小说先河。一代贤君郑穆公因兰而生，以兰为名，因兰而亡，一生与兰相伴。后来人们称兰为国香，称怀孕为梦兰，均与此传说有关。兰草在中国早已超越了植物本身，成为文化的符号。而以花草喻人，如屈原的香草美人、曹雪芹的绛珠仙草等更是成为塑造人物形象的传统手法。

宣公四年

【原文】

[经]四年春，王正月，公及齐侯平莒及郯。莒人不肯，公伐莒，取向。秦伯稻卒。夏六月乙酉，郑公子归生弑其君夷。赤狄侵齐。秋，公如齐。公至自齐。冬，楚子伐郑。

【原文】

[传]四年春，公及齐侯平莒及郯，莒人不肯，公伐莒，取向，非礼也。平国以礼不以乱。伐而不治，乱也。以乱平乱，何治之有？无治，何以行礼？楚人献鼋①于郑灵公。公子宋与子家将见。子公之食指动，以示子家，曰："他日我如此，必尝异味。"及入，宰夫将解鼋。相视而笑。公问之，子家以告。及食大夫鼋，召子公而弗与也。子公怒，染指于鼎，尝之而出。公怒，欲杀子公。子公与子家谋先。子家曰："畜老犹惮杀之，而况君乎？"反谮子家。子家惧而从之。

夏，弑灵公。书曰："郑公子归生弑其君夷。"权不足也。君子曰："仁而不武，无能达也。"凡弑君：称君，君无道也；称臣，臣之罪也。郑人立子良。辞曰："以贤则去疾不足，以顺则公子坚长。"乃立襄公。襄公将去穆氏而舍子良，子良不可，曰："穆氏宜存，则固愿也。若将亡之，则亦皆亡，去疾何为？"乃舍之，皆为大夫。初，楚司马子良生子越椒。子文曰："必杀之！是子也，熊虎之状而豺狼之声；弗杀，必灭若敖氏矣。谚曰：'狼子野心'，是乃狼也。其可畜乎！"子良不可。子文以为大戚②，及将死，聚其族，曰："椒也知政，乃速行矣，无及于难！"且泣曰："鬼犹求食，若敖氏之鬼，不其馁而？"及令尹子文卒，斗般为令尹，子越为司马，蒍贾为工正，谮子扬而杀之。子越为令尹，己为司马。子越又恶之，乃以若敖氏之族圄伯嬴于轑阳而杀之。遂处烝野，将攻王。王以三王之子为质焉，弗受，师于漳澨。

秋七月戊戌，楚子与若敖氏战于皋浒。伯棼射王，汰辀，及鼓跗，著于丁宁。又射汰辀，以贯笠毂。师惧，退。王使巡师曰："吾先君文王克息，获三矢焉。伯棼窃其二，尽于是矣。"鼓而进之，遂灭若敖氏。初，若敖娶于䢵，生斗伯比。若敖卒，从其母畜于䢵。淫于䢵子之女，生子文焉。䢵夫人使弃诸梦中，虎乳之。䢵子田，见之，惧而归，以告，遂使收之。楚人谓乳谷，谓虎於菟，故命之曰斗谷於菟。以其女妻伯比，实为令尹子文。其孙箴尹克黄使于齐。还，及宋，闻乱。其人曰："不可以入矣！"箴尹曰："弃君之命，独谁受之？君，天也，天可逃乎？"遂归，复命而自拘于司败。王思子文之治楚国也，曰："子文无后，何以劝善？"使复其所，改命曰生。

冬，楚子伐郑，郑未服也。

【注释】

①鼋：大鳖。
②大戚：很大的心事。戚，忧。

【译文】

鲁宣公四年春季，宣公跟齐惠公出面让莒国与郯国讲和，不过莒国不肯。宣公就领兵征讨莒国，夺取了向地，这是不合礼法的。平息两国之间的矛盾，应根据礼法而不应凭借武力，征讨而引起不安定，这便是动乱。以战乱平息动乱，还有什么安定？没有安定，凭什么来实行礼法呢？楚国人献给郑灵公一些鼋。公子宋和子家准备进宫朝觐，公子宋感觉食指忽然动弹起来，并让子家看，讲："以往我发生此种情形，必能品尝到奇味佳肴。"当二人进宫后看到厨师正准备切割鼋肉时，相视而笑。灵公问他们为何笑？子家把进宫前出现的事告诉了他。等让大夫们吃鼋时，灵公把公子宋召来而偏不给他吃。公子宋很生气，把手指伸到鼎锅里蘸了一下，尝了鼋味便出宫去了。灵公对此很生气，想杀死公子宋。公子宋跟子家谋划先下手。子家讲："畜牲老了，人们还不忍心杀死他，何况是国君呢?"公子宋反倒在灵公面前诬陷子家。子家由于害怕只好听从公子宋。

　　夏季,二人杀死郑灵公。《春秋》记录:"郑公子归生弑其君夷。"这是因为子家权小位低,才自己承担这一罪名。君子觉得,"只有仁爱而没有勇气,是不可能达到仁爱之道的。"但凡杀害国君,要是只写国君的名字,说明国君无道;要是写了臣子的名字,说明是臣子的罪过。郑国人要立子良为国君,子良辞说:"以贤能而论,那么我去疾是不够的,以长幼顺序而论,那么公子坚比我年长。"于是立了公子坚,即襄公。襄公预备驱逐他的兄弟们,而赦免了子良一人。子良觉得不可,讲:"穆公的后代应当留下来,这是我本来的愿望。要是要使他们逃亡国外,那么也应该都逃亡,我为何单独留下?"于是襄公赦免了所有兄弟,让他们都当了大夫。先前,楚国的司马子良生了子越椒。他的哥哥令尹子文说:"必须要杀死他。这个孩子样子像熊虎,而声音像豺狼,不杀掉,必定会导致若敖氏家族的灭亡。谚语讲:'豺狼的儿子具有野心。'这个孩子便是一条狼,难道能够豢养他吗?"子良不同意杀死。子文对此非常忧虑。到子文临死之时,他把族人召集在一块说:"要是子越椒掌握了政权,你们赶快离开楚国,以免遭灾祸。"又哭着说:"鬼要是也需要求食,那么若敖氏的鬼神不是要挨饿了吗?"到令尹子文逝世,他的儿子斗般做了令尹,子越椒做了司马,蒍贾做了工正。蒍贾为讨好子越椒而在楚王面前诬陷斗般,并杀死了他。于是子越椒做了令尹,蒍贾做了司马。不久,子越椒又讨厌蒍贾,便领着若敖氏族人把蒍贾囚禁在轑阳并杀死他,于是子越椒驻扎烝野,准备进攻楚王。楚王以文王、成王、穆王的子孙为人质送给他,不接受,于是楚王在漳澨发兵。

　　秋七月九日,楚庄王跟若敖氏在皋浒打仗。子越椒用箭射王,箭矢飞过车辕,穿过鼓架,射中了铜钲。又一箭飞过车辕,穿透了车盖上木毂。楚王的军队非常害怕,往后退却。楚王派人在军中巡察,对士兵们讲:"我们的先君文王打败息国时,缴获了三支利箭,子越椒偷去了其中的两支,这两支箭在这儿被他用完了。"击鼓而进军,于是灭掉了若敖氏。当初,若敖从鄀国娶妻,生了斗伯比。若敖逝世后,斗伯比跟其母生活在鄀国,与国君的女儿私通,生下了子文。鄀夫人派人把子文丢到云梦泽中,有只老虎给他喂奶。鄀子打猎时看见了这情景,害怕而归,夫人才把实情告诉了他。鄀子便让人收养了他,楚国人把"奶"叫作"谷",把老虎称作"於菟",故而给子文起名"斗谷於菟"。鄀子把他的女儿嫁给斗伯比为妻。斗谷於菟便是令尹子文。子文的孙子箴尹克黄出使齐国。回国路过宋国时,听见了子越椒叛乱被杀的消息。随从讲:"不能回国了。"克黄讲:"违背国君的使命,还有谁愿收留我呢? 国君便是天,天难道能够逃避吗?"于是回到楚国,汇报出使情形,此后主动到司法部那里囚禁。楚庄王想到子文治理楚国的功业,说:"要是让子文没有后代,还靠什么来劝人为善呢?"于是让克黄官复原职,改变他的名字为"生"。

冬季,楚庄王进攻郑国,由于郑国还没有顺服。

【讲评】

《左传》叙事详略得当,记叙重要的历史事件时不乏生动的细节描写,如记叙郑公子归生弑其君灵公的历史事件就充满戏剧性。整件事情仅由吃甲鱼这样的小事引起,作者不仅清楚地交代了事件的前因后果,而且诸人物的性格特点也历历在目,公子宋的贪馋易怒、公子归生的迟疑懦弱、郑灵公的昏庸无聊都在这些细节的描写中表现了出来。此事还留下了"染指"一语。

在《左传》的叙事中,楚国王族分支若敖氏的兴盛和覆灭实实虚虚,颇具神奇色彩。若敖氏的贤人令尹子文的出生经历与众不同,是被人遗弃后被猛虎哺育而长的,跟周始祖后稷的出生经历有得一比,难怪有出众的才华。而若敖氏的罪人越椒的出生情形则与弑父篡位的楚穆王十分相似,有着野心家共同的特点。他被伯父看过相后加以"狼子野心"的评价,并认定将会覆灭家族。其实若敖氏的兴起和覆灭有着深刻的历史原因,其兴旺是由于先祖鬭伯比辅佐三代楚王的丰功伟绩和家族若干贤人的政治贡献,其覆灭是由于若敖氏家族势力发展过大,已凌驾于王权之上,加上越椒的野心膨胀,跟楚王的决裂是迟早的事情。在记叙这类政治家族的历史的时候,《左传》往往纪实与虚构并行,使其叙事奇幻曲折,引人入胜。《左传》关于楚庄王与若敖氏决战的描写也十分精彩。面对昔日的同族重臣,庄王先是隐忍退让,赢得道义的支持,当若敖氏的狂妄回绝引起了楚军上下的义愤后,庄王果断率部平叛。一开战若敖氏两箭射来几乎使楚军溃逃,但是楚庄王临危不惧,表现出成熟的领袖风范,几句假话就稳住了军心,最终取得战争的完全胜利。整场战争写得惊心动魄、险象环生,楚庄王和越椒的性格也描绘得栩栩如生。若敖氏的覆灭也留下了"若敖鬼馁"的成语,比喻没有后代,无人祭祀。

宣公五年

【原文】

[经]宣公五年春公如齐。

[传]五年春,公如齐,高固使齐侯止公①,请叔姬焉②。

［经］夏公至自齐。

［传］夏,公至自齐,书过也③。

［经］秋九月齐高固来逆叔姬。

［传］秋九月,齐高固来逆女,自为也④,故书曰逆叔姬,即自逆也⑤。

［经］叔孙得臣卒⑥。

［经］冬,齐高固及子叔姬来。

［传］冬来反马也。

［经］楚人伐郑。

［传］楚子伐郑,陈及楚平。晋荀林父救郑,伐陈。

【注释】

①高固使齐侯止公：高固是齐国的卿,叫齐侯使鲁宣公不走。

②请叔姬焉：请宣公的女儿叔姬与他结婚。

③书过也：写到《春秋》上,以表示鲁宣公的过错。

④自为也：他自己亲自来迎接他的夫人。

⑤逆叔姬即自逆也：迎接叔姬这是齐国的卿自己来迎接。

⑥此经无传。

【译文】

宣公五年春天的时候,宣公到齐国去,齐国的卿高固,使齐侯阻住宣公,要求宣公的女儿叔姬嫁给他。

夏季,宣公从齐国回来,写在《春秋》上,以表示宣公的过错。

秋季九月,齐国的卿高固亲自到鲁国来迎接叔姬,《春秋》写上逆叔姬,是表示卿为他自己来迎接。

叔孙得臣于这时候死了。

冬季,齐国的卿高固与他的夫人叔姬送还当时嫁到齐国时所乘的马。

楚王讨伐郑国,陈国同楚国讲和,晋国的荀林父救援郑国,讨伐陈国。

【讲评】

《左传》重视礼仪,所以对各种祭祀礼记载详细,连紧张的战争之中也讲求必要的礼节。婚礼不是男女个人的事情，而是结二姓之好，往往关系到家族、国家的利益，古人也十分重视。婚礼的仪式中，求婚、迎娶、送亲的细节如时间、地点、执事者的身份都要讲究，要合于礼。其中，"返马"礼其实蕴涵对女子的歧视，即男方认为新婚妻子能适应夫家，就把陪嫁的车留下，把马送还娘家，表示妻子不会被弃逐。这一习俗在现代个别地方的民俗中还有保留。

宣公六年

【原文】

［经］六年春，晋赵盾，卫孙免侵陈。

［传］六年春，晋、卫侵陈，陈即楚故也①。

［经］夏四月。

［传］夏定王使子服②求后于齐③。

［经］秋八月螽④。

【注释】

①晋卫侵陈，陈即楚故也：晋国与卫国攻打陈国，是因为陈国与楚国联合的缘故。

②子服：是周大夫。

③求后于齐：向齐国要王后。

④此经无传。

【译文】

宣公六年春季时，晋国赵盾、卫国孙免联合攻打陈国，是因为陈国与楚国联盟的缘故。

夏天四月时，周定王使周大夫名叫子服的到齐国去求娶王后。

秋季八月蝗虫很多。

【原文】

［传］秋赤狄伐晋，围怀及邢丘①，晋侯欲伐之，中行桓子曰："使疾其民②。以盈其贯，

将可殄也③,周书曰:'殄戎殷④。'此类之谓也。"

[经]冬十月。

[传]冬,召桓公⑤逆王后于齐⑥。

[传]楚人伐郑,取成而还⑦。

[传]郑公子曼满与王子伯廖⑧语欲为卿。伯廖告人曰:"无德而贪⑨,其在周易丰之离⑩,弗过之矣⑪。"间一岁,郑人杀之⑫。

【注释】

①怀及邢丘:邢丘就是平皋,《河南通志》:"在河南省温县城东二十里,故平皋城东北隅。"怀《大事表》:"今河南武陟县西南十一里有故怀城。"

②使疾其民:使他的人民怨恨。

③以盈其贯,将可殄也:使他满了他的恶贯就可全被扫除。

④殄戎殷:这是《尚书·康诰》篇的文章,就是将殷国全都灭掉。

⑤召桓公:是周王的卿士。

⑥逆王后于齐:到齐国去迎接周定王的王后。

⑦取成而还:得到和平就回来了。

⑧公子曼满与王子伯廖:公子曼满与王子伯廖全部都是郑大夫。

⑨无德而贪:没有德性而贪卿的位置。

⑩其在周易丰之离:在《周易》中说就是由丰卦变到离卦。意思是他没法过了三年。

⑪弗过之矣:他就是不能过三年。

⑫间一岁郑人杀之:隔了一年郑人就把他杀了。

【译文】

秋季赤狄侵略晋国,包围怀及邢丘两个地方。晋侯想讨赤狄,荀林父说:"使他为他的人民所怨恨,将来恶贯满了,就可以被扫除。《周书·康诰》:'把殷人全都灭掉。'就是等于说这件事。"

冬季十月召桓公到齐国去迎接周定王的王后。

楚国人攻打郑国,得到和平就回来了。

郑国的公子曼满向王子伯廖说想做卿,伯廖告诉人家说:"没有德性而又贪心,这在《周易》中由丰卦变到离卦,也不能超过了三年。"隔了一年郑人就杀了公子曼满。

【讲评】

晋国自从叔虞建国,就与戎狄杂处,彼此既通婚,又交战。《左传》中多处记载晋国与赤狄等的战事。

宣公七年

【原文】

[经]春,卫侯使孙良夫来盟。

[传]七年春,卫孙桓子来盟①,始通,且谋会晋也②。

[经]夏公会齐侯伐莱。

[传]夏,公会齐侯伐莱③,不与谋也。凡师出与谋曰及④,不与谋曰会⑤。

[经]秋公至自伐莱⑥。

[经]大旱⑦。

[传]赤狄⑧侵晋,取向阴之禾⑨。

【注释】

①孙桓子来盟:孙桓子即孙良夫到鲁国来盟。

②始通,且谋会晋也:因为宣公初即位,所以他就来与鲁国通盟好,并且计算同会盟晋国。

③伐莱:莱是姜姓国,《汇纂》说:"在今山东平阴县境。"

④凡师出与谋曰及:凡是军队作战参加谋计就叫作及。

⑤不与谋曰会:不参加计谋叫作会。

⑥此经无传。

⑦此经无传。

⑧赤狄:国名,在山西省,长治县西方。

⑨向阴之禾:江永说:"山西省济源市西南有向城,向阴其在此欤?"

【译文】

七年春天,卫国大夫孙桓子来鲁国盟会。这是在宣公即位以后,卫国始同鲁国修好,并且计划与晋国会盟。

夏天,宣公会齐侯讨伐莱国,事先未与齐商量。凡是军队作战事先参与计谋的就叫作及。不参加计谋就叫作会。

秋天,宣公从伐莱回到鲁国。

天不下雨,鲁国有旱灾。

赤狄侵略晋国,拿了向阴地方的禾稼。

【原文】

[经]冬公会晋侯宋公卫侯郑伯曹伯于黑壤。

[传]郑及晋平,公子宋之谋也[1],故相郑伯以会。冬,盟于黑壤[2],王叔桓公临之[3],以谋不睦[4]。

[传]晋侯之立也[5],公不朝焉,又不使大夫聘,晋人止公于会,盟于黄父[6],公不与盟,以赂免[7]。故黑壤之盟不书,讳之也。

【注释】

①公子宋之谋也:这是公子宋的计划。

②黑壤:又名黄父在今山西省翼城县东北与沁水县接近。

③王叔桓公临之:周卿士亲自监临。

④以谋不睦:以使诸侯不和睦的能和好。

⑤晋侯之立也:晋成公即位,在鲁宣公二年。

⑥黄父:即黑壤。

⑦公不与盟,以赂免:宣公不参加盟誓,用贿赂才逃走。

【译文】

郑国与晋国和平,这是公子宋的计划,所以他陪侍郑伯参加盟会。冬天,在黑壤盟会,周卿士王叔桓公监临着这盟誓,使不和睦的诸侯能和睦。

晋成公即位的时候,鲁宣公不去朝见,并且不使大夫去聘问晋国。晋人在会场上阻止鲁宣公参加盟会。诸侯盟于黑壤,宣公未能参加,并且用贿赂始得逃回鲁国。所以黑壤的盟会《春秋》不书,就是避讳这种耻辱。

【讲评】

黑壤(黄父)之会,鲁宣公被扣,所以只称会,不称盟。

宣公八年

【原文】

[经]八年春,公至自会。夏六月,公子遂如齐,至黄乃复。辛巳,有事于大庙。仲遂卒于垂。壬午,犹绎。万入去籥。戊子,夫人嬴氏薨。晋师、白狄伐秦。楚人灭舒蓼。秋七月甲子,日有食之,既。冬十月己丑,葬我小君敬嬴。雨,不克葬。庚寅,日中而克葬。城平阳。楚师伐陈。

【原文】

[传]八年春,白狄及晋平。夏,会晋伐秦。晋人获秦谍,杀诸绛市,六日而苏。有事于大庙,襄仲卒而绎①,非礼也。楚为众舒叛故,伐舒、蓼,灭之。楚子疆之,及滑汭。盟吴、越而还。

晋胥克有蛊疾,郤缺为政。秋,废胥克,使赵朔佐下军。

冬,葬敬嬴。旱,无麻,始用葛茀②。雨,不克葬,礼也。礼,卜葬,先远日,辟不怀也。

城平阳,书时也。

陈及晋平。楚师伐陈,取成而还。

【注释】

①绎:连续两天举行祭祀。

②茀:牵引棺材的绳索。

【译文】

鲁宣公八年春季,白狄和晋国讲和。夏天,白狄会合晋国攻打秦国。晋国人抓到一个秦国间谍,把他杀死在绛城的街市上,过了六天又活了。在太庙举行祭奠,襄仲死后连续两天举行祭奠,这是不合乎礼的。楚国因为众舒背叛的原因,进攻舒、蓼两国,把它们灭亡了。楚王给它们划定疆界，抵达滑水拐弯的地方。和吴国、越国结盟便回去了。

晋国胥克得了食物中毒病，郤缺执政。秋季，废了胥克，让赵朔做下军副帅。

冬季，安葬敬嬴。有旱灾，没有麻，开始用葛做牵引棺材的绳索。因为下雨，不能安葬，这是合乎礼的。按礼，占卜安葬的日期，先占卜较远的日子，避免被人觉得对死者不怀念。

鲁国在平阳修城，《春秋》记录合于时令。

陈国和晋国讲和。楚国军队进攻陈国，取得媾和之后回国。

【讲评】

胥克被郤缺废去职位，为胥童后来复仇灭三郤埋下伏笔。

宣公九年

【原文】

[经]辛酉，晋侯黑臀卒子扈。

冬，十月癸酉，卫侯郑卒。

宋人围滕。

楚子伐郑。晋郤缺帅师救郑。

陈杀其大夫泄冶。

【原文】

[传]九年，春，王使来征聘①。夏，孟献于聘于周。王以为有礼，厚赂之②。

秋，取根牟③，言易也。

滕昭公卒。

会于扈，讨不睦也。陈侯不会④。晋荀林父以诸侯之师伐陈。晋侯卒于扈，乃还。

【注释】

①征聘：谓征召诸侯聘问。

②厚赂：赠送丰厚的财物。

③根牟:周东夷国,曹姓,子爵,春秋时灭于鲁,即今山东沂水县南之牟乡。

④不会:未参加会见。

【译文】

九年春季,周天子的使者来鲁国要求鲁国派使者到周王室聘问。这年夏季,孟献子去成周聘问。周天子认为有礼,赠给孟献子丰厚的财物。

秋季,鲁国占领根牟,《春秋》之所以这样记载,是说占领行动轻而易举。

滕昭公死了。

晋侯、宋公、卫侯、郑伯、曹伯在郑地扈会见,这是为了商讨攻打不服从晋国的诸侯国。陈灵公未参加会见,晋国的荀林父带领各诸侯军攻打陈国。但恰在此时,晋成公死在扈地,他们就撤兵回国了。

【原文】

[传]冬,宋人围滕,因其丧也。

陈灵公与孔宁、仪行父通于夏姬,皆衷其衵服①,以戏于朝②。泄冶谏曰:"公卿宣淫③,民无效焉④,且闻不令。君其纳之!"公曰:"吾能改矣。"公告二子。二子请杀之,公弗禁⑤,遂杀泄冶。孔子曰:"《诗》云:'民之多辟⑥,无自立辟⑦。'其泄冶之谓乎!"

【注释】

①衵服:汗衫,内衣。

②戏:戏言,开玩笑。

③宣淫:公然淫乱,毫无避忌。

④无效:没有效法对象。

⑤禁:禁止,阻止。

⑥出自《诗·大雅·板》。辟:邪僻,邪恶不正。

⑦辟:法度。

【译文】

冬天,宋军包围滕国,这是乘他们忙于为滕昭公办丧事的缘故。

陈灵公和大夫孔宁、仪行父同时与夏姬通奸,都贴身穿着夏姬的汗衫在朝廷上开玩笑。大夫泄冶劝谏说:"国君和卿公开宣扬淫乱,百姓就没有效法的了。况且名声也不好。君王还是把夏姬的汗衫收起来吧!"陈灵公说:"我能够改过。"陈灵公告诉了孔宁和仪行父两个人,他们请求杀掉泄冶。陈灵公没有反对,于是就将他杀了。孔子说:"《诗》说:'如果百姓多做邪恶不正的事,自己就不要再去立法度了。'这恐怕说的就是泄冶吧!"

【原文】

[传]楚子为厉之役故①,伐郑。

晋郤缺救郑。郑伯败楚师于柳棼。国人皆喜②,唯子良忧曰:"是国之灾也,吾死无日矣③。"

【注释】

①厉:周国名,在今湖北随县北。

②喜:兴奋,高兴。

③无日:不日,为时不久。

【译文】

楚庄王由于厉地之战的缘故,攻打郑国。

晋国的郤缺出兵救援郑国。郑伯在柳棼打败了楚军。国内的人都为此感到兴奋,只有公子良为此担心说:"这是国家的灾难。我离死期大概不会太久了!"

【讲评】

陈国的灭亡与其君臣的昏庸和道德沦丧有密切的关系,陈灵公与臣子有共同的情人夏姬,并且公然在朝廷上宣扬他们的这种淫乱关系,正直的泄冶看不过去,加以劝诫,反而被杀。陈国君臣的丑行不仅给自己带来了杀身之祸,而且被虎视眈眈的楚国作为借口,一举吞并了陈国。孔子的话很值得玩味,一方面应该出于对泄冶的同情,另一方面可能是表达圣人"邦有道,危言危行,邦无道,危行言逊"的处世之道吧。

宣公十年

【原文】

[经]十年:春,公如齐。

公至自齐。

齐人归我济西田。

夏,四月丙辰,日有食之。

己巳,齐侯元卒。

齐崔氏出奔卫。

公如齐。

五月,公至自齐。

癸巳,陈夏征舒弑其君平国。

六月,宋师伐滕。

公孙归父如齐。葬齐惠公。

晋人、宋人、卫人、曹人伐郑。

秋,天王使王季子来聘。

公孙归父帅师伐邾,取绎。

大水。

季孙行父如齐。

冬,公孙归父如齐。齐侯使国佐来聘。

饥。

楚子伐郑。

【原文】

[传]十年,春,公如齐。齐侯以我服故①,归济西之田。

夏,齐惠公卒。崔杼有宠于惠公,高、国畏其偪也,公卒而逐之,奔卫。书曰“崔氏”,非其罪也;且告以族,不以名②。凡诸侯之大夫违③,告于诸侯曰:“某氏之守臣某,失守宗庙,敢告。”所有玉帛之使者则告;不然,则否。

公如齐奔丧。

【注释】

①服：臣服，服从。

②以名：用名字称呼。

③违：离开，背离。

【译文】

十年春季，宣公前往齐国。齐侯由于鲁国服从的原因，将济水以西的田地归还了。

夏天，齐惠公死了。崔杼受到齐惠公的宠信；高、国两族害怕他的逼迫，等惠公一死，就把他赶出了国境。崔杼逃到卫国。《春秋》记载说"崔氏"，这表明不是他的罪过；而且在通告诸侯时也只称族，而不称他个人的名字。凡是诸侯的大夫离开本国，就通告诸侯说："某氏的守臣某，不能奉守宗庙，谨此通告。"凡是有友好往来的诸侯国，就发通告；不是这种情况，就不发通告。

宣公到齐国奔齐惠公的丧事。

【原文】

[传]陈灵公与孔宁、仪行父饮酒于夏氏。公谓行父曰："征舒似女①。"对曰："亦似君。"征舒病之②。公出，自其厩射而杀之③。二子奔楚。

滕人恃晋而不事宋，六月，宋师伐滕。

郑及楚平，诸侯之师伐郑，取成而还④。

秋，刘康公来报聘⑤。

师伐邾，取绎⑥。

【注释】

①似：长得象。

②病之：对这件事很生气。

③厩：马厩，马房。

④取成：讲和，媾和。

⑤报聘：旧时指代表本国政府到友邦回访。

⑥绎:邾国地名。在今山东邹县境内。

【译文】

陈灵公和孔宁、仪行父在夏征舒家喝酒。陈灵公对仪行父说:"征舒长得像你。"仪行父回答说:"也像你。"征舒对此很生气。灵公出来后,征舒从马房里用箭把他射死了。孔宁、仪行父二人逃奔到楚国。

滕国依靠晋国的保护,不侍奉宋国。六月,宋军侵袭滕国。

郑国和楚国讲和。诸侯军攻打郑国,讲和以后回国。

秋天,刘康公前来鲁国答谢孟献子去年的聘问。

鲁军攻打邾国,攻取绎地。

【原文】

季文子初聘于齐。

冬,子家如齐,伐邾故也。

国武子来报聘。

楚子伐郑。晋士会救郑,逐楚师于颍北①。诸侯之师戍郑。郑子家卒。郑人讨幽公之乱,斫子家之棺,而逐其族。改葬幽公,谥之曰"灵"②。

【注释】

①颍北:颍水之北。颍水,出于河南登封市西境颍谷。

②谥之:给他谥号。

【译文】

季文子第一次到齐国聘问。

冬天,鲁国的子家到齐国,这是因为鲁国攻打了邾国的缘故。

齐国派国武子前来鲁国回聘。

楚庄王攻伐郑国。晋国的士会领兵救援郑国,在颍水北面赶走了楚军。诸侯军留驻郑国进行防守。郑国的子家去世。郑国人为了讨伐杀害幽公的那次叛乱,破坏了子家的棺材,并驱逐了他的家族。同时改葬幽公,把他的谥号改为"灵"。

【讲评】

《左传》中描绘了不少贵族女性形象，作者"书美以彰善，记恶以惩戒"，希望达到劝惩的目的。不过即使对那些私生活极其放荡以至于乱政的女性，作者往往也能站在相对公允的立场上，并非一味指责、丑化她们。这一方面说明当时社会对妇女的贞节还不是那么看重，另一方面作者认为女性只是从人者，在家从父，出嫁从夫，婚姻、人身等都无法自主，祸难虽由这些女子引起，但真正造成恶劣后果的原因还是在于贵族男性的荒淫无耻。如春秋有名的红颜祸水夏姬，她引起了几个国家之间十几年的厮杀，陈国也因她而亡，但是作者更着力展示的是她身边那些上至国君、下至大夫的男人们的寡廉鲜耻、虚伪狡诈，如陈灵公君臣公开宣淫，楚国君臣名义上帮助平叛，却也为了得到夏姬而尔虞我诈，不顾国家的利益。

宣公十一年

【原文】

［经］十有一年春，王正月。

夏，楚子、陈侯、郑伯盟于辰陵。公孙归父会齐人伐莒。

秋，晋侯会狄于祕函。

冬十月，楚人杀陈夏征舒。丁亥，楚子入陈。纳公孙宁、仪行父于陈。

【原文】

［传］十一年春，楚子伐郑，及栎。子良曰："晋、楚不务德而兵争，与其来者可也。晋、楚无信，我焉得有信！"乃从楚。夏，楚盟于辰陵，陈、郑服也。

楚左尹子重侵宋。王待诸郔。

令尹蒍艾猎城沂，使封人虑事，以授司徒。量功命日，分财用，平板干，称畚筑，程土物，议远迩，略基趾，具糇粮，度有司。事三旬而成，不愆于素。

晋郤成子求成于众狄。众狄疾赤狄之役，遂服于晋。秋，会于祕函，众狄服也。

是行也，诸大人欲召狄。郤成子曰："吾闻之：非德，莫如勤；非勤，何以求人？能勤，有继。其从之也！《诗》曰：'文王既勤止。'文王犹勤，况寡德乎？"

冬,楚子为陈夏氏乱故,伐陈;谓陈人:"无动①! 将讨于少西氏"。遂入陈,杀夏征舒,圜诸栗门。因县陈。陈侯在晋。

申叔时使于齐,反,复命而退。王使让之,曰:"夏征舒为不道,弑其君,寡人以诸侯讨而戮之。诸侯、县公皆庆寡人。女独不庆寡人,何故?"对曰:"犹可辞乎?"王曰:"可哉!"曰:"夏征舒弑其君,其罪大矣。讨而戮之,君之义也。抑人亦有言曰:'牵牛以蹊②人之田,而夺之牛。'牵牛以蹊者,信有罪矣;而夺之牛,罚已重矣。诸侯之从也,曰讨有罪也。今县陈,贪其富也。以讨召诸侯,而以贪归之,无乃不可乎?"王曰:"善哉! 吾未之闻也。反之,可乎?"对曰:"可哉! 吾侪小人所谓取诸其怀而与之也。"乃复封陈;乡取一人焉以归,谓之夏州。故书曰:"楚子入陈。纳公孙宁、仪行父于陈。"书有礼也。

厉之役,郑伯逃归,自是楚未得志焉。郑既受盟于辰陵,又徼事于晋。

【注释】

①无动:不要惊慌害怕。

②抑:不过,转折连词。蹊:径,此作动词,践踏。

【译文】

十一年春天,楚王进攻郑国,到达栎地。子良讲:"晋、楚两国都不讲德行,而依赖武力争夺,那我们就靠近先打进来的国家好了。晋国、楚国既然没有信用,我们又如何可以讲信用!"于是顺从了楚国。夏季,楚国在陈地辰陵主持盟会,这是因为陈、郑两国都顺服了楚国。

楚左尹子重侵扰宋国。楚庄王在郔地等待消息。

楚令尹芳艾猎在沂地修城,派掌管建筑城郭的官员考虑工程计划,报告给司徒。计量工程,预定日期,分配材料跟用具,锯平筑墙夹板跟支柱,平衡运土跟筑土的劳力,规定土方跟使用器材的多少,讨论取材跟工程的远近,考察各处城基,备办修城人员的粮食,审核监工的官员。工程只用三十天便完成了,没有超过预定的期限。

晋国的郤成子向众狄谋求讲和。众狄憎恨赤狄常常役使他们,于是都顺从了晋国。秋季,晋侯在欑函同众狄会面,这是因为众狄顺服了晋国。

在这次欑函会面之行以前,晋国的大夫们想召集狄人前来。郤成子讲:"我听说:要是没有德行,便只有靠勤劳;没有勤劳,凭什么去要求别人呢? 可以勤劳,便有好的结果。还是去会见狄人吧! 《诗》讲:'文王已经做到勤劳了。'文王尚且勤劳,更何况缺少德行的人呢？"

　　冬天，楚庄王由于陈国夏氏作乱的缘故，进攻陈国；对陈国人说："不要惊慌，我将要征讨少西氏。"于是进入陈国，杀害夏征舒，将其五马分尸在栗门。因而杀死陈国，把它改为一个县。那时陈成公正在晋国。

　　楚大夫申叔时出使齐国，回国，复命后便回去了。楚王派人谴责说："夏征舒做大逆不道的事，杀害他的国君，我领着各诸侯前去征讨，把他杀了，诸侯跟县大夫都来祝贺，只有你一人不祝贺，是什么原因？"申叔时答复说："还能够陈述理由吗？"楚王说："能呀！"申叔时说："夏征舒杀死自己的国君，当然是罪大恶极了。出兵征伐杀了他，这是君王应当做的。不过人们有句话说道：'牵牛践踏别人的田地，便把他的牛强夺过来。'牵牛践踏田地的人，当然是有过错了；不过强夺走他的牛，惩处就太重了。诸侯跟从君王出兵，说的是征讨有罪的人。现在把陈国改成一个县，这即是贪爱它的财富了。借伐罪的名义号召诸侯，而以贪婪结束，或许不可以吧？"楚王说："好啊！我没听说过如此的意见。归还陈国的土地，行吗？"申叔时答复说："行啊！这就是我们这班小人所讲的'从别人怀里拿来的东西取出来还给他'呀。"楚王于是重新封立陈国；从陈国的每个乡带一个人回楚国，集中在一个地方，称为"夏州"。故而《春秋》记载说："楚子入陈，纳公孙宁、仪行父于陈。"这是表示楚王这一举动合乎礼。

　　厉地这一战，郑伯逃回国，从此之后楚国便没有得志。郑国既在辰陵接受楚国的盟约，又要求服侍晋国。

【讲评】

　　楚国趁着夏征舒之乱灭陈为县，但在申叔时的劝谏下重建陈国。

宣公十二年

【原文】

[经]十有二年(前597年)春，葬陈灵公①。

[经]楚子围郑。

[传]十二年春，楚子围郑旬有七日，郑人卜行成，不吉，卜临于大宫②，且巷出车③，吉。国人大临，守陴者皆哭④。楚子退师，郑人修城，进复围之。三月，克之。入自皇门，

至于逵路⑤,郑伯肉袒牵羊以逆⑥,曰:"孤不天⑦,不能事君,使君怀怒,以及敝邑,孤之罪也!敢不唯命是听!其俘诸江南,以实海滨,亦唯命,其翦以赐诸侯,使臣妾之⑧,亦唯命。若惠顾前好⑨,徼福于厉、宣、桓、武,不泯其社稷⑩,使改事君,夷于九县⑪,君之惠也,孤之愿也,非所敢望也!敢布腹心,君实图之!"左右曰:"不可许也,得国无赦⑫!"王曰:"其君能下人,必能信用其民矣!庸可几乎⑬?"退三十里而许之平,潘尪入盟,子良出质⑭。

[经]夏六月乙卯晋荀林父帅师及楚子战于邲,晋师败绩。

[传]夏,六月,晋师救郑,荀林父将中军⑮,先縠佐之⑯。士会将上军⑰,郤克佐之⑱。赵朔将下军⑲,栾书佐之⑳。赵括、赵婴齐为中军大夫㉑,巩朔、韩穿为上军大夫㉒,荀首、赵同为下军大夫㉓。韩厥为司马㉔。

【注释】

①陈国复后始得下葬,此经无传。

②卜临于大宫:贾逵说:"临哭也。"大音泰,大宫是郑国祖庙。

③且巷出车:惠栋说:贾逵谓"巷出车陈于街巷,示虽困不降,必欲战也"。案下郑复修城,则贾说良是。

④守陴者皆哭:陴是城上小墙,守者皆哭。

⑤入自皇门,至于逵路:皇门是郑都城门,逵路是郑都城内大道,在皇门内。

⑥郑伯肉袒牵羊以逆:郑襄公赤身手牵着羊迎接,表示服从。

⑦孤不天:我不为天所保佑。

⑧其翦以赐诸侯,使臣妾之:翦是削翦。削翦郑国,而以我赏给各国使为臣仆。

⑨若惠顾前好:若加恩想念两国的旧盟好。

⑩徼福于厉、宣、桓、武,不泯其社稷:若能托福于周厉王、平王及郑桓公、武公,而不灭他们的国家。

⑪夷于九县:杜注:"庄十四年灭息;十六年灭邓;僖五年灭弦,十二年灭黄,二十六年灭夔;文四年灭江;五年灭六,灭蓼;十六年灭庸。"而《正义》以为楚灭国甚多不只此九国。侗案九县与九州有关,请看我所著《九族、九州与九鼎》文。

⑫不可许也,得国无赦:不可以答应他,得人之国,不可再赦他。

⑬庸可几乎:即使郑国被灭,又能有希望吗?

⑭潘尪入盟,子良出质:楚国大夫潘尪至郑国入盟誓,而郑国公子良往楚国为押质。

⑮荀林父将中军:替代郤缺。

⑯先縠佐之：彘季替代荀林父。

⑰士会将上军：替代赵盾。

⑱郤克佐之：是郤缺的儿子。

⑲赵朔将下军：替代栾盾。

⑳栾书佐之：栾盾的儿子替代赵朔。

㉑赵括、赵婴齐为中军大夫：赵括及赵婴齐皆赵盾的异母弟。

㉒巩朔、韩穿为上军大夫：韩穿是韩厥的一族。

㉓荀首、赵同：荀首是荀林父的弟弟，赵同是赵婴齐的哥哥。

㉔韩厥：韩万的玄孙。

【译文】

十二年春，为陈灵公行葬礼。

楚庄王围住郑国十七天，郑国人占卜了，想和他讲和，却不吉利。占卜哭在祖庙中，且每条巷出一乘兵车，倒是吉利的。国人于是都到庙中去大哭，连守城的都哭起来。楚子便退兵，郑国赶快修好了城墙，楚军再前去围城。围了三个月，方才攻破，从皇门进去，到了大路上，郑伯去了上衣，露出肢体，牵着羊迎接楚王，表示是臣仆的礼数，而且说道："我得不到天的保佑不会服侍你君，使你君怀着恨，亲到敝邑来，这都是孤的罪失，怎敢不听从你的命令呢？你们如果俘虏我的人民到江南去，填塞在海边无人的地方，也只请你吩咐就是了；如果分割了郑地，赐给从楚的诸侯使郑民做着臣妾，也只请吩咐就是了，如果你楚君肯宽恩，顾念从前的盟好，让我邀到周厉王、宣王和郑桓公、武公的福佑，不灭他的社稷，使他改换面目侍奉你君，降低他的名位，比着九县一样，这便是你楚君的大恩惠了，这是我的大愿，但却不敢指望呢？敢于布告这心事，请你酌量罢。"庄王左右的人说："不可以应许他的，得了国不可再赦他了！"庄王说："他的国君能把身份低过他人，一定能信用他的百姓了，难道还有什么想头吗？"楚兵便退下三十里去，许郑国讲和，楚大夫潘尪进城去订盟，郑国的公子良便出来做人质。

夏天六月，晋国军队去救郑国，荀林父率领着中军，先縠为他的中军佐。士会将上军，郤克辅佐他。赵朔将下军，栾书辅佐他。赵括同赵婴齐做中军大夫，巩朔同韩穿做上军大夫，荀首同赵同做下军大夫。韩厥做司马。

【原文】

及河，闻郑既及楚平，桓子欲还，曰："无及于郑而剿民，焉用之？楚归而动，不后。"随武子曰："善！会闻用师，观衅而动。德刑政事，典礼不易，不可敌也，不为是征。楚君讨郑，怒其贰而哀其卑，叛而伐之，服而舍之，德刑成矣。伐叛，刑也；柔服，德也，二者立矣。昔岁入陈，今兹入郑，民不罢劳，君无怨讟[1]，政有经矣。荆尸而举，商农工贾不败其业，而卒乘辑睦，事不奸矣。蒍敖为宰，择楚国之令典，军行，右辕，左追蓐，前茅虑无，中权，后劲，百官象物而动，军政不戒而备，能用典矣。其君之举也，内姓[2]选于亲，外姓选于旧；举不失德，赏不失劳；老有加惠，旅有施舍；君子小人，物有服章，贵有常尊，贱有等威，礼不逆矣。德立，刑行，政成，事时，典从，礼顺，若之何敌之？见可而进，知难而退，军之善政也。兼弱攻昧，武之善经也。子姑整军而经武乎，犹有弱而昧者，何必楚？仲虺有言曰：'取乱侮亡。'兼弱也。《汋》曰：'於铄王师，遵养时晦。'耆昧也。《武》曰：'无竞惟烈。抚弱耆昧以务烈所，可也。"彘子曰："不可。晋所以霸，师武臣力也。今失诸侯，不可谓力。有敌而不从，不可谓武。由我失霸，不如死。且成师以出，闻敌强而退，非夫也。命以军帅，而卒以非夫，唯群子能，我弗为也。"以中军佐济。知庄子曰："此师殆哉。《周易》有之，在《师》䷆之《临》䷒曰：'师出以律。否臧凶'。执事顺成为臧，逆为否，众散为弱，川壅为泽，有律以如己出，故曰律。否臧，且律竭也。盈而以竭，夭且不整，所以凶也。不行之谓《临》，有帅而不从，临孰甚焉！此之谓矣。果遇，必败，彘子尸之。虽免而归，必有大咎。"韩献子谓桓子曰："彘子以偏师陷，子罪大矣。子为元帅，师不用命，谁之罪也？失属亡师，为罪已重，不如进也。事之不捷，恶有所分，与其专罪，六人同之，不犹愈乎？"师遂济。楚子北，师次于郔。沈尹将中军，子重将左，子反将右，将饮马于河而归，闻晋师既济，王欲还，嬖人伍参欲战。令尹孙叔敖弗欲，曰："昔岁入陈，今兹入郑，不无事矣。战而不捷，参之肉其足食乎？"参曰："若事之捷，孙叔为无谋矣。不捷，参之肉将在晋军，可得食乎？"令尹南辕反斾，伍参言于王曰："晋之从政者新，未能行令。其佐先谷刚愎不仁，未肯用命。其三帅者专行不获，听而无上，众谁适从？此行也，晋师必败，且君而逃臣，若社稷何？"王病之，告令尹，改乘辕而北之，次于管以待之。

【注释】

[1] 讟：怨言。

[2] 内姓：同姓。

【译文】

晋军到达黄河时，知道郑国已跟楚国讲和。荀林父想撤军回国，说："救郑为时已晚，要是再和楚作战还有什么用呢？待楚军撤回后再出兵进攻郑国，也不算迟。"士会讲："好。我听说用兵之道，就是擅长观察敌人的间隙然后行动。要是一个国家的德行、刑法、政令、事务、典章、礼仪没有背离常规，便不能与之为敌，也不宜进攻它。楚国国君征讨郑国，是愤恨郑国的三心二意而又可怜他们的奴颜卑下，背叛时便征讨它，顺服了就宽恕他，这样德行跟刑罚就具备了。征讨背叛，是刑罚；安抚顺服，是德行。二者都树立起来了。楚国去年进攻陈国，今年又征讨郑国，民众并不疲劳，国君也没有怨言，政令是合于常道的。楚军在列成荆尸阵后而作战，商、农、工等百业兴旺，并且步兵和车兵很和谐，各司其职，互不相犯。芳敖出任令尹，选推楚国较好的法典。军队行动，右军跟随主帅车辕而行，左军搜寻粮草，前军举着旌旗侦察敌情以防意外，中军权衡作战方案，后军以精兵殿后。各级军官依据自己的职权而行动，军中的政事不须等待命令便已准备就绪，这是由于能运用典章制度。他们的国君选拔人才，在同姓中挑选亲近的人，异姓中挑选历代旧臣后裔。挑选不失有德之人，奖赏不漏有功之人。对年老者加恩，羁旅之人也有施舍；君子跟小人，服饰各有规定。对尊贵的人有一定的保持其尊位的礼仪，对下贱的人也有等级的威仪，如此礼法便不至于违反。德行树立，刑法实行，政治清明，国事合于时宜，典章获得执行，礼仪顺应时代，如此的国家如何可以抵挡呢？见机而进，知难而退，这是用兵的好策略；兼并弱小攻打昏庸之国，这是军事上正确的战略方针。您姑且整顿军队、筹划军事装备吧！还有的是弱小而且政治黑暗的国家，为何必须要进攻楚国呢？仲虺说过：'夺取动乱之国，欺侮即将消亡之国'，说的就是兼并弱小。《诗经·周颂·汋》是讲：'啊！天子的军队真威风，领着他们夺取昏庸的国家。'说的即使攻取昏庸的国家。《诗经·周颂·武》中讲：'武王功绩卓著，无与伦比。'要是安抚弱小而攻打昏庸之国，从而致力于武王的伟业，是行的。"先说："不行。晋国之所以可以称霸诸侯，是因为军队勇敢、臣子尽力。如今眼看郑国被征服而不救援，因此而丧失诸侯，不能说是尽力；面对敌人而不去迎战，不能说是勇敢。从我们身上丧失了晋国的霸主地位，还不如死了好。何况兴兵出战，知道敌人强大便退却，这便不是大丈夫。受命出任军队统帅，却以有辱大夫的结局而告终，只有诸位能做到，我是不干的。"于是领着中军及辅佐越过了黄河。知庄子说："这支军队危险了。《周易》有如此的卦象，从师卦变为临卦，爻辞讲：'军队出动要服从命令，不然便有危险。'顺应这一道理便是臧，违背这一道理便叫否。士兵离散，军队便会软弱，流水堵塞而形成沼泽。有律令指挥军队便如指挥自己一样，故而称为律。如不能顺应律令，那么律令便形同虚设。从充盈到枯竭，堵塞而不整齐，这是凶象。水不流动即为临。有统帅而不服从，则是更严重的'临'。讲的即是这个道理。要是与楚军相遇，必定失败,彘子要承担责任。就算他侥幸不死逃回,也一定难免灾祸。"韩献子对荀林父讲:"彘子领导的部分军队要是陷入楚军,您的罪过便大了。您是元帅,军队不听从命令,这是谁的罪过呢? 丧失了属国,又损失了军队,这个罪责已很大了,不如进军。就算失败了,也可由大家分担责任,与其您一人承担罪过,不如六个人一起承担,如此不是更好吗?"于是晋军便渡过黄河。楚庄王率军北上,驻扎在郔地。沈尹领着中军,子重领着左军,子反领着右军,准备在黄河饮马后就回国。听说晋军已经越过了黄河,庄王想撤军回国,不过宠臣伍参想与晋军打仗。令尹孙叔敖不想作战,他说:"去年我们进攻陈国,今年又进攻郑国,不能没有战争。要是开战不能取得胜利,那你伍参的肉或许也不够让人吃吧?"伍参说:"要是作战胜利了呢,你孙叔敖就是没有谋略。要是不能取胜,我伍参的肉也必将落入晋人手中,你们如何能吃得到呢?"令尹把车辕调转南方,军旗也指向南方,准备回国。伍参对楚庄王讲:"晋国执政人荀林父上台不久,命令还不能通行无阻,他的中军副帅先縠刚愎自用,残暴不仁,不肯听从他的命令。他的三个将帅想专权又办不到,想听从又没有具有绝对权威的上司,军队听从谁的呢? 这次交战,晋军一定失败。何况您作为国君,逃避晋国的臣子,又把国家的荣辱置于何地呢?"楚庄子很担忧,于是命令令尹调转车辕,向北进军,屯驻在管地,等着晋军。

【原文】

晋师在敖、鄗之间,郑皇戌使如晋师,曰:"郑之从楚,社稷之故也,未有贰心。楚师骤胜而骄,其师老矣,而不设备,子击之,郑师为承①,楚师必败。"彘子曰:"败楚服郑,于此在矣,必许之。"栾武子曰:"楚自克庸以来,其君无日不讨②国人而训之于民生之不易,祸至之无日,戒惧之不可以怠。在军,无日不讨军实而申儆之于胜之不可保,纣之百克,而卒无后。训之以若敖、蚡冒,筚路蓝缕,以启山林。箴之曰:'民生在勤,勤则不匮。'不可谓骄。先大夫子犯有言曰:'师直为壮,曲为老。'我则不德,而徼怨于楚,我曲楚直,不可谓老。其君之戎,分为二广,广有一卒,卒偏之两。右广初驾,数及日中;左则受之,以至于昏。内官序当其夜,以待不虞,不可谓无备。子良,郑之良也。师叔,楚之崇也。师叔入盟,子良在楚,楚、郑亲矣! 来劝我战,我克则来,不克遂往,以我卜也,郑不可从。"赵括、赵同曰:"率师以来,唯敌是求。克敌得属,又何俟? 必从彘子。"知季曰:"原、屏,咎之徒也。"赵庄子曰:"栾伯善哉! 实其言,必长晋国。"

楚少宰如晋师,曰:"寡君少遭闵凶,不能文。闻二先君之出入此行也,将郑是训定,岂敢求罪于晋? 二三子无淹久!"随季对曰:"昔平王命我先君文侯曰:'与郑夹辅周室,毋废王命。'今郑不率，寡君使群臣问诸郑，岂敢辱候人？敢拜君命之辱！"巩子以为谄，使赵括从而更之，曰："行人失辞。寡君使群臣迁大国之迹于郑，曰：'无辟敌'。群臣无所逃命。"

楚子又使求成于晋，晋人许之，盟有日矣。楚许伯御乐伯，摄叔为右，以致晋师。许伯曰："吾闻致师者，御靡旌摩垒而还。"乐伯曰："吾闻致师者，左射以菆③，代御执辔，御下两马，掉鞅而还。"摄叔曰："吾闻致师者，右入垒，折馘，执俘而还。"皆行其所闻而复。晋人逐之，左右角之。乐伯左射马而右射人，角不能进，矢一而已。麋兴于前，射麋丽龟。晋鲍癸当其后，使摄叔奉麋献焉，曰："以岁之非时，献禽之未至，敢膳诸从者。"鲍癸止之，曰："其左善射，其右有辞，君子也。"既免。

退避三舍

【注释】

①承：后继。

②讨：治理。

③菆：利箭。

【译文】

晋军驻扎在敖、鄗两山之间。郑国的皇戌出使来到晋国军队讲："郑国屈从楚国，是为了挽救国家不致消亡，不是对晋国存有二心。楚国军队多次胜利，出现了骄傲情绪，并且军队也已士气衰落，又没设防，你们要是进攻，我国的军队随后跟上，楚军一定失败。"先说："看来打败楚国，降服郑国，就在此一举了，必须要同意他的请求。"栾书讲："楚国自从战胜庸国以来，其国君每天都如此管理和训诫国内的民众：民众生活还很艰苦，战祸随时会降临，必须要提高警惕常备不懈。在军队中则每天都如此管理和告诫将士：我们并不可能永远胜利，商纣王一度百战百胜，最终却没有好结果。还用楚国先君若敖、蚡冒一度乘柴车、穿破衣开辟山林的事迹来告诫他们说：'民众的生存完全在于勤劳，只要勤劳便受用无穷'。从这看来，不能说他们骄傲自满。先大夫子犯讲过：'出师有名则理直气壮，无名则理曲气衰。'我们的行为不合德行，又跟楚国结怨，这是我们理曲而楚国理直，不能讲楚军士气衰落。楚君的卫兵分为左右两部分，叫作两广，每广有兵车三十辆，是为一卒，每卒又分左右两偏。右广先行驾车守卫，直到中午，再由左广接替，一直到晚上。国君的左右近臣则轮流值夜班，以防意外，不能讲他们没有防备。子良是郑国的杰出人才，潘尪又素来为楚国人所尊崇。潘尪前去郑国结盟，子良到楚国做人质，可见楚、郑两国关系很好。郑国派人来劝我们出战，其目的是，要是战胜，就来归服，一旦战败，便投奔楚国，这是在以我们的胜负来占卜其究竟应当归顺谁啊。郑国的话不能听从。"赵括、赵同讲："率师前来，就是要寻找敌人。要是能战胜敌人，又能获得属国，还等待什么呢？必须要同意先縠的建议。"荀首讲："赵同和赵括的想法，事实上是一条自取祸害的途径。"赵朔讲："栾书说得好啊！要是照他的话去做，一定能使晋国国运长久。"

楚国的少宰来到晋军将："寡君自幼遭遇忧患，不善辞令。听说先前楚国两位先君成王和穆王，来往经过此道，都是为了教训与安定郑国，如何敢得罪晋国呢？希望你们不要在此久留！"士会答复说："先前周平王一度命令我们先君晋文侯说：'你要跟郑国共同辅助周室，不要背弃天子的命令！'现在郑国不遵循天子命令，寡君派我们群臣前来质问郑国，又如何敢劳驾您前来呢？谨此拜谢国君的命令！"先縠觉得这话有点讨好楚国，又派赵括跟去，改变了口气说："刚刚士会的话不够恰当，寡君派我们群臣前来，是要把大国的军队赶出郑国，他还讲：'不要躲避敌人。'我们群臣不能不执行这一命令。"

楚庄王又派人向晋国求和，晋国人同意了，并确定了会盟的日期。不过楚国的许伯为乐伯驾车，摄叔为车右，向晋军挑战。许伯讲："我听说向敌人挑战，便要驾驭战车迅速迫近敌阵，之后再回来。"乐伯讲："我听说向敌人挑战，便要由车左使用利箭射去敌人，并且还要替御者执掌马缰，让御者下车整理马匹，掉转方向，之后回来。"摄叔讲："我听说向敌人挑战，车右要攻进敌人阵营，杀死敌人割掉耳朵，并生擒俘虏而还。"三个人都依照他们说的去做了。晋国人追击他们，从左右夹攻。乐伯从左边射马，右边射人，让两边的晋国人不能靠近。只剩下一支箭时，有一只麋鹿跑在前面，乐伯用箭射中麋鹿的背部。这时晋国的鲍癸正在后面追赶，乐伯让摄叔把麋鹿献给他，说："由于还不到时令，应该奉献的禽兽还没有出现，暂时献上这只麋鹿，权做您的随从的佳肴吧。"鲍癸让部下停止追击，讲："他们的车左擅长射箭，车右擅长辞令，可见都是君子啊！"便不再追赶了。

【原文】

晋魏锜公族未得而怒，欲败晋师。请致师，弗许；请使①，许之。遂往，请战而还。楚潘党逐之，及荥泽。见六麋，射一麋以顾献；曰："子有军事，兽人无乃不给于鲜；敢献于从者!"叔党命去之。赵旃求卿未得,且怒于失楚之致师者,请挑战,弗许;请召盟,许之。与魏锜皆命而往。郤献子曰:"二憾往矣,弗备必败!"郤子曰:"郑人劝战,弗敢从也;楚人求成,弗能好也。师无成命,多备何为?"士季曰:"备之善②!若二子怒楚,楚人乘我,丧师无日矣!不如备之。楚之无恶,除备而盟,何损于好;若以恶来,有备不败。且虽诸侯相见,军卫不彻,警也。"郤子不可。士季使巩朔、韩穿帅七覆于敖前,故上军不败。赵婴齐使其徒先具舟于河,故败而先济。

【注释】

①请使:请求作为使者往使楚军。

②备之善:有防备的好。

【译文】

晋国魏锜想做公族大夫未得实现而生气,希望让晋军失败。他请求去向楚军挑战,没有同意;请求作为使者往使楚军,同意了他的请求。于是魏锜就往使楚军,到楚军后居然请求楚方同晋交战才回来。楚国潘党追赶他,一直追到荥泽。魏锜看到六只麋鹿,射中一麋而回过头来献给追他的潘党,说:"你有军事在身,主管田猎的官或许不能供给新鲜的肉类;我冒昧地把这只麋鹿赠给你的从者!"潘党下令不再追击魏锜。晋国赵旃想做卿而没有到手,又对晋国放走了楚方来挑战的人感觉很生气,请求去向楚军挑战,没有同意;请求到楚军召楚人来订盟约,同意了他的请求。赵旃与魏锜都受命往使楚军。郤克说:"两个心怀不满的人往使楚军了,我们不防备必定会失败!"先縠说:"郑人劝我们同楚战,不敢听从;楚人要求讲和,又不能和好。出兵作战没有始终如一的命令,多作防备有什么用?"士会讲:"还是有防备的好!要是他二人激怒了楚军,楚人暗中攻击我军,损失军旅没有多久了!不如防备他好。楚人要是没有恶意,有了戒备而去同楚订盟,对和好有什么损伤;要是楚人恶意而来,有防备便不会失败。况且两国诸侯就算和好相见,军事防卫也并不撤去,这是警戒呀。"先縠不肯设防。士会派巩朔、韩穿带兵在敖山前设了七处伏兵,故而晋国的上军没有战败。赵婴齐命他所属兵士先备舟船在河边,故而虽败而能先渡河撤退。

【原文】

潘党既逐魏锜;赵旃夜至于楚军,席①于军门之外,使其徒入之。楚子为乘广三十乘,分为左右。右广，鸡鸣而驾，日中而说；左则受之，日入而说。许偃御右广，养由基为右；彭名御左广，屈荡为右。乙卯，王乘左广以逐赵旃；赵旃弃车而走林，屈荡搏之，得其甲裳。晋人惧二子之怒楚师也，使軘车逆之。潘党望其尘，使骋而告曰："晋师至矣！"楚人亦惧王之入晋军也，遂出陈。孙叔曰："进之！宁我薄人，无人薄我《诗》云：'元戎十乘，以先启行。'先人也。《军志》曰：'先人有夺人之心。'薄之也。"遂疾进师，车驰卒奔，乘晋军。桓子不知所为，鼓于军中曰："先济者有赏！"中军、下军争舟，舟中之指可掬也。晋师右移，上军未动。

【注释】

①席：布席而坐，表示无所畏惧。

【译文】

潘党已经在追击魏锜；赵旃夜里抵达楚军驻地，在军门之外布席而坐，命他的士兵进到楚军营垒。楚庄王布设兵车三十辆，分为左右广。右广鸡鸣驾车，日中解驾休息；左广接替右广，日落黄昏解驾休息。许偃驾御右广，养由基任车右；彭名驾御左广，屈荡任车右。六月十四日，楚王乘左广来追击赵旃；赵旃丢弃兵车跑进树林，屈荡搏击他，得到了赵旃的铠甲和下衣。晋人害怕魏锜和赵旃二人激怒楚军，用车迎魏锜和赵旃。潘党望见晋军方面尘土飞扬，派人奔驰报告楚军说："晋军来了！"楚人也担心楚王陷入晋军包围中，便出队列阵以待战斗，楚国令尹孙叔敖讲："进击晋军！宁愿让我们的军队逼近敌人，不要让敌军逼近我们！《诗经》上讲：'大的兵车十辆，在前面开路'。这是抢敌人之先。《军志》讲：'先发制人，能够夺去敌人的作战勇气。'这是进逼敌人。"于是楚国便急速进军，车驰卒奔，偷袭晋军。晋军元帅荀林父不知应当如何做，在军中击鼓讲："先渡河撤退的人有奖赏！"中军、下军和官兵争着上船，船里的手指多得能够用两手捧了。晋军向右转移，上军没有动。

【原文】

工尹齐，将右拒卒以逐下军。楚子使唐狡与蔡鸠居，告唐惠侯曰："不谷不德而贪，以遇大敌，不谷之罪也。然楚不克，君之羞也。敢藉君灵以济楚师。"使潘党率游阙①四十乘，从唐侯以为左拒，以从上军。驹伯曰："待诸乎？"随季曰："楚师方壮，若萃于我，吾师必尽，不如收而去之。分谤生民，不亦可乎？"殿其卒而退，不败。王见右广，将从之乘。

屈荡户之,曰:"君以此始,亦必以终。"自是楚之乘广先左。晋人或以广队不能进,楚人惎之脱扃,少进,马还,又惎之拔旆投衡,乃出。顾曰:"吾不如大国之数奔也。"赵旃以其良马二,济其兄与叔父,以他马反,遇敌不能去,弃车而走林。逢大夫与其二子乘,谓其二子无顾。顾曰:"赵傁在后。"怒之,使下,指木曰:"尸女于是。"授赵旃绥,以免。明日以表尸之,皆重获在木下。楚熊负羁囚知罃。知庄子以其族反之,厨武子御,下军之士多从之。每射,抽矢,菆,纳诸厨子之房。厨子怒曰:"非子之求而蒲之爱,董泽之蒲,可胜既乎?"知季曰:"不以人子,吾子其可得乎?吾不可以苟射故也。"射连尹襄老,获之,遂载其尸。射公子谷臣,囚之。以二者还。及昏,楚师军于邲,晋之余师不能军,宵济,亦终夜有声。丙辰,楚重至于邲,遂次于衡雍。潘党曰:"君盍筑武军,而收晋尸以为京观。臣闻克敌必示子孙,以无忘武功。"楚子曰:"非尔所知也。夫文,止戈为武。武王克商,作《颂》曰:'载戢干戈,载櫜弓矢。我求懿德,肆于时夏,允王保之。'又作《武》,其卒章曰:'耆定尔功'。其三曰:'铺时绎思,我徂惟求定'。其六曰:'绥万邦,屡丰年。'夫武禁暴、戢兵、保大、定功、安民、和众、丰财者也。故使子孙无忘其章。今我使二国暴骨,暴矣;观兵以威诸侯,兵不戢矣。暴而不戢,安能保大?犹有晋在,焉得定功?所违民欲犹多,民何安焉?无德而强争诸侯,何以和众?利人之几,而安人之乱,以为己荣,何以丰财?武有七德,我无一焉,何以示子孙?其为先君宫,告成事而已。武非吾功也。古者明王伐不敬,取其鲸鲵而封之,以为大戮,于是乎有京观,以惩淫慝。今罪无所,而民皆尽忠以死君命,又何以为京观乎?"祀于河,作先君宫,告成事而还。是役也,郑石制实入楚师,将以分郑而立公子鱼臣。辛未,郑杀仆叔及子服。君子曰:"史佚所谓毋怙乱者,谓是类也。《诗》曰:'乱离瘼矣,爰其适归?'归于怙乱者也夫。"郑伯、许男如楚。

【注释】

①游阙:游动补阙的战车。

【译文】

楚国的工尹领着右边方阵的士兵追赶晋国下军。楚庄王派唐狡跟蔡鸠居向唐惠侯汇报说:"我无德而有贪心,以至碰到大敌,这是我的罪过。不过要是楚国不能取胜,也是您的耻辱,想借重您的威灵来帮助楚国获胜。"于是派潘党领着机动战车四十辆,跟着唐惠侯作为左边的方阵,追赶晋军的上军。驹伯讲:"抵抗敌人吗?"士会说:"楚军如今士气正旺,要是集中兵力对付我们,我军一定全军覆没,不如收兵撤退。如此既能够分担战败的指责,又能够保全士兵的生命。不也行吗?"于是士会作为上军的后卫走在最后,撤退下去,才没有打败仗。楚庄王见到右广的指挥车,就准备上去乘坐。屈荡阻止说:"君子既然是乘坐左广作战的,那么应当乘左广来结束这场战争。"从此,楚国便把左广定为上位。晋国有几辆兵车陷到坑里不能前进,楚国人教他们抽掉车前的横木,兵车向前一动,马依然盘旋不前。楚国人又教他们拔掉大旗,扔掉车辀,兵车才拉出坑来。晋国人回过头来讲:"我们比不上你们楚军常常逃跑,很有经验。"赵旃把他的两匹好马送给哥哥跟叔父逃跑,用别的马驾车返回,碰到敌人不能逃跑,就扔下战车逃入树林。逢大夫跟两个儿子正驾车赶路,他不让两个儿子回头。可儿子回头说:"赵旃老头在后边呢!"逢大夫很生气,让两个儿子下车,指着一棵树木说:"我在这儿收你们的尸首。"之后把登车的绳子交给了赵旃,赵旃才能够逃脱。第二天,逢大夫前往树下收尸,真的两个儿子的尸体叠压在那棵树下。楚国的熊负羁抓捕了知罃,知罃的父亲荀首领着他的部属返回来追赶,魏锜为他驾车,下军的士兵多半都跟着他。荀首每次射箭,抽箭出来如是利箭,便放入魏锜的箭袋。魏锜生气地说:"你这是不想救儿子,而是爱惜你的箭。董泽的蒲柳能够制造无数支箭,能用得完吗?"荀首讲:"要是抓不到别人的儿子,能救回我的儿子吗? 这便是我不随便用利箭的原因啊?"结果射死了楚国的连尹襄老,并把他的尸首放在车上;又射中了公子谷臣,并将他囚禁起来。最后带着这两个人回去。到了黄昏时分,楚军在邲地屯驻下来。晋军剩下的士兵已溃不成军,连夜渡黄河,整夜都能听到渡河时人马喧嚣的声音。六月丙辰那天,楚军重达邲地,军队驻扎在衡雍。潘党说:"您何不将晋军的尸首收集起来埋好,在上面筑土建筑一京观以夸耀四方呢? 我听说战胜敌人后必定要把战功展示给子孙,让他们不忘记祖先的武功。"楚庄王讲:"这不是您能懂的。从文字构造上讲,止戈二字合起来便是武字。周武王灭掉商朝后,作《周颂》讲:'收缴武器,包藏弓箭。我追求美德,并把这一愿望表现在夏乐之中,以求成就王业保有天下。'又作《武》这首诗,诗的最后一章讲:'巩固你的功业。'诗的第三章说:'发扬文王的美德,我前去征讨纣王只是为了安定天下。'诗的第六章说:'安定万邦,常有丰年。'所谓武功,即是禁除残暴、消灭战争、保有天下,巩固功业、安定百姓,调和诸国、丰富财物。故而要子孙不能忘记祖先的丰功伟业。如今我让两国士兵暴尸荒野,这是残暴不仁;夸耀武力威胁诸侯,这是没有停止战争。既没有消除残暴而又没有停止战争,如何能保有天下? 晋国还依然存在,如何可以巩固功业? 违反民众愿望的事情还很多,民众如何能安定? 缺少德行而仅凭强大的武力争霸诸侯,又如何能使各国友好相处,乘人之危而为自己谋利,以别国的动乱求得自己的安定,并以此为荣,如何能丰富财物? 武功有七种德行,我们一种也不拥有,拿什么向子孙展示？还是为祖先建造一座神庙，报告获得胜利就是了。我这点胜利还算不得功绩。古代圣明的君王征讨不听命的国家，杀死首恶分子并将其埋葬，作为一次大杀戮，这时才建造京观以警戒历代罪恶之人。如今晋国的罪恶无法确定，而士兵又都是为了执行国君命令而尽忠，又如何能建造京观呢？"于是在黄河边举行祭奠，建造了祖庙，向先君报告这次战争的胜利后就回国了。这次战役，事实上是郑国的石制把楚军引进来的。他打算分割郑国为两部分，一部分给楚国，并立公子鱼臣为郑国国君。二十九日，郑国人杀死公子鱼臣和石制。君子评论讲："史佚所说的'不要乘人之乱来利己'，讲的即是这种人。《诗经》上说：'战乱让民众疾苦，哪儿是他们的归宿呢？这是归罪于那些借着动乱来利己的人啊！'郑襄公跟许昭公到了楚国。

【原文】

秋，晋师归，桓子请死，晋侯欲许之。士贞子谏曰："不可。城濮之役，晋师三日谷，文公犹有忧色。左右曰：'有喜而忧，如有忧而喜乎？'公曰：'得臣犹在，忧未歇也。困兽犹斗，况国相乎！'及楚杀子玉，公喜而后可知也，曰：'莫余毒①也已。'是晋再克而楚再败也。楚是以再世不竞。今天或者大警晋也，而又杀林父以重楚胜，其无乃久不竞乎？林父之事君也，进思尽忠，退思补过，社稷之卫也，若之何杀之？夫其败也，如日月之食焉，何损于明？"晋侯使复其位。

冬，楚子伐萧，宋华椒以蔡人救萧。萧人囚熊相宜僚及公子丙。王曰："勿杀，吾退。"萧人杀之。王怒，遂围萧。萧溃。

申公巫臣曰："师人多寒。"王巡三军，拊而勉之。三军之士，皆如挟纩。遂傅于萧。

还无社与司马卯言，号申叔展。叔展曰："有麦麹乎？"曰："无。""有山鞠穷乎？"曰："无。""河鱼腹疾奈何？"曰："目于眢井②而拯之。""若为茅绖，哭井则己。"明日萧溃，申叔视其井，则茅绖存焉，号而出之。

晋原縠、宋华椒、卫孔达、曹人同盟于清丘。曰："恤病讨贰。"于是卿不书，不实其言也。

宋以盟故，伐陈。卫人救之。孔达曰："先君有约言焉，若大国讨，我则死之。"

【注释】

①莫余毒：无人危害我。
②眢井：枯井。

【译文】

秋天，晋军回国，荀林父请求将自己处死，晋景公想要答应。士贞子劝止说："不能这样做。以前城濮之战中，晋军吃了三天楚国的粮食，文公还面带忧愁，左右近臣问他：'如今有了喜事您却面带忧愁，难道等遇到忧事时才面呈喜色吗？'文公说：'只要楚国还有得臣这个人存在，我的担忧就不会结束。被围困的野兽尚且要挣扎一下，何况是得臣这个一国之相呢？'等到楚国把得臣杀了，文公才喜形于色，讲：'这下再没有人来害我了。'得臣的被害，等于是晋国获得了又一次胜利，楚国又一次遭遇失败。从那之后，楚国历经两代都没能强盛起来。现在也许是上天要严厉地警告晋国一次，让我们打了败仗，不过要是再杀了荀林父，不等于又让楚国战胜一次吗？这样晋国岂不也要从此一蹶不振了吗？荀林父服侍国君，进见时想着怎样竭尽忠诚，退下时想着如何弥补过失，他是捍卫国家的重臣，如何能杀了他呢？这次失败，无损于他对国家的忠诚，就像日食月食，无损于日月的光明。"于是晋景公让荀林父仍任原职。

冬天，楚庄王进攻萧国，宋国的华椒带着蔡军救援萧国。萧国人囚禁了熊相宜和公子丙。楚庄王讲："你们不要杀他们，我立刻退兵。"萧人杀死他们。庄王大怒，包围了萧国。萧国人便溃散了。

申公巫臣讲："士兵们都很冷。"庄王巡察三军，亲自抚摩并鼓励士兵。三军将士倍感温暖，军队又逼近萧都。

萧大夫还无社让司马卯把申叔展喊出来。叔展讲："你有麦麹吗？"还无社讲："没有。""有山鞠穷吗？"还无社讲："没有。""要是得了风湿病怎么办？"还无社说："你要是看到枯井，就能够从那里面救出我来。"申叔展说："你在井边放上一根绳子，上面要是有人哭，那便是我。"第二天，萧军崩溃，申叔展寻找枯井，看见一口井边放着一根绳子，便大哭起来，然后把还无社救了上来。

晋国的原、宋国的华椒、卫国的孔达还有曹国人在清丘会盟，讲："要帮助有困难的国家，征讨怀有二心的国家。"《春秋》没有记录各国卿的名字，是由于他们没能践行盟约。

宋国依据清丘之盟征讨陈国，卫国人前去救援陈国。孔达说："先君和陈国有过约定，要是大国来进攻我们，我愿为此而死。"

【讲评】

晋楚邲之战是继城濮之战后两大强国争霸中原的第二次重大战役。城濮之战后楚国暂时受挫，但实力未损。楚国不断蚕食中原南部小国，迫使中等国家郑、陈等归顺自己，并与秦国交往以牵制晋国，伺机北上。已成为霸主的晋国当然不能坐视楚国势力再度蔓延到中原，双方势必一战。在邲之战中，楚军利用晋军内部意见分歧、指挥乏力的弱点，及时把握战机，大败敌人，在中原争霸中暂时领先。楚庄王本人也因此役的胜利跻身于"春秋五霸"之中。楚庄王是一位不寻常的政治家，他超越前人的还不是他的显赫功绩，而是面对霸业时的谦逊平和、有礼有节。古人有言："生于忧患，死于安乐。""靡不有初，鲜克有终。"历史上很多成功者，最难面对的不是逆境中的苦苦挣扎，而是成功以后如何克服骄傲自满。如吴王夫差、唐玄宗、后唐庄宗李存勖等无不是前期奋进、后期败亡的典型。楚庄王却有着异禀，他有明确的战略目标和清醒的头脑，在逐步实现与晋争霸的目标的过程中，他尽可能地化解各方面的矛盾与隐患，力求战争的善后，巩固其军事和政治胜利的果实。因此在征服郑国、宋国后，他主动同意了对方的求和，同意被灭亡的陈国恢复国家。特别是邲之战大败晋国后，他拒绝把战死的敌军尸首封土夸耀武功，给以战败者应有的尊严，赢得了史家的好评。楚庄王对武德的阐述极有意义，"止戈为武"，战争不是目的，只是一种为实现和平而迫不得已动用的手段，这一见识足以超越前人，发人深省。如吴闿生《左传微》卷四所评："借楚子口中以为论断，又以见楚庄之贤。""悲世之衷跃然纸上，千载而下，如闻慨叹之声。左公此等文最沉痛。"

《左传》对邲之战的经过描写得十分翔实，战争的背景、起因，双方的准备、进攻或逃跑的场面，战争的结果，战后双方的处理等等，都交代清楚，如在目前。

宣公十三年

【原文】

[经]十有三年春齐师伐莒。

[传]十三年春，齐师伐莒，莒恃晋而不事齐故也①。

[经]夏楚子伐宋。

[传]夏，楚子伐宋，以其救萧也。君子曰："清丘之盟，唯宋可以免焉②。"

【注释】

①莒恃晋而不事齐故也：莒国依仗晋国的力量而不事奉齐国的缘故。

②唯宋可以免焉：宋国曾经讨伐陈国的二心，现在宋被楚国讨伐，而晋国也不顾盟誓，所以说清丘的盟誓只有宋国可以免除罪恶。

【译文】

十三年春天，齐国军队讨伐莒国，因为莒国仗恃着晋国，而不事奉齐国。

夏天的时候，楚王伐宋国，因为他曾经救过萧国。君子说："清丘这个盟誓，只有宋国不违他的誓言。"

【原文】

[传]秋螽①。

[传]秋，赤狄伐晋及清②，先縠召之也。

[经]冬晋杀其大夫先縠。

[传]冬，晋人讨邲之败与清之师，归罪于先縠而杀之，尽灭其族。君子曰："恶之来也，己则取之③。其先縠之谓乎④。"

[传]清丘之盟，晋以卫之救陈也，讨焉，使人弗去，曰："罪无所归，将加而师⑤。"孔达曰："苟利社稷，请以我说，罪我之由，我则为政⑥，而亢大国之讨，将以谁任⑦，我则死之。"

【注释】

①螽：是蝗虫，此经无传。

②清：就是也名清原。

③恶之来也，己则取之：罪恶的来是自己召来的。

④其先縠之谓乎：这不就在说就是先縠吗？

⑤罪无所归，将加而师：要是没有得到罪犯，就派军队到你们国家。

⑥苟利社稷，请以我说，罪我之由，我则为政：假使对于国家有利益，请以我来解说，这是我的罪状，我既然当政权。

⑦而亢大国之讨，将以谁任：而抵抗大国的讨伐，将来谁来担任呢？

【译文】

秋天鲁国蝗虫很多。

秋天，赤狄伐晋国，打到清这个地方，这是晋国大夫先縠召唤他们的。

冬天,晋国人讨邲的战败同清的打仗,于是将罪状归到先毂,把他杀掉了,并且把他的族人也杀尽。君子说:"坏事情的来到是自己召来的。这不就是指着先毂说的吗?"

清丘盟会的时候,晋国以为卫国的救陈国,责备他,派去的人不走,并且说:"找不出罪人来,我们就要加兵到你这国家。"卫国大夫孔达就说:"假设对于国家有利益,请拿我来向晋国解说,这罪状是由我来的。我已经当政权,而抵抗大国的讨伐,其他的人还有谁能担任,我就可以自杀了。"

【讲评】

宋国颇有遗民的倔强个性,春秋时期在大国争霸的旋涡中,小国往往明哲保身,"朝秦暮楚",宋国却始终与楚国对抗,难怪君子也称赞其守约。宋人因为保守、执拗而被人嘲弄,如坚持古代作战规则而受伤的宋襄公,还有春秋战国的寓言故事"守株待兔"等中往往以宋人为笑话的主人公,但在今天看来,宋人的憨直未必全不可取。

宣公十四年

【原文】

[经]十有四年春,卫杀其大夫孔达。

夏五月壬申,曹伯寿卒。

晋侯伐郑。

秋九月,楚子围宋。

葬曹文公。

冬,公孙归父会齐侯于毂。

【原文】

[传]十四年春,孔达缢而死。卫人以说于晋而免。遂告于诸侯曰:"寡君有不令之臣达,构我敝邑于大国,既伏其罪矣,敢告。"卫人以为成劳①,复室其子,使复其位。

夏,晋侯伐郑,为邲故也。告于诸侯,蒐焉而还。中行桓子之谋也。曰:"示之以整,使谋而来。"郑人惧,使子张代子良于楚。郑伯如楚,谋晋故也。郑以子良为有礼,故召之。楚子使申舟聘于齐,曰:"无假道于宋。"亦使公子冯聘于晋,不假道于郑。申舟以孟

诸之役恶宋,曰:"郑昭宋聋,晋使不害,我则必死。"王曰:"杀女,我伐之。"见犀而行。及宋,宋人止之,华元曰:"过我而不假道,鄙我也。鄙我,亡也。杀其使者必伐我,伐我亦亡也。亡一也。"乃杀之。楚子闻之,投袂而起,屦及于窒皇,剑及于寝门之外,车及于蒲胥之市。

秋九月,楚子围宋。

冬,公孙归父会齐侯于谷。见晏桓子,与之言鲁乐。桓子告高宣子曰:"子家其亡乎,怀于鲁矣。怀必贪,贪必谋人、谋人,人亦谋己。一国谋之,何以不亡?"孟献子言于公曰:"臣闻小国之免于大国也,聘而献物,于是有庭实旅百。朝而献功,于是有容貌采章嘉淑,而有加货。谋其不免也。诛而荐贿②,则无及也。今楚在宋,君其图之。"公说。

【注释】

①成劳:辅佐成公有劳勋。
②诛而荐贿:当被责罚时再进献财物。

【译文】

鲁宣公十四年春季,孔达自缢而死。卫国人以此向晋国交代,才免于被攻击。于是卫国向诸侯通报说:"敝国国君有一不善臣子孔达,让我国跟大国之间不和,如今已经伏罪了。谨此通告。"卫国人觉得孔达有辅助成公复国的功劳,于是把公室的女子嫁给他的儿子为妻,并让他的儿子承担了孔达的官位。

夏季,晋景公征讨郑国,依然是由于邲地之战中郑国帮助楚的原因。晋国通告全国,又举行了阅兵仪式,搜后回国。这是荀林父的计谋。他说:"我们向郑国展示严整的军容,让他们自己主动来依附。"郑国人真的害怕了,派子张到楚国代替子良作人质。郑襄公又抵达楚国,研究怎样对付晋国。郑国解释,由于子良有礼让君位的美德,故而才召他回国。楚庄王派申舟到齐国访问,对他讲:"你不必向宋国请求借道。"又派公子冯到晋国访问,也让他不要向郑国借道。申舟由于孟诸打猎得罪了宋国,由于他对庄王讲:"郑国人明理而宋国人昏聩,派往晋国的人没有危险,而我一定被宋国杀掉。"庄王说:"要是杀你,我就进攻他们。"申舟将儿子申犀引见给庄王后便出发了。到了宋国,宋国人拦住他。华元讲:"路过我国却不向我国借道,这是把我国当作了他们的边地。把我国当作他们的边地,便是觉得我们亡了国。要是杀了他们的使者,他们一定征讨我们,征讨我们也不过就是亡国。亡国是一样的。于是便杀了申舟。楚王听说这一消息,挥袖而起,侍卫追至前庭才把鞋子送上,追至寝宫门外才把佩剑送上,追至蒲胥街市上才让他坐上车。"

秋九月,庄王发兵围困了宋国。

冬季,公孙归父在谷地和齐顷公会见,看见了晏桓子,晏桓子跟他谈到了鲁国,他十分高兴。桓子告诉高固讲:"公孙归父可能要逃跑,由于他怀念鲁国。怀念便等于产生贪心,有贪心便必定要算计别人。他算计别人,别人也会算计他。要是全国的人都算计他,他如何能不逃跑呢?"孟献子对鲁宣公讲:"我听说小国所以能免于被大国问罪,最有效的办法便是前往大国访问并进献礼物,故而大国才有堆满庭院的财物。小国朝见大国,并献上功劳成果,故而大国就有了各种华美珍贵的装饰品和附加的礼物。这都是为了谋求免除难以免除的灾难。要是等到大国责怪问罪时再去进献礼物,那便来不及了。如今楚庄王正在宋国,您还是考虑一下送礼的事。"鲁宣公听了很快乐。

【讲评】

《左传》描写人物神态往往惟妙惟肖,如写楚庄王派申丹出使的经过,写申丹死讯传来,楚庄王急于为其复仇,竟至于来不及穿戴整齐。从写楚王的匆忙可见他对臣下的爱护,言必行,行必果,这样的君主自然能够赢得臣下的归心。

宣公十五年

【原文】

[经]十有五年:春,公孙归父会楚子于宋。

夏,五月,宋人及楚人平。

六月癸卯,晋师灭赤狄潞氏,以潞子婴儿归。

秦人伐晋。

王札子杀召伯、毛伯。

秋,螽。

仲孙蔑会齐高固于无娄。

初税亩。

冬,蝝生。饥。

【原文】

[传]十五年,春,公孙归父会楚子于宋。

宋人使乐婴齐告急于晋①,晋侯欲救之②。伯宗曰:"不可! 古人有言曰:'虽鞭之长,不及马腹。'天方授楚,未可与争。虽晋之强,能违天乎? 谚曰:'高下在心③。'川泽纳污,山薮藏疾④,瑾瑜匿瑕⑤,国君含垢⑥,天之道也。君其待之!"乃止。

【注释】

①乐婴:宋国大夫。

②晋侯:晋景公。

③高下在心:意思是遇事能屈能伸,心中有数。

④薮:草木丛生的湖沼地带。疾:指害人的东西,毒蛇猛兽。

⑤瑾瑜:美玉。匿:隐藏。瑕:玉上的斑点。

⑥含垢:含耻忍辱。

【译文】

十五年春季,公孙归父在宋国会见楚庄王。

宋国人派乐婴齐向晋国告急。晋侯准备救援宋国,伯宗说:"不行。古人有话说:'鞭子虽然长,却打不到马肚子。'上天正在帮助楚国,不能和它相争。晋国虽然强盛,能够违背上天的意愿吗? 俗话说:'处事是屈是伸,必须心中有数。'河流湖泽容纳污泥浊水,山林草丛躲藏猛兽毒虫,美玉藏匿着瑕疵,国君也得忍受耻辱,这是天定的常道。君王还是等待着吧!"晋侯停止发兵救宋。

【原文】

[传]使解扬如宋,使无降楚,曰:"晋师悉起①,将至矣。"郑人囚而献诸楚,楚子厚赂之,使反其言。不许,三而许之。登诸楼车②,使呼宋人而告之。遂致其君命③。楚子将杀之,使与之言曰:"尔既许不榖而反之,何故? 非我无信,女则弃之,速即尔刑④!"对曰:"臣闻之,君能制命为义,臣能承命为信,信载义而行之为利。谋不失利,以卫社稷,民之主也。义无二信,信无二命。君之赂臣,不知命也。

受命以出,有死无陨⑤,又可赂乎? 臣之许君,以成命也。死而成命,臣之禄也⑥。寡君有信臣,下臣获考死⑦,又何求?"楚子舍之以归。

【注释】

①悉起:全部出发。

②楼车:古代战车。上设望楼,用以瞭望敌人。

③致:传达。

④即刑:就刑,受刑。

⑤陨:坠落。这里指废弃。

⑥禄:福气,福分。

⑦考:完成。考死:善终。

【译文】

晋侯派解扬到宋国,让它不要降服楚国,说:"晋国的援军都已经出发,快要到达了。"解扬经过郑国时,郑人把他抓了起来献给楚国。楚王重重贿赂他,让他说晋国没有出兵;解扬不答应。经过三次说服才答应了。楚王让他登上瞭望车,按照楚国人的意思向宋国人喊话,解扬便乘机传达了晋君的命令。楚王准备杀掉他,先派人对他说:"你已经答应了我,现在又后悔,是什么原因?不是我没有信用,是你抛弃了它。快去接受你的刑罚吧!"解扬回答说:"下臣听说,国君能够制定和发布正确的命令就是道义,臣下能够接受和执行命令就是信用。用臣的信用奉行君王的道义,才符合国家的利益。谋划不失去利益,以保卫国家,就是万民的主人。奉行的道义不可能有两种信用,讲究信用就不能接受两种命令。君王贿赂下臣,就说明您不明白这一道理。既然接受国君的命令出使他国,宁司去死也不能背弃国君的命令,难道司以用贿赂收买吗?下臣所以答应君王,那是为了借机会完成君命。即使死了而能完成使命,这是下臣的福分。寡君用守信的下臣,下臣死得其所,还追求什么别的呢?"楚王赦免了他放他回国。

【原文】

[传]夏,五月,楚师将去宋①。申犀稽首于王之马前,曰:"毋畏知死,而不敢废王命,王弃言焉②。"王不能答。申叔时仆③,曰:"筑室,反耕者④,宋必听命。"从之。宋人惧,使华元夜入楚师,登子反之床,起之,曰:"寡君使元以病告⑤,曰:'敝邑易子而食,析骸以爨⑥。虽然,城下之盟⑦,有以国毙,不能从也。去我三十里,唯命是听。'"子反惧,与之

盟,而告王。退三十里,宋及楚平。华元为质。盟曰:"我无尔诈,尔无我虞⑧。"

中华传世藏书

春秋左传

《春秋左传》原典详解

【注释】

①去:离开。

②弃言:背弃诺言。

③仆:驾车。

④反:同"返"。反耕者:叫种田的人回来。

⑤病:困乏,困难。

⑥爨:烧火做饭。析骸以爨:极言被围日久、粮尽柴绝的困境,亦以形容战乱或灾荒时期百姓的悲惨生活。

⑦城下之盟:在敌军兵临城下时,被迫与敌方签订的屈辱性盟约。

⑧诈:欺诈,欺骗。虞:欺骗。

【译文】

　　夏季五月,楚军打算离开宋国,申犀在楚王的马前叩头说:"毋畏甘冒杀身之祸也不敢废弃君王的命令。君王放弃了以前的诺言吗?"楚王不能回答。当时申叔时为楚王驾车,说:"如果在此修建房子,让种田的人回来,宋国必然会听从命令!"楚王接受了。果然宋人感到害怕,派华元在夜间进入楚军,直接登上令尹子反的床,把他叫起来,说:"寡君派元前来把困难情况告诉你,说:'城里已经断粮,敝邑交换儿子杀了来吃,把尸骨拆开当柴火做饭;尽管如此,宁可让国家丧亡,也是不会接受城下之盟的。但只要贵国退兵三十里,宋国将遵命办理。'"子反感到害怕,便和华元盟誓,然后把实情报告给楚王。下令退兵三十里,宋国和楚国议和。华元作为人质,盟誓说:"我不骗你,你不欺我!"

【原文】

　　[传]潞子婴儿之夫人,晋景公之姊也。酆舒为政而杀之,又伤潞子之目。晋侯将伐之。诸大夫皆曰:"不可。酆舒有三俊才①,不如待后之人。"伯宗曰:"必伐之!狄有五罪,俊才虽多,何补焉②? 不祀,一也。耆酒③,二也。弃仲章而夺黎氏地,三也。虐我伯姬④,四也。伤其君目,五也。怙其俊才⑤,而不以茂德⑥,兹益罪也。后之人,或者将敬奉德义以事神人,而申固其命⑦,若之何待之? 不讨有罪,曰'将待后,后有辞而讨焉',毋乃不可乎? 夫恃才与众,亡之道也。商纣由之,故灭。天反时为灾⑧,地反物为妖⑨,民反德

为乱⑩。乱则妖灾生。故文反正为乏，尽在狄矣。"晋侯从之。六月，癸卯，晋荀林父败赤狄于曲梁⑪。辛亥，灭潞。酆舒奔卫，卫人归诸晋，晋人杀之。

【注释】

①俊才：卓越的才能。

②补：补益，好处。

③耆酒：贪酒。

④虐：杀害。

⑤怙：依仗，凭借。

⑥茂德：盛德，隆盛的德泽。

⑦申固：巩固。

⑧反时：违反四时常态。

⑨反物：违反万物本性。

⑩反德：违背事物的准则。

⑪曲梁：春秋时赤狄地，在今河南密县东北。

【译文】

　　潞子婴儿的夫人，是晋景公的姐姐。酆舒执政时把，她杀了，又弄坏了潞子的眼睛。晋景公打算攻打他，朝中大夫都说："不行！酆舒有三项突出的才干，不如等到他的后人继位后再去攻打。"伯宗说："一定要攻打他。狄人有五条罪状，突出的才干尽管多，有什么补益？酆舒不祭礼，这是一；特爱喝酒，这是二；废弃仲章而夺取黎氏的土地，这是三；杀害我们的伯姬，这是四；伤了他自己国君的眼睛，这是五。凭仗自己突出的才干而不用美德，这是罪上加罪。将来接替他的人也许会奉行道义，推行德政，敬事神灵，从而巩固国家的命运，到那时，我们又如何对待呢？不攻打有罪的人，却说'要等待以后再去攻打'，这恐怕不行吧！依仗个人的才干和人多，那是亡国之路。商纣王走的是这条路，所以亡了国。上天违反四时常态就是灾害，大地违反万物本性就是妖异，百姓违反德义准则就是祸乱。有祸乱就会有妖异和灾害发生。因此在文字上，'正'字反过来就是'乏'字。所有这些反常的事都已发生在狄人那里了！"晋景公听从了。六月癸卯那天，晋国的荀林父在曲梁打败赤狄；辛亥日，灭亡潞国。酆舒逃亡到卫国，卫国人将他送交晋国，晋国人处死了他。

【原文】

[传]王孙苏与召氏、毛氏争政,使王子捷杀召戴公及毛伯卫。卒立召襄。

秋,七月,秦桓公伐晋,次于辅氏①。壬午,晋侯治兵于稷,以略狄土②。立黎侯而还。及雒③,魏颗败秦师于辅氏。获杜回,秦之力人也④。

初,魏武子有嬖妾,无子。武子疾,命颗曰:"必嫁是⑤!"疾病,则曰:"必以为殉⑥!"及卒,颗嫁之,曰:"疾病则乱,吾从其治也。"及辅氏之役,颗见老人结草以亢杜回⑦,杜回踬而颠⑧,故获之。夜梦之曰:"余,而所嫁妇人之父也。尔用先人之治命,余是以报。"

【注释】

①次:驻扎。

②略:侵占,侵略。狄土:狄人的土地。

③雒:雒水,出陕西雒南县冢岭山,东南流合丹水,东经河南卢氏、洛宁,至宜阳县受涧河,又经洛阳县纳瀍水,偃师县受伊河,至巩县东北洛口入于黄河。

④力人:力气很大的人,大力士。

⑤嫁:改嫁。

⑥殉:殉葬。

⑦结草:草打成结。

⑧踬:被绊倒。颠:跌倒。

【译文】

王孙苏和召氏、毛氏争夺执政,王子捷杀了召戴公和毛伯卫,最后立了召襄为执政卿士。

秋季七月,秦桓公攻打晋国,驻军在辅氏。二十七日,晋景公在稷地举行军事演习,来侵占狄人的土地,立了黎侯后回国。至雒水时,魏颗在辅氏击败了秦军,俘虏了杜回——这个秦国的大力士。

当初,魏武子有个爱妾,没生儿子。魏武子生了病,叮嘱魏颗说:"我死后一定让她改嫁!"病重时,又说:"我死后一定让她殉葬!"等到魏武子死后,魏颗嫁了她,说:"病重了就神志不清,我依父亲清醒时候的话。"到了辅氏这次交战,魏颗看见一个老人把草打成结拦住杜回,杜回绊倒在地,因此俘获了他。夜里梦见老人说:"我,是你让改嫁的那个女人的父亲。你依从你父亲神志清醒时的遗言，我以此作为报答。"

【原文】

[传]晋侯赏桓子狄臣千室①，亦赏士伯以瓜衍之县。曰："吾获狄土，子之功也。微子，吾丧伯氏矣。"羊舌职说是赏也②，曰："《周书》所谓'庸庸祗祗③'者，谓此物也夫！士伯庸中行伯，君信之，亦庸士伯，此之谓明德矣④。文王所以造周，不是过也。故《诗》曰'陈锡载周⑤'，能施也。率是道也，其何不济！"

晋侯使赵同献狄俘于周，不敬。刘康公曰："不及十年，原叔必有大咎⑥，天夺之魄矣。"

"初税亩⑦"，非礼也。谷出不过藉，以丰财也。

"冬，蝝生⑧，饥"。幸之也⑨。

【注释】

①千室：千家，干户。

②是：这个。

③庸庸：任用应受任用的人。祗祗：恭敬的样子，尊敬该尊敬的人。

④明德：完美的德性。

⑤出自《诗·大雅·文王》。陈锡：布施，施予赐给。

⑥大咎：非常的灾祸。

⑦初税亩：古代废除井田制，按田亩征税的开始。

⑧蝝：未生翅的幼蝗。

⑨幸：庆幸。

【译文】

晋景公赏给荀林父一千家狄人的奴隶，也同时把瓜衍的县邑赏给士伯，说："我获得狄人的土地，是您的功劳。若没有您，我就损失荀林父子。"大夫羊舌职说："《周书》所谓'用其所用，敬其所敬'，说的就是这一类情况吧！士伯认为荀林父可以任用，国君相信他，也认为士伯可以任用，这就叫作明德了。文王所以能创立周朝，也没超过这个啊。所以《诗》说'布施恩惠，创立周朝'，这是说文王能施恩于百姓。遵循这个道理去做，有什么事不成功！"

晋侯派赵同到周室进献俘获的狄人,献礼时不恭敬。刘康公说:"出不了十年,原叔必定有大灾难。上天已经夺去了他的魂魄!"

鲁国首次按田亩征税,这是不合乎礼的。鲁国以往征税所征的稻谷数量不超过井田法的规定,这是用来增加财物的方法。

冬天,蝗的幼虫孵化,造成饥荒。《春秋》记载这件事,是由于庆幸没有造成大灾的缘故。

晋景公

【讲评】

楚庄王围宋,晋国始终不敢出兵,也足见此时楚国力量之强盛,在晋、楚争霸中处于主动地位。楚庄王逼宋国服从楚国,不轻易举兵攻城,后见其穷困难支,又主动撤兵。这种兵临城下、围而不破、逼其诚服的举措,属于军事史上罕见的战例,震撼了中原国家,足以说明楚庄王并非穷兵黩武,而是善于用兵,故而超过了以往的春秋霸主。

晋魏颗俘获秦国力士杜回的事情因为一个奇特的梦境而带上了亦真亦幻的色彩,为后来留下了"结草报恩"的典故,也因此而使一次普通的战胜经历具有了浓重的劝善意味。中国人相信善恶有报,相信有一种冥冥中的神秘力量约束人们的行为。魏颗因为善行而立军功,老人因为女儿免于殉葬而报恩。作者特意记录的这件奇事,反映出作者一贯的观点,即战争结果与德行密切相关。

宣公十六年

【原文】

[经]十有六年春王正月,晋人灭赤狄甲氏及留吁。

[传]十六年春,晋士会帅师灭赤狄甲氏及留吁铎辰①。三月,献狄俘②。晋侯请于王,戊申,以黻冕③命士会将中军,且为大傅,于是晋国之盗逃奔于秦。羊舌职曰:"吾闻之,禹称善人,不善人远④。此之谓也夫!诗曰:'战战兢兢,如临深渊,如履薄冰⑤。'善人

在上也。善人在上，则国无幸民⑥。谚曰：'民之多幸，国之不幸也⑦！'是无善人之谓也。"

[经]夏，成周宣榭火。

[传]夏，成周宣榭火⑧，人火之也。凡火，人火曰火，天火曰灾⑨。

[经]秋郯伯姬来归。

[传]秋，郯伯姬来归，出也⑩。

[传]为毛召之难故，王室复乱，王孙苏奔晋，晋人复之⑪。

[经]冬大有年⑫。

【注释】

①甲氏及留吁铎辰：甲氏在今山西省长子县东南。留吁及铎辰在今山西省长治县附近。

②狄俘：把由狄国逮来的俘虏献给周王。

③黻冕：是天子所命卿的服冠。

④吾闻之禹称善人，不善人远：禹举称善良的人，不善的人就远了。

⑤战战兢兢，如临深渊，如履薄冰：时常的战栗，如同在一个深渊前面，又如在薄冰的上面。

⑥善人在上，则国无幸民：善人在上面，国家就没有侥幸的人民。

⑦民之多幸，国之不幸也：人民要是多侥幸，就是国家不幸。

⑧周宣榭火：这是周王在洛阳讲武堂着火了。

⑨人火曰火，天火曰灾：人故的火就叫着火。如果由天所造的火就叫灾。

⑩出也：出是被郯国压迫她离婚。

⑪晋人复之：晋人仍旧叫他回到周王那里。

⑫大有年：就是收成丰盛。此经无传。

【译文】

十六年春，晋国的士会帅军队灭了赤狄的甲氏及留吁铎辰各部落。三月，献狄俘给周王。晋侯要求周王准许，以命卿的官同衣服给士会，并且使他将晋国的中军兼为大傅，因此晋国的盗贼全逃奔到秦国去了。晋国的羊舌职就说："我听见说，夏禹举了良善的人，不善的人就离开了，就是指着这件事。《诗经》有句话：'全身的战兢，如同面临着深的水，又等于脚踩到薄的冰上。'这就是因为善良的人在上面的缘故。善良的人在上位，那么国里没有侥幸的人民。俗话说：'人民多侥幸就是国家的不幸。'这就是指着没有善人的说法。"

到了夏天周王都城的讲武堂着了火，这是人给他放的火。凡是火灾，人放的火就叫着火，天火叫作灾。

秋天，郯伯姬来到鲁国，她是被郯国勒令离婚的。

因为毛氏同召氏的乱事，王室又乱了，王孙苏逃到晋国去，晋国人又叫他回到周王那里。

冬天收成丰富。

【原文】

[传]冬晋侯使士会平王室，定王享之，原襄公相礼①，殽烝②。武子私问其故③，王闻之，召武子曰："季氏，而弗闻乎？王享有体荐④，宴有折俎⑤。公当享，卿当宴，王室之礼也⑥。"武子归而讲求典礼，以修晋国之法⑦。

【注释】

①原襄公相礼：周大夫他管相礼节的事情。

②殽烝：殽是肉块，烝是把肉块摆在俎上。

③武子私问其故：武子就是士会，他偷着问这是什么缘故。

④王享有体荐：关于王享礼中，将兽体割一半来请客。

⑤宴有折俎：宴礼中将骨头去掉，而摆在俎上。

⑥公当享，卿当宴，王室之礼也：公指诸侯，当用享礼，卿当用宴礼，这是周王的礼节。

⑦以修晋国之法：以修明晋国的法典。杜预说："传言典礼之废久。"但是我的意思，唐叔出封到晋国的时候，本来就用的是"戎索"。见定公四年《左传》。可见晋国自最初就没用周室的礼节。

【译文】

晋侯叫士会平定王室，周定王摆酒席来请他，周大夫原襄公主持礼节，将殽肉摆在俎上。士会偷偷问他是什么缘故，周王听见了，就叫武子并对他说："你就不懂这件事吗？王享的时候，将牛分解成两半。王宴的时候，将肉分成块放在俎上。诸侯就用享礼，卿就用宴礼。这是王室所用的不同的礼节。"士会回到晋国就从新讲求典礼，以修正晋国的法典。

【讲评】

晋国陆续攻灭赤狄各部，将赤狄的土地都纳入晋国。

宣公十七年

【原文】

[经]十有七年春，王正月庚子，许男锡我①卒。丁未，蔡侯申卒。

夏，葬许昭公。葬蔡文公。六月癸卯，日有食之。已未，公会晋侯、卫侯、曹伯、邾子同盟于断道。

秋，公至自会。

冬十有一月壬午，公弟叔肸卒。

【原文】

[传]十七年春，晋侯使郤克征会于齐。齐顷公帷妇人，使观之。郤之登，妇人笑于房。献子怒，出而誓曰：“所不此报，无能涉河！献子先归，使栾京庐待命于齐”，曰：“不得齐事，无复命矣。”

郤子至，请伐齐，晋侯弗许；请以其私属①，又弗许。

齐侯使高固、晏弱、蔡朝、南郭偃会。及敛盂，高固逃归。夏，会于断道，讨贰也。盟于卷楚，辞齐人。晋人执晏弱于野王，执蔡朝于原，执南郭偃于温。苗贲皇使，见晏桓子，归，言于晋侯曰：“夫晏子何罪？昔者诸侯事吾先君，皆如不逮，举言群臣不信，诸侯皆有贰志。齐君恐不得礼，故不出，而使四子来。左右或沮之，曰：‘君不出，必执吾使。’故高子及敛盂而逃。夫三子者曰：‘若绝君好，宁归死焉。’为是犯难而来，吾若善逆彼，以怀来者，吾又执之，以信齐沮，吾不既过矣乎？过而不改，而又久之，以成其悔，何利之有焉？使反者得辞，而害来者，以惧诸侯，将焉用之？”晋人缓之，逸。

秋八月，晋师还。

范武子将老，召文子曰：“燮乎！吾闻之，喜怒以类者鲜，易者实多。《诗》曰：‘君子如怒，乱庶遄沮；君子如祉，乱庶遄已。’君子之喜怒，以已乱也。弗已者，必益之。郤子其或者欲已乱于齐乎？不然，余惧其益之也。余将老，使郤子逞其志，庶有豸②乎？尔从二三子唯敬。"乃请老，郤献子为政。

冬，公弟叔肸卒。公母弟也。凡大子之母弟，公在曰公子，不在曰弟。凡称弟，皆母弟也。

【译文】

十七年春天，晋景公派郤克到齐国召请参与盟会。齐顷公让一妇人在帐幔后面偷看郤克。郤克腿瘸，上台阶时，妇人在房内笑出声来。郤克大为生气，出来后发誓讲："要是不雪此耻，决不再东渡黄河。"郤克先行回国，留下栾京庐在齐国等待答复，他对栾京讲："得不到齐国答复，你便不要回国。"

郤克回到晋国，请求进攻齐国，晋景公不同意。又请求领着自己的家族进攻，也没有被批准。

齐顷公派高固、晏弱、蔡朝、南郭偃参与会盟。走到敛盂时，高固逃了回去。夏天，诸侯在断道举行见面，商议征讨怀有二心的国家。又在卷楚会盟，不过没有让齐国人参加。晋国在野王抓住了晏弱，在原地抓住了蔡朝，在温地抓住了南郭偃。晋国的苗贲皇出使国外，看见了晏弱，回国后对晋景公讲："晏弱有什么罪？先前诸侯事奉我们先君时，都争先恐后。现在诸侯各国都认为我国群臣不讲信用，故而诸侯也都有了二心。齐君怕得不到礼遇，故而才不亲自出动，而使四个臣子代替。那时他的左右近臣中有人劝止说：'国君要是不去，晋国肯定会抓住我们的使者。'故而高固走到敛盂便逃回去了。这三个人说：'就算死了，我们也不能断绝国君与诸侯的友好。'他们这是冒险而来啊。要是对他们热情欢迎，便能怀柔天下诸侯纷纷前来。把他们抓住，便证明了齐国人阻拦齐君的话是对的，我们难道不是已经犯错误了吗？有了过错又不纠正，还要把他们长期关押不肯释放，使其感到后悔莫及，对我们又有什么用呢？反倒使中途逃回去的高固有了借口，而且会使前来我国的人畏惧，使诸侯害怕，这有什么作用呢？"于是晋国人故意放松了对晏弱三人的看管，让他们逃走了。

秋天八月，晋军班师回国。

士会准备告老退休，把儿子文子喊来讲："士燮啊，我听说，喜怒合于礼的人是很少的，相反的人则很多。《诗经》讲：'君子要是发怒，祸乱也许被遏阻；君子要是高兴，祸乱也许要结束。'说明君子的一喜一怒，都是为了消除祸乱。要是不能阻止，便必定会加剧祸乱。克也许是要阻止齐国的祸乱吧！要是不是这样，我担忧他会加剧齐国的祸乱。我预备告老辞官，以便让克满足心愿，这样也许能够使祸乱得以消除吧。希望你能恭恭敬敬地跟随这几位大夫。"随后便辞官退休，由克接管政权。

冬天，宣公的弟弟叔肸逝世。叔肸和宣公是同母兄弟。但凡太子的同母弟弟，国君在世便叫作"公子"，国君不在世则叫作"弟"。凡称为弟的，全是同母弟。

【讲评】

齐国自从桓公死后陷入内乱，昔日霸主地位已不复存在，但还是怀念以往的大国风光，与后起的霸主晋国之间各怀利益之争，相处并不融洽。加上齐顷公处理外交国事极不严肃，把一次庄重的事情安排得如同一场闹剧，最终为两国间爆发大战埋下了祸根。《春秋穀梁传·成公元年》对此次外交事件有更详细的说明："季孙行父秃，晋郤克眇，卫孙良夫跛，曹公子手偻，同时而聘于齐。齐使秃者御秃者，使眇者御眇者，使跛者御跛者，使偻者御偻者。"齐君用使者的生理缺陷开玩笑，无疑是轻佻之举，使得掌握重兵的晋使郤克怀恨在心，最终在鞌之战中好好地教训了一下齐国，顷公还差点被活捉，为这个极不恰当的玩笑，国家和他本人付出的代价不可谓不大。

宣公十八年

【原文】

[经]十有八年，春，晋侯卫世子臧伐齐。

[传]十八年春，晋侯卫大子臧①伐齐，至于阳谷②。齐侯会晋侯盟于缯③，以公子强④为质于晋。晋师还，蔡朝、南郭偃逃归。

[经]公伐杞⑤。

[经]夏四月。

[传]夏，公使如楚乞师，欲以伐齐⑥。

[经]秋七月邾人戕鄫子于鄫。

[传]秋,邾人戕鄫子于鄫。凡自虐其君曰弑,自外曰戕⑦。

[经]甲戌,楚子旅卒。

[传]楚庄王卒⑧,楚师不出,既而用晋师⑨。楚于是乎有蜀之役⑩。

【注释】

①大子臧:是卫国太子。

②阳谷:在今山东省,阳谷县东北五十里。

③缯:大约在今山东省阳谷县境。

④公子强:是齐公子。

⑤此经无传。

⑥欲以伐齐:宣公不事奉齐国,而现在齐国与晋国和好,所以他害怕要求楚国军队帮忙以伐齐国。

⑦自虐其君曰弑,自外曰戕:自己国人要杀他的君叫弑,外边人来就叫作戕。戕音。

⑧楚庄王卒:楚国的君死了。

⑨既而用晋师:在成公二年晋国伐齐占鞌(同鞍),鲁国也同参加。

⑩有蜀之役:也在成公二年,蜀是鲁地,《一统志》说:"在今泰安县西南。"

【译文】

十八年春天,晋侯同卫太子臧伐齐,到阳谷这地方,齐侯同晋侯就在缯这地方会盟,用齐国公子强到晋国去做人质,晋军回到国去了,齐国的蔡朝与南郭偃就逃回来了。

宣公讨伐杞国。

夏,公派人到楚国,要求派军队,想讨伐齐国。

秋,邾国人杀掉鄫子在鄫国的都城。凡是自己国人杀掉他的君叫作弑,外边来的就叫作戕。

楚庄王死了,所以楚国没有派军队来,后来就用晋国的军队。楚国因此在鲁国蜀的地方有战役。

【原文】

[经]公孙归父如晋。

[经]冬十月壬戌公薨于路寝。

[经]归父还自晋,至笙,遂奔齐。

[传]公孙归父①以襄仲之立公也,有宠,欲去三桓,以张公室②,与公谋而聘于晋,欲以晋人去之。冬,公薨。季文子言于朝曰:"使我杀适立庶,以失大援者,仲也夫③!"臧宣叔怒曰:"当其时,不能治也,后之人何罪④?子欲去之,许请去之⑤。"遂逐东门氏⑥。子家还及笙⑦,坛帷复命于介⑧,既复命,袒括发⑨,即位哭,三踊而出⑩,遂奔齐。书曰归父还自晋,善之也⑪。

【注释】

①公孙归父:是东门襄仲的儿子。

②欲去三桓,以张公室:想去掉鲁国的三桓,用以张大鲁公的权力。

③使我杀适立庶,以失大援者,仲也夫:适是指着文公的大子恶。是齐国的外甥,东门襄仲杀了他,庶是指着宣公而立庶出的宣公。所谓丢了大援,指着齐国同晋国,这全是东门襄仲的缘故。

④当其时,不能治也,后之人何罪:在那时候不能治他的罪过,他的后人又有什么罪呢?

⑤子欲去之,许请去之:臧宣叔名叫许。你要想去掉他,我就把他去掉。

⑥遂逐东门氏:于是就驱逐东门氏全出鲁国。

⑦子家还及笙:子家就是公孙归父,回国到了笙这地方。笙在齐鲁边境的句渎,在今山东省荷泽县北的句阳店。

⑧坛帷复命于介:设立一个坛挂起帷帐,使他的副使返鲁国报命于鲁君。

⑨袒括发:袒是赤着背,用麻绳拴上头发。

⑩即位哭,三踊而出:他就到坛上的位置去哭,跳三下就离开坛。

⑪书曰归父还自晋,善之也:写在《春秋》上说归父自晋国回来,这是称赞他。

【译文】

公孙归父因为他父亲襄仲立了宣公很得到宠爱,想着把鲁国的孟孙、叔孙、季孙去掉,以张大公室的权力,和宣公谋计好了,到晋国去聘问,想以晋国的力量去掉他们。冬天,宣公死了,季文子在朝廷说:"使我们杀适大子,立宣公,而失了各大国的援助,这就是襄仲的过错!"臧宣叔就生气说:"当那个时候不能够办理他,他后边的人有什么罪恶?但是你要想去掉他,我就请把他去掉。"因此,就驱逐东门氏的族人出鲁国,公孙归父回来到笙这地方,设了一个坛,围上帷帐,使他的副使回鲁国报告使命,回报使命以后,他就赤背用麻绳拴起头发在坛上就他的位置,哭宣公的死,三跳而后又出去,就逃到齐国去。《春秋》上写着说归父从晋国回来,这是嘉善他。

【讲评】

春秋后期,各诸侯国内部以卿大夫为代表的"私家"和以国君为代表的"公室"之间的夺权斗争日益激烈。其中,鲁国私家的代表是"三桓",即鲁桓公的三个儿子的后裔孟孙氏、仲孙氏、季孙氏,孟孙氏之祖庆父和仲孙氏之祖叔牙都曾犯有过错,而季孙氏之祖季友贤能而又长期执政,奉立僖公,所以季孙氏在三桓中实力最强。季友死后,由东门氏公子遂(庄公之子)执政,杀文公嫡子而扶立庶子为宣公,宣公时期成为东门氏力量最强大的时候,三桓权力受到限制。公孙归父进一步想打掉三桓的势力,但遭到三桓的有力反击。宣公刚去世,三桓趁东门子家尚在国外的机会,借口东门襄仲废嫡立庶的旧事,一举驱逐东门氏,彻底掌握了国政。从此,鲁国进入了三桓掌权的时期。

成公

成公元年

【原文】

[经]元年春,王正月,公即位。二月辛酉,葬我君宣公。无冰。三月,作丘甲。夏,臧孙许及晋侯盟于赤棘。秋,王师败绩于茅戎。冬十月。

【原文】

[传]元年春,晋侯使瑕嘉平戎于王,单襄公如晋拜成。刘康公徼戎①,将遂伐之。叔服曰:"背盟而欺大国,此必败。背盟不详,欺大国不义,神人弗助,将何以胜?"不听,遂伐茅戎。三月癸未,败绩于徐吾氏。

为齐难故,作丘甲。

闻齐将出楚师,夏,盟于赤棘。

秋,王人来告败。

冬,臧宣叔令修赋、缮完、具守备,曰:"齐、楚结好,我新与晋盟,晋、楚争盟,齐师必至。虽晋人伐齐,楚必救之,是齐、楚同我也。知难而有备,乃可以逞②。"

【注释】

①儌戒:乘戎不备而取胜。
②逞:解除。

【译文】

元年春天,晋景公派遣瑕嘉调解周天子跟戎人的冲突,单襄公到晋国拜谢调解成功。刘康公对戎人心存侥幸,想要乘此攻击他们。叔服说:"背弃盟约而又欺骗大国,这必定失败。背弃盟约便是不吉,欺骗大国便是不义,神灵、民众都不会帮助,将要用什么去取胜?"刘康公没有听从,于是就攻击茅戎。三月十九日,在徐吾氏地方被击得大败。

鲁国为了防止齐国入侵,定出"丘甲"的制度。

鲁国听说齐国将要率同楚军前来攻伐,夏季,跟晋国在赤棘结盟。

秋天,周天子的手下人来鲁国报告战败。

冬天,臧宣叔命令整顿军赋、修治城郭,完成防御设施,讲:"齐国和楚国结成友好,我国最近跟晋国订立盟约,晋国跟楚国争夺盟主,齐国的军队必定会来攻打我国。即使晋国攻击齐国,楚国一定去救它,这便是齐、楚两国一块对付我们。预计到祸难而有所防备,祸难就能够解除或缓和。"

【讲评】

范文澜《中国通史简编》认为丘甲是一丘出一定数量的军赋,丘中人各按所耕田数分摊,不同于公田制农夫出同等的军赋,认为作丘甲是鲁国的军赋制度改革。

成公二年

【原文】

[经]二年春,齐侯伐我北鄙。

[传]二年春，齐侯伐我北鄙，围龙①。顷公之嬖人卢蒲就魁门焉②，龙人囚之。齐侯曰："勿杀，吾与而盟，无入而封③。"弗听，杀而膊诸城上④。齐侯亲鼓，士陵城，三日取龙，遂南侵及巢丘⑤。

【注释】

①龙：《续山东考古录》："县东南五十里，大汶口东十余里，有城基，俗曰乡城，即龙城。"

②嬖人卢蒲就魁门焉：齐顷公喜欢的人叫卢蒲就魁，攻龙的城门。

③吾与而盟，无入而封：我跟你们盟誓不要侵犯你的境内。

④杀而膊诸城上：龙人把他杀了，分尸在城的墙上。

⑤巢丘：在今山东省泰安县西南。

【译文】

成公二年春天时齐顷公伐鲁国的北边，围了龙这个城。顷公喜爱的人卢蒲就魁攻城门，被龙人捉住。齐顷公就说："不要杀他，我可以跟你盟誓，不要侵犯你的境土。"龙人不听就把他杀了，并将他分尸摆在城墙上。齐顷公亲自敲着战鼓，战士们围着城，三天的工夫就把龙城拿下了。由此而向南侵犯直到了巢丘这个地方。

【原文】

[经]夏四月丙戌，卫孙良夫帅师及齐师战于新筑，卫师败绩。

[传]卫侯使孙良夫、石稷、宁相、向禽将侵齐①，与齐师遇②，石子欲还。孙子曰："不可。以师伐人，遇其师而还，将谓君何③？若知不能，则如无出。今既遇矣！不如战也。"夏有④。

【注释】

①孙良夫、石稷、宁相、向禽将侵齐：孙良夫、石稷、宁相、向禽他们皆卫大夫。

②与齐师遇：跟齐国军队碰见了。

③以师伐人遇其师而还，将谓君何：拿军队去讨伐旁国，碰见他的军队就回来，这怎么样报答国君呢？

④夏有：夏有两字有阙文，失掉了新筑战事的经过。

【译文】

　　卫侯差孙良夫、石稷、宁相、向禽要去侵伐齐国。和齐兵相遇，石稷便想回去，孙良夫说："不可以的，领了兵伐人家，遇着他们的军队就回去，将怎么回答君命呢？如果早知道不能战胜，倒是不出来的好；如今既然遇见了齐人，不如和他战一下子吧！"

【原文】

　　[传]石成子曰："师败矣。子不少须①，众惧尽。子丧师徒，何以复命？"皆不对。又曰："子，国卿也。陨子②，辱矣。子以众退，我此乃止。"且告车来甚众。齐师乃止，次于鞠居。新筑人仲叔于奚救孙桓子，桓子是以免。

　　既③，卫人赏之以邑，辞，请曲县、繁缨以朝④，许之。仲尼闻之，曰："惜也！不如多与之邑。惟器与名⑤，不可以假人，君之所司也。名以出信，信以守器，器以藏礼⑥，礼以行义⑦，义以生利，利以平民，政之大节也。若以假人，与人政也。政亡，则国家从之，弗可止也已。"

【注释】

①须：等待。

②陨：损害，指被敌人虏获。

③既：事情完了之后。

④曲县：三面皆挂钟磬的乐器。繁：马大带。缨：马颈革。

⑤器：器物，车服。名：称号，名号。

⑥藏：包含。

⑦义：道义。

【译文】

　　石稷说："军队败了，您若不稍等待，顶住敌军，就会全军覆灭。您丧失了军队，如何回报君命？"大家都不回答。石稷又说："您，是国家的卿。损失了您，就是一种羞耻了。您带着大家撤退，我停在这里。"同时通告军中，说援军的战车已大批来到。齐国的军队也由此停止前进，驻扎在鞠居。新筑大夫仲叔于奚援救了孙良夫，孙良夫因此得免于难。

　　不久，卫国人把城邑赏给仲叔于奚。仲叔于奚辞谢，请求得到诸侯所用三面悬挂的乐器,并用繁缨装饰马匹以朝见,卫君允许了。孔子闻知这件事,说:"可惜啊,还不如多给他城邑。唯有器物和名号,不能假借给别人,这是国君掌握的。名号用来赋予威信,威信用来保持器物,器物用来体现礼制,礼制用来推行道义,道义用来产生利益。利益用来治理百姓,这是政权中的大节。若把名位、礼器假借给别人,这就是把政权给了别人,政权丢了,国家也就跟着会丢,这是不可阻止的。"

【原文】

[传]孙桓子还于新筑,不入,遂如晋乞师①。臧宣叔亦如晋乞师。皆主郤献子。晋侯许之七百乘。郤子曰:"此城濮之赋也②。有先君之明与先大夫之肃③,故捷。克于先大夫,无能为役。"请八百乘,许之。郤克将中军,士燮佐上军,栾书将下军,韩厥为司马,以救鲁、卫。臧宣叔逆晋师,且道之④。季文子帅师会之。及卫地,韩献子将斩人,郤献子驰,将救之。至,则既斩之矣。

郤子使速以徇,告其仆曰:"吾以分谤也⑤。"

【注释】

①乞师:请兵,请求出兵。

②赋:定额,指战车的额数。

③肃:敏捷。

④道:通"导",做向导。

⑤分谤:分担指责。

【译文】

孙桓子回到新筑,不进国都,就到晋国请求出兵,臧宣叔也到晋国请求出兵。两人都投奔郤克。晋景公答应派出七百辆战车。郤克说:"这是城濮之战的战车数。当时有先君的明察和先大夫的致捷,所以得胜。克和先大夫相比,还不足以做他们的仆人。请发八百乘战车。"晋景公允许了。郤克率领中军,士燮辅佐上军,栾书率领下军,韩厥做司马,以救援鲁国和卫国,臧宣叔迎接晋军,同时做向导开路。季文子率领军队和他们会合。到达卫国境内,韩厥要杀人,郤克驾车疾驰赶去,打算救下那个人。等赶到,已经杀了。郤克派人把尸体在全军中示众,还告诉他的御者说:"我用这样的做法来分担指责。"

【原文】

[传]师从齐师于莘。六月,壬申,师至于靡笄之下。齐侯使请战,曰:"子以君师,辱于敝邑,不腆敝赋,诘朝请见①。"对曰:"晋与鲁、卫,兄弟也,来告曰:'大国朝夕释憾于敝邑之地②。'寡君不忍,使群臣请于大国,无令舆师淹于君地③。能进不能退,君无所辱命④。"齐侯曰:"大夫之许,寡人之愿也;若其不许,亦将见也。"齐高固入晋师,桀石以投人⑤,禽之而乘其车⑥,系桑本焉⑦,以徇齐垒,曰:"欲勇者,贾余余勇⑧。"

【注释】

①诘朝:次日早晨。

②释憾:泄愤。

③舆师:军众,军队。

④无所:不会,无须。

⑤桀:举起,拿起。

⑥禽:擒获,抓住。

⑦桑本:桑树的根。

⑧贾:买。

【译文】

晋、鲁、卫联军在莘地赶上齐军。六月十六日,军队到靡笄山下。齐顷公派人请战,说:"您带领国君的军队光临敝邑,虽然我军已疲惫不堪,但请在明天早晨相见。"郤克回答说:"晋和鲁、卫是兄弟国家,他们前来告诉我们说:'大国不分早晚都在敝邑的土地上发泄气愤。'寡君不忍,派下臣们前来向大国请求,但又不让我军长久逗留在贵国。我们只能前进不能后退,您的命令是不会不照办的。"齐顷公说:"大夫允许,正是齐国的愿望;若不允许,也要兵戎相见的。"齐国的高固攻入晋军,举起石头砸向晋军,抓住晋军战俘,然后坐上他的战车,还连根拔起一棵桑树系在车上,巡行到齐营说:"想要勇气的人可以来买我剩下的勇气!"

【原文】

[传]癸酉,师陈于鞌①。邴夏御齐侯,逢丑父为右②。晋解张御郤克,郑丘缓为右③。

齐侯曰："余姑剪灭此而朝食④。"不介马而驰之⑤。郤克伤于矢,流血及屦⑥,未绝鼓音⑦,曰："余病矣⑧!"张侯曰:"自始合⑨,而矢贯余手及肘⑩,余折以御,左轮朱殷⑪,岂敢言病?吾子忍之!"缓曰:"自始合,苟有险,余必下推车,子岂识之⑫?然子病矣!"张侯曰:"师之耳目,在吾旗鼓,进退从之。此车一人殿之⑬,可以集事,若之何其以病,败君之大事也?擐甲执兵⑭,固即死也。病未及死,吾子勉之⑮!"左并辔⑯,右援枹而鼓⑰,马逸不能止⑱,师从之。齐师败绩。逐之,三周华不注⑲。

【注释】

①师:指两国军队。鞍:国地名,在今山东济南西北。

②邴夏:国大夫。侯:顷公。逢丑父:国大夫。右:车右。

③解张:晋国大夫,又称张侯。克:即献子,晋国大大,晋军主帅。郑丘缓:晋国大夫,姓郑丘,名缓。

④姑:暂且。剪灭:消灭。此:指晋军。朝食:吃早饭。

⑤不介马:不给马披甲。驰之:驱马追击敌人。

⑥屦:鞋。

⑦未绝鼓音:作战时,主帅亲自掌旗鼓,指挥三军,所以克受伤后仍然击鼓不停。

⑧病:负伤。

⑨合:交战。

⑩贯:射穿。肘:胳膊。

⑪朱:朱色,大红色。殷:黑红色。

⑫识:知道。

⑬殿:镇守。

⑭擐:穿上。兵:武器。

⑮勉:尽力,努力。

⑯并:合在一起。辔:驾驭牲口用的缰绳。

⑰援:拉,拽。枹:鼓槌。

⑱逸:奔跑,狂奔。

⑲周:环绕。华不注:山名,在山东历城县东北。

【译文】

十七日,齐、晋两军在鞍地拉开阵势。邴夏为齐顷公驾车,逢丑父作为车右。晋国的解张为郤克驾车，郑丘缓作为车右。齐顷公说："我姑且消灭了这些人再吃早饭。"马不披甲，驰向晋军。郤克受了箭伤，血流到鞋子上，但是还是不停地擂击战鼓，说："我受伤了！"解张鼓励他说："从一开始交战，箭就射穿了我的手和肘，左边的车轮都染成黑红色，我哪里敢说受伤呢？您还是忍一忍吧！"郑丘缓说："从一开始交战，若遇到危险，我必定下车推车，您难道了解吗？不过您真是受伤了！"解张说："军队的耳目，在于我的旗子和鼓声，前进后退都要听从它。这辆车子只要有一个人坐镇，就能够完成这一重任。为何要为了一点痛苦而败坏国君的大事？身披盔甲，手执武器，本来说抱定必死的决心，受伤还没有到死的程度，你还是尽力而为吧！"于是就左手一把握马缰，右手拿着鼓槌击鼓。马奔跑不能停止，全军就跟着冲上去。齐军大败，晋军追赶齐军，绕了华不注山三圈。

【原文】

[传]韩厥梦子舆谓己曰："且辟左右。"故中御而从齐侯。邴夏曰："射其御者，君子也。"公曰："谓之君子而射之，非礼也。"射其左，越于车下①。射其右，毙于车中。綦毋张丧车②，从韩厥，曰："请寓乘。"从左右，皆肘之，使立于后。韩厥俯，定其右。逢丑父与公易位。将及华泉，骖絓于木而止③。丑父寝于轏中，蛇出于其下，以肱击之④，伤而匿之，故不能推车而及。韩厥执絷马前，再拜稽首，奉觞加璧以进，曰："寡君使群臣为鲁、卫请，曰：'无令舆师陷入君地。'下臣不幸，属当戎行⑤，无所逃隐。且惧奔辟，而忝两君⑥。臣辱戎士，敢告不敏⑦，摄官承乏⑧。"丑父使公下，如华泉取饮。郑周父御佐车⑨，宛筏为右，载齐侯以免。韩厥献丑父，郤献子将戮之。呼曰："自今无有代其君任患者，有一于此，将为戮乎！"郤子曰："人不难以死免其君，我戮之不祥，赦之，以劝事君者⑩。"乃免之。

【注释】

①越：坠，掉。

②丧车：丢失了战车。

③絓：通"挂"，挂碍，牵绊。

④肱：手臂的第二节，这里指手臂。

⑤戎行：军队。

⑥忝：辱，耻辱。

⑦不敏：无能，能力不足。

⑧摄官：代理职务。承乏：填补空缺。

⑨佐车：副车。

⑩劝：劝勉，鼓励。

【译文】

韩厥在前天夜里梦见他父亲子舆对他说："明天不要站在战车两侧。"

因此韩厥就站在中间驾战车去追赶齐顷公。邴夏说："射那位驾车人，他是君子。"齐顷公说："认为他是君子而射他，这不合于礼。"射车左，车左死在车下。射车右，车右死在车里。綦毋张丢失了战车，跟上韩厥说："请允许我搭乘您的战车。"上车后，准备站在左边或右边，韩厥用肘推他，让他站在身后。韩厥弯下身子，放稳车右的尸体。逢丑父和齐顷公乘机挽回位置。将要到达华泉，骖马被树木绊住而不能行走。头几天，逢丑父睡在栈车里，有一条蛇爬到他身边，他用小臂去打蛇，小臂受伤，但隐瞒了这件事，因为这样，他不能用臂推车前进，这样才被韩厥追上。韩厥拿着马缰走向马前，跑下叩头，捧着酒杯加上玉璧献上，说："寡君派臣下们替鲁、卫两国请求，说'不要让军队进入齐国的土地。'下臣不幸，正好在军队服役，不能逃避军役。而且也害怕奔走逃避成为两国国君的耻辱，下臣勉强充当一名战士，谨向君王报告我的无能，但由于人手缺乏，只好承当这个官职。"逢丑父要齐顷公下车，到华泉去取水。郑周父驾驭副车，宛茷作为车右，装上齐顷公逃走而免于被俘。韩厥献上逢丑父，郤克要杀死他。逢丑父喊叫说："到现在为止还没有代替他国君受难的人，有一个在这里，还要被杀死吗？"郤克说："一个人不怕用死来使国君免于祸患，我杀了他，不吉利。赦免了他，用来勉励侍奉国君的人。"于是便赦免了逢丑父。

【原文】

[传]齐侯免，求丑父，三入三出。每出，齐师以帅退，入于狄卒，狄卒皆抽戈楯冒之①，以入于卫师。卫师免之。遂自徐关入。齐侯见保者②，曰："勉之！齐师败矣。"辟女子，女子曰："君免乎？"曰："免矣。"曰："锐司徒免乎⑤？"曰："免矣。"曰："苟君与吾父免矣，可若何！"乃奔。齐侯以为有礼，既而问之，辟司徒之妻也④。予之石窌。

【注释】

①冒：指保护。

②保者：守卫军。

③锐：尖锐的兵器。锐司徒：指主持锐兵的官吏。

④辟：通"壁"，壁垒。辟司徒：指主持壁垒的官吏。

【译文】

齐顷公侥幸免于被俘以后，为了寻找逢丑父，在敌军中三进三出。

每次出来的时候，齐军都簇拥着保护他。进入狄人军队中，狄人的士兵都抽出戈和盾以保护齐顷公。进入卫国军队中，卫军也对他们不加伤害。于是，齐顷公就从徐关进入齐国临淄。齐顷公看到守军，说："你们务必要加强戒备，因为我军战败了！"齐顷公的座车前进时叫一个女子躲开，这个女子说："国君免于祸难了吗？"说："免了。"她说："锐司徒免于祸难了吗？"说："免了。"她说："如果国君和我父亲免于祸难了，我还想怎样呢？"就跑开了。齐顷公认为她有礼，经查询，才知道是辟司徒的妻子，就赐给她石窌作为封地。

【原文】

[传]晋师从齐师，入自丘舆，击马陉。齐侯使宾媚人赂以纪甗、玉磬与地①。"不可，则听客之所为。"宾媚人致赂，晋人不可，曰："必以萧同叔子为质②，而使齐之封内尽东其亩。"对曰："萧同叔子非他，寡君之母也。若以匹敌③，则亦晋君之母也。吾子布大命于诸侯，而曰：'必质其母以为信。'其若王命何？且是以不孝令也。《诗》曰④：'孝子不匮。永锡尔类。'若以不孝令于诸侯，其无乃非德类也乎？先王疆理天下物土之宜⑤，而布其利，故《诗》曰⑥：'我疆我理，南东其亩。'今吾子疆理诸侯，而曰'尽东其亩'而已，唯吾子戎车是利，无顾土宜，其无乃非先王之命也乎？反先王则不义，何以为盟主？其晋实有阙。四王之王也，树德而济同欲焉⑦。五伯之霸也，勤而抚之，以役王命。今吾子求合诸侯，以逞无疆之欲。《诗》曰'布政优优，百禄是遒。'子实不优，而弃百禄，诸侯何害焉？不然，寡君之命使臣则有辞矣，曰：'子以君师辱于敝邑.不腆敝赋，以犒从者⑧。'畏君之震，师徒桡败。吾子惠徼齐国之福，不泯其社稷，使继旧好，唯是先君之敝器、土地不敢爱。子又不许。请收合余烬，背城借一。敝邑之幸，亦云从也，况其不幸，敢不唯命是听。'"

【注释】

①甗：古代器物名，蒸煮用具。磬：玉石做成的乐器。

②质：人质。

③匹敌：分庭抗礼。

④出自《诗·大雅·既醉》。

⑤疆：划分疆界。理：分别地理。

⑥出自《诗·小雅·信南山》。

⑦济同欲：完成共同的理想。

⑧犒：犒劳，犒赏。

【译文】

晋军追击齐军，从丘舆进入齐国，进攻马陉。齐顷公派遣宾媚人把纪甗、玉磬和土地送给战胜诸国，说："如果他们不同意讲和，就随他们怎么办吧。"宾媚人送去财礼，晋人不同意，说："一定要让萧同叔子作为人质，同时使齐国境内的田陇全部东向。"宾媚人回答说："萧同叔子不是别人，是寡君的母亲，若从对等地位来说，那也就是晋军的母亲。您在诸侯中发布重大的命令，却说一定要把人家的母亲作为人质以取信，您又打算怎么对待周天子的命令呢？而且这样做，是用不孝来命令诸侯。《诗》说：'孝子的孝心没有竭尽，永远可以感染你的同类。'如果用不孝号令诸侯，这恐怕不是道德的准则吧！先王对天下的土地定疆界、分地理，因地制宜，作有利的布置。所以《诗》说：'我划定疆界、分别地理，南向东向开辟田亩。'现在您让诸侯定疆界、分地理，反而只说什么'陇全部东向'，不顾地势是否适宜，只管自己兵车进出的方便，恐怕不是先王的政令吧！违反先王的遗命就是不合道义，如何能做盟主？这样一来，晋国可就有过失了。四王统一天下，树立德行而满足诸侯的共同要求；五伯领导诸侯，自己勤劳而安抚诸侯，使大家为天子的命令而服役。现在您要求会合诸侯，却要满足自己没有止境的欲望。《诗》说：'政事的推行宽大和缓，各种福禄都将积聚。'您施行的政策确实不够宽大，这将失去各种福禄，这对诸侯有什么害处呢？如果您不肯答应，我们国君派我来的时候还就有话说：'您带领国君的军队光临敝邑，敝邑没有丰厚的财物来犒劳您的随从。害怕贵国国君的愤怒，我军战败。您惠临而求齐国的福祉，不灭亡我们的国家，让我们两国继续过去的友好，那么先君的破旧器物和土地我们是不敢爱惜的。您若不肯允许，我们就请求收集残兵败将，背靠自己的城下再决一死战。我们即使有幸而战胜，也会依从贵国的；如果不幸而战败，哪还敢不唯命是听？'"

【原文】

[传]鲁、卫谏曰："齐疾我矣①！其死亡者，皆亲昵也。子若不许，仇我必甚。唯子则

又何求？子得其国宝，我亦得地，而纾于难②，其荣多矣。齐、晋亦唯天所授，岂必晋？"晋人许之，对曰："群臣帅赋舆以为鲁、卫请，若苟有以借口而复于寡君③，君之惠也。敢不唯命是听？"

禽郑自师逆公。

秋，七月，晋师及齐国佐盟于爰娄，使齐人归我汶阳之田。公会晋师于上鄍，赐三帅先路三命之服④，司马、司空、舆帅、候正、亚旅，皆受一命之服。

【注释】

①疾：仇恨，怨恨。

②纾：缓解，解除。

③复：回复，复命。

④路：通"辂"，车。

【译文】

鲁、卫两国劝谏郤克说："齐国怨恨我们了。齐国死去和溃散的，都是齐侯的宗族亲戚。您如果不肯答应，一定更加仇恨我们。即使是您，还有什么可追求的？如果您得到齐国的国宝，我们也得到土地，而且缓和了祸难，这荣耀也就足够了。齐国和晋国都是由上天授予的，难道一定只有晋国永久胜利吗？"晋国人答应了，回答说："下臣们率领兵车，来为鲁、卫两国请求。如果有话可以向寡君复命，这就是君王的恩惠了。岂敢不遵命？"

鲁国的禽郑专程从军中回国迎接鲁成公与齐、晋结盟。

秋七月，晋军和齐国宾媚人在爰娄结盟，让齐国把汶阳的土田归还鲁国。成公在上鄍会见晋军，把先路和三命的车服赐给三位高级将领，司马、司空、舆帅、候正、亚旅都接受了一命的车服。

【原文】

[传]八月，宋文公卒。始厚葬①，用蜃炭②，益车马③，始用殉④。重器备，椁有四阿⑤，棺有翰桧⑥。君子谓："华元、乐举，于是乎不臣⑦。臣，治烦去惑者也，是以伏死而争⑧。今二子者，君生则纵其惑⑨，死又益其侈，是弃君于恶也⑩。何臣之为？"

九月，卫穆公卒，晋二子自役吊焉，哭于大门之外。卫人逆之，妇人哭于门内，送亦如之。遂常以葬。

【注释】

①厚葬：谓不惜财力地经营丧葬。

②蜃炭：即蜃灰。一说蜃灰与木炭。

③益：增加。

④殉：殉葬，以人从葬。

⑤椁：本义棺材外面套的大棺。四阿：指屋宇或棺椁四边的檐溜，可使水从四面流下。

⑥翰桧：棺材四旁及上面的彩绘装饰。

⑦不臣：不守臣节，不合臣道。

⑧伏死：甘愿舍弃生命。

⑨纵：放纵。

⑩恶：邪恶。

宋文公

【译文】

八月，宋文公死。给予厚葬：用蚌蛤和木炭，增加车马，用活人殉葬，用很多器物陪葬。椁有四面呈坡形，棺有翰、桧等装饰。

君子认为："华元、乐举，在这里有失为臣之道。臣子，是为国君治理烦乱和解除迷惑的，因此要冒死去谏净。现在这两个人，国君活着的时候就由他去放纵作恶，死了以后又增加他的奢侈，这是把国君推入邪恶里去，这是什么臣子？"

九月，卫穆公死，晋国的三位将领从战地率兵返国途中顺便去吊唁，在大门之外哭吊。卫国人迎接他们，女人在门内哭。送他们的时候也是如此。以后别国官员来吊唁就以此为常，直到下葬。

【原文】

[传]楚之讨陈夏氏也，庄王欲纳夏姬，申公巫臣曰："不可！君召诸侯，以讨罪也。今纳夏姬，贪其色也。贪色为淫，淫为大罚①。《周书》曰：'明德慎罚②。'文王所以造周也。明德，务崇之之谓也。慎罚，务去之之谓也。若兴诸侯，以取大罚，非慎之也。君其图之！"王乃止。子反欲取之，巫臣曰："是不祥人也③！是夭子蛮④，杀御叔，弑灵侯，戮夏南，出孔、仪，丧陈国，何不祥如是？人生实难，其有不获死乎！天下多美妇人，何必是？"

子反乃止。王以予连尹襄老。襄老死于邲^⑤，不获其尸。其子黑要烝焉。巫臣使道焉，曰："归，吾聘女。"又使自郑召之，曰："尸可得也.必来逆之。"姬以告王，王问诸屈巫。对曰："其信！知䓨之父，成公之嬖也，而中行伯之季弟也^⑥。新佐中军，而善郑皇戌，甚爱此子。其必因郑而归王子与襄老之尸以求之。郑人惧于邲之役而欲求媚于晋，其必许之。"王遣夏姬归。将行，谓送者曰："不得尸，吾不反矣。"巫臣聘诸郑，郑伯许之。及共王即位，将为阳桥之役^⑦，使屈巫聘于齐，且告师期，巫臣尽室以行。申侯跪从其父，将适郢^⑧，遇之，曰："异哉！夫子有三军之惧，而又有《桑中》之喜，宜将窃妻以逃者也^⑨。"及郑，使介反币，而以夏姬行。将奔齐，齐师新败，曰："吾不处不胜之国。"遂奔晋，而因郤至。以臣于晋。晋人使为邢大夫。子反请以重币锢之^⑩，王曰："止！其自为谋也，则过矣。其为吾先君谋也，则忠。忠，社稷之固也，所盖多矣。且彼若能利国家，虽重币，晋将可乎？若无益于晋，晋将弃之，何劳锢焉。"

【注释】

①大罚：重大处罚。

②慎罚：小心惩罚。

③不祥：不吉利。

④夭：短命，早死。未成年而死。

⑤邲：古地名。春秋郑邑。地在今河南荥阳东北。

⑥季弟.最小的弟弟。

⑦阳桥：地名，在今山东泰安县西北。

⑧郢：春秋楚国都城，即今湖北江陵县北十里之纪南城。

⑨窃妻：带走别人的妻子。

⑩锢：束缚，闭塞。

【译文】

楚国在攻打陈国夏氏的时候，楚庄王打算收纳夏姬。申公巫臣说："不行。君王召集诸侯，是为了讨伐有罪；现在收纳夏姬，就表示是贪恋她的美色了。贪恋美色叫作淫，淫就会受到重大处罚。《周书》说：'宣扬道德，小心惩罚'，文王因此而创立周朝。宣扬道德就是致力于提倡；小心惩罚就是致力于避免。如果出动诸侯的军队反而得到重大处罚，就是不谨慎了。君王还是考虑一下吧！"楚庄王就不要夏姬了。子反想要娶夏姬，巫臣说:"这是个不吉利的人。她使子蛮早死,御叔被杀,灵侯被弑,夏南受诛,使孔宁、仪行父逃亡在外,陈国因此被灭亡,为何不吉利到这个样子! 人生在世实在很不容易,如果娶了夏姬,恐怕不得好死吧! 天下多的是漂亮女人,为什么一定要她?"子反也就不要她了。楚庄王把夏姬给了连尹襄老。襄老在邲地战役中死去,没有找到尸首。他的儿子黑要和夏姬私通。巫臣派人向夏姬示意,说:"回娘家去,我娶你。"又派人从郑国召唤她说:"襄老尸首可以得到,但是您必定要亲自来接。"夏姬把这话报告楚庄王。楚庄王就问巫臣。巫臣回答说:"恐怕是靠得住的。知䓨的父亲,是成公的宠臣,又是中行伯的小兄弟,新近做了中军佐,和郑国的皇戌交情很好,非常喜爱这个儿子,他一定是想通过郑国而归还王子和襄老尸首而来要求交换知䓨。郑国人对邲地战役感到害怕,同时要讨好于晋国,他们一定会答应。"楚庄王就打发夏姬回去。将要动身的时候,夏姬对送行的人说:"如果不能得到尸首,我就不回来了。"巫臣在郑国聘她为妻,郑襄公允许了。等到楚共王即位,将要发动阳桥战役,派巫臣到齐国聘问,同时把出兵的日期告诉齐国。巫臣把一切家财全部带走。申叔跟着他的父亲将要到郢都去,碰上巫臣,说:"奇怪啊! 这个人有肩负军事重任的戒惧之心,却又有'桑中'幽会这类事情的喜悦之色,可能将要带着别人的妻子私奔吧!"到了郑国,巫臣派副使带回财礼,就带着夏姬走了。准备逃亡到齐国,齐国又新近战败,巫臣说:"我不到战败之国居住。"就逃亡到晋国,并且由于郤至的关系在晋国做臣下。晋国人让他做邢地的大夫。子反请求把很重的财礼送给晋国,而要求晋国对巫臣永不录用。楚共王说:"别那样干! 他为自己打算是错误的,他为我的先君打算则是忠诚的。忠诚,国家靠着它来巩固,所能保护的东西就多了。而且他如果能有利于晋国,虽然送去重礼,晋国会同意永不录用吗? 若对晋国没有好处,晋国将会不要他,哪里用得着用厚礼去求其永不录用呢?"

【原文】

[传]晋师归,范文子后入。武子曰:"无为吾望尔也乎?"对曰:"师有功,国人喜以逆之。先入,必属耳目焉,是代帅受名也,故不敢。"武子曰:"吾知免矣①!"

郤伯见,公曰:"子之力也夫②!"对曰:"君之训也,二三子之力也,臣何力之有焉?"范叔见,劳之如郤伯,对曰:"庚所命也,克之制也,燮何力之有焉?"栾伯见,公亦如之,对曰:"燮之诏也③,士用命也,书何力之有焉?"

【注释】

①免:免除,没有问题。

②力：指功劳。

③诏：命令。

【译文】

晋国军队回国，范文子最后回来。其父范武子说："你不以为我盼望你吗？"范文子回答说："出兵有功劳，国内的人们高兴地迎接他们。先回来，一定受到人们的注意，这是代替统帅接受荣誉，因此我不敢。"武子说："你这样谦让，我认为可以免于祸害了。"

郤伯进见，晋景公说："这是您的功劳啊！"郤伯回答说："这都是君王的教诲，诸位将帅的功劳，下臣有什么功劳呢？"范文子进见，晋景公慰劳他像对郤伯一样。范文子回答说："这是庚的命令，克的节制，燮有什么功劳呢？"栾伯进见，晋景公也如同慰劳郤伯他们一样慰劳他。栾伯回答说："这是燮的指示，士兵服从命令，书有什么功劳呢？"

【原文】

[传]宣公使求好于楚①。庄王卒，宣公薨，不克作好②。公即位，受盟于晋，会晋伐齐。卫人不行使于楚③，而亦受盟于晋，从于伐齐。故楚令尹子重为阳桥之役以救齐。将起师，子重曰："君弱，群臣不如先大夫，师众而后可。《诗》曰：'济济多士④，文王以宁。'夫文王犹用众，况吾侪乎？且先君庄王属之曰：'无德以及远方，莫如惠恤其民而善用之⑤。'"乃大户，已责，逮鳏，救乏，赦罪⑥。悉师，王卒尽行。彭名御戎，蔡景公为左，许灵公为右。二君弱，皆强冠之。

【注释】

①求好：要求建立友好关系。

②不克：不能。

③行使：古称使臣。

④出自《诗·大雅·文王》。济济：众多的样子。

⑤惠恤：加恩体恤。

⑥赦罪：赦免罪行。

【译文】

鲁宣公派遣使者到楚国要求建立友好关系，由于楚庄王死了，鲁宣公也死了，没有能够建立友好关系。鲁成公即位,在晋国接受盟约,跟从着进攻齐国。卫国不派使者去楚国聘问,也在晋会盟,跟着攻打齐国。因此楚国的令尹子重发动阳桥战役来救齐国。将要发兵,子重说:"国君年幼,臣下们又比不上先大夫,军队人数众多然后才可以取胜。《诗》说'众多的人士,文王借以安宁。'文王尚且使用大众,何况我们这些人呢?而且先君庄王把国君嘱托给我们说:'如果没有德行到达边远的地方,最好是加恩体恤百姓而很好地使用他们。'"于是楚国就大力清理户口,免除税收的积欠,施舍鳏夫,救济困乏,赦免罪人。动员全部军队,楚王的警卫军也全部出动。彭名驾驭战车,蔡景公作为车左,许灵公作为车右。两位国君还未到成年,都勉强行了冠礼。

【原文】

[传]冬,楚师侵卫,遂侵我,师于蜀。使臧孙往,辞曰:"楚远而久,固将退矣。无功而受名,臣不敢。"楚侵及阳桥,孟孙请往赂之。以执斫、执针、织纴①,皆百人,公衡为质,以请盟。楚人许平。

十一月,公及楚公子婴齐、蔡侯、许男、秦右大夫说、宋华元、陈公孙宁、卫孙良夫、郑公子去疾及齐国之大夫盟于蜀。卿不书,匮盟也②。于是乎畏晋而窃与楚盟,故曰"匮盟"。蔡侯、许男不书,乘楚车也,谓之失位③。君子曰:"位其不可不慎也乎!蔡、许之君,一失其位,不得列于诸侯,况其下乎?《诗》曰:'不解于位,民之攸塈④。'其是之谓矣。"

【注释】

①执斫:指木工。执针:指从事缝纫的女工。织纴:指织布帛的工人。
②匮盟:谓缺乏诚意的盟会。
③失位:失去身份、地位。
④出自《诗·大雅·假乐》。攸:安闲。

【译文】

冬季,楚军进攻卫国,就顺便在蜀地进攻鲁国。鲁国派臧孙去到楚军中求和。臧孙辞谢说:"楚军远离本国为时已久,本来就要退兵了。而如今却要让我去轻而易举地取得这一功劳,下臣不敢。"楚军进攻到达阳桥,孟孙请求前去送给楚军木工、缝工、织工各一百人,公衡作为人质,请求结盟。楚国人答应媾和。

十一月,鲁成公和楚国公子婴齐、蔡景侯、许灵公、秦国右大夫说、宋国华元、陈国公孙宁、卫国孙良夫、郑国公子去疾和齐国大夫共同在蜀地结盟。《春秋》没有记载卿的名字，这是因为结盟缺乏诚意。在这种情况下害怕晋国而偷偷和楚国结盟，所以说"结盟缺乏诚意"。《春秋》没有记载蔡景侯、许灵公，这是由于他们乘坐了楚国的战车，叫作失去了身份。君子说："身份是不可以不谨慎对待的啊！蔡、许两国君，一旦失去身份，就不能列在诸侯之中，何况在他们之下的人呢！《诗》说：'在高位的人不懈怠，百姓就能得到休息。'说的就是这种情况了。"

【原文】

[传]楚师及宋，公衡逃归。臧宣叔曰："衡父不忍数年之不宴①，以弃鲁国，国将若之何？谁居？后之人必有任是夫！国弃矣。"

是行也，晋辟楚，畏其众也。君子曰："众之不可已也。大夫为政，犹以众克，况明君而善用其众乎？《大誓》所谓'商兆民离，周十人同'者，众也。"

【注释】

①宴：安逸，安宁。

【译文】

楚军到宋国，公衡逃了回来。臧孙说："衡父不能忍耐几年的艰苦生活，从而置鲁国于不顾，国家将怎么办？谁来承受灾祸？他的后代必定会要受到祸患的！国家被抛弃了！"

在这次军事行动中，晋军避开楚军，因为害怕他们人多。君子说："大众是不可以不用的。大夫当政，尚且可以利用大众来战胜敌人，何况是贤明的国君而且又善于使用大众呢？《大誓》所说商朝亿万人离心离德，周朝十个人同心同德，都是说的大众所起的作用啊。"

【原文】

[传]晋侯使巩朔献齐捷于周，王弗见，使单襄公辞焉曰："蛮夷戎狄不式王命①，淫湎毁常②，王命伐之，则有献捷，王亲受而劳之，所以惩不敬，劝有功也③，兄弟甥舅侵败王略④，王命伐之，告事而已，不献其功，所以敬亲昵，禁淫慝也⑤！今叔父克遂有功于齐，而不使命卿镇抚王室，所使来抚余一人，而巩伯实来，未有职司于王室⑥，又奸先王之礼⑦，余

虽欲于巩伯⑧,其敢废旧典以忝叔父?夫齐甥舅之国也,而大师之后也⑨,宁不亦淫从其欲以怒叔父,抑岂不可谏诲⑩?"士庄伯不能对⑪,王使委于三吏⑫,礼之如侯伯克敌使大夫告庆之礼,降于卿礼一等。王以巩伯宴,而私贿之,使相告之曰:"非礼也,勿籍⑬。"

【注释】

①蛮夷戎狄,不式王命:四夷的人,不遵守王的命令。

②淫湎毁常:乱喝酒失去常度。

③惩不敬劝有功也:所以惩戒不恭敬,并且劝勉有功的人。

④侵败王略:侵犯了周王的法度。

⑤敬亲昵禁淫慝也:这为的是恭敬亲近的人,禁止做坏事的人。

⑥未有职司于王室:你在王室没有职守。

⑦又奸先王之礼:又违背了先王的礼法。

⑧余虽欲于巩伯:我虽然愿意接受巩朔所献的囚俘。

⑨其敢废旧典以忝叔父?夫齐甥舅之国也,而大师之后也:我哪里敢废掉旧的规矩以羞辱晋君,因为齐国同周朝有甥舅的关系,而齐国更是大师的后人。

⑩岂不可谏诲:岂是不可以谏诤教诲。

⑪士庄伯不能对:巩朔没法回答。

⑫王使委于三吏:王就把这事情交给周朝的三公。

⑬非礼也,勿籍:这是不舍于礼的不要写到竹简上。

【译文】

晋侯派巩朔献晋国战胜齐国的成绩到周朝,周王不见,使单襄公去辞谢他说:"四夷不听王命的时候,狂淫醉酒,失掉常度,王就叫诸侯讨伐他,就来献战利品,王亲自受这战胜品而加以劳苦他,为的惩戒不恭敬的人,并且奖劝立功的人。兄弟或者甥舅们侵犯周王的法度,王就叫讨伐他去,胜利后只告诉事情的成功,不来献他的功劳,这是为的敬亲近的人,禁止做坏事的人。现在叔父能够成功在齐国,而不派一个命卿来安抚周王室,而抚慰我,而巩伯在王室没有位子,又违反先王的礼法,我虽然想着欢迎巩伯,但是不敢废了旧规章使叔父羞耻。因为齐国是周室甥舅的国家,而又是太师的后人,他岂会放纵他的欲望,使叔父发怒,难道不能够教诲吗?"巩朔不能回答,周王就叫他把战利品交给三公,对于巩朔行的礼节,同诸侯战胜敌人,使大夫告庆祝的礼节。比对卿的礼节次一等。

周王请巩伯吃饭又私自送他钱财,并且告诉旁人说:"这是不合礼的,不必记载下来。"

【讲评】

　　齐晋鞌之战,是军事史上一场著名的战争,也是《左传》记事名篇之一。虽然此役人物众多,头绪繁杂,作者却安排得井井有条,详略得当,完整地叙述了战争的起因、过程、战后的情况,其中有不少战争片段的描写,类似战地写实通讯,十分精彩。作者通过对典型人物的言行的描述,刻画出一个个生动丰满的人物,如齐顷公的狂妄,郤克的顽强,韩厥的沉着,逄丑父的机智,范文子的谨慎等,给读者留下深刻印象。鞌之战后,本来实力就不如晋国的齐国不得已服从于晋,晋国势力进一步增强。

　　楚国为了救援齐国,先后攻打卫国和鲁国,并与鲁、蔡、许等国国君及秦、宋、陈、卫、郑、齐等国大夫会盟于蜀地,而晋国在楚国北上的这一系列军事政治活动中始终回避正面对抗。蜀地会盟是春秋著名盟会,参与国多,规模大,实际上仍是楚庄王霸业的延续。

春秋左传　《春秋左传》原典详解

成公三年

【原文】

　　[经]三年春,王正月,公会晋侯、宋公、卫侯、曹伯伐郑。辛亥,葬卫穆公。二月,公至自伐郑。甲子,新宫灾,三日哭。乙亥,葬宋文公。夏,公如晋。郑公子去疾帅师伐许。公至自晋。秋,叔孙侨如帅师围棘。大雩。晋郤克、卫孙良夫伐廧咎如。冬十有一月,晋侯使荀庚来聘。卫侯使孙良夫来聘。丙午,及荀庚盟。丁未,及孙良夫盟。郑伐许。

【原文】

　　[传]三年春,诸侯伐郑,次于伯牛,讨邲之役也。遂东侵郑。郑公子偃帅师御之,使东鄙覆诸鄤,败诸丘舆。皇戌如楚献捷。

　　夏,公如晋,拜汶阳之田。许恃楚而不事郑。郑子良伐许。晋人归楚公子谷臣与连尹襄老之尸于楚,以求知罃。于是荀首佐中军矣,故楚人许之。王送知罃,曰:"子其怨我乎?"对曰:"二国治戎,臣不才,不胜其任,以为俘馘①。执事不以衅鼓,使归即戮,君之惠也。臣实不才,又谁敢怨?"王曰:"然则德我乎?"对曰:"二国图其社稷,而求纾其民,各惩其忿以相宥也,两释累囚以成其好。二国有好,臣不与及,其谁敢德?"王曰:"子归,何以报我?"对曰:"臣不任受怨,君亦不任受德,无怨无德,不知所报。"王曰:"虽然,必告不谷。"对曰:"以君之灵,累臣得归骨于晋,寡君之以为戮,死且不朽。若从君之惠而免之,以赐君之外臣首,首其请于寡君而以戮于宗,亦死且不朽。若不获命,而使嗣宗职,次及于事,而帅偏师以修封疆,虽遇执事,而弗敢违。其竭力致死,无有二心,以尽臣礼,所以报也。"王曰:"晋未可与争。"重为之礼而归之。

秋,叔孙侨如围棘,取汶阳之田。棘不服,故围之。晋郤克、卫孙良夫伐廧咎如,讨赤狄之余焉。廧咎如溃,上失民也。

冬十一月,晋侯使荀庚来聘,且寻盟。卫侯使孙良夫来聘,且寻盟。公问诸臧宣叔曰:"中行伯之于晋也,其位在三。孙子之于卫也,位为上卿,将谁先?"对曰:"次国之上卿当大国之中,中当其下,下当其上大夫。小国之上卿当大国之下卿,中当其上大夫,下当其下大夫。上下如是,古之制也。卫在晋,不得为次国。晋为盟主,其将先之。"丙午盟晋,丁未盟卫,礼也。十二月甲戌,晋作六军。韩厥、赵括、巩朔、韩穿、荀骓、赵旃皆为卿,赏鞌之功也。齐侯朝于晋,将授玉,郤克趋进,曰:"此行也,君为妇人之笑辱也,寡君未之敢任。"晋侯享齐侯。齐侯视韩厥。韩厥曰:"君知厥也乎?"齐侯曰:"服改矣。"韩厥登、举爵,曰:"臣之不敢爱死,为两君之在此堂也!"荀罃之在楚也。郑贾人有将置诸褚②中以出。既谋之,未行,而楚人归之。贾人如晋、荀罃善视之,如实出已。贾人曰:"吾无其功,敢有其实乎?吾小人不可以厚诬③君子。"遂适齐。

【注释】

①馘:在战争中被割除左耳。

②褚:盛衣服的口袋。

③厚诬:大加欺骗。

【译文】

鲁成公三年春季,诸侯联军进攻郑国,驻扎在伯牛,这是为了报复郑国在郔之战中对晋国的不忠。于是东下攻击郑国。郑国的公子偃领兵抵抗,并让东部边境地区军队埋伏在地,在丘舆一举打败了诸侯联军。郑大夫皇戌前去楚国进献战利品。

夏季,成公前去晋国,答谢晋国让齐国归还了汶阳之田。许国依靠楚国而不服侍郑国,郑国的子良发兵进攻许国。晋国人把公子谷臣,连同尹襄老的尸体归还楚国,以此赎回知罃。这时知罃的父亲荀首任晋军的中军副帅,故而楚国人答应交换。楚共王送别知罃。讲："你怨恨我吗？"知罃答复说："两国交战，我没有才能，不能胜任自己的职务，而做了俘虏。您没有杀我，让我回国受刑，这是您的恩惠。我真的无能，又敢怨恨谁呢？"共王又说："那么您感谢我吗？"知罃答复说："两国都是为了谋求本国的利益，以求安定民众，如今各自克制愤怒，相互谅解，双方释放战俘，重结友好。两国友好，我没有参与谋划，又敢感激谁呢？"共王又讲："您回国后，用什么来报答我？"答复说："我不怨恨您，也不感激你，无怨无德，不晓得应当报答什么？"共王说："就算这样，您也一定要把您的想法告诉我。"知罃讲："托您的洪福，要是我能把我这身骨头带回晋国，就算我国国君将我杀了，我觉得死而不朽。要是承蒙您的恩惠而国君免我一死，把我交给您的外臣荀首处置。就算荀首向国君请求在宗庙将我杀死，我也觉得死而不朽。要是承蒙国君恩惠不同意处死我，而让我继承宗族世袭的职位，并按照次序参与政事，领着一部分军队保卫边境，到那时就算遇到您，也不敢违反命令。我将竭尽全力作战，就算战死，也不敢有二心，以此来尽到臣子的责任。这便是我对您的报答。"共王讲："看来不能跟晋国争雄。"于是对他重加礼遇，让他回国。

秋季，鲁国的叔孙侨如围攻棘地，占领了汶阳的田地。由于棘地人不肯顺服鲁国，故而才围攻他们。晋国的郤克、卫国的孙良夫率兵进攻廧咎如，以消灭赤狄的残余势力。廧咎如败了，这是由于他们的首领失去了民众的拥护。

冬十一月，晋景公派荀庚前来鲁国访问，而且重温过去的盟约。卫定公派孙良夫前来访问，并且重温过去的盟约。成公问臧宣叔："荀庚在晋国，位次第三，孙良夫在卫国，处上卿之位，让谁在前呢？"臧宣叔答复说："次国的上卿相当于大国的中卿，中卿相当于大国的下卿，下卿相当于大国的上大夫。小国的上卿只相当于大国的下卿，中卿相当于大国的上大夫，下卿相当于大国的下大夫。上下职位如此，是自古以来的制度。卫国跟晋国相比，还算不得次国。晋国为诸侯盟主，应当让晋国在前面。"二十八日，先跟晋国结盟，二十九日，再跟卫国结盟，这是合于礼法的。十二月二十六日，晋国将军队扩充为六军。韩厥、赵括、巩朔、韩穿、荀骓、赵旃都出任卿，这是奖励他们在之战中的功劳。齐顷公到晋国朝觐，正要举行授玉仪式时，克快步上前对齐顷公讲："君王这次来访，是为了贵国妇人嘲笑小臣一事来受辱，我们君王可担当不起。"晋景公设宴招待齐顷公。齐顷公总看着韩厥，韩厥说："您认识我吗？"齐顷公讲："衣服变了。"韩厥登阶，举起酒杯讲："我先前不敢怕死，拼命地追击您，就是为了两国国君今天能在此堂举杯欢宴啊。"知在楚国时，有一个郑国商人预备把他藏在装衣物的口袋里，救他出来。两个人已经策划好了，没来得及行动，楚国人便把知罃送回晋国了。后来这个商人到了晋国，知罃很好地款待他，就好像他真的把自己救出来了一样。商人说:"我并没有功劳,如何敢领受他的报答呢? 我是个小人,不能如此欺骗君子。"于是便到齐国去了。

【讲评】

知罃虽为阶下囚,但应对楚共王,不卑不亢,委婉周至,体现出时为强国的晋国大夫的气度。在解救知罃的事件中,又出现了郑国商人的身影。《左传》中对郑国商人的政治活动所记有两处,一是弦高犒秦师,一是郑商营救知罃。可见郑国商人是有一定政治地位的,而春秋时期各国之间的商业贸易也相当活跃。

成公四年

【原文】

[经]四年春,宋公使华元来聘。

[传]四年春,宋华元来聘,通嗣君也①。

[经]三月壬申,郑伯坚卒②。

[经]杞伯来朝。

[传]杞伯来朝,归叔姬故也③。

[经]夏四月甲寅,臧孙许卒④。

[经]公如晋。

[传]夏,公如晋,晋侯见公,不敬。季文子曰:"晋侯必不免⑤。诗曰:'敬之敬之,天惟显思,命不易哉⑥。'夫晋侯之命在诸侯矣⑦,可不敬乎?"

[经]葬郑襄公⑧。

[经]秋,公至自晋。

[传]秋,公至自晋,欲求成于楚而叛晋。季文子曰:"不可。晋虽无道,未可叛也。国大臣睦而迩于我⑨,诸侯听焉⑩,未可以贰。史佚之志有之⑪曰:'非我族类,其心必异。'楚虽大非吾族也⑫,其肯字我乎?"公乃止。

[经]冬城郓⑬。

【注释】

①通嗣君也:这是为着宋共公方才即位,所以使华元来聘问。

②郑伯坚：就是郑襄公。此经无传。

③归叔姬故也：杞伯来朝见鲁成公，是为的他与鲁女叔姬离婚的缘故。

④此经无传。

⑤晋侯必不免：晋景公必定不能寿终。

⑥敬之敬之，天惟显思，命不易哉：这是《诗经·周颂》的一句话，意思说恭敬吧恭敬，天是很显明的，天命是不容易得到的。

⑦夫晋侯之命在诸侯矣：晋侯的命运全在诸侯的手中。

⑧此经无传。

⑨国大臣睦而迩于我：国家很大，而晋国臣们全都很和睦，又对我们疆界离得很近。

⑩诸侯听焉：诸侯全都服从他。

⑪史佚之志有之：史佚是周文王的太史，他的书里有这句话。

⑫楚虽大非吾族也：楚国虽然广大他同我们不同族。

⑬此经无传。郓：鲁国有二个郓，现在所城的是西郓，在今山东省郓城县东十六里。

【译文】

成公四年春天，宋国的华元来鲁国聘问，这是为的宋共公新即位的缘故。

三月壬申这天，郑襄公死了。

杞国君到鲁国来朝见。因为他要说明与鲁国叔姬离婚的缘故。

夏天四月甲寅这天，臧孙许死了。

鲁成公到晋国去，晋侯接见鲁成公，不恭敬。季文子就说："晋侯必定不能寿终。《诗经·周颂》上说：'恭敬啊恭敬，上天很显明，受天命是很不容易啊！'晋侯的命运全掌握在诸侯的手里，怎么不能恭敬呢？"

给郑襄公行葬礼。

秋天，鲁成公从晋国回来，想着同楚国和平而背叛晋国。季文子就说："不可以。晋国虽然没有道理也不可以背叛。他的国家大而他的群臣和睦，并且离我很近，诸侯全都服从他，我们不可以对他有二心。据周文王的太史佚的书中有这句话说：'不是我同族类的人，他的心必定不相同。'楚国虽是大国，但不是我们同族，他还可以爱我吗？"鲁成公就停止了。

冬天修鲁国的郓城。

【原文】

[经]郑伯伐许。

[传]冬十一月,郑公孙申帅师疆许田^①,许人败诸展陂^②。郑伯伐许,取鉏任泠敦之田^③。

[传]晋栾书将中军,荀首佐之,士燮佐上军,以救许伐郑,取汜祭^④。楚子反救郑,郑伯与许男讼焉^⑤,皇戌摄郑伯之辞^⑥,子反不能决也,曰:"君若辱在寡君,寡君与其二三臣共听两君之所欲成,其可知也^⑦。不然,侧不足以知二国之成^⑧。"

[传]晋赵婴通于赵庄姬^⑨。

【注释】

①郑公孙申帅师疆许田:前年郑国伐许侵占他的田地,所以现在来正他的疆界。

②展陂:是许地,在今河南省建安区西北。

③鉏任泠敦之田:鉏任泠敦都是许地,据《汇纂》说:"皆在今河南省许昌县境内。"

④汜祭:汜在今河南省汜水县东南,祭在今河南省郑县东北十五里。

⑤郑伯与许男讼焉:郑伯同许男争曲直。

⑥皇戌摄郑伯之辞:郑国的大夫皇戌替郑伯对答。

⑦其可知也:那么两国所愿意成功的也就可以知道了。

⑧不然侧不足以知二国之成:要不然我不能够确知并使两国达成和解。

⑨晋赵婴通于赵庄姬:赵婴是赵盾的弟弟,赵庄姬是赵盾的儿子赵朔的妻子,他们二人私通。

【译文】

十一月,郑国公孙申率领着军队,到许国来整理他的疆界。许国军队在展陂这地方打败他。于是郑伯就伐许国都城,夺取了鉏任泠敦的田地。

晋国栾书率领着中军,荀首做他的副佐。士燮作上军佐,去救许国,讨伐郑国,取了郑地名叫汜祭的地方。楚国令子反来救郑国。郑伯同许男在子反的面前争曲直,郑国的大夫皇戌替郑伯对答。子反听了不能够决断就说:"你要是能来见楚国的君,楚君和几个臣子可以共同听你们两国所希望的,那就可以解决了。不然的话我不能够确知并使两国达成和解。"

晋国赵盾的弟弟赵婴与赵盾的儿子赵朔的妻子庄姬私通。

【讲评】

晋、楚争霸，中原诸侯往往在其中摇摆不定，然而楚国仍被摈于华夏正统之外，所以鲁成公虽不满于晋君无礼，但还是遵从了季文子的劝诫而未叛晋。

成公五年

【原文】

［经］五年春王正月，杞叔姬来归。

［传］五年春，原屏放诸齐①。婴曰："我在，故栾氏不作②；我亡，吾二昆其忧哉！且人各有能有不能③，舍我何害？"弗听。婴梦天使谓己："祭余，余福女。"使问诸士贞伯，贞伯曰："不识也。"既而告其人④曰："神福仁而祸淫，淫而无罚，福也。祭其得亡乎。"⑤祭之之明日而亡。

［经］仲孙蔑如宋。

［传］孟献子如宋，报华元也⑥。

［经］夏，叔孙侨如会晋荀首于谷。

【注释】

①原屏放诸齐：原、屏是指着赵婴的哥哥把赵婴放逐到齐国去。

②我在，故栾氏不作：因为我在国内，所以栾氏不敢对赵氏作乱。

③人各有能有不能：每个人各有能做的事也有不能做的事。意思说我虽淫乱，但可以使赵庄姬保护赵氏。

④既而告其人：士贞伯告诉他的侍从的人。

⑤祭其得亡乎：如果祭祀就可以逃奔别国。

⑥报华元也：回答华元的聘问。

【译文】

成公五年春天，赵同赵括把赵婴驱逐到齐国去。赵婴说："我若存在国里栾氏不敢动作,我若出亡,我两弟兄必定要发愁了,并且每个人有的能干的也有不能干的,放过我有什么害处?"他们不听从他。赵婴梦见上天派人对他说:"你要祭祀我,我就使你得到福。"他派人去问士贞伯,士贞伯说:"不知道。"后来士贞伯就告诉他左右的人说:"神是加福于仁人的,而嫁祸于淫人的,淫而不得到惩罚这就是福。要是祭神或者可以得到逃亡。"祭的第二天就逃亡了。

孟献子到宋国去,这是报答上次宋国华元的来聘问。

【原文】

[传]夏,晋荀首如齐逆女,故宣伯馈诸谷①。

[经]梁山崩。

[传]梁山崩,晋侯以传召伯宗②。伯宗辟重曰:"辟传。"重人曰:"待我不如捷之速也③。"问其所,曰:"绛人也。"问绛事焉。曰:"梁山崩,将召伯宗谋之。"问将若之何④。曰:"山有朽壤而崩,可若何?国主山川⑤,故山崩川竭,君为之不举⑥,降服⑦,乘缦⑧,彻乐⑨,出次⑩,祝币⑪,史辞⑫,以礼焉⑬。其如此而已,虽伯宗若之何⑭?"伯宗请见之⑮,不可。遂以告而从之⑯。

[经]秋大水⑰。

[传]许灵公想郑伯于楚⑱。六月郑悼公如楚,讼不胜,楚人执皇戍及子国⑲。故郑伯归,使公子偃请成于晋。秋八月,郑伯及晋赵同盟于垂棘⑳。

[传]宋公子围龟㉑为质于楚而归,华元享之,请鼓噪以出,鼓噪以复入,曰:"习攻华氏㉒。"宋公杀之。

【注释】

①宣伯馈诸谷:馈音郓。馈是在野地送饭。鲁国的叔孙侨如到谷这地方送饭。

②晋侯以传召伯宗:传是驿车。晋侯就用驿车来召伯宗到都城去。

③待我不如捷之速也:等到我的车子避开,不如另走捷径。

④问将若之何:问这有什么办法。

⑤国主山川:又一国家本来以山同川为主祭的。

⑥君为之不举:国君就撤去很好的食品。

⑦降服:穿的衣服也不再华盛。

⑧乘缦:车上没画文采叫着缦,乘这种没有文采的车。

⑨彻乐：取消作乐。

⑩出次：到城外去居住。

⑪祝币：由祝官陈列很多玉币。

⑫史辞：太史就做国君自己责备的言辞。

⑬以礼焉：这是为的礼告山同川。

⑭虽伯宗若之何：就是伯宗有什么办法。

⑮伯宗请见之：伯宗请把他与晋国的君见面。

⑯遂以告而从之：就告诉晋国的君照这办法来做。

⑰此经无传。

⑱许灵公愬郑伯于楚：许灵公到楚国去告郑悼公。

⑲皇戌及子国：皇戌是郑大夫，子国是郑穆公的儿子。楚国因为郑没打赢官司，所以把他们逮捕了。

⑳垂棘：晋地。《群经释地》说："以为垂棘在今山西省翼城县南。"

㉑宋公子围龟：围龟是宋文公的儿子。

㉒习攻华氏：练习攻打华氏一家。这是因为鲁宣公十五年华元使公子围龟替代他到楚国去做人质，所以他想攻打华氏。

【译文】

夏天，晋大夫荀首到齐国去迎接女子，所以鲁国的叔孙侨如到鲁国谷这地方去送饭。

晋国的梁山崩溃了，晋侯用驿车召见伯宗。伯宗命一个载重的车说："避开我这驿车。"那载重的人就说："等着我避开，不如走旁的路的快。"伯宗很惊异的问他是哪里的人。回答说："是晋国都城绛的人。"伯宗就问绛的事情，这个载重的人就说："因为梁山崩溃，所以召见伯宗来商量。"伯宗又问他说那怎么办呢？他说："山因为土坏了就崩了，哪有什么办法？国以山川为主祭，所以山要崩川要干，为君的就不吃好的菜，穿坏的衣服，车上也弃掉文饰，取消作乐，到都城郊外去居住，祷告的人陈列玉币，大史做文章为君自责，这是对于山川所行的礼节。不过如此而已，就是伯宗又怎么办呢？"伯宗请他一同见晋君，他不肯。就把这套话告诉晋君。听从他的话来办理。

秋天，鲁国发生大水。

许灵公到楚国告诉郑伯，六月郑悼公到楚国打官司，郑国没有胜利，楚人就把郑国的皇戌及郑穆公的儿子全逮着。郑伯回来以后使公子偃到晋国请求和平。秋天八月，郑悼公与晋国大夫赵同在垂棘这地方盟誓。

宋国的公子围龟到楚国做人质回来，华元请他吃饭，公子围龟就请打着鼓离开华元家，再敲着鼓以进入华元家说："我这是练习攻打华氏一家。"宋国的君就把他杀了。

【原文】

[经]冬十有一月己酉天王崩。

[传]十一月己酉，定王崩①。

[经]十有二月己丑公会晋侯、齐侯、宋公、卫侯、郑伯、曹伯、邾子、杞伯同盟于虫牢。

[传]冬，同盟于虫牢②，郑服也。诸侯谋复会，宋公使向为人辞以子灵之难③。

【注释】

①定王崩：周定王死了。

②虫牢：郑地，也作桐牢。《河南通志》说："在今河南省封丘县北三里。"

③使向为人辞以子灵之难：宋公使向为人来辞谢他不能开会。因为公子围龟的祸乱。按此条与上一条经传前后不一样，更足以证明《左氏春秋》与孔子所修的《春秋》不是一部书。

【译文】

十一月己酉，周定王死了。

冬天，在虫牢这地方同盟誓，因为郑国已经服从。诸侯想着再开会，宋公使向为人代表他说宋国有围龟的乱事，所以不来开会。

【讲评】

赵氏长期执政，本来就与其他权臣矛盾重重；加之家族内乱，赵婴因为与庄姬私通的丑事而被逐出家族。赵氏失去了庄姬的庇护，灭族的危险迅速来临。

晋国重人对于山崩的谈论反映出当时人对于自然现象的客观认识。

成公六年

【原文】

[经]六年春,王正月,公至自会。二月辛巳,立武宫。取鄟。卫孙良夫帅师侵宋。夏六月,邾子来朝。公孙婴齐如晋。壬申,郑伯费卒。秋,仲孙蔑、叔孙侨如帅师侵宋。楚公子婴齐帅师伐郑。冬,季孙行父如晋。晋栾书帅师救郑。

【原文】

[传]六年春,郑伯如晋拜成,子游相,授玉于东楹①之东。士贞伯曰:"郑伯其死乎?自弃也已!视流而行速,不安其位,宜不能久。"

二月,季文子以鞌之功立武宫,非礼也。听于人以救其难,不可以立武。立武由己,非由人也。

取鄟,言易也。

三月,晋伯宗、夏阳说、卫孙良夫、宁相、郑人、伊洛之戎、陆浑、蛮氏侵宋,以其辞会也。师于鍼,卫人不保。说欲袭卫,曰:"虽不可入,多俘而归,有罪不及死。"伯宗曰:"不可。卫唯信晋,故师在其郊而不设备。若袭之,是弃信也。虽多卫俘,而晋无信,何以求诸侯?"乃止。师还,卫人登陴。

晋人谋去故绛。诸大夫皆曰:"必居郇瑕氏之地,沃饶而近盬,国利君乐,不可失也。"韩献子将新中军,且为仆大夫。公揖而入。献子从。公立于寝庭,谓献子曰:"何如?"对曰:"不可。郇瑕氏土薄水浅,其恶易觏。易觏则民愁,民愁则垫隘②,于是乎有沉溺重腿之疾。不如新田,土厚水深,居之不疾,有汾、浍以流其恶,且民从教,十世之利也。夫山、泽、林、盬,国之宝也。国饶则民骄佚,近宝,公室乃贫,不可谓乐。"公说,从之。夏四月丁丑,晋迁于新田。

六月,郑悼公卒。

子叔声伯如晋。命伐宋。

秋,孟献子、叔孙宣伯侵宋,晋命也。

楚子重伐郑,郑从晋故也。

冬,季文子如晋,贺迁也。

晋栾书救郑，与楚师遇于绕角。楚师还，晋师遂侵蔡。楚公子申、公子成以申、息之师救蔡，御诸桑隧。赵同、赵括欲战，请于武子，武子将许之。知庄子、范文子、韩献子谏曰："不可。吾来救郑，楚师去我，吾遂至于此，是迁戮也。戮而不已，又怒楚师，战必不克。虽克，不令。成师以出，而败楚之二县，何荣之有焉？若不能败，为辱已甚，不如还也。"乃遂还。

于是，军帅之欲战者众，或谓栾武子曰："圣人与众同欲，是以济事。子盍从众？子为大政，将酌于民者也。子之佐十一人，其不欲战者，三人而已。欲战者可谓众矣。《商书》曰：'三人占，从二人。'众故也。"武子曰："善钧[3]，从众。夫善，众之主也。三卿为主，可谓众矣。从之，不亦可乎？"

郑悼公

【注释】

①楹：古代堂前东西两大立柱，称东楹、西楹。

②垫隘：瘦弱。

③善钧：同样是善。钧同均。

【译文】

六年春天，郑悼公前往晋国就讲和一事表示感谢，由郑大夫子游出任相礼。郑悼公本应在两楹之间行授玉之礼，不过他却走到东楹东边行礼。士贞伯说："郑伯或许难活多久，由于他不能自重，并且目光游移，东张西望，走路过快不够安详，表明他在君位上不能安定，或许长久不了。"

二月，季文子为了纪念鞌地之战的胜利建立了武宫，这是不合礼的。依赖别人解救自己的灾祸，不能建立武宫。在依赖自己而不是依靠别人获得胜利的情形下才能建立武宫。

《春秋》中记录夺取了郓国，说明这一行动完成得十分容易。

三月，晋国的伯宗、夏阳说，卫国的孙良夫、宁相，郑国人还有伊洛的戎人，陆浑、蛮氏等联合攻击宋国，由于宋国去年拒绝参与虫牢会见。联军驻扎在卫国的鹹地，卫国人没有设防。夏阳说建议偷袭卫国，他说："就算不能攻进卫都，也可多抓一些俘虏回去，便是有罪也还不至于被杀死吧。"伯宗讲："不能这么做。卫国非常信赖晋国，故而尽管我军驻扎在郊外，他们也不防备。要是趁机偷袭他们，是不讲信用。即使多抓了一些俘虏，不过晋国却会因此而失去了信用，又如何能得到诸侯的拥戴呢？"就打消了这一念头。晋军撤退之后，卫国人才登上城墙。

晋国人想要从故绛迁都。大夫们都说："要迁就必定要迁到郇瑕氏那个地方，那儿土地肥沃，又距盐池很近，对国家有利，又让国君快乐，不能放弃这个好地方。"这时韩献子出任新中军将领，同时还兼任仆大夫。晋景公待群臣朝见礼毕，退到路门，韩献子跟在后面。景公站在寝宫的院子里对韩献子讲："怎么办呢？"韩献子答复说："不行。郇瑕氏这个地方土地贫瘠，又缺少水源，容易积累污秽肮脏之物。有了污秽肮脏之物，民众就会愁苦不堪，民众愁苦不堪，身体便会羸弱，故而就会滋生风湿和脚肿等疾病。不如迁往新田，由于那里土厚水深，居住不会生病，又有汾水和浍水冲走各种污秽肮脏之物，并且那里的民众服从管理，这对国家的千秋万代极为有利。再讲大山、沼泽、森林、盐地，是国家的宝藏。一旦国家富裕了，民众便会骄傲放纵，靠近宝藏之地，公室将会因此而贫困，并不能使国君欢乐。"景公很快乐，听从了他的建议。夏季四月十三日，晋国迁都到新田。

六月，郑悼公逝世。

鲁国的子叔声伯前去晋国。晋国命令鲁国进攻宋国。

秋天，孟献子、叔孙宣伯侵犯宋国，这是晋国的命令。

楚国的子重进攻郑国，原因是郑国又归顺了晋国。

冬天，季文子前去晋国，就晋国迁都表示祝贺。

晋国的栾书率军救助郑国，与楚军在绕角相遇。楚军撤退回国。晋军就随后进攻蔡国。楚国的公子申、公子成领着申地、息地的军队救助蔡国，在桑隧抵御晋军。赵同、赵括准备出战，向栾书请示，栾书想要同意。荀首、士燮、韩厥劝止说："不行。我们本来是救郑国而来，由于楚军离开我们，我们才到了这儿。这事实上是把杀戮转移到了别人身上。杀戮没有结束，便又激怒了楚军，如此作战一定胜利不了。就算可以取胜，也不能算是好事。出动大军，而只是打败楚国两个县的军队，有什么光荣呢？要是不能打败他们，那么我们蒙受的耻辱便更大了。不如回去吧。"于是晋军便退兵回国了。

这时军中将领有很多人主张作战，有人对栾书讲："圣明的人顺从大家的愿望，故而才能把事情办好，您如何不顺从大家的愿望呢？您是执政大臣，应当依据民心做出决定。

在您的十一位副帅之中,只有三个人不主张作战。主张作战的能够说是多数了。《商书》说:'要是有三个人占卜,便听从两个人的。'由于两个人就是多数。"栾书说:"要是同样都是善,便听从多数人的意见。善应该是大家的主张。如今有三位卿持有同一主张,也就能够说是大家了吧。我们听从他们的,不也行吗?"

【讲评】

晋景公迁都有其政治考虑,当时的晋国经过献公以来不断地扩张,疆域已东到黾池,西至今陕西大荔、华县,北达今山西霍州,南通秦岭以北。而绛作为晋国的旧都,交通、地理位置已不能满足作为晋国政治、经济、文化中心的需要。另外,晋国以赵氏为代表的大夫专权,在故都势力很大。晋侯要与楚争霸,必须有一个稳定的后方和战略中心,并加强君权,所以晋景公决定迁都新田。

成公七年

【原文】

[经]七年春王正月,鼷鼠①食郊牛角。改卜牛,鼷鼠又食其角,乃免牛②。

[经]吴伐郯。

[传]春,吴伐郯,郯成。季文子曰:"中国不振旅,蛮夷入伐,而莫之或恤,无吊者也夫。诗曰:'不吊昊天,乱靡有定③。'其此之谓乎?有上不吊④,其谁不受乱。吾亡无日矣。"君子曰:"知惧如是,斯不亡矣⑤。"

[传]郑子良相成公以如晋,见且拜师⑥。

【注释】

①鼷鼠:音兮。这是一种灰色的小老鼠。

②乃免牛:于是就把牛废除不用。此经无传。

③不吊昊天,乱靡有定:这是《诗经·小雅》的一句诗。因为上天不能哀恤人民,所以乱事永远没方法解决。

④有上不吊:这是说上面没有霸主。

⑤知惧如是,斯不亡矣:这样的害怕就不会亡国了。

⑥且拜师：并且拜谢以前晋国救郑国的军队。

【译文】

成公七年春天，小的老鼠吃了祭天的牛的角。另外再占卜祭天的牛，小老鼠又吃它的角，于是就把牛废除不用。

吴国讨伐小的郯国，郯同吴国讲和了。季文子说："中国不能振兴军队，蛮夷进来侵犯而没有人能够帮助他们，这是没有怨恤他们的霸主。《诗经》说：'上天不哀恤，乱事永远不安定。'就是指着这件事。上面没有霸主，谁能够不受这个乱离呢？我的灭亡没有日子了。"君子就说："如此的知道害怕，就不会亡国了。"

郑国大夫子良，为郑成公相礼到晋国去，因为他初次即位见面，并且道谢去年晋国救郑国军队的缘故。

【原文】

[经]夏五月曹伯来朝。

[传]夏曹宣公来朝①。

[经]不郊犹三望②。

[传]秋，楚公子婴齐帅师伐郑。

[经]公会晋侯、齐侯、宋公、卫侯、曹伯、莒子、邾子、杞伯救郑。八月戊辰，同盟于马陵。

[传]秋楚子重伐郑，师于汜③。诸侯救郑，郑共仲侯羽军楚师④，囚郧公钟仪，献诸晋。八月，同盟于马陵⑤，寻虫牢之盟⑥，且莒服故也。

【注释】

①曹宣公来朝：这是曹伯到鲁国来朝见。

②此经无传。

③汜：汜音凡。郑地，在今河南省汜水县东。

④郑共仲侯羽军楚师：共仲与侯羽皆是郑大夫，用军队去抵抗楚军。

⑤马陵：是郑地。《一统志》说："今河北大名县东南十五里，有马陵城，即成公七年同盟处。亦即魏惠王三十年孙膑杀庞涓处。"

⑥寻虫牢之盟：这是重申虫牢的盟会。虫牢的盟会在成公五年。

【译文】

夏天,曹宣公来鲁国朝见。

不祭天但是三望山川的礼。

秋天,楚令尹子重伐郑国,军队驻到氾这地方。诸侯去救郑国,郑国的大夫共仲同侯羽攻打楚国的军队,捕获楚国的郧公钟仪,献给晋国。八月,诸侯同盟于马陵,这是重申虫牢的旧盟会,并且莒国已经服从晋国的缘故。

【原文】

[经]公至自会①。

[传]晋人以钟仪归,囚诸军府②。

[经]吴入州来。

[传]楚围宋之役③,师还,子重请取于申吕以为赏田④,王许之。申公巫臣曰:"不可,此申吕所以邑也,是以为赋以御北方⑤。若取之,是无申吕也,晋郑必至于汉。"王乃止。子重是以怨巫臣,子反欲取夏姬,巫臣止之,遂取以行,子反亦怨之。及共王即位,子重、子反杀巫臣之族子阎子荡及清尹弗忌⑥,及襄老之子黑要,而分其室。子重取子阎之室,使沈尹与王子罢分子荡之室,子反取黑要与清尹之室。巫臣自晋遗二子书⑦曰:"尔以谗慝贪惏事君⑧,而多杀不辜,余必使尔罢于奔命以死⑨。"巫臣请使于吴,晋侯许之。吴子寿梦说之,乃通吴于晋。以两之一卒适吴⑩,舍偏两之一焉⑪。与其射御,教吴乘车⑫,教之战陈,教之叛楚。寘其子狐庸焉,使为行人于吴⑬。吴始伐楚、伐巢、伐徐⑭,子重奔命。马陵之会,吴入州来⑮,子重自郑奔命。子重子反于是乎一岁七奔命⑯。蛮夷属于楚者,吴尽取之,是以始大通吴于上国⑰。

[经]冬大雪⑱。

【注释】

①此经无传。

②囚诸军府:把他藏在存军械的库中。

③楚围宋之役:楚国围宋都城的战役在鲁宣公十四年。

④取于申吕以为赏田:把申同吕这两个地方的田地以为子重的赏赐。

⑤是以为赋以御北方:拿这个田赋做成军队以抵抗北方。

⑥子阎子荡及清尹弗忌:他们都是巫臣的本家。

⑦巫臣自晋遗二子书:巫臣自晋给子重子反的信说。

⑧尔以谗慝贪惏事君:你用谗言,而且很贪财来侍奉君王。

⑨余必使尔罢于奔命以死:我必使你一再来回奔逃以至于死亡。罢音皮。同疲。

⑩以两之一卒适吴:据《司马法》说:"一百人为一卒,二十五人叫作两。"带了一百二十五人的军队到吴国去。

⑪舍偏两之一焉:留下九辆车同二十五个步卒在吴国。

⑫与其射御教吴乘车:教给吴国人射箭同驾车,使吴国能够做学习车战。

⑬使为行人于吴:使他的儿子狐庸在吴国做行人的官。

⑭伐巢伐徐:巢同徐全是楚国的属国。

⑮吴入州来:吴国攻入州来。

⑯于是乎一岁七奔命:于是楚国的子重同子反一年的功夫为救各国而南北逃奔七次。

⑰上国:到中原。

⑱此经无传。

【译文】

鲁成公自开会的地方回来。

晋国人把楚国的钟仪囚回到晋国,把他囚禁于军械的库中。

楚国围宋国那回战役,军队回到楚国,令尹子重请分申吕两邑的田地给他,楚王答应了。申公巫臣就说:"不可以,这就是申同吕所以做楚国的城邑,可以拿出军从以抵御北方。假设拿它赏给子重,这是等于没有申吕这两个城,晋国同郑国必定一直到汉水。"楚王就停止了。子重因此怨恨巫臣。子反要娶夏姬,巫臣亦阻止他,后来巫臣却把夏姬取来一同出国,子反因而也怨恨他。等到楚共王即位以后,子重同子反两个人就杀掉巫臣的同族子阎,子荡及清尹弗忌及襄老的儿子黑要,并且分他们的家产。子重取了子阎的家产,又叫沈尹同王子罢瓜分了子荡的家产。子反取到黑要周清尹的家产。巫臣从晋国给子重子反的信说:"你们是以谗言以及贪财产来侍奉君王,又杀了无罪的人很多,我一定叫你们疲于奔走以至于死。"巫臣请派到吴国做使臣,晋侯答应他,吴王寿梦喜欢他,于是他就使吴国同晋国相通。用一百二十五个人的军队到吴国去,他留下九辆兵车同二十五个人的步卒。教给吴国射箭驾车,并且教给吴国练习车战,教给他们打仗的排阵,教给吴国反叛楚国。把他的儿子狐庸留下做吴国行人的官,吴国开始伐楚国,伐巢,伐徐,子重因为救他们就奔命。在马陵会的时候,吴国侵入州来,子重因为正在救郑国,他就从郑国奔命救州来。于是子重子反一年的功夫,七次奔命,凡是蛮夷从前属于楚国的,吴全都占据了,吴国就变成大国,就同中原各国开始交往。

冬天,求雨。

【原文】

[经]卫孙林父出奔晋。

[传]卫定公恶孙林父,冬孙林父出奔晋。卫侯如晋:晋反戚焉^①。

【注释】

①晋反戚焉:晋把戚这地方就还给卫国。

【译文】

卫定公不喜欢孙林父,冬天,孙林父出奔到晋国。卫侯到晋国去,晋国就将孙林父的封邑戚还给卫国。

【讲评】

楚国子重、子反与申公巫臣之间的矛盾,起因是对美女和土地的争夺,对春秋中后期楚国的政局带来了严重的后果。申公巫臣为了一己私利,投奔国家的劲敌,本不足取。子重、子反同样出于私人恩怨和掠夺财富的目的,打击报复申公巫臣家族。申公巫臣为泄私愤,教吴叛楚,极大地牵制了楚国的力量。楚国不得不与晋国和吴国同时作战,使得楚庄王开辟的霸业由盛而衰,一蹶不振。这几个人为了私欲,给国家和自己都带来了深重的灾难,后人当引以为戒。

成公八年

【原文】

[经]八年春,晋侯使韩穿来言汶阳之田,归之于齐。晋栾书帅师侵蔡。公孙婴齐如

莒。宋公使华元来聘。夏,宋公使公孙寿来纳币。晋杀其大夫赵同、赵括。秋七月,天子使召伯来赐公命。冬十月癸卯,杞叔姬卒。晋侯使士燮来聘。叔孙侨如会晋士燮、齐人、邾人伐郯。卫人来媵。

【原文】

[传]八年春,晋侯使韩穿来言汶阳之田,归之于齐。季文子饯之,私焉,曰:"大国制义,以为盟主,是以诸侯怀德畏讨,无有贰心。谓汶阳之田,敝邑之旧也;而用师于齐,使归诸敝邑。今有二命曰:'归诸齐'。信以行义,义以成命,小国所望而怀也。信不可知,义无所立,四方诸侯,其谁不解体?《诗》曰:'女也不爽,士贰其行。士也罔极,二三其德。'七年之中,一与一夺,二三孰甚焉?士之二三,犹丧妃耦,而况霸主?霸主将德是以,而二三之,其何以长有诸侯乎?《诗》曰:'犹之未远,是用大简。'行父惧晋之不远犹而失诸侯也,是以敢私言之。"晋栾书侵蔡,遂侵楚,获申骊。楚师之还也,晋侵沈,获沈子揖初,从知、范、韩也。君子曰:"从善如流,宜哉!《诗》曰:'恺悌君子,遐不作人?'求善也夫!作人,斯有功绩矣。"是行也,郑伯将会晋师,门于许东门,大获焉。声伯如莒,逆也。宋华元来聘,聘共姬也。

夏,宋公使公孙寿来纳币,礼也。晋赵庄姬为赵婴之亡故,谮之于晋侯,曰:"原、屏将为乱。栾、郤为征。"六月,晋讨赵同、赵括。武从姬氏畜于公宫。以其田与祁奚。韩厥言于晋侯曰:"成季之勋、宣孟之忠而无后,为善者其惧矣。三代之令王,皆数百年保天之禄。夫岂无辟王[①]?赖前哲以免也。《周书》曰:'不敢侮鳏寡'。所以明德也"。乃立武,而反其田焉。

秋,召桓公来赐公命。晋侯使申公巫臣如吴,假道于莒。与渠丘公立于池上,曰:"城已恶。"莒子曰:"辟陋在夷,其孰以我为虞?"对曰:"夫狄焉思启封疆以利社稷者,何国蔑有?唯然,故多大国矣。唯或思或纵也,勇夫重闭,况国乎?"

冬,杞叔姬卒。来归自杞,故书。晋士燮来聘,言伐郯也。以其事吴故。公赂之,请缓师。文子不可,曰:"君命无贰,失信不立。礼无加货,事无二成[②]。君后诸侯,是寡君不得事君也。燮将复之。"季孙惧,使宣伯帅师会伐郯。卫人来媵共姬,礼也。凡诸侯嫁女,同姓媵之,异姓则否。

【注释】

①辟王:邪僻的君王。

②事无二成：即出师与缓师，二者只能择一。

【译文】

　　鲁成公八年春季，晋景公派韩穿来鲁国谈要鲁国把汶阳之田重新还给齐国的事。季文子为韩穿饯行，私下对他讲："大国处事公正而成为盟主，诸侯也故而怀念它的德行，畏惧它的征讨，没有二心。讲到汶阳之田，本来便是我国的领土，对齐国用兵之后，才迫使齐国交还我国。现又有第二道命令：'再归还齐国'。推行道义要凭信用，完成命令要靠道义，这是小国所希望的，也会故而归顺大国。现在不讲信用，不行道义，四方诸侯能不分崩离析吗？《诗经》上讲：'女子呀无错，男子变花样，两意三心肠！'七年之内，还回来一次又夺回去一次，还有比这更三心二意的吗？男子变化无常，还会失去配偶，更何况是诸侯霸主呢？霸主一定要凭借德行，要是朝令夕改，那又如何能长久得到诸侯的拥戴呢？《诗经》上讲：'谋略缺乏远见，故而极力劝谏'。行父我担心晋国不能深谋远虑而失去诸侯的拥戴，故而才敢私下对您说这些话。"晋国的栾书入侵蔡国，接着又侵犯楚国，抓获了楚国大夫申骊。鲁成公六年，楚、晋两军在绕角相遇，楚军撤退后，晋国趁机侵犯沈国，俘虏了沈子揖初。这是栾书采纳了荀首、士燮、韩厥三人计谋的结果。君子觉得："采纳好建议如同流水一样爽快，这是恰当的啊！《诗经》上讲：'和乐平易的君子，如何不起用人才'说的便是求取贤能之人啊！善于起用人才，这便有功绩了。"此次行动，郑悼公会合晋军，路过许国时，便进攻许国国都的东门，收获很大。鲁国的声伯前去莒国，迎娶妻子。宋国的华元来鲁国访问是为宋共公聘定共姬为夫人。

　　夏季，宋共公派公孙寿前来送彩礼，这是合于礼法的。晋国的赵庄姬因为赵婴被迫逃亡的原因，在晋景公面前诬陷赵同和赵括。讲："赵同和赵括准备叛乱。"栾氏、氏作证。六月，晋国杀害了赵同、赵括。赵武跟着庄姬住在晋景公的宫内。景公把赵氏的田地奖给祁奚。韩厥对晋景人讲："以赵衰的功勋跟赵盾的忠心，却没有留下后代，善良的人或许会因此而害怕。夏、商、周三代君王，都可以几百年保有江山，难道就没有邪恶的昏君？只不过靠他们贤明的祖先才能够免除灾祸而已。《周书》讲：'不要欺侮鳏夫寡妇。'便是为了宣扬德行。"于是晋景公便立赵武为赵氏继承人，并把赵氏的田地交还给了他。

　　秋季，召桓公来鲁国传递周天子赐爵成公的命令。晋景公派中公巫臣前去吴国，向莒国借道。巫臣跟莒君渠丘公站在城上，讲："城墙太破旧了。"渠丘公讲："我国偏远狭小，又在蛮夷之地，谁还会打我们的主意呢？"巫臣讲："狡猾的人总是想着扩展疆土以有利于自己的国家，哪个国家没有这种人？正由于如此，故而有很多大国。小国中有的考虑防卫才能够幸存,有的放纵不设防就亡国。一个勇敢的人睡觉时还要把门窗层层关闭,更何况是一个国家呢?"

冬季,杞叔姬逝世。由于她是从杞国回到鲁国的,故而《春秋》才进行记录。晋国的士燮来鲁国访问,提到要进攻郯国,由于郯国事奉吴国。成公送给士燮礼物,请求让鲁国暂缓出兵。士燮不同意,他说:"国君的命令不能随意更改,失去信用便难以自立。我接受的礼物不能另外增加,马上出兵或暂缓出兵只能有一种选择。要是您在其他诸侯之后出兵,那么我们国君便不能再事奉您了。我将如实向我们国君汇报。"季孙对此感到恐惧,于是派宣伯领兵会同晋国征伐郯国。卫国人送来了一个女子作为共姬的陪嫁,这是合于礼法的。但凡诸侯嫁女,要是是同姓国这便要送一个女子作为陪嫁,异姓国家便不必如此。

【讲评】

赵氏长期执掌晋国政权,晋君要集中君权,势必要对赵氏家族动手,"君子之泽,五世而斩",创始者赵衰以和蔼的谦谦君子示人,赵盾则威猛严厉,到赵同、赵括、赵婴齐就是三个败家子,既无才能,又作威作福,品行恶劣,正好给晋君提供了打击大夫势力的借口。虽然赵氏灭族出于赵姬的谗言,但一国一家的败亡其实都基于人事,就如同《红楼梦》等小说中所描绘的那样,内囊已腐朽,大厦安能不倾倒? 幸亏赵盾还保留了乃父的一点与人为善的做法,由故交韩厥出面保全了孤儿赵武的名位,赵家的大厦才在摇摇欲坠中支撑下来,也才有了后来的赵氏诸侯。《赵氏孤儿》在元以后被编成戏剧,流传甚广,但剧情离故事原貌已较远,衍变后的剧情已经成为爱憎分明的忠臣与奸佞的斗争历程。

成公九年

【原文】

[经]春王正月,杞伯来逆叔姬之丧以归。

[传]春,杞桓公来逆叔姬之丧,请之也①。杞叔姬卒,为杞故也②。逆叔姬为我也③。

【注释】

①请之也:这是鲁国的请求。

②为杞故也：这是为的杞国的缘故。

③逆叔姬为我也：她是被杞国断绝，而杞国迎接她的丧事，这明是为鲁国的缘故。

【译文】

成公九年春天，杞桓公来迎接鲁国的叔姬的丧事，这是鲁国请求的，《春秋》上写着杞叔姬死了，因为她仍回去葬在杞国，这种写法，是为杞国的面子，又写着杞伯迎接叔姬，这是为鲁国的面子。

【原文】

［经］公会晋侯、齐侯、宋公、卫侯、郑伯、曹伯、莒子、杞伯，同盟于蒲。

［传］为归汶阳之田故，诸侯贰于晋①。晋人惧，会于蒲②，以寻马陵之盟。季文子谓范文子曰："德则不竞，寻盟何为③？"范文子曰："勤以抚之，宽以待之，坚疆以御之，明神以要之，柔服而伐贰④，德之次也。"是行也，将始会吴，吴人不至。

［经］公至自会⑤。

［经］二月伯姬归于宋。

［传］二月伯姬归于宋⑥。

【注释】

①故诸侯贰于晋：诸侯全都与晋国不同心。

②蒲：是卫地，在今河北省长垣县西南。

③德则不竞，寻盟何为：德性不能加强，何必重申盟誓呢？

④柔服而伐贰：安抚服从的国家，而讨伐有二心的人。

⑤此经无传。

⑥伯姬归于宋：鲁国的女儿伯姬于归到宋国。

【译文】

因为是鲁国退还齐国汶水南边的田地，诸侯对于晋国全有了二心。晋国人害怕，在蒲这地方会盟，以重申马陵的旧盟誓。鲁国的季文子就对晋国的士燮说："德性不能加强，重申盟会有什么用？"士燮说："勤劳以安抚他，宽大以对待他，坚忍强毅以驾御他，用大神来要临他，安抚服从的国而讨伐有二心的，这是德性的第二等。"这次想开始与吴国相会,但是吴国人不来。

鲁成公从开会的地方回来。

二月,鲁国的女儿伯姬嫁给宋国。

【原文】

[经]楚人以重赂求郑,郑伯会楚公子成于邓①。

[经]夏,季孙行父如宋致女。

[传]夏,季文子如宋致女,复命。公享之,赋韩奕之五章②。穆姜③出于房,再拜曰:"大夫勤辱,不忘先君以及嗣君,施及未亡人④,先君犹有望也⑤,敢拜大夫之重勤。"又赋绿衣之卒章⑥而入。

[经]晋人来媵。

[传]晋人来媵,礼也⑦。

[经]秋,七月丙子,齐侯无野卒⑧。

【注释】

①邓:在今河南省郾成县东南三十五里的邓城。

②赋韩奕之五章:《韩奕》是《诗经·大雅》的一篇,五章里面说,观察各处没有再比韩再快乐的。

③穆姜:是伯姬的母亲。

④施及未亡人:未亡人是女子丈夫已死的自称。

⑤先君犹有望也:先君也希望季文子如此。

⑥绿衣之卒章:《绿衣》是《诗经·邶风》的一篇。卒章的意思是说季文子很得穆姜的心意。

⑦晋人来媵,礼也:晋人与鲁人同姓,所以来媵很合于礼。

⑧此经无传。

【译文】

楚国人拿重的贿赂求郑国,郑伯就到邓这地方与楚大夫公子成会盟。

季文子到宋国送女,回到鲁国报命。鲁成公设宴款待他,季文子就歌唱《诗经·大雅·韩奕》的第五章诗,成公的母亲穆姜从屋里出来拜谢两次并且说:"大夫勤劳,不忘记先君,以及现在的君,并加到未亡人,先君尚可有希望,再谢大夫的多次勤劳。"穆姜又歌唱《诗经·邶风·绿衣》末了一篇,然后回到屋里去。

晋国人派着滕妾来,这是合礼的。

秋七月丙子这天齐侯无野死了。

【原文】

[经]晋人执郑伯。

[传]秋,郑伯如晋,晋人讨其贰于楚也,执诸铜鞮①。

[经]晋栾书帅师伐郑。

[传]栾书伐郑,郑人使伯蠲行成②,晋人杀之,非礼也。兵交使在其间③,可也。楚子重侵陈以救郑。晋侯观于军府,见钟仪,问之曰:"南冠而絷者谁也④?"有司对曰:"郑人所献楚囚也⑤。"使税之⑥。召而吊之,再拜稽首。问其族,对曰:"泠人也⑦。"公曰:"能乐乎?"对曰:"先父之职官也,敢有二事⑧!"使与之琴,操南音⑨。公曰:"君王何如?"对曰:"非小人之所得知也。"固问之,对曰:"其为大子也,师保奉之,以朝于婴齐而夕于侧也⑩,不知其他。"公语范文子。文子曰:"楚囚君子也。言称先职,不背本也;乐操土风,不忘旧也;称大子,抑无私也⑪;名其二卿,尊君也⑫;不背本,仁也;不忘旧,信也;无私,忠也;尊君,敏也⑬;仁以接事,信以守之,忠以成之,敏以行之,事虽大必济。君盍归之,使合晋楚之成。"公从之,重为之礼,使归求成⑭。

[经]冬十有一月葬齐顷公⑮。

【注释】

①铜鞮:《一统志》说:"今山西沁县南十里,中有宫阙台基,即晋别宫。其北即晋大夫羊舌赤之邑。"

②郑人使伯蠲行成:伯蠲是郑国的行人,到晋国去要求和平。

③兵交使在其间:在打仗的时候,行人可以在中间。

④南冠而絷者谁也:带着南方的帽子而被拘禁的,这是谁。

⑤郑人所献楚囚也:这是郑国所贡献的楚国囚人。

⑥使税之:税音义同脱。就把他拘禁的器械打开。

⑦泠人也:泠音义同伶。他是乐馆能奏乐的人。

⑧先父之职官也,敢有二事:这是我们先人做的官,我不敢学旁的事情。

⑨使与之琴,操南音:给他琴,他就奏楚国的音乐。

⑩以朝于婴齐,而夕于侧也:早晨到令尹子重那里去,而晚上到司马子反那里去。

⑪称大子,抑无私也:大音泰。称呼楚王做大子的时候,表示他没私心。

⑫名其二卿尊君也:称婴齐同侧这是二卿的名字,这表示尊敬晋君。

⑬尊君,敏也:尊重晋君,这是很敏达的。

⑭使归求成:叫他回去以求晋楚两国的和平。

⑮此经无传。

【译文】

秋天,郑伯到晋国去,晋国人讨伐他对楚国有二心,把他逮到铜鞮的宫中。

栾书讨伐郑国,郑国人使他的大夫伯蠲来求和平,晋人把他杀掉,这是不合礼的。打仗的时候使臣可以在中间。楚国令尹子重侵伐陈国以救郑国。晋侯去观军府,见了钟仪,便问:"戴了南边帽子却被拘住的,是谁?"有司回答说:"就是郑人献来的楚囚。"便命放了他。召来安慰他一番,楚囚便再拜叩头,问他宗族,答说:"是做乐工的。"公就问:"能够奏乐吗?"答说:"这是先父的职官,怎敢学其他事呢?"就叫他弹琴,他弹的是南方的声音。公又问:"你的君王怎样?"答说:"不是小人所能知道的。"再三问他。就答说:"他做太子的时候,师保侍奉他,早起去见婴齐,晚上去见侧,尊卿敬老是这般的;其余便不知道。"公把这些话告诉范文子,文子说:"楚囚倒是个君子哩!说话称着先父的官职,这是他的不背本;弹琴出南方的土音,这是他的不忘旧;称太子,这更加是他的无私心;叫二卿的名字,这是他的尊重国君。不背本,就是仁;不忘旧,就是信;没有私心,就是忠;尊君,就是敏。用仁以接事,用信来守事,用忠成事,用敏行事,有这四德,哪怕大事,也定能成功的了;君为什么不使他回去,撮合晋楚的要好呢?"公听他的话,格外用礼貌待他,使他归国去求和。

冬天十一月给齐顷公行葬礼。

【原文】

[经]楚公子婴齐帅师伐莒,庚申莒溃,楚人入郓。

[传]冬十一月,楚子重自陈伐莒,围渠丘,渠丘城恶,众溃奔莒。戊申,楚入渠丘①。莒人囚楚公子平②,楚人曰:"勿杀,吾归而俘。"莒人杀之。楚师围莒,莒城亦恶,庚申莒溃,楚遂入郓,莒无备故也。君子曰:"恃陋而不备,罪之大者也③。备豫不虞,善之大者

也^④。莒恃其陋而不修城郭,浃辰之间^⑤,而楚克其三都,无备也夫。诗曰:'虽有丝麻,无弃菅蒯,虽有姬姜,无弃蕉萃。凡百君子,莫不代匮^⑥。'言备之不可以已也。"

【注释】

①渠丘:见成公八年。

②公子平:是楚大夫。

③恃陋而不备,罪之大者也:依仗城的简陋而不防备,这是罪状最大的。

④备豫不虞,善之大者也:在没有状况的时候,就预备着,这是善政最大的。

⑤浃辰之间:十二天的功夫。

⑥虽有丝麻,无弃菅蒯,虽有姬姜,无弃蕉萃。凡百君子,莫不代匮:这是一首逸诗。意思是说虽然有好的织布的原料,也不要放弃坏的原料,虽有美女,也不要放弃陋贱的人。凡是各种君子,没有不有时间须要代用的。

【译文】

楚国令尹子重自从陈国伐了莒国,围了渠丘这个城,城很坏,军队全都崩溃了,逃到莒国都城。戊申这天,楚国进入渠丘城。莒国人把楚国的公子平囚进去了,楚人说:"不要杀他,我归还你们的俘虏。"莒国人不听就杀了他。楚国军队就围了莒国都城,这个城也很坏,庚申这天莒国崩溃,楚国就进入郓这城,这是因为莒国没有防备的关系。君子说:"仗着简陋而不防备,这是罪恶的最大的。在平时就预做准备,这是最大的善策。莒国仗着他的简陋而不修理他的内城同外郭,十二天的工夫,而楚国得到三个大城,这是没有防备吧。逸诗说:'虽然有丝同麻,也不要舍弃坏一点的材料;虽然有姬姜的美女,不要舍弃微贱的女子;凡是在位的人,不要忘了有替代可用的人。'意思是说,防备是不可以忘的。"

【原文】

[经]秦人白狄伐晋。

[传]秦人白狄伐晋,诸侯贰故也^①。

[经]郑人围许。

[传]郑人围许,示晋不急君也。是则公孙申谋之曰:"我出师以围许,为将改立君者,而纾晋使^②,晋必归君。"

[经]城中城。

[传]城中城③,书时也。

[传]十二月,楚子使公子辰如晋报钟仪之使,请修好结成④。

【注释】

①诸侯贰故也:因为诸侯对于晋国全有二心。

②为将改立君者,而纾晋使:就是为的表示要改立一个君,而暂缓派人到晋国去。

③城中城:这是修鲁国曲阜的内城。因为楚国,占了莒国的三个城,所以鲁国害怕。

④请修好结成:请修好,并加以盟誓。

【译文】

秦国人同白狄全都去讨伐晋国,这都是各诸侯对晋国全有二心的缘故。

郑国人围了许国都城,为的对晋国不急于使郑伯回国有所表示。这是公孙申的计谋。他说:"我出兵去围了许国都城,作为是改立旁的郑君,而暂缓派人到晋国,晋国必定把君送还。"

在鲁国曲阜都城里面修一小城,这是表示很合于农时的。

十二月,楚王派公子辰到晋国去,是报答晋国派楚国的钟仪来修好,请求修好了并且商定盟约。

【讲评】

春秋时期盟会频繁,盟誓之后,又有寻盟,也就是重温盟誓。这恰恰是诸侯之间缺乏诚信,经常发生渝盟、背盟之事的表现。真正的诚信无须诅盟,更不用寻盟。南朝宋·刘勰《文心雕龙·祝盟》云:"信不由衷,盟无益也。""忠信可矣,无恃神焉。"晋国范文子面对责问,回答了盟誓和寻盟的意义,体现出当时人的一般看法,即在信任普遍缺失的社会背景下,盟誓仍然被认为是人们消除彼此疑虑、约束彼此行为所能采用的最有效的方式。

楚人的典型特征是忠诚念旧、勇猛尚武、刚强不屈。从楚国创业的国君以及贤臣身上,都可以看到这些特点。也正因为此,从容应对晋景公的南冠楚囚成为后代坚贞之士吟咏、自况的形象。如初唐的骆宾王《在狱咏蝉》:"西陆蝉声唱,南冠客思深。不堪玄鬓影,来对白头吟。露重飞难进,风多响易沉。无人信高洁,谁为表余心。"明代少年英雄夏完淳用《南冠草》命名他的诗集。

成公十年

【原文】

[经]十年春,卫侯之弟黑背帅师侵郑。夏四月,五卜郊,不从,乃不郊。五月,公会晋侯、齐侯、宋公、卫侯、曹伯伐郑。齐人来媵。丙午,晋侯獳卒。秋七月,公如晋。冬十月。

【原文】

[传]十年春,晋侯使籴筏如楚,报大宰子商之使也。

卫子叔黑背侵郑,晋命也。

郑公子班闻叔申之谋。三月,子如立公子繻。夏四月,郑人杀繻,立髡顽。子如奔许。栾武子曰:"郑人立君,我执一人焉,何益? 不如伐郑而归其君,以求成焉。"晋侯有疾。五月,晋立大子州蒲以为君,而会诸侯伐郑。郑子罕赂以襄钟,子然盟于修泽,子驷为质。辛巳,郑伯归。

晋侯梦大厉①,被发及地,搏膺而踊,曰:"杀余孙,不义。余得请于帝矣!"坏大门及寝门而入。公惧,入于室。又坏户。公觉,召桑田巫。巫言如梦。公曰:"何如?"曰:"不食新矣。"公疾病,求医于秦。秦伯使医缓为之。未至,公梦疾为二竖子,曰:"彼,良医也。惧伤我,焉逃之?"其一曰:"居肓之上,膏之下,若我何?"医至,曰:"疾不可为也。在肓之上,膏之下,攻之不可,达之不及,药不至焉,不可为也。"公曰:"良医也。"厚为之礼而归之。六月丙午,晋侯欲麦②,使甸人献麦,馈人为之。召桑田巫,示而杀之。将食,张,如厕,陷而卒。小臣有晨梦负公以登天,及日中,负晋侯出诸厕。遂以为殉。

郑伯讨立君者,戊申,杀叔申、叔禽。君子曰:"忠为令德,非其人犹不可,况不令乎?"

秋,公如晋。晋人止公,使送葬。于是籴筏未反。

冬,葬晋景公。公送葬,诸侯莫在。鲁人辱之,故不书,讳之也。

【注释】

①大厉:恶鬼。

②欲麦:即尝新。

【译文】

十年春天,晋景公派大夫夅筏到楚国,感谢楚国太宰公子辰对晋国的访问。

卫国的子叔黑背带兵侵犯郑国,这是晋国的命令。

郑国的公子班听从了公孙申的计谋。三月,立公子繻为国君。夏季四月,郑国人杀死公子繻,又立了髡为国君,公子班逃亡许国。晋国的栾书讲:"郑国人又立了新君,我们囚禁他们的国君还有什么用呢? 不如进攻郑国,把他们的国君送过去,以谋求两国的和好。"晋景公生了病。五月,晋国人立太子州蒲为新君,之后由新君会合诸侯进攻郑国。郑国的子罕把郑襄公庙里的钟送给晋国求和,由子然跟晋国等在修泽会盟,派子驷到晋国作人质。十一日,郑成公回到国内。

晋侯梦中看见一个大鬼,头发直披到地上,用手拍着胸膛跳跃着说:"杀掉我的孙子不应该,我已经请准上帝了。"就坏了大门和寝门一直进来。公心中害怕,逃进屋中,却又毁坏了户,公一惊便觉,差人去招桑田地方走阴差的人来问问吉凶。巫所说的话,却和公的梦一样的! 公就问:"主什么吉凶?"巫答说:"吃不到新麦了。"公从此便重病,到秦国去请医生,秦伯差个医生叫缓的来给他医治。还没有到来,公又梦见那病化成两个小孩子,大家谈论说:"他是个好医生! 恐怕他要伤害我们,逃避到什么地方去?"又一个说:"我们居在肓上心下,他能怎样对付我们呢?"后来医生既到,便说:"这病不可救了,在肓的上面,心的下面,熨灸他既然不能,用针却又达不到,药力也行不到,真没法医治了。"公说:"这真是个好医生呢!"遂用厚礼待他,送他回国去。六月丙午这一天,晋侯要想吃麦,叫管田租人献上麦来,又叫庖人煮了,然后召来巫人,把新麦给他看,便杀死了他。哪知公正要吃麦饭的时候,肚子偏胀起来,就到茅坑上去,一个不用心,跌在坑里,就死。有个小臣早晨做着一梦,梦背了公升上天去,等到日中,果真背了晋侯从茅坑中爬出来,便把他跟着葬去。

郑伯讨伐立君的人,戊申这天杀了叔申叔禽两个人。君子说:"忠诚是好的德行,不是这个人就不可以,何况是不好的德行呢?"

秋天,鲁成公到晋国去,晋人叫他不要回来,等着行晋景公的葬礼,因为这个时间晋国派到楚国去的夅筏还没有回来。冬天,晋国行晋景公的葬礼,鲁成公参加送葬,其他的诸侯没有参加,鲁国人以为羞辱,所以不写在《春秋》上,因为避讳的缘故。

【讲评】

《左传》对若干人物之出场、退场的描述都有精彩之处,给后来小说提供了很好的典范。晋景公因赵姬的不实之辞,趁机诛灭赵氏家族,此举可谓残暴酷烈,所以作者通过写他做噩梦见到赵氏祖先的厉鬼来索命因而得病,实际上是写他的自知理亏、冤冤相报。正如吴生《左传微》卷四说"此托神怪之词,以深雪赵氏之冤"。

成公十一年

【原文】

[经]十有一年春,王三月,公自至晋。晋侯使郤犨来聘。己丑,乃郤犨盟。夏,季孙行父如晋。秋,叔孙侨如如齐。冬十月。

【原文】

[传]十一年春,王三月,公至自晋。晋人以公为贰于楚,故止公。公请受盟,而后使归。郤犨来聘,且莅盟。

声伯之母不聘,穆姜曰:"吾不以妾为姒。"生声伯而出之,嫁于齐管于奚①。生二子而寡,以归声伯。声伯以其外弟为大夫,而嫁其外妹于施孝叔。郤犨,来聘,求妇于声伯。声伯夺施氏妇以与之。妇人曰:"鸟兽犹不失俪,子将若何?"曰:"吾不能死亡。"妇人遂行,生二子于郤氏。郤氏亡,晋人归之施氏。施氏逆诸河,沈其二子。妇人怒曰:"已不能庇其伉俪②而亡之,又不能字人之孤而杀之,将何以终?"遂誓施氏。

【注释】

①出:犹言遗弃。管于奚:齐国人。
②庇其伉俪:保护自己的配偶。

【译文】

鲁成公十一年春,周历三月,成公从晋国回来。晋国人觉得成公二心于楚国,故而扣留了他。成公请求接受盟约,之后让他回国。郤犨来鲁国聘问,而且参加结盟。

鲁成公十一年,声伯的母亲没有举办媒聘之礼就跟叔同居,穆姜讲:"我不能把妍妇当成嫂嫂。"声伯的母亲生了声伯便被遗弃了。嫁给齐国的管子奚。生了两个孩子后便守寡了,把两个孩子给了声伯。声伯让他的异父弟弟做了大夫,又把他异父妹妹嫁给了施孝叔。晋国郤犨来鲁国聘问，向声伯求取妻子。声伯把施氏的妻子抢给了郤犨。这个女人对丈夫讲："鸟兽还不肯失去配偶，您想要如何做？"施孝叔讲："我不能由此去死或逃亡。"这个女人便随郤犨走了，在郤氏那儿生了两个孩子。郤氏被灭，晋国人把她还给施氏。施氏在黄河边迎接她，把她的两个孩子扔到黄河里。这个女人生气说："不能保护自己的配偶而让她远离，又不能爱护别人的孤儿而杀害他们，如何会有好结果呢？"于是便发誓不再做施氏的妻子。

鲁成公

【原文】

夏，季文子如晋报聘，且莅盟也。

周公楚恶惠、襄之偪也，且与伯与争政，不胜，怒而出。及阳樊，王使刘子复之，盟于鄩而入。三日，复出奔晋。

秋，宣伯聘于齐，以修前好。

晋郤至与周争鄇田，王命刘康公、单襄公讼诸晋。郤至曰："温，吾故也，故不敢失。"刘子、单子曰："昔周克商，使诸侯抚封，苏忿生以温为司寇，与檀伯达封于河。苏氏即狄，又不能于狄而奔卫。襄王劳文公而赐之温，狐氏、阳氏先处之，而后及子。若治其故，则王官之邑也，子安得之？"晋侯使郤至勿敢争。

宋华元善于令尹子重，又善于栾武子。闻楚人既许晋籴茷成，而使归复命矣。冬，华元如楚，遂如晋，合晋、楚之成。

秦、晋为成①，将会于令狐，晋侯先至焉。秦伯不肯涉河，次于王城，使史颗盟晋侯于河东。晋郤犨盟秦伯于河西。范文子曰："是盟也何益？齐盟，所以置信也。会所，信之始也。始之不从，其可质乎②？"秦伯归而背晋成。

【注释】

①为成：结成和好。令狐：晋国地名（在今山西临猗县西）。

②始之不从：开始就不顺从。质：此指有诚心。

【译文】

夏季,季文子到晋国回报聘问,而且参与结盟。

周公楚憎恨周惠王、周襄王族人的逼迫,而且又和伯与争夺政权,没有得胜,生气便离去了。抵达阳樊,周天子派刘子让他回来,在鄚地结盟之后回到国内。三天后,周公楚又逃奔到晋国。

秋季,宣伯到齐国聘问,重修过去的友好。

晋国郤至和周天子抢夺鄇邑的土地,周简王命令刘康公,单襄公到晋国争讼。郤至说:"温地,是我过去的封邑,故而不敢失去它。"刘康公、单襄公说:"先前周朝战胜商朝,让诸侯据有封地,苏忿生据有温地做了司寇,跟檀伯达封在黄河边上。苏氏投靠狄人,又不能住在狄地而逃往卫国。襄王为了慰劳文公而赐予他温地,狐氏、阳氏先住在那儿,之后才轮到您。要是追查它的过去情况,那么它是周天子属官的封邑,您如何能得到它呢?"晋侯命令郤至不要胆敢去抢夺。

宋国华元跟楚国令尹子重友善,又跟晋国栾武子友善。听说楚人已经答应晋国籴茷讲和,并让他回国复命了。这年冬季,华元到楚国,又到晋国,结成晋国、楚国的和好。

秦、晋两国结成友好,预备在令狐会盟,晋侯先抵达那里。秦伯不肯渡过黄河,停留在王城,派秦国大夫史颗跟晋侯在黄河东会盟。晋国郤犨跟秦伯在黄河西会盟。范文子讲:"如此的结盟有什么好处?齐心会盟,是表达诚信的。约定会盟地点,是信用的开始。开始便不听从,难道还能有诚心吗?"秦伯回去便违反了跟晋国的友好约定。

【讲评】

《左传》中记录了不少贵族女性的悲剧命运。如施氏妇的母亲因为没有举行聘礼而视为私奔贱妾,被迫改嫁。施氏妇本人先被异父兄许配施氏,又被作为礼物送给了郤犨。当后夫家被灭,遣送回前夫家时,怯懦的前夫残忍地杀死了她后生的二子,施氏妇再也忍受不了命运的残酷,毅然与前夫决绝。虽然关于施氏妇的记载只有简略的一段文字,足见贵族家庭的人情淡薄、利字当头,而施氏妇的刚烈个性也闪耀其中,可惜在那个时代,即使是贵族女性,多数时候,其命运并不掌握在自己手中,她只是家族进行政治联姻的工具,无人顾及她的个人情感。

成公十二年

【原文】

[经]十有二年春,周公出奔晋。

[传]十二年春,王使以周公之难来告①。书曰周公出奔晋。凡自周无出,周公自出故也②。

[经]夏,公会晋侯卫侯于琐泽。

[传]宋华元克合晋楚之成,夏五月,晋士燮会楚公子罢许偃③,癸亥,盟于宋西门之外,曰:"凡晋楚无相加戎,好恶同之,同恤菑危,备救凶患④。若有害楚,则晋伐之,在晋楚亦如之。交贽往来道路无壅⑤。谋其不协而讨不庭。有渝此盟,明神殛之。俾队其师,无克胙国。"郑伯如晋听成,会于琐泽,成故也。

【注释】

①王使以周公之难来告:周公逃出是在十年的事情,现在方来通知鲁国。

②周公自出故也:这是周公自己逃出的缘故。

③楚公子罢许偃:罢音皮。公子罢同许偃都是楚大夫。

④同恤菑危,备救凶患:一同怜恤危险的事,并且全都互救凶的灾难。

⑤交贽往来道路无壅:拿着货币来往,中间所经的道路也没有壅塞。

【译文】

成公十二年春天,周王派人来告诉鲁国周公的变难。所以鲁国的史上说周公逃奔到晋国。凡是从周国没有逃出的事实,因为周公自己出奔的缘故。

宋国的华元终久能够完成晋国同楚国的和平。夏天五月,晋国士燮会见楚国的公子罢许偃,癸亥,在宋国都西门的外边盟誓,誓词说:"凡是晋国同楚国不要互相加兵,彼此所好所恶要相同,一同恤怜灾危,同救助凶患。若是有人加害楚国的,晋国就讨伐他。对于晋国,楚国也一样的,拿着货币互相往来,道路上全没有拥塞。商量彼此不同意的事,而讨伐背叛不到周王朝廷的国家。有违背了这个盟誓,大神就来杀他,使他毁掉军队,不能够享有国家。"郑伯到晋国去接受和平,并在琐泽这地方开会,这是和平成功的缘故。

【原文】

［经］秋，晋人败狄于交刚。

［传］狄人间宋之盟①以侵晋，而不设备，秋，晋人败狄于交刚②。

［经］冬十月。

［传］晋郤至如楚聘，且涖盟，楚子享之，子反相，为地室而县焉③。郤至将登④，金奏作于下⑤，惊而走出。子反曰："日云莫矣，寡君须矣，吾子其入也。"宾曰："君不忘先君之好，施及下臣，贶之以大礼，重之以备乐⑥，如天之福，两君相见，何以代此？下臣不敢。"子反曰："如天之福，两君相见，无亦唯是，一矢以相加遗，焉用乐⑦？寡君须矣，吾子其入也。"宾曰："若让之以一矢，祸之大者，其何福之为，世之治也，诸侯间于天子之事，则相朝也，于是乎有享宴之礼。享以训共俭⑧，宴以示慈惠⑨。共俭以行礼，而慈惠以布政。政以礼成，民是以息。百官承事，朝而不夕⑩，此公侯之所以扞城其民也。故诗曰：'赳赳武夫，公侯干城⑪。'及其乱也，诸侯贪冒，侵欲不忌，争寻常以尽其民⑫，略其武夫⑬，以为己腹心股肱爪牙，故诗曰：'赳赳武夫，公侯腹心⑭。'天下有道则公侯能为民干城，而制其腹心，乱则反之⑮。今吾子之言，乱之道也，不可以为法。然吾子主也，至敢不从。"遂入卒事，归以语范文子，文子曰："无礼必食言⑯，吾死无日矣夫。"冬，楚公子罢如晋聘且涖盟⑰。十二月，晋侯及楚公子罢盟于赤棘⑱。

【注释】

① 间宋之盟：乘着在宋西门之外的盟会的时候。

② 交刚：在今山西隰县境。

③ 为地室而县焉：在地下室中悬有钟鼓为作乐之用。

④ 郤至将登：郤至要登到堂上的时候。

⑤ 金奏作于下：在地下室中敲钟以奏乐。

⑥ 重之以备乐：以完备的音乐加重礼节。

⑦ 无亦唯是，一矢以相加遗，焉用乐：只能用一个箭以互相攻击，又何必用乐器？

⑧ 享以训共俭：享是为着表示恭敬同俭省。

⑨ 宴以示慈惠：宴以表示慈悲同恩惠。

⑩ 朝而不夕：早晨办公而不在夜晚。意思是事情不多。

⑪ 赳赳武夫，公侯干城：这是《诗经·周南》的一句诗。意思是说勇敢的武夫，可以做

公侯护卫的人。

⑫争寻常以尽其民：寻是八尺，一尺六叫常。意思是争小的土地而打起战争以毁掉他的人民。

⑬略其武夫：取武夫为己用。

⑭赳赳武夫，公侯腹心：这是在同一首诗的另一句。勇敢的武夫，可以做公侯的心腹。

⑮乱则反之：如果天下乱就变成相反。

⑯无礼必食言：没有礼貌必定吃掉他所说的话。

⑰且洎盟：这是为的报答郤至。

⑱赤棘：晋地，在山西翼城县。

【译文】

狄人利用在宋国盟誓的机会，去侵略晋国。狄人没有设防备，秋天，晋人在交刚这地方打败狄人。

晋国郤至到楚国聘问，并且参加盟誓。楚王宴享他，子反相礼，做了地下室而悬着钟鼓，郤至要登到堂上，敲钟奏乐在下边，他就吓得走出来。子反说："天已经将黑了，我们的君王也正在等待你，你何不进入呢？"郤至就说："你不忘记对晋国先君的友好，一直到我这个小官，赐给他行大的礼节，更加以完备的乐章，要是天给降福，两国的君相见的时候，如何的可以替代这种礼节？下臣不敢接受。"子反说："要是上天降福，两国的君相见的时候，只能用一个箭来互相加重，何必用这种乐章呢？我们的君王等待着，你请进去吧！"郤至又说："要是彼此相责，用一支箭相加，这是祸难很大的，哪里是什么福气？世上安治的时候，诸侯在周王事情的余暇中，就互相朝见，于是就有享同宴的礼节。享是表示共俭的，宴是表示慈惠的。共俭是为的行礼节的，而慈惠是用以布告政治的。政治是由礼节来成功的，人民因此就可以安息。百官办理各种事情，只在早晨，而夜晚没事，这是公侯所以保护他的人民。所以《周南》的诗说：'很雄壮的武夫，是公侯保护城池的人。'等到乱事的时候，诸侯贪心而侵冒，侵了这欲望，不停争很小的土地，以毁尽他的人民，取用武人，作为自己的腹心爪牙，所以同一个诗里说：'很雄壮的武夫，只能作公侯的心腹。'天下有道的时候，公侯就能为人民的干城而制裁他的腹心。要是有乱事就翻过来。现在你所说的话，是乱的道理，不可以用作法典。但是你是主人，我郤至不敢不从。"就进入堂上，办完这件事，回到晋国就告诉士燮听，士燮说："没有礼必是吞掉他所说的话，我们的死亡是即日可待了。"冬天,楚国公子罢到晋国聘问,并且回报郤至的盟誓。十二月,晋侯与楚公子罢在赤棘盟会。

【讲评】

争夺霸主地位的晋国与楚国在双方都面临内忧外患之时,希望通过短暂的休战而得以调整,这为双方第一次弭兵会盟提供了机会。而当时的宋国大夫华元的个人条件十分有利,他既与晋国执政卿栾武子是好友,又和楚国令尹子重交好。华元得知晋楚互派使臣后,积极奔走于晋、楚之间,以调解两国的关系,促成晋楚和平相处。由他一力促成的宋国西门之外的诸侯结盟是晋、楚之间第一次盟会。但由于与会双方都缺乏诚意,所以两国在休整过后又重燃战火,不久爆发了鄢陵之战。

成公十三年

【原文】

[经]十有三年春,晋侯使郤锜来乞师。三月,公如京师。夏五月,公自京师,遂会晋侯、齐侯、宋公、卫侯、郑伯、曹伯、邾人、滕人伐秦。曹伯卢卒于师。秋七月,公至自伐秦。冬,葬曹宣公。

【原文】

[传]十三年春,晋侯使郤锜来乞师,将事不敬。孟献子曰:"郤氏其亡乎! 礼,身之干也;敬,身之基也。郤子无基。且先君之嗣卿也,受命以求师,将社稷是卫,而惰,弃君命也。不亡何为?"

三月,公如京师。宣伯欲赐,请先使,王以行人之礼礼焉。孟献子从,王以为介,而重贿之。

公及诸侯朝王,遂从刘康公、成肃公会晋侯伐秦。成子受脤于社,不敬。刘子曰:"吾闻之,民受天地之中以生,所谓命也。是以有动作礼义威仪之则,以定命也。能者养之以福,不能者败以取祸。是故君子勤礼,小人尽力。勤礼莫如致敬,尽力莫如敦笃。敬在养神,笃在守业。国之大事,在祀与戎。祀有执膰,戎有受脤,神之大节也。今成子惰,弃其命矣,其不反乎!"

夏四月戊午，晋侯使吕相绝秦，曰："昔逮我献公及穆公相好，戮力同心，申之以盟誓，重之以昏姻。天祸晋国，文公如齐，惠公如秦。无禄，献公即世。穆公不忘旧德，俾我惠公用能奉祀于晋。又不能成大勋，而为韩之师。亦悔于厥心，用集我文公，是穆之成也。文公躬擐甲胄，跋履山川，逾越险阻，征东之诸侯，虞、夏、商、周之胤而朝诸秦，则亦既报旧德矣。郑人怒君之疆埸，我文公帅诸侯及秦围郑。秦大夫不询于我寡君，擅及郑盟。诸侯疾之，将致命于秦。文公恐惧，绥静诸侯，秦师克还无害，则是我有大造①于西也。无禄，文公即世，穆为不吊，蔑死我君，寡我襄公，迭我殽地，奸绝我好，伐我保城，殄灭我费滑，散离我兄弟，扰乱我同盟，倾覆我国家。我襄公未忘君之旧勋，而惧社稷之陨，是以有殽之师。犹愿赦罪于穆公。穆公弗听，而即楚谋我。天诱其衷，成王陨命，穆公是以不克逞志于我。穆、襄即世，康、灵即位，康公，我之自出，又欲阙翦我公室，倾覆我社稷，帅我蝥贼，以来荡摇我边疆，我是以有令狐之役。康犹不悛，入我河曲，伐我涑川，俘我王官，翦我羁马，我是以有河曲之战。东道之不通，则是康公绝我好也。及君之嗣也，我君景公引领西望曰：'庶抚我乎！'君亦不惠称盟，利吾有狄难，入我河县，焚我箕、郜，芟夷我农功，虔刘我边陲，我是以有辅氏之聚。君亦悔祸之延，而欲徼福于先君献、穆，使伯车来命我景公曰：'吾与女同好弃恶，复修旧德，以追念前勋。'言誓未就，景公即世，我寡君是以有令狐之会。君又不祥，背弃盟誓。白狄及君同州，君之仇雠，而我之昏姻也。君来赐命曰：'吾与女伐狄。'寡君不敢顾昏姻，畏君之威，而受命于吏。君有二心于狄，曰：'晋将伐女。'狄应且憎，是用告我。楚人恶君之二三其德也，亦来告我曰：'秦背令狐之盟，而来求盟于我，昭告昊天上帝、秦三公、楚三王曰：余虽与晋出入，余唯利是视。不穀恶其无成德，是用宣之，以惩不壹。'诸侯备闻此言，斯是用痛心疾首，昵就寡人。寡人帅以听命，唯好是求。君若惠顾诸侯，矜哀寡人，而赐之盟，则寡人之愿也，其承宁②诸侯以退，岂敢徼乱？君若不施大惠，寡人不佞，其不能以诸侯退矣。敢尽布之执事，俾执事实图利之。"

秦桓公既与晋厉公为令狐之盟，而又召狄与楚，欲道以伐晋，诸侯是以睦于晋。晋栾书将中军，荀庚佐之；士燮将上军，郤锜佐之；韩厥将下军，荀䓪佐之；赵旃将新军，郤至佐之，郤毅御戎，栾鍼为右。孟献子曰："晋帅乘和，师必有大功。"五月丁亥，晋师以诸侯之师及秦师战于麻隧。秦师败绩，获秦成差及不更女父。曹宣公卒于师。师遂济泾，及侯丽而还。迓晋侯于新楚。

成肃公卒于瑕。

六月丁卯夜，郑公子班自訾求入于大宫，不能，杀子印、子羽。反军于市。己巳，子驷帅国人盟于大宫，遂从而尽焚之，杀子如、子騑、孙叔、孙知。

　　曹人使公子负刍守，使公子欣时逆曹伯之丧。秋，负刍杀其太子而自立也。诸侯乃请讨之。晋人以其役之劳，请俟他年。冬，葬曹宣公。既葬，子臧将亡，国人皆将从之。成公乃惧，告罪，且请焉。乃反，而致其邑。

【注释】

①大造：重大贡献，重大功劳。
②承宁：止息、安静。

【译文】

　　十三年春天，晋厉公派遣郤锜来鲁国请求援兵，处置事情不恭敬。孟献子讲："郤氏或许要灭亡了吧！礼仪，是身的躯干；恭敬，是身的基础。郤子没有基础。并且作为先君的嗣卿，接受命令而来请求出兵，想保卫国家，不过却怠惰，这是丢弃了国君的命令，不灭亡还做什么？"

　　三月，鲁成公到京师。宣伯想要获得奖赏，请求先行出使。周天子用对普通外交官的礼仪来迎接他。孟献子跟随成公，周天子把他作为成公的第一位外交官，而重重地赠予他财礼。

　　成公跟诸侯朝见周天子，接着便跟从刘康公、成肃公会合晋厉公进攻秦国。成肃公在社神庙接受祭肉的时候不恭慎。刘康公讲："我听说，民众获得天地的中和之气而降生，便是所谓天命。故而就有动作、礼义、威仪的典则，用来固定天命。有能力的人保持这些能够得福，没有能力的人败坏这些能够取祸。故而君子勤于礼法，小人竭尽力量。勤于礼法没有比恭慎再好的了，竭尽力量没有比敦厚笃实再好的了。恭慎在于供奉神灵，真的在于各安本分。国家的大事情，在于祭奠和战争，祭奠有分祭肉之礼，战争有受祭肉之礼，这是跟神灵交往的大节。如今成子表现出怠惰，抛弃了天命，或许回不来了吧！"

　　夏四月初五日，晋厉公派遣吕相去跟秦国断绝外交关系，讲："先前我先君晋献公跟贵国先君秦穆公相互友好，合力同心，用盟誓来表明，再用婚姻加深此种关系。上天降祸于晋国，文公到了齐国，惠公到了秦国。不幸，献公去世。穆公不忘掉过去的恩德，让我们惠公因此能在晋国主持祭奠，不过又不能完成重大的勋劳，而有了韩地之战。后来心里又有些懊悔，故而成就了我们文公回国为君，这全是秦穆公的功劳，文公亲自身披甲胄，跋涉山川，经历艰难险阻，征服东方的诸侯，虞、夏、商、周的后裔都向秦国朝见。也便已经回报过去的恩德了。郑国人侵犯君王的边界，我们文公领着诸侯跟秦国共同包围郑国，秦国的大夫不跟我们国君商量，擅自和郑国订立了盟约。诸侯憎恶这件事，打算跟秦国拼命，文公恐惧，安抚诸侯，使秦军能够平安回国而没有受到损害，这便是我国的大功于西方秦国之处。不幸，文公逝世，穆公不善，蔑视我们故去的国君，以我们晋襄公为软弱可欺，忽然入侵我们同地，断绝我们同友好国家的往来，进攻我们的城堡，灭绝我们的滑国，离散我们的兄弟之邦，干扰我们的同盟之国，颠覆我们的国家。我们襄公没有忘掉君王过去的功劳，而又害怕国家的颠覆，如此才有的这一战役，不过还是愿意在穆公那里解释罪过。穆公不听，反倒勾结楚国来打我们的主意。天意护佑我国，楚成王丧命，穆公故而不能在我国得逞。穆公、襄公逝世，康公、灵公就位。康公，是我国穆姬所生的，不过又想损害我们的公室，颠覆我们的国家，领着我国的内奸，以动摇我们的边疆，故而我国才有了令狐这一战役。秦康公还是不愿改悔，又进入我国河曲，进攻我国涑川，掠取我国王官，割断我国的羁马，故而我国才有了河曲这一战役。东边的道路不通，都是因为康公同我们断绝友好造成的原因。等到君王继位之后，我们的国君晋景公伸着脖子望着西边说：'或许要安抚我们了吧！'不过君王也不愿加惠结盟，反倒乘我国有狄人的祸难，侵入我国的河县，焚烧我国的箕地、郜地，抢割我国的庄稼，骚扰我国边境，我国因此而有辅氏的战役。君王也后悔战祸的蔓延，而想求福于先君晋献公跟秦穆公，派遣伯车前来命令我们景公讲：'我与你同心同德、丢弃怨恨，重温以往的恩惠，以追念先前的勋劳。'盟誓还没有完成，我晋景公便逝世了，故而我们国君才和秦国有令狐的见面。君王又不善背弃了盟誓。白狄跟君王同在雍州境内，他们是君王的仇敌，却是我们的亲戚。君王前来命令讲：'我跟你进攻狄人。'寡君不敢顾及亲戚，畏惧君王的威严，便给官吏下令进攻狄人。不过君王又对狄人有了别的念头，告诉他们说：'晋国将要进攻你们。'对君王的做法，狄人接受而又厌恶，故而就告诉了我们。楚国人厌恶君王的反复无常，也来告诉我们讲：'秦国背弃了令狐的盟约，而来向我国请求结盟'，对着皇天上帝、秦国的三位先公、楚国的三位先王祝告：我即使和晋国有往来，我只是唯利是图。楚国人厌恶秦君反复无常，故而把事情公布出来，以惩戒言行不一的人。'诸侯都听见了这些话，故而才痛心疾首，都来与我亲近。我领着诸侯以听候君王的命令，只是为了请求和好，君王要是加惠而顾念诸侯，怜悯寡人，而赐我们以结盟，那是我的愿望。那就能够安定诸侯而退走，岂敢自求祸乱？要是君王不施大恩大惠，我很不才，或许就不能领着诸侯退走了。谨把内心的话向您的左右执事宣布，请执事权衡利害吧。"

秦桓公已经跟晋厉公在令狐会盟，而又召来狄人跟楚人。要引导他们攻击晋国，诸侯因此跟晋国和睦。晋国的栾书率领中军,荀庚作为辅佐,士燮领着上军,郤锜作为辅佐;韩厥领着下军,荀䓨作为辅佐;赵旃领着新军,郤至作为辅助。郤毅驾御战车,栾鍼作为车右。孟献子讲:"晋国的将领跟甲士上下齐心,军队一定建立大功。"五月初四日,晋军率领诸侯的军队跟秦军在麻隧作战。秦军大败,抓捕秦国的成差和不更女父。曹宣公死在军中。军队便渡过泾水,到达侯丽之后回去。军队在新楚迎接晋厉公。

成肃公死在瑕地。

六月十五日晚上,郑国公子班从訾地请来进入祖庙,没有做到,便杀害印、子羽,回来屯驻在市上。十七日,子驷率领国内的人们在祖庙结盟,跟着便全部烧了它,杀死公子班,子駹、孙叔、孙知。

曹国人派公子负刍留守,派公子欣时去恭迎曹宣公的遗体。秋季,公子负刍杀死曹宣公的太子而自立为国君,诸侯便请求征讨他。晋国人因为他在和秦作战中有功劳,请求等到以后再征讨。冬天,安葬曹宣公。安葬以后,子臧想要逃走,国内的人都要跟着他逃走。曹成公负刍才感觉害怕,承认罪过,并且请求子臧留下来不要出走。子臧这才返回来,把采邑还给曹成公。

【讲评】

《左传》记录晋国的行人辞令最多。晋国作为强国,其外交辞令往往显得专横强硬,咄咄逼人。如宣公十二年晋楚邲之战前晋士会应对楚少宰的辞令比较谦逊婉转,就被彘子认为"行人失辞",觉得有失晋国威风。而成公十三年的《吕相绝秦》很能代表晋国行人辞令的风范。吕相运用了大量的排比句式,语气紧凑,口吻凌厉,有理有据,雄辩有力,如排江倒海,扑面而来,其中不乏捏造事实的说话,却说得理直气壮,开后来檄文之先河。清吴楚材、吴调侯将此文选入《古文观止》,评价说:"秦晋权诈相倾,本无专直。但此文饰辞驾罪,不肯一句放松,不使一字置辩。"以至于被骂的秦国也十分折服,后来还仿照此文写了《诅楚文》。

成公十四年

【原文】

[经]春王正月,莒子朱卒①。

[经]夏,卫孙林父自晋归于卫。

[传]春,卫侯如晋,晋侯强见孙林父焉,定公不可。夏,卫侯既归,晋侯使郤犨送孙林父而见之,卫侯欲辞。定姜②曰:"不可。是先君宗卿之嗣也③,大国又以为请,不许将亡。虽恶之不犹愈于亡乎④?君其忍之。安民而宥宗卿⑤,不亦可乎?"卫侯见而复之⑥。卫侯飨苦成叔⑦,宁惠子相⑧,苦成叔傲。宁子曰:"苦成家其亡乎?古之为享食也,以观威仪省祸福也⑨。故诗曰:'兕觥其觩,旨酒思柔,彼交匪傲,万福来求⑩。'今夫子傲,取祸之道也。"

[经]秋,叔孙侨如如齐逆女。

[传]秋,宣伯如齐逆女。称族,尊君命也⑪。

[经]郑公子许帅师伐许。

[传]八月,郑子罕伐许败焉⑫,戊戌,郑伯复伐许。庚子入其郛⑬。许人平,以叔申之封⑭。

【注释】

①此经无传。

②定姜:是卫定公的夫人。

③是先君宗卿之嗣也:这是卫国先君同姓的卿的后人。

④虽恶之不犹愈于亡乎:虽然痛恨他,不尚较亡国为好吗?

⑤安民而宥宗卿:能安定人民而饶恕了同姓的卿。

⑥卫侯见而复之:卫定公见了孙林父使他恢复他的位子。

⑦苦成叔:就是郤犨。

⑧宁惠子相:宁殖相礼。

⑨观威仪,省祸福:这是为的看礼仪,并且省视祸或福。

⑩兕觥其觩,旨酒思柔,彼交匪傲,万福来求:这是《诗经·小雅·桑扈》篇的几句诗。意思是说拿兕角做的酒杯很大,饮酒当思柔德,他们的交往不骄傲,各种的福禄反倒来求我来了。

⑪称族,尊君命也:在宣伯上面加叔孙,这是称他族,表示尊敬鲁君的命令。

⑫郑子罕伐许败焉:郑国的大夫公子许伐许国打败仗。

⑬入其郛:进了他的都城的外郭。

⑭以叔申之封:用了成公四年公孙申所定的封疆。

【译文】

成公十四年春，正月，莒国的君死了。

卫侯到晋国去了，晋厉公勉强使他见逃到晋国的孙林父，卫定公不肯，到夏天，卫定公回到国里，晋厉公就派郤犨送孙林父回来，希望卫定公见他，卫侯想着辞谢，他的夫人定姜说："不可以，这是先君同姓的卿的后人，大国的晋又拿这个事请求，不允许他，卫国将会亡。虽然不喜欢他，仍旧比亡国好一点，你不妨忍耐些。安定人民同时赦宥同姓的卿不也可以吗？"卫定公就见了孙林父使他回复卿的位子。卫侯就请郤犨吃饭，宁殖相礼，郤犨很骄傲，宁殖说："郤犨的家恐怕要灭亡了，古人设享宴，所以看他的动作，并看他的祸或者福，所以《诗经·小雅·桑扈》里面说：'水牛角做的酒杯很大，饮酒当思柔德，他们的交往不骄傲，就是各种的福禄，全都来了。'现在这位先生骄傲，这是取祸乱的道理。"

秋天，鲁国的叔孙宣伯到齐国去，迎接齐国的女子。《春秋》称叔孙的族，表示尊重成公的命令。

八月，郑国大夫子罕讨伐许国，为许国所击败，戊戌这天，郑伯再度伐许国。庚子这天进入许国都城的外郭，许国人要求和平，用鲁成公四年郑国公孙申所划的疆界。

【原文】

[经]九月，侨如以夫人妇姜氏至自齐。

[传]九月，侨如以夫人妇姜氏至自齐，舍族，尊夫人也①。故君子曰："春秋之称，微而显②，志而晦③，婉而成章④，尽而不訏⑤，惩恶而劝善⑥，非圣人谁能修之？"

[经]冬十月庚寅卫侯臧卒。

[传]卫侯有疾，使孔成子⑦，宁惠子⑧，立敬姒⑨之子衎以为大子。冬十月，卫定公卒。夫人姜氏既哭而息，见大子之不哀也，不内酌饮，叹曰："是夫也⑩，将不唯卫国之败，其必始于未亡人！乌呼！天祸卫国也夫！吾不获鲋⑪也使主社稷！"大夫闻之无不耸惧，孙文子自是不敢舍其重器于卫，尽寘诸戚⑫，而甚善晋大夫⑬。

[经]秦伯卒⑭。

【注释】

①舍族，尊夫人也：这次不称叔孙，而直称侨如的名字，是表示尊敬夫人。

②春秋之称微而显：春秋的称谓，文辞细微，而其意思甚为显著。

③志而晦：记载事情，但是文辞很微妙。

④婉而成章：曲着他的文辞，而能成为一个篇章。

⑤尽而不汙：对于事实记载详尽而没有汙曲。

⑥惩恶而劝善：惩戒坏人而劝好的人。

⑦孔成子：是孔达的孙子。

⑧宁惠子：是宁殖。

⑨敬姒：是定公的妾。

⑩是夫也：这个人。

⑪鱄：是卫献公的母弟。

⑫尽寘诸戚：全都摆到他的封邑戚这地方。

⑬而甚善晋大夫：同晋国的各大夫甚为要好。

⑭此经无传。

【译文】

　　九月，叔孙侨如迎接成公的夫人从齐国回来。这次《春秋》不称叔孙，为的尊敬夫人。因此君子说："《春秋》的称谓，文辞很细微，而意思很显著，有记载但是很不明显，委曲而能成篇章，说得很详细而没有汙曲。对于坏人惩戒，而对于善人勉励。这种历史书，要不是圣人谁能够修它呢？"

　　卫定公有病，他就命令孔成子同宁惠子立了定公的妾所生的卫献公做太子。冬十月，卫定公死亡，他的夫人定姜号哭以后就休息了，看见太子不悲哀，她就生气很少喝水，感叹着说："这个人，不只使卫国失败，他必定由我开始，这真是上天加祸乱于卫国，我何以不能使他的母弟鱄做君啊！"大夫们听见她的话，没有一个人不害怕的，孙林父从此不敢存放他的宝物在卫国都城，全都藏在他的封邑戚那儿，并且他很同晋国的大夫们亲善。

　　秦桓公死了。

【讲评】

　　《左传》中描绘了不少贤能的妇女形象。其中，卫定公夫人姜氏就是古代著名的贤女，汉刘向《列女传》集中记述了定姜的事迹，一是以《诗·邶风·燕燕》篇为定姜送别丧夫无子的儿媳回国时所作，称她为"慈姑"，"过而之厚"；二是定姜劝说定公接纳他所讨厌的孙林父，赞她有政治头脑，"能远祸难"；三是定姜数次劝谏暴虐的卫献公，君子赞她

"能以辞教";四是借兆辞鼓励卫人与入侵的郑人作战并取胜,君子称她"达于事情"。

成公十五年

【原文】

[经]十有五年春,王二月,葬卫定公。三月乙巳,仲婴齐卒。癸丑,公会晋侯、卫侯、郑伯、曹伯、宋世子成、齐国佐、邾人同盟于戚。晋侯执曹伯归于京师。公至自会。夏六月,宋公固卒。楚子伐郑。秋八月庚辰,葬宋共公。宋华元出奔晋。宋华元自晋归于宋。宋杀其大夫山。宋鱼石出奔楚。冬十有一月,叔孙侨如会晋士燮、齐高无咎、宋华元、卫孙林父、郑公子鳅、邾人会吴于钟离。许迁于叶。

【原文】

[传]十五年春,会于戚,讨曹成公也。执而归诸京师。书曰:"晋侯执曹伯",不及其民也。凡君不道于其民,诸侯讨而执之,则曰某人执某侯。不然则否。

诸侯将见子臧于王而立之,子臧辞曰:"《前志》有之曰:'圣达节,次守节,下失节。'为君,非吾节也。虽不能圣,敢失守乎①?"遂逃奔宋。

夏六月,宋共公卒。

楚将北师,子囊曰:"新与晋盟而背之,无乃不可乎?"子反曰:"敌利则进,何盟之有?"申叔时老矣,在申,闻之,曰:"子反必不免。信以守礼,礼以庇身,信礼之亡,欲免得乎?"楚子侵郑,及暴隧,遂侵卫,及首止。郑子罕侵楚,取新石。栾武子欲报楚,韩献子曰:"无庸。使重其罪,民将叛之。无民孰战?"

秋八月,葬宋共公。于是华元为右师,鱼石为左师,荡泽为司马,华喜为司徒,公孙师为司城,向为人为大司寇,鳞朱为少司寇,向带为大宰,鱼府为少宰。荡泽弱公室,杀公子肥。华元曰:"我为右师,君臣之训,师所司也。今公室卑而不能正,吾罪大矣。不能治官,敢赖宠乎?"乃出奔晋。二华,戴族也;司城,庄族也;六官者,皆桓族也。

鱼石将止华元,鱼府曰:"右师反,必讨,是无桓氏也。"鱼石曰:"右师苟获反,虽许之讨,必不敢。且多大功,国人与之,不反,惧桓氏之无祀于宋也。右师讨,犹有戌在。桓氏虽亡,必偏。"鱼石自止华元于河上。请讨,许之。乃反,使华喜、公孙师帅国人攻荡氏,杀子山。书曰:"宋杀其大夫山",言背其族也。

　　鱼石、向为人、鳞朱、向带、鱼府出舍于睢上。华元使止之，不可。冬十月，华元自止之，不可，乃反。鱼府曰："今不从，不得入矣。右师视速而言疾，有异志焉。若不我纳^②，今将驰矣。"登丘而望之，则驰。骋而从之，则决睢梁，闭门登陴矣。左师、二司寇、二宰遂出奔楚。

　　华元使向戌为左师，老佐为司马，乐裔为司寇，以靖国人。

　　晋三郤害伯宗，谮而杀之，及栾弗忌。伯州犁奔楚。韩献之曰："郤氏其不免乎！善人，天地之纪也，而骤绝之，不亡何待？"初，伯宗每朝，其妻必戒之曰："盗憎主人，民恶其上，子好直言，必及于难。"

　　十一月，会吴于钟离，始通吴也。

　　许灵公畏偪于郑，请迁于楚。辛丑，楚公子申迁许于叶。

【注释】

①不能圣：不能及于圣人。失守：即失节。
②我纳：即纳我，接纳我们。

【译文】

　　十五年春，诸侯在戚地会面，是为了征讨曹成公。把曹成公抓起来送往京师。《春秋》记录："晋侯把曹伯抓起来。"这是由于曹成公没有危害他的人民。但凡国君对百姓无道，诸侯征讨他而把他抓起来，就说"某人把某人抓起来"。否则便不做如此的记录。

　　诸侯预备让子臧进见周王并立他为国君，子臧拒绝说："以前的志书上有这样的话，说：'圣人通达节义，次一等的保守节义，下等的丧失节义。'做国君，不合乎我的节义。我虽不能比上圣人，又怎敢丧失节义呢？"于是便逃跑到宋国。

　　夏六月，宋共公逝世。

　　楚国预备派兵北上。子囊讲："刚刚与晋国结盟而背弃盟约，恐怕不行吧？"子反讲："敌情有利于我们便前进，盟约管它干什么？"申叔时已经年老，住在申地，知道后，说："子反必定很难免于祸难。信用是用来保守礼仪的，礼义是用来庇护自身的，信用跟礼义丢失了，想免于灾难行吗？"楚共王入侵郑国，抵达暴隧，于是便侵袭卫国，到达首止。郑子罕入侵楚国，攻占了新石，栾武子想要对楚国报复，韩献子讲："不用。让他们加重自己的罪孽，百姓便会背叛他们。失去了百姓，谁为他们作战？"

　　秋八月，安葬宋共公。这时候华元做右师，鱼石做左师，荡泽做司马，华喜做司徒，公孙师做司城，向为人做大司寇，鳞朱做少司寇，向带做太宰，鱼府做少宰。荡泽要削弱公室的力量，杀掉公子肥。华元说："我做右师，国君与臣子的教导，是师所执掌的。现在公室的地位卑下我却不能拨正，我的罪过大了。做官不能尽职，如何敢倚仗获得宠爱而取利呢？"于是出逃到晋国。二华，是戴公的族人。司城，是庄公的族人。其他六位官员，全是桓公的族人。

鱼石想要劝止华元出逃，鱼府说："右师回来，必定会讨伐荡泽，这样便会没有我们桓氏一族了。"鱼石说："右师要是能回来，就算允许他讨伐，他也必定不敢。再说他建有许多大功，国人拥护他，他不回来，我担心我们桓氏一族在宋国无立身之地了。右师征讨，还有向戌能免，桓氏一族就算灭亡，也必定是灭亡一部分。"鱼石亲自在黄河边上劝阻华元别走。华元请求征讨荡泽，鱼石答应了，华元这才回来。派遣华喜、公孙师率领国人进攻荡氏，杀死荡泽。《春秋》记录说："宋国杀死它的大夫山。"称名而不称族，是说荡泽反叛了他的宗族。

鱼石、向为人、鳞朱、向带、鱼府出都居住在睢水边。华元派人劝止他们，他们不听。冬十月，华元亲自去劝止他们，他们不听，于是回转。鱼府说："如今不听从，便再不能进入国都了。右师眼珠转动很快话也说得很急，他已另有打算了。要是不接纳我们，此刻就要快速驾车而去了。"登上山丘眺望他，看他正飞速而归。众人驱车跟随，他已经决开睢水堤防，关掉城门，登城设防了。左师、二司寇、二宰便出逃到楚国。

华元任命向戌做左师，老佐做司马，乐裔做司寇，以安定国人。

晋三郤陷害伯宗，诬陷他把他杀死，连带杀死栾弗忌。伯州犁逃到楚国。韩献子讲："郤氏恐怕难以免除灾难了吧！善人，是天地的纪纲，而多次加以杀害，不灭亡还等什么？起初，伯宗每次朝见，他的妻子必定要劝诫他讲："'盗贼无缘无故地憎恨主人，下民无缘无故地毁恶上人。'你爱好直言不讳，必定会蒙受祸难。"

十一月，跟吴国在钟离相会，这是开始跟吴国往来。

许灵公担心郑国的逼迫，请求把国家迁往楚国去。辛丑，楚公子申把许国迁往叶地。

【讲评】

卫国国弱，但公族内讧不止。

成公十六年

【原文】

[经]十有六年:春,王正月,雨,木冰。

夏,四月辛未,滕子卒。

郑公子喜帅师侵宋。

六月丙寅朔,日有食之。

晋侯使栾黡来乞师。

甲午晦,晋侯及楚子、郑伯战于鄢陵。楚子、郑师败绩。

楚杀其大夫公子侧。

秋,公会晋侯、齐侯、卫侯、宋华元、邾人于沙随,不见公。

公至自会。

公会尹子、晋侯、齐国佐、邾人伐郑。

曹伯归自京师。

九月,晋人执季孙行父,舍之于苕丘。

冬,十月乙亥,叔孙侨如出奔齐。

十有二月乙丑,季孙行父及晋郤犨盟于扈。

公至自会。

乙酉,刺公子偃。

【原文】

[传]十六年,春,楚子自武城使公子成以汝阴之田求成于郑①。郑叛晋,子驷从楚子盟于武城②。

夏,四月,滕文公卒。

郑子罕伐宋,宋将鉏、乐惧败诸汋陂③。退,舍于夫渠④,不儆⑤。郑人覆之,败诸汋陵⑥,获将鉏、乐惧。宋恃胜也。

卫侯伐郑,至于鸣雁⑦,为晋故也。

晋侯将伐郑。范文子曰:"若逞吾愿,诸侯皆叛,晋可以逞。若惟郑叛,晋国之忧,可立侯也⑧。"栾武子曰:"不可以当吾世而失诸侯,必伐郑。"乃兴师。栾书将中军,士燮佐之;郤锜将上军,荀偃佐之;韩厥将下军;郤至佐新军。荀䓨居守。郤犨如卫,遂如齐,皆乞师焉。栾黡来乞师,孟献子曰:"有胜矣。"戊寅,晋师起。

【注释】

①汝阴:汝水以南。阴:山之北,水之南也。

②武城:春秋鲁邑,在今山东费县西南。

③汋陂:春秋宋地,今阙,当在河南商丘与宁陵县境。

④舍:驻扎。

⑤徽:警戒,戒备。

⑥汋陵:宋国地名,今河南宁陵县江南有汋陵城。

⑦鸣雁:郑国地名。在河南杞县北。

⑧俟:等待。

【译文】

十六年春季,楚共王从武城派公子成用汝水以南的土地向郑国议和。郑国背叛晋国,子驷跟随楚子在武城结盟。

夏四月,滕文公死了。

郑国的子罕进攻宋国,宋国将鉏、乐惧在汋陂打败了他。宋军退兵,驻扎在夫渠,没有警备。郑军加以袭击,在汋陵打败了他们,俘虏了将鉏、乐惧。这是由于宋国仗着打了胜仗而不加警备。卫献公发兵攻打郑国,到达鸣雁,这是因为晋国的缘故。

晋厉公打算讨伐郑国,范文子说:"如果按照我的愿望,诸侯都背叛,晋国的危机可以得到缓解。如果只是一个郑国背叛,晋国的忧患,可能马上就来了。"栾武子说:"不能在我们这一辈执政的时候失去诸侯,一定要进攻郑国。"于是就发兵。栾书率领中军,士燮作为辅佐;郤锜率领上军,荀偃作为辅佐;韩厥率领下军,郤至作为下军辅佐。荀䓨留守。郤犨去到卫国,乘机到齐国,请求两国出兵。栾黡前来请求出兵,孟献子说:"晋国定能取胜。"四月十二日,晋军出兵。

【原文】

[传]郑人闻有晋师,使告于楚,姚句耳与往。楚子救郑。司马将中军,令尹将左,右

尹子辛将右。过申,子反入见申叔时,曰:"师其何如?"对曰:"德、刑、详、义、礼、信,战之器也。德以施惠,刑以正邪[1],详以事神[2],义以建利[3],礼以顺时[4],信以守物[5]。民生厚而德正[6],用利而事节,时顺而物成[7],上下和睦,周旋不逆,求无不具,各知其极。故《诗》曰[8]:'立我烝民,莫匪尔极。'是以神降之福,时无灾害,民生敦厖[9],和同以听,莫不尽力以从上命,致死以补其阙,此战之所由克也。今楚内弃其民,而外绝其好;渎齐盟[10],而食话言;奸时以动,而疲民以逞。民不知信,进退罪也。人恤所底,其谁致死?子其勉之!吾不复见子矣。"姚句耳先归,子驷问焉。对曰:"其行速,过险而不整。速则失志,不整,丧列。志失列丧,将何以战?楚惧不可用也。"

【注释】

①刑:刑罚。正:纠正。

②详:祥和,和顺。

③建利:建立利益。

④顺时:顺应时宜,适时。

⑤守物:守护万物。

⑥德正:德行端正。

⑦时顺:顺时。

⑧出自《诗·周颂·思文》。

⑨敦厖:丰厚,富足。

⑩渎:亵渎。

【译文】

郑国人听到晋国出兵,就派使者报告楚国,姚句耳同行。

楚共王援救郑国。司马子反率领中军,令尹子重率领左军,右尹子辛率领右军。路过申地,子反进见申叔时,说:"这次作战会怎么样?"申叔时回答说:"德行、刑罚、和顺、道义、礼法、信用,是战争的手段。德行用来施予恩惠,刑罚用来匡正邪恶,和顺用来侍奉神灵,道义用来建立利益,礼法用来适合时宜,信用用来守护事物。人民生活丰厚,德行就端正;举动有利,事情就合乎法度;时宜合适,万物就有所成就;这样就能上下和睦,相处没有矛盾,有所需求无不具备,各人都知道行动的准则。因此《诗》说:'安置百姓,无不合乎准则。'这样,神灵就降福于他,四时没有灾害,百姓性情宽厚,齐心一致地听从,没有不尽力以服从上面命令的,不惜献出自己的生命前赴后继,这就是战争所以能够胜利的原因。现在楚国内部放弃他的百姓,外部断绝他的友好,亵渎神圣的盟约而说话不算话,违反时令发动战争,使百姓疲劳以求快意。人们不知道什么是信用,进退都是罪过。人们为他们的结局感到担忧,还有谁肯牺牲性命?您还是尽力做吧!我不会再看到您了。"姚句耳先回来,子驷询问情况,他回答说:"楚军行军迅速,经过险要的地方队伍不整齐。动作太快就会考虑不周,不整齐就丧失了秩序。考虑不周,秩序丧失,怎么能打仗?楚国恐怕不能依靠了。"

【原文】

[传]五月,晋师济河。闻楚师将至,范文子欲反,曰:"我伪逃楚①,可以纾忧。夫合诸侯,非吾所能也,以遗能者。我若群臣辑睦以事君②,多矣。"武子曰:"不可!"

六月,晋、楚遇于鄢陵③。范文子不欲战④。郤至曰:"韩之战,惠公不振旅;箕之役,先轸不反命⑤;邲之师⑥,荀伯不复从⑦,皆晋之耻也。子亦见先君之事矣。今我辟楚,又益耻也。"文子曰:"吾先君之亟战也⑧,有故。秦、狄、齐、楚皆强,不尽力,子孙将弱。今三强服矣,敌楚而已。惟圣人能外内无患。自非圣人⑨,外宁必有内忧,盍释楚以为外惧乎?"

【注释】

①伪:假装。

②辑睦:团结和睦。

③鄢陵:郑国地名,在今河南鄢陵。

④范文子:即土燮。

⑤不振旅:军旅不振,意思为战败。先轸:箕之战中晋军主帅。不反命:不能回国复君命。

⑥邲:郑国地名,在今河南郑州西北。

⑦不复从:不能从原路退兵,即战败逃跑。

⑧亟:多次。

⑨自:如果。

【译文】

五月,晋军渡过黄河。听说楚军将要到达,范文子准备要回去,说:"我们假装逃避楚国,这样就能够缓和忧患。聚合诸侯这样的事,不是我所能做到的,还是把它留给能做到的国家吧。我们如果群臣和睦以侍奉国君,这就够了。"栾武子说:"不行。"

六月,晋、楚两军在鄢陵相遇。范文子不想作战。郤至说:"韩地这一战,惠公失败归来,箕地这一役,先轸不能回国复命;邲地这一仗,荀伯不能再跟楚军周旋,这都是晋国的耻辱,您也了解先君时代的情况了。如今我们逃避楚国,这又是增加耻辱。"范文子说:"我们先君的屡次作战,是有原因的。秦国、狄人、齐国、楚国都很强大,如果我们不尽自己的力量,子孙将会被削弱。现在三强已经顺服,敌人仅楚国而已。只有圣人才能够外部内部都没有祸患。若不是圣人,外部安定,内部必然还有忧患,何不放掉楚国把它作为外部的戒惧呢?"

【原文】

[传]甲午晦①,楚晨压晋军而陈。军吏患之。范丐趋进②,曰:"塞井夷灶③,陈于军中,而疏行首④。晋、楚唯天所授,何患焉?"文子执戈逐之,曰:"国之存亡,天也,童子何知焉?"栾书曰:"楚师轻窕⑤,固垒而待之,三日必退。退而击之,必获胜焉。"郤至曰:"楚有六间⑥,不可失也。其二卿相恶⑦,王卒以旧⑧,郑陈而不整,蛮军而不陈⑨,陈不违晦⑩,在陈而嚣⑪,合而加嚣。各顾其后,莫有斗心;旧不必良,以犯天忌⑫,我必克之。"

【注释】

①晦:夏历每月的最后一天。

②范丐:范文子士燮的儿子,又称范宣子。趋进:快步向前。

③塞:填。夷:平。

④疏行首:把行列间的通道疏通。行首:行道。

⑤轻窕:即轻佻,指军心轻浮急躁。

⑥间:缺陷。

⑦二卿:指子重和子反。相恶:不和。

⑧王卒以旧:楚王的亲兵都用贵族子弟。

⑨蛮军:指楚国带来的南方少数民族军队。

⑩违晦:避开晦日。古人认为月末那天不适宜用兵。

⑪嚣:喧哗。

⑫犯天忌:触犯上天所禁忌之事。指晦日用兵。

【译文】

二十九日，楚军在清早逼近晋军拉开阵势。晋国的军官对此十分担心。范匄快步向前，说："填井平灶，就在军营中摆开阵势，把行列间的道路隔宽。晋、楚两国都是上天的赐予，有什么可担心的？"范文子拿起戈追打他，说："国家的存亡，这是天意，小孩子知道什么？"栾书说："楚军军心浮躁，只要我们加固营垒坚守阵地，三天一定退兵。乘他们退走而加以追击，一定可以得胜。"郤至说："楚国有六个空子可乘，不可失掉；楚国的两个卿互相排斥；楚共王的亲兵们都是从旧家中选拔，都已衰老；郑国虽然摆开阵势却不整齐；蛮人虽有军队却摆不成阵势；楚军摆阵不避晦日；士兵在阵中喧闹，各阵势会合就更加喧闹，各军彼此观望，没有战斗意志。旧家出身的士兵未必是精兵良将，所以这些都触犯了天意和兵家大忌。我们一定能战胜他们。"

【原文】

[传]楚子登巢车①，以望晋军。子重使大宰伯州犁侍于王后②。王曰："骋而左右，何也？"曰："召军吏也。""皆聚于军中矣。"曰："合谋也。""张幕矣。"曰："虔卜于先君也③。""彻幕矣。"曰："将发命也。""甚嚣，且尘上矣。"曰："将塞井夷灶而为行也。""皆乘矣，左右执兵而下矣。"曰："听誓也④。""战乎？"曰："未可知也。""乘而左右皆下矣。"曰："战祷也。"伯州犁以公卒告王。苗贲皇在晋侯之侧⑤，亦以王卒告。皆曰："国士在⑥，且厚⑦，不可当也。"苗贲皇言于晋侯曰："楚之良⑧，在其中军王族而已。请分良以击其左右，而三军萃于王卒，必大败之。"公筮之。史曰："吉。其卦遇'复☷☳'，曰：'南国蹙⑨，射其元王⑩，中厥目。'国蹙、王伤，不败何待？"公从之。

【注释】

①楚子：指楚共王。巢车：古代的一种兵车。用以瞭望敌军。车上有用辘轳升降的瞭望台，人在台中，如鸟在巢，故名。

②伯州犁：晋国大夫伯宗的儿子，伯宗死后他逃到楚国当了太宰。

③虔：虔诚。卜：占卜。

④听誓：听主帅发布誓师令。

⑤苗贲皇：楚国令尹斗椒的儿子。

⑥国士：一国中最勇敢、有力量的人。

⑦厚：指人数众多。

⑧良：精兵。萃：集中。

⑨南国：指楚国。蹙：窘迫。

⑩元王：元首，指楚共王。

【译文】

楚共王登上巢车瞭望晋军。子重让太宰伯州犁站在楚王身后。楚王说："车子向左右驰骋干什么？"伯州犁说："这是召集军官。""都聚集在中军了。"伯州犁说："这是一起谋划战略。""帐幕张开了。"伯州犁说："这是在先君的神主前占卜。""帐幕撤除了。"伯州犁说："这是将要发布命令了。""喧闹得厉害，而且尘土飞扬起来了。"伯州犁说："这是准备填井平灶摆开阵势。""都登上战车了，将帅和车右都拿着武器下车了。"伯州犁说："这是宣布号令。""他们要作战吗？"伯州犁说："还不知道。""晋军上了战车，将帅和车右又下来了。"伯州犁说："这是战前的祈祷。"伯州犁把晋厉公亲兵的情况向楚共王报告。苗贲皇在晋厉公的旁边，也把楚共王亲兵的情况向晋厉公报告。晋厉公左右的将士们都说："楚国有伯州犁这样的杰出的人物在那里，而且军阵厚实，不能抵挡。"苗贲皇对晋厉公说："楚国的精兵在于他们中军的王族而已。请求把我们的精兵分开去攻击他们的左右军，再集中三军攻打楚王亲兵，一定可以把他们打得大败。"晋厉公让太史占筮。太史说："吉利。得到'复

'。卦辞说：'南方的国家局促，射它的国王，箭头中目。'国家局促，国王受伤，不失败，还等什么？"晋厉公听从了。

【原文】

[传]有淖于前①，乃皆左右相违于淖。步毅御晋厉公，栾鍼为右。彭名御楚共王，潘党为右。石首御郑成公，唐苟为右。栾、范以其族夹公行，陷于淖。栾书将载晋侯，鍼曰："书退！国有大任，焉得专之？且侵官，冒也；失官，慢也；离局，奸也。有三罪焉，不可犯也。"乃掀公以出于淖。

癸巳，潘尪之党与养由基蹲甲而射之，彻七札焉。以示王，曰："君有二臣如此，何忧于战？"王怒曰："大辱国！诘朝尔射②，死艺③！"吕锜梦射月，中之，退入于泥。占之，曰："姬姓，日也；异姓④，月也，必楚王也。射而中之，退入于泥，亦必死矣！"及战，射共王，中目⑤。王召养由基，与之两矢⑥，使射吕锜。中项，伏弢⑦。以一矢复命。

【注释】

①淖:泥沼,深泥,烂泥。

②诘朝:诘旦。

③死艺:死在技艺上。

④异姓:不同姓。亦指不同姓的人。

⑤中目:射中眼睛。

⑥矢:箭。

⑦韬:装弓的袋子。

【译文】

晋军营前有泥沼,于是晋国军队都或左或右地避开泥沼而行。步毅驾驭晋厉公的战车,栾鍼作为车右。彭名驾驭楚共王的战车,潘党作为车右。石首驾驭郑成公的战车,唐苟作为车右。栾、范领着他们私族部队左右护卫着晋厉公前进。战车陷在泥沼里。栾书打算将晋厉公装载在自己车上。栾鍼说:"你退下去! 国家有如此大事,你哪能一人包办了? 而且侵犯别人的职权,这是冒犯;丢弃自己的职责,这是怠慢;离开自己的部下,这是扰乱。有三件罪名,这是不能碰的。"因而就掀起晋厉公的战车离开泥沼。

六月二十八日,楚国潘尫的儿子潘党和养由基把皮甲重叠而射它,穿透了七层。拿去给楚共王看,说:"君王有这样两个臣下在这里,还有什么可担心的?"楚共王发怒说:"真丢人! 明早作战,你们射箭,将会死在这武艺上。"吕锜梦见自己射月亮,射中了,自己却退进了泥里。占卜,说:"姬姓,是太阳;异姓,是月亮,这一定是楚共王了。射中了他,自己又退进泥里,就必定会战死。"等到作战时,吕锜射中了楚王的眼睛。楚王召唤养由基,给他两支箭,让他射吕锜。结果射中吕锜的脖子,伏在弓袋上死了。养由基拿了剩下的一支箭向楚共王复命。

【原文】

[传]郤至三遇楚子之卒,见楚子,必下,免胄而趋风①。楚子使工尹襄问之以弓,曰:"方事之殷也②,有韎韦之跗注③,君子也。识见不穀而趋,无乃伤乎?"郤至见客④,免胄承命⑤,曰:"君之外臣至,从寡君之戎事⑥,以君之灵,间蒙甲胄,不敢拜命⑦。敢告不宁,君命之辱。为事之故,敢肃使者⑧。"三肃使者而退。

晋韩厥从郑伯,其御杜溷罗曰:"速从之! 其御屡顾⑨,不在马,可及也。"韩厥曰:"不可以再辱国君。"乃止。郤至从郑伯,其右茀翰胡曰:"谍辂之,余从之乘,而俘以下。"郤至曰:"伤国君有刑⑩。"亦止。石首曰:"卫懿公唯不去其旗,是以败于荥⑪。"乃内旌于韬中。唐苟谓石首曰:"子在君侧,败者壹大⑫。我不如子,子以君免,我请止。"乃死。

【注释】

①趋风.疾行至下风,以示恭敬。

②殷:指激烈。

③跗注:古代的一种军服。

④见客:接待来宾。

⑤承命:受命。

⑥戎事:军事,战事。

⑦拜命:受命。多指拜官任职。

⑧使者:奉使命办事的人。

⑨屡顾:屡屡回头看。

⑩有刑:受到刑罚。

⑪荥:水名,故址在今河南省郑州市西北。

⑫壹:一心。

【译文】

郤至三次碰到楚共王的亲兵,见到楚共王时,一定下车,脱下头盔,快步向前走。楚共王派工尹襄送上一张弓去问候,说:"正当战事激烈的时候,有一个身穿浅红色牛皮军服的人想必是你啊! 刚才见到我而快走,恐怕是受伤了吧!"郤至见到客人,取下头盔接受命令,说:"外臣郤至跟随寡君作战,托君王的福,得以披甲入列,不敢拜谢君王的问候。谨向君王报告没有受伤,感谢君王惠赐给我的命令。因为战事的缘故,谨向使者肃拜。"三次向使者肃拜以后才退走。

晋国的韩厥追赶郑成公,他的车夫杜溷罗说:"快追上去! 他们的御者屡屡回头看,注意力不在马上,可以赶上。"韩厥说:"不能再次羞辱国君。"于是就停止追赶。郤至追赶郑成公,他的车右茀翰胡说:"另外派轻车从小道迎击,我追上他的战车而把他俘虏下来。"郤至说:"伤害国君要受到刑罚。"也停止了追赶。石首对郑成公说:"卫懿公由于不去掉他的旗子,因此才在荥地战败。"于是就把旗子放进弓袋里。唐苟对石首说:"您在国君旁边,战败时应该一心保护国君。我不如您,您带着国君逃走,我请求留下。"于是唐苟就战死了。

【原文】

[传]楚师薄于险①,叔山冉谓养由基曰:"虽君有命,为国故,子必射。"乃射,再发,尽殪②。叔山冉搏人以投③,中车④,折轼⑤。晋师乃止。囚楚公子茷。

栾鍼见子重之旌,请曰:"楚人谓夫旌,子重之麾也⑥,彼其子重也。日臣之使于楚也,子重问晋国之勇,臣对曰:'好以众整。'曰:'又何如?'臣对曰:'好以暇⑦。'今两国治戎,行人不使,不可谓整;临事而食言,不可谓暇。请摄饮焉。"公许之。使行人执榼承饮⑧,造于子重,曰:"寡君乏使,使鍼御持矛,是以不得犒从者⑨,使某摄饮。"子重曰:"夫子尝与吾言于楚,必是故也。不亦识乎?"受而饮之,免使者而复鼓⑩。旦而战,见星未已。

【注释】

①薄:逼。

②殪:杀死。

③搏人:将人举起来。

④中车:投中车子。

⑤折轼:折断了车前的横木。

⑥麾:古代供指挥用的旌旗。

⑦暇:悠闲,指从容不迫。

⑧榼:盛酒的器具。

⑨犒:犒赏。

⑩复鼓:重新击鼓。

【译文】

楚军被逼在险阻的地方,叔山冉对养由基说:"虽然国君有命令禁止你射箭,但为了国家,您一定要射箭。"养由基就射向晋军,再射,被射中的人都被死了。叔山冉举起晋国士卒掷过去,掷中战车,折断了车前的横木。晋军于是停下来。晋军囚禁了楚国的公子茷。栾鍼见到子重的旌旗,请求说:"楚国人说那面旌旗是子重的旗号,他恐怕就是子重吧。当初下臣出使到楚国,子重问起晋国的勇武表现在哪里,下臣回答说:'喜好整齐,按部就班。'子重说:'还有什么?'下臣回答说:'喜好从容不迫。'现在两国兴兵,不派遣使者,不能说是按部就班;临到事情而说话不算,不能说是从容不迫。请君王派人替我给子重进酒。"晋厉公答应了,派遣使者拿着酒器奉酒,到了子重那里,说:"寡君缺乏使者,让栾鍼执矛侍立在他左右,因此不能犒赏您的从者,派我前来代他送酒。"子重说:"那个人曾经跟我在楚国说过一番话,送酒来一定是这个缘故。他的记忆力不也是很强吗?"受酒而饮,不留难使者而重新击鼓。早晨开始作战,直至见到星星还没有结束。

【原文】

[传]子反命军吏察夷伤,补卒乘,缮甲兵,展车马,鸡鸣而食,唯命是听。晋人患之。苗贲皇徇曰:"搜乘,补卒,秣马,利兵,修陈、固列,蓐食、申祷,明日复战!"乃逸楚囚^①。王闻之,召子反谋。谷阳竖献饮于子反,子反醉而不能见。王曰:"天败楚也夫!余不可以待。"乃宵遁^②。晋入楚军,三日谷^③。范文子立于戎马之前,曰:"君幼,诸臣不佞,何以及此?君其戒之!《周书》曰:'惟命不于常。'有德之谓。"

【注释】

①逸:放,放走。

②宵遁:亦作"宵遯",乘夜逃跑。

③谷:同"谷",指粮食。

【译文】

子反叫军官视察伤情,补充步兵骑兵。修理盔甲武器,摆列战车马匹,鸡叫的时候吃饭,只等听候主帅的命令。晋国对此非常忧虑。苗贲皇通告全军说:"检阅战车,补充士卒,喂好马匹,磨快武器,整顿军阵,巩固行列,饱餐一顿,再次祷告,明天再战!"就故意放走楚国的俘虏。楚共王听到这些情况,召子反一起商量。谷阳竖献酒给子反,子反喝醉了不能进见。楚共王说:"这是上天要让楚国失败啊!我不能坐以待毙。"因而在夜里逃走了。晋军进入楚国军营,吃了三天楚军留下的粮食。范文子站在兵马前面,说:"君王年纪幼小,下臣们不才,怎么能得到这个结果?君王要以此为戒啊!《周书》说:'天命不能常在不变',说的是有德的人就可以享有天命。"

【原文】

[传]楚师还,及瑕,王使谓子反曰:"先大夫之覆师徒者①,君不在。子无以为过,不穀之罪也。"子反再拜稽首曰:"君赐臣死,死且不朽②。臣之卒实奔,臣之罪也。"子重使谓子反曰:"初陨师徒者,而亦闻之矣。盍图之③!"对曰:"虽微先大夫有之,大夫命侧,侧敢不义? 侧亡君师,敢忘其死?"王使止之,弗及而卒。

战之日,齐国佐、高无咎至于师,卫侯出于卫,公出于坏隤。宣伯通于穆姜,欲去季、孟而取其室。将行,穆姜送公,而使逐二子。公以晋难告,曰:"请反而听命。"姜怒,公子偃、公子鉏趋过④,指之曰:"女不可⑤,是皆君也。"公待于坏隤,申宫儆备,设守而后行,是以后。使孟献子守于公宫。

【注释】

①师徒:指军队。

②死且不朽:指身虽死而言论、事业等长存。

③图:谋划,打算。

④趋过:快步走过。表示恭敬。

⑤不可:不同意。

【译文】

楚军回去,到达瑕地,楚共王遣人对子反说:"先大夫让军队覆没,当时国君不在军中,因此责任由子玉来负。但这次战败,您没有过错,这是我的罪过。"子反再拜叩头说:"君王赐下臣一死,死而不朽。下臣的士兵的确败逃了,这是下臣的罪过。"子重也派人对子反说:"先前让军队覆没的人,他的结果你也听到过了。何不自己打算一下!"子反回答说:"即使没有先大夫自杀谢罪的事,大夫命令侧死去,侧岂敢贪生而陷于不义? 侧使国君的军队败亡,哪敢忘记一死?"楚共王派人阻止他,没来得及,子反就自杀了。

交战那天,齐国国佐、高无咎到达军中,卫献公从卫国出来,鲁成公从坏隤出来。宣伯和穆姜私通,想要去掉季、孟两人而占取他们的家财。成公将准备出行,穆姜送他,让他驱逐这两个人。成公把晋国的危难告诉她,说:"请等我回来再听取您的命令。"穆姜发怒,公子偃、公子鉏快步走过,穆姜指着他们说:"你要不同意,他们都可以是国君!"鲁成公在坏隤等待,防护宫室、加强戒备、设置守卫,然后出行,因此去晚了。让孟献子在国君的宫殿中留守。

【原文】

[传]秋,会于沙随①,谋伐郑也。宣伯使告郤犫曰:"鲁侯待于坏隤,以待胜者。"郤犫将新军,且为公族大夫,以主东诸侯。取货于宣伯②,而诉公于晋侯。晋侯不见公。

曹人请于晋曰:"自我先君宣公即世③,国人曰:'若之何?忧犹未弭。'而又讨我寡君,以亡曹国社稷之镇公子,是大泯曹也,先君无乃有罪乎?若有罪,则君列诸会矣。君唯不遗德、刑,以伯诸侯,岂独遗诸敝邑?取私布之④。"

【注释】

①沙随:春秋宋地,在今河南宁陵县西北,古沙随国。

②取货:获取财物。

③即世:去世。

④私布:私自陈述。

【译文】

秋季,鲁成公和晋厉公、齐灵公、卫献公、宋国华元、邾国人在沙随会见,商量进攻郑国。宣伯派人告诉郤犫说:"鲁侯在坏隤等待胜利者。"郤犫率领新军,同时做公族大夫,主持东方诸侯的事务。他从宣伯那里拿了财物,而在晋厉公那里毁谤鲁成公。晋厉公就不和鲁成公见面。

曹国向晋国请求说:"自从我先君宣公去世,国内的人们说:'怎么办?忧患还没有解除。'而贵国又讨伐我国寡君,因而使镇抚曹国的公子臧逃亡,这是在大举灭曹。大概是由于先君有罪吧!可是如果有罪,君王又使他参加会盟。君王不丢失德行和刑罚,所以才能称霸诸侯,难道唯独要丢弃我们?谨在私下向贵国表达真情。"

【原文】

[传]七月,公会尹武公及诸侯伐郑。将行,姜又命公如初,公又申守而行①。诸侯之师次于郑西,我师次于督扬②,不敢过郑。子叔声伯使叔孙豹请逆于晋师,为食于郑郊。师逆以至。声伯四日不食以待之③,食使者而后食。

诸侯迁于制田④。知武子佐下军,以诸侯之师侵陈,至于鸣鹿⑤。遂侵蔡。未反,诸侯迁于颍上⑥。戊午,郑子罕宵军之,宋、齐、卫皆失军。

曹人复请于晋。晋侯谓子臧:"反!吾归而君。"子臧反,曹伯归。子臧尽致其邑与卿而不出⑦。

【注释】

①申守:谓加强戒备,设置守卫。

②督扬:春秋郑邑。

③不食:不吃东西。

④制田:在河南新郑市东北。

⑤鸣鹿:春秋陈地,在河南鹿邑县西。

⑥颍上:郑国地名,治古郑城,在今安徽颍上县南。

⑦尽致:详尽细致,达到极点。

【译文】

七月,鲁成公会合尹武公和诸侯一同进攻郑国。成公将要出行,穆姜又像以前一样命令成公。成公又在宫中设了防备以后才出行。诸侯的军队驻扎在郑国西部,我国的军队驻扎在督扬,不敢经过郑国。子叔声伯派叔孙豹请求晋军前来迎接我军,又在郑国郊外为晋军准备饭食。晋军为迎接我军而来,子叔声伯四天没有吃饭等着他们,直到让晋国的使者吃了饭以后自己才吃。

诸侯各国的军队迁移到制地,知武子作为下军副帅,率领诸侯的军队进攻陈国,到达鸣鹿,就趁势进攻蔡国。还没有回来,诸侯各国的军队又迁移到颍上。七月二十四日,郑国的子罕突然夜袭他们,宋国、齐国、卫国都溃不成军。

曹国人再次向晋国请求。晋厉公对子臧说:"你回国,我送回你们国君。"子臧回国,曹成公也回来了。子臧把他的采邑全部交给卿而不再出仕。

【原文】

[传]宣伯使告郤犫曰:"鲁之有季、孟,犹晋之有栾、范也,政令于是乎成①。今其谋曰:'晋政多门②,不可从也。宁事齐、楚,有亡而已,蔑从晋矣!'若欲得志于鲁,请止行父而杀之,我毙蔑也,而事晋,蔑有贰矣。鲁不贰,小国必睦。不然,归必叛矣。"

【注释】

①成：达成。

②政多门：政令由许多部门发出。指领导无力，权力分散。

【译文】

　　宣伯派人告诉郤犫说："鲁国有季氏、孟氏，就好像晋国有栾氏、范氏，政令因他们而达成。如今他们商量说：'晋国的政出多门，很不统一，无法服从。宁可侍奉齐国和楚国，哪怕亡国，也不跟从晋国了。'晋国如果要在鲁国行使自己的意志，请留下季孙行父而杀了他，我把仲孙蔑杀死，侍奉晋国，仲孙蔑有二心了。鲁国没有二心，其他小国必定服从晋国。不这样，季孙行父回国就必然背叛晋国。"

【原文】

　　[传]九月，晋人执季文子于苕丘。公还，待于郓①，使子叔声伯请季孙于晋。郤犫曰："苟去仲孙蔑而止季孙行父，吾与子国，亲于公室。"对曰："侨如之情，子必闻之矣。若去蔑与行父，是大弃鲁国②，而罪寡君也。若犹不弃。而惠徼周公之福，使寡君得事晋君，则夫二人者，鲁国社稷之臣也。若朝亡之，鲁必夕亡。以鲁之密迩仇雠③，亡而为雠，治之何及？"郤犫曰："吾为子请邑。"对曰："婴齐，鲁之常隶也，敢介大国以求厚焉！承寡君之命以请，若得所请，吾子之赐多矣，又何求？"范文子谓栾武子曰："季孙于鲁，相二君矣。妾不衣帛，马不食粟，可不谓忠乎？信谗慝而弃忠良④，若诸侯何？子叔婴齐奉君命无私，谋国家不贰，图其身不忘其君。若虚其请，是弃善人也。子其图之！"乃许鲁平，赦季孙。

【注释】

①郓：春秋鲁地，在山东沂水县北。

②大弃：大大丢弃。

③仇雠：仇敌；仇家。

④谗慝：指邪恶奸佞之人。忠良：忠诚善良的人。

【译文】

　　九月，晋国人在晋国的苕丘逮捕了季文子。成公回来，在郓地等待，派子叔声伯向晋国请求放回季文子。郤犨说："若去掉仲孙蔑而留下季孙行父,我给您鲁国的政权,对待您比对公室还亲。"声伯回答说："侨如的情况,您一定听到了。如果去掉蔑和行父,这是大大丢弃鲁国而惩罚寡君。如果还能不丢弃鲁国,而承您向周公祈求福禄,让寡君能够侍奉晋国国君,那么这两个人,就是鲁国的社稷之臣。如果早晨去掉他们,晚上鲁国必然灭亡。鲁国本来以附近的齐国、楚国为仇敌,如果晋国灭亡了鲁国,齐国和楚国就转而以晋国为仇敌,晋国想要补救又怎么来得及?"郤犨说:"我为您请求封邑。"声伯回答说:"婴齐,不过是鲁国小臣,岂敢仗恃大国以求取丰厚的官禄?我奉了寡君的命令前来请求,如果得到所请求的,那就是您对我的丰厚赏赐了,还敢有什么要求?"范文子对栾武子说:"季孙行父在鲁国,辅助过两个国君。他家中的妾不穿丝绸,他家中的马不喂粟米,能不认为他是忠诚吗?相信奸邪而丢弃忠良,怎么对付诸侯?子叔声伯接受国君的命令没有私心,为国家谋划也没有二心,为自己打算而不忘国君。如果拒绝他的请求,这是舍弃善良的人啊!您还是考虑一下吧!"于是允许鲁国讲和,赦免了季孙行父。

【原文】

[传]冬,十月,出叔孙侨如而盟之,侨如奔齐。

十二月,季孙及郤犨盟于扈①。归,刺公子偃,召叔孙豹于齐而立之。

齐声孟子通侨如,使立于高、国之间。侨如曰:"不可以再罪。"奔卫,亦间於卿。

晋侯使郤至献楚捷于周,与单襄公语,骤称其伐。单子语诸大夫曰:"温季其亡乎!位于七人之下,而求掩其上②。怨之所聚,乱之本也。多怨而阶乱,何以在位?《夏书》曰:'怨岂在明?不见是图。'将慎其细也③。今而明之,其可乎?"

【注释】

①扈:春秋郑邑,今河南原武县西北有扈亭。

②掩:掩盖,覆盖。

③慎:谨慎。细:细微之处。

【译文】

冬十月,放逐叔孙侨如并和鲁国结盟。侨如逃亡到齐国。

十二月,季孙和郤犨在扈地结盟。

回国,暗地里杀了公子偃,把叔孙豹从齐国召回,立他继承叔孙氏的禄位。

齐国齐灵公的母亲声孟子和侨如私通，让他的名位位于高氏、国氏之间。侨如说："我不能再犯罪了。"便逃亡到卫国，名位还是位于各卿之间。

晋厉公派遣郤至进献楚国的俘虏给周朝，郤至和单襄公说话屡屡夸耀自己的功劳，单襄公对大夫们说："郤至难免杀身之祸！他的地位在七个人之下，夸耀自己的功劳，想要盖过他的上级。聚集怨恨，这是祸乱的根本。多招怨恨，是自己制造祸乱的阶梯，怎么还能据有官位？《夏书》说：'怨恨难道只是在明处？看不到的怨恨倒是应该考虑。'这是说在细微之处也要谨慎。现在郤至却在明目张胆地招致怨恨，这难道就行吗？"

【讲评】

鄢陵之战是晋国、楚国争霸中第三次，也是最后一次主力会战，起因是争夺对双方都具有重要战略意义的郑国。在这次战役中晋军指挥得力，把握了战机，射伤楚王，取得战争的胜利。不过这次战役没有取得实质上的结果。晋国虽然通过此战巩固了霸主地位，增加了对楚国的优势，但是想争夺的郑国还是没有到手，而且本来就很尖锐的国内矛盾随着对外战争的巨大胜利迅速激化，晋厉公企图依靠亲近大臣诛杀专权的卿大夫，反而被卿大夫杀死。情况的发展正和具有战略远见的范文子在战前所预料的一样。而战争的另一方楚国在此战失败后也逐渐失去了用武力争霸中原的强势。通过《左传》生动的描写，可知鄢陵之战持续时间长，且进行得十分激烈。文中伯州犁侍楚王登上巢车观看晋军时的对白，被认为是《左传》记言的精彩片段，作者避开了直接描述，而是借战场上的二人对白展现紧张的战争场景。宋陈骙《文则》评价说："载言之文，又有答问，若止及一事，文固不难。至于数端，文实未易，所问不言问，所对不言对，言虽简略，意实周赡，读之续如贯珠，应如答响。若《左氏传》载楚望晋军问伯犁，盖得此也。"

成公十七年

【原文】

[经]十有七年春，卫北宫括帅师侵郑。夏，公会尹子、单子、晋侯、齐侯、宋公、卫侯、曹伯、邾人伐郑。六月乙酉，同盟于柯陵。秋，公至自会。齐高无咎出奔莒。九月辛丑，用郊。晋侯使荀罃来乞师。冬，公会单子、晋侯、宋公、卫侯、曹伯、齐人、邾人伐郑。十有一月，公至自伐郑。壬申，公孙婴齐卒于貍脤。十有二月，丁巳朔，日有食之。邾子貜且

卒。晋杀其大夫郤锜、郤犨、郤至。楚人灭舒庸。

【原文】

[传]十七年春王正月，郑子驷侵晋虚、滑。卫北宫括救晋，侵郑、至于高氏。

夏五月、郑大子髡顽、侯獳为质于楚，楚公子成公子寅戍郑。公会尹武公、单襄公及诸侯伐郑，自戏童至于曲洧。晋范文子反自鄢陵，使其祝宗祈死，曰："君骄侈而克敌，是天益其疾也，难将作矣。爱我者唯，祝我①，使我速死，无及于难，范氏之福也。"六月戊辰，士燮卒。乙酉，同盟于柯陵，寻戚之盟也。楚子重救郑，师于首止。诸侯还。齐庆克通于声孟子，与妇人蒙衣乘辇而入于闳。鲍牵见之，以告国武子。武子召庆克而谓之。庆克久不出，而告夫人曰："国子谪我。"夫人怒。国子相灵公以会，高、鲍处守。及还，将至，闭门而索客。孟子诉之曰："高、鲍将不纳君而立公子角，国子知之。"

秋七月壬寅，刖鲍牵而逐高无咎。无咎奔莒。高弱以卢叛。齐人来召鲍国而立之。初，鲍国去鲍氏而来为施孝叔臣。施氏卜宰，匡句须吉。施氏之宰有百室之邑。与匡句须邑，使为宰，以让鲍国而致邑焉。施孝叔曰："子实吉"。对曰："能与忠良，吉孰大焉！"鲍国相施氏忠，故齐人取以为鲍氏后。仲尼曰："鲍庄子之知不如葵，葵犹能卫其足。"

冬，诸侯伐郑。十月庚午，围郑。楚公子申救郑，师于汝上。十一月，诸侯还。初，声伯梦涉洹，或与己琼瑰，食之；泣而为琼瑰盈其怀，从而歌之曰："济洹之水，赠我以琼瑰。归乎！归乎！琼瑰盈吾怀乎！"惧不敢占也，还自郑。壬申，至于狸脤而占之，曰："余恐死，故不敢占也。今众繁而从余三年矣，无伤也。"言之，之莫而卒。齐侯使崔杼为大夫，使庆克佐之，帅师围卢。国佐从诸侯围郑，以难请而归；遂如卢师杀庆克，以谷叛。齐侯与之盟于徐关而复之。十二月，卢降。使国胜告难于晋、待命于清。晋厉公侈，外多嬖。反自鄢陵，欲尽去群大夫，而立其左右。胥童以胥克之废也，怨郤氏，而嬖于厉公。郤锜夺夷阳五田，五亦嬖于厉公。郤犨与长鱼矫争田，执而梏之，与其父母妻子同一辕。既、矫亦嬖于厉公。栾书怨郤至，以其不从己而败楚师也，欲废之，使楚公子筏告公曰："此战也，郤至实召寡君，以东师之未至也，与军帅之不具也，曰："此必败，吾因奉孙周以事君。"公告栾书，书曰："其有焉！不然，岂其死之不恤而受敌使乎？君盍尝使诸周而察之？"郤至聘于周。栾书使孙周见之。公使觇之②，信；遂怨郤至。厉公田，与妇人先杀而饮酒，后使大夫杀。郤至奉豕，寺人孟张夺之，郤至射而杀之。公曰："季子欺余！"厉公将作难，胥童曰："必先三郤，族大多怨。去大族，不逼。敌多怨有庸"公曰："然！"郤氏闻之。郤锜欲攻公，曰："虽死，君必危"。郤至曰："人所以立，信、知、勇也。信，不叛君；知，不害民；

勇,不作乱。失兹三者,其谁与我?死而多怨,将安用之?君实有臣而杀之,其谓君何?我之有罪,吾死后矣。若杀不辜,将失其民;欲安,得乎?待命而已。受君之禄,是以聚党。有党而争命,罪孰大焉?"壬午,胥童、夷羊五帅甲八百,将攻郤氏。长鱼矫请无用众,公使清沸魋助之。抽戈结衽,而伪讼者三郤将谋于树。矫以戈杀驹伯、苦成叔于其位。温季曰:"逃威也。"遂趋。矫及诸其车,以戈杀之。皆尸诸朝。胥童以甲劫栾书、中行偃于朝。矫曰:"不杀二子忧必及君!"公曰:"一朝而尸三卿,余不忍益也!"对曰:"人将忍君。臣闻乱在外为奸,在内为轨。御奸以德,御轨以刑。不施而杀,不可谓德;臣逼而不讨,不可谓刑。德刑不立,奸轨并至,臣请行!"遂出,奔狄。公使辞于二子,曰:"寡人有讨于郤氏,郤氏既伏其辜矣。大夫无辱。其复职位!"皆再拜稽首,曰:君讨有罪,而免臣于死,君之惠也。二臣虽死,敢忘君德?"乃皆归。公使胥童为卿。公游于匠丽氏,栾书、中行偃遂执公焉。召士匄、士匄辞;召韩厥,韩厥辞,曰:"昔吾畜于赵氏。孟姬之谗,吾能违兵。古人有言曰:'杀老牛莫之敢尸。'而况君乎?二三子不能事君,焉用厥也?"舒庸人以楚师之败也,道吴人围巢,伐驾,围厘、虺,遂恃吴而不设备。楚公子橐师袭舒庸,灭之。闰月己卯晦,栾书、中行偃杀胥童。民不与郤氏,胥童道君为乱,故皆书曰:"晋杀其大夫。"

【注释】

①祝我:诅咒我。

②觇:侦察、窥探。

【译文】

鲁成公十七年春季,周历正月,郑国的子驷入侵晋国的虚地跟滑地。卫国的北宫括救助晋国,进攻郑国,直达高氏一地。

夏季,五月,郑国的太子髡顽、獳侯去楚国作人质,楚国的公子成、公子寅去郑国防守。鲁成公会合尹武公、单襄公和诸侯进攻郑国,从戏童直到曲洧。晋国的士燮从鄢陵回国后,让他的祝宗为他祷告,但愿自己早点死亡。他说:"国君骄横奢侈却可以战胜敌人,这是上天在加重他的过错,灾难即将发生了。爱我的人只要诅咒我,让我快死,以免碰到福患,这就是我们范氏家族的福气了。"六月九日,士燮逝世。六月二十六日,成公跟尹武公、单襄公、晋厉公等在柯陵举办会盟,重温鲁成公十五年在戚地的盟约。楚国的子重发兵救助郑国,军队屯驻在首止。诸侯联军撤退回国。齐国的庆克跟齐灵公之母声孟子私通，有一次他男扮女装跟一个妇人同乘一辆车子进入宫中巷门。鲍牵看到了，便告诉了国武子，国武子便找来庆克并谴责他。庆克故而很久不出门，他告诉声孟子说："国武子谴责了我。"声孟子为此很生气。国武子陪灵公一同前去与诸侯会盟，高无咎跟鲍牵留守都城。等到国武子跟灵公回到国都时，城门却被关闭了。而且要检查行人。声孟子向灵公告状讲："高、鲍准备不让你进城，另立公子角为国君，国武子晓得这是阴谋。"

秋，七月十三日，灵公下令砍掉了鲍牵的双脚，把高无咎驱赶出齐国。高无咎逃跑到了莒国，他的儿子高弱领着高氏封邑卢地的人举行了叛乱。齐国人把鲍牵的弟弟鲍国从鲁国召回立为大夫。先前，鲍国离开鲍氏族人来到鲁国做了施孝叔的家臣。施氏占卜，挑选家族总管，最后匡句须吉利。施氏的总管，享有一百户人家的封邑。于是施氏给了匡句须封邑并出任总管，不过他却把这一职位让给了鲍国，并把封邑也给了他。施孝叔讲："占卜的结果是你吉利。"匡句须答复说："可以把这一职位送给一个忠诚善良的人，还有比这更吉利的事吗？"真的，鲍国辅助施氏家族忠心耿耿，故而齐国人挑选他做鲍氏家族的继承人。孔子讲："鲍牵还不如葵菜聪明，葵菜还能保护自己的脚。"

冬季，诸侯联合征讨郑国。十月十二日，包围了郑国。楚国的公子申援郑国。军队屯驻在汝水边。十一月，诸侯联军撤退回国。先前，声伯梦见徒步涉过洹水，有人给自己一块美玉，他吃了它，哭泣时泪水却变成了珠玉，装满了怀抱。他跟着那个人唱道："渡过洹水，有人送给我美玉。归去吧！归去吧！美玉装满了我的怀抱！"醒来后他很恐惧，不敢占卜问吉凶。从郑国回来，走到狸时占卜，他说："我很惧怕死，故而不敢占卜。如今有很多人跟从我，并且已经有三年了，再不会有伤害了。"他说完这话，到黄昏时便死了。齐灵公让崔杼出任大夫，让庆克辅佐他，率兵围攻卢地。国佐正随诸侯一块围攻郑国，听到这个消息后，便以国内出现了动乱为由请求回国。于是到了围攻卢地的军队中，杀害庆克，领着谷地的人叛乱了。齐灵公被迫跟他在徐关盟誓，并恢复了他的官职。十二月，卢地投降。齐国就派国胜到晋国去报告这一动乱的情形，并让他在清地等候命令。晋厉公很奢侈，有很多宠臣。他从鄢陵回国之后，想去除所有的大夫，而另立他左右的宠信之人。胥童由于父亲胥克被郤缺罢免，而怨恨郤氏，但很受厉公的宠信。郤锜抢夺了夷阳五的田地，夷阳五也受到厉公的信任。郤犨与长鱼矫争夺田地，把长鱼矫抓住后囚禁了起来，把他跟他的父母妻子捆在同一辆车上。很快，长鱼矫也受到厉公的宠信。郤犨、栾书怨恨郤至，是由于郤至不听从自己的主张却击败了楚军，便想罢免他。于是指使楚公子告诉厉公说："此次战役，事实上是郤至召请我们国君来的。由于东方诸侯军队还没有到位，他说：'这次战役一定失败，我将因此而拥立孙周来侍奉君王。'"厉公把这番话告诉了栾书,栾书讲:"有这回事。不然,他如何毫不怕死,去接见敌国的使者呢?君王何不试着派他出使周王室而进一步观察他呢?"于是至到周王室访问,栾书又让孙周和他会面。厉公派人监视郤至,便相信了公子茷和栾书的话,于是便开始怨恨郤至。晋厉公外出狩猎。郤至献给厉公一头野猪,寺人孟张抢夺了过去,郤至一箭将他射杀了。厉公讲:"郤至这是欺负我。"厉公准备对群大夫发难。胥童讲:"必定要首先去掉三郤,由于他们家族势力大,怨恨他们的人很多。铲除了这个大族,公室便不会再受到逼迫。征讨树敌很多的人,容易成功。"厉公讲:"对。"郤氏家族知道了这件事,郤锜要攻打厉公,他说:"就算我们死了,国君也一定面临危险。"郤至说:"一个人所以立身处世,即在于有信用、智慧和勇气。讲究信用便不会违反国君,有智慧便不能残害民众,想要安定君位,能行吗?我们还是听候命令吧。我们享受国君的俸禄,故而才能蓄养家兵。有了家兵便去和国君抗争,还有比这更大的罪行吗?"二十六日,胥童、夷阳五领着甲士八百人,准备进攻郤氏。长鱼矫请求不用兴师动众,厉公派清沸协助他。长鱼矫和清沸魋抽出戈来,把两个人的衣襟连结在一块,伪装成打架的模样。三郤准备在台榭上为他们调解,长鱼矫便用戈把郤锜和郤犨杀害在座位上。郤至说:"我要逃避无罪被杀。"于是便逃跑了。长鱼矫在他车上追上了他,用戈杀了他。三郤的尸体都被陈列在朝廷示众。胥童率领甲士在朝廷上劫持了栾书跟荀偃。长鱼矫

晋厉公

说:"要是不杀死这两个人,祸患一定会降临到国君身上。"晋厉公说:"一个早晨便杀了三位卿,我不忍心再多杀了。"长鱼矫答复说:"栾书跟荀偃将会容忍你国君。我听说在外作乱是奸,在内作乱是轨。防御奸用德,防御轨用刑。不施恩而杀人,不能称德行;臣子逼迫国君而不加讨伐,不能称刑罚。德行跟刑罚不能树立,奸跟轨便会同时到来。我请求离开晋国。"于是便逃亡到狄人那儿去了。厉公派人对栾书跟荀偃解释说:"我征讨郤氏。郤氏已经伏法。他们不要为此事感到受辱,我恢复你们的职位。"栾书跟荀偃两次叩头拜谢说:"国君征讨有罪之人,而赦免我们的死罪,这是国君的恩惠。我们二人就算死了,敢忘掉国君您的大德?"于是两人都回去了。厉公让胥童做卿。晋厉公到宠臣匠丽氏家里

玩耍，栾书跟荀偃趁机抓住了厉公。他们召士杀厉公，士拒绝了，召韩厥，韩厥也拒绝了。韩厥说："先前我被赵家收养提拔，孟姬陷害赵氏，我不愿出兵攻打赵氏。古人有句话讲：'宰杀老牛没有人敢做主，'何况是对待国君呢？你们几个既然不愿意服侍国君，何必利用我的手杀死他呢？"舒庸人利用楚军战败的机会，带着吴国人包围了巢地，进攻驾地，接着又包围了厘、虺二地。于是便依仗吴国而不加强防备。楚国的公子橐师领兵偷袭舒庸，灭掉了它。栾书跟荀偃杀了胥童。民众不拥护郤氏，而胥童又趁机引诱国君制造动乱，故而春秋都记录为"晋杀其大夫"。

【讲评】

鄢陵之战后战败的一方楚国处境艰难，但是获胜的晋国也陷入了危机。晋厉公在鄢陵之战后希望加强君权，着手灭掉势力过大、威胁公室的"三郤"家族，解除晋国政出多门的情况。但是他解决得不彻底，遭到栾氏、中行氏等其他大家族的联合抵抗和反扑，最终归于失败，自己也被杀。晋国不可避免地走上了大夫专权、公室日卑的情况。这种内部的争斗情形在各国都上演着，可以说是新旧两股政治势力的斗争，是历史前进的必然。

成公十八年

【原文】

［经］十有八年春王正月晋杀其大夫胥童①。

［经］庚目庚申晋弑其君州蒲。

［传］春王正月，庚申，晋栾书中行偃使程滑②弑厉公，葬之于翼东门之外，以车一乘③。使荀罃士鲂逆周子④于京师而立之，生十四年矣。大夫逆于清原⑤，周子曰："孤始愿不及此，虽及此岂非天乎？抑人之求君，使出命也，立而不从，将安用君？二三子用我今日，否亦今日。共而从君，神之所福也。"对曰："群臣之愿也。敢不唯命是听！"庚午，盟而入⑥，馆于伯子同氏⑦。辛巳，朝于武宫⑧。逐不臣者七人⑨。周子有兄而无慧，不能辨菽麦⑩，故不可立。

［经］齐杀其大夫国佐。

［传］齐为庆氏之难故，甲申晦，齐侯使士华免⑪以戈杀国佐于内宫之朝，师逃于夫人之宫⑫。书曰齐杀其大夫国佐，弃命、专杀，以谷叛故也。使清人杀国胜⑬，国弱来奔⑭，王

澌奔莱。庆封为大夫,庆佐为司寇。既齐侯反国弱,使嗣国氏,礼也。

【注释】

①传在成公十二七年。

②程滑:是晋大夫。

③以车一乘:照道理是君下葬要用七乘,现在车一乘,可见是不合君的礼。

④周子:即悼公名周。晋襄公的儿子。

⑤清原:据《一统志》说:"在山西省稽山县东南与闻喜县相接。"

⑥盟而入:和大夫盟誓就进了都城。

⑦馆于伯子同氏:住到晋大夫伯子同氏的家中。

⑧朝于武宫:武宫是曲沃武公的庙。

⑨逐不臣者七人:这就是夷羊五之类的人。

⑩不能辨菽麦:分不清豆子同麦子的种类。

⑪华免:齐士官,掌刑政。

⑫师逃于夫人之宫:埋伏的兵逃到夫人的宫里。

⑬使清人杀国胜:使清这地方的人杀掉国佐的儿子国胜。

⑭国弱来奔:国弱是国胜的弟弟逃到鲁国。

【译文】

成公十八年晋国杀他的大夫胥童。

晋国的栾书、中行偃使晋国大夫程滑弑晋厉公,就葬在翼东门的外边,用车辆一辆,这是比诸侯的葬礼,应当用的车辆少得多。另派荀罃士鲂到周国的都城迎接悼公立他为君,他已经十四岁了。各大夫们到清原这地方迎接他,悼公说:"我最初的愿望到不了这里,现在居然到了这里,岂不是天命如此,但是普通的人求立了君,就是使他发出命令,如果立了他,而不从他的命令,那立君有什么用处? 你们用我在今天,不用我也在今天。恭敬而听从君的命令,这是神所赐的福庸。"大家全都回答说:"这是我们诸臣的愿望,不敢不听从你的命令。"庚午这天,悼公同诸大夫盟誓而进到城中,暂时住在晋大夫伯子同的家中。辛巳这天,到曲沃武公的庙中去朝见。驱逐不肯做臣的七个人。悼公有个哥哥而没有智慧,他不能够分辨豆子同麦子的区别,所以他不能够立。

齐国因为国佐杀掉庆克的祸难缘故,甲申三十这天,齐侯使他的士官华免用枪在夫人的宫中杀了国佐,埋伏的兵逃到夫人的宫里去。写在《春秋》上说,齐国杀掉他的大夫国佐,是因为他背弃齐君的命令,专门杀戮,并且以谷这地方反叛的缘故。使清这地方的人杀国佐的儿子国胜,国胜的弟弟国弱就逃奔到鲁国,而国佐的党徒王湫逃奔到莱国去。庆封就做了大夫,庆佐就做了司寇。后来不久,齐侯就叫国弱回到齐国,接续着国氏的宗嗣,这是很合于礼的。

【原文】

[传]二月乙酉朔,晋侯悼公即位于朝①。始命百官,施舍已责②,逮鳏寡③,振废滞④,匡乏困,救灾患,禁淫慝,薄赋敛,宥罪戾⑤,节器用⑥,时用民⑦,欲无犯时⑧,使魏相、士鲂、魏颉、赵武为卿⑨,荀家、会、黡、韩无忌⑩为公族大夫,使训卿之子弟,共俭孝弟,使士渥浊⑪为大傅,使修范武子之法,右行辛为司空,使修士蒍之法⑫,弁纠⑬御戎,校正属焉,使训诸御知义,荀宾为右,司士属焉,使训勇力之士时使⑭,卿无共御,立军尉以摄之⑮。祁奚为中军尉,羊舌职佐之,魏绛⑯为司马,张老为候奄,铎遏寇⑰为上军尉,籍偃为之司马,使训卒乘亲以听命。程郑⑱为乘马御,六驺属焉,使训群驺知礼。凡六官之长皆民誉也。举不失职,官不易方⑲,爵不逾德⑳,师不陵正,旅不偪师,民无谤言㉑,所以复霸也㉒。

[经]公如晋。

[传]公如晋,朝嗣君也㉓。

【注释】

①即位于朝:在朝上即君位。

②施舍已责:布施恩惠,舍除劳役,停止债务。

③逮鳏寡:惠及鳏夫同寡妇。

④振废滞:把从前废官在家的,使他从新做官。

⑤宥罪戾:把犯罪的人全都宽赦。

⑥节器用:节省所用的物品。

⑦时用民:按天时来用人民工作。

⑧欲无犯时:不纵私欲以侵犯民时。

⑨魏相、士鲂、魏颉、赵武为卿:魏相是魏锜的儿子,士鲂是士会的儿子,魏颉是魏颗的儿子,赵武是赵朔的儿子,这四个人皆做到卿的官阶。

⑩荀家、荀会、栾黡、韩无忌:栾黡是栾书的儿子,荀家、荀会是荀氏的族人。韩无忌

是韩厥的儿子。

⑪士渥浊：是士贞子。

⑫使修士蒍之法：使他修明士蒍的成法。士蒍在晋献公时曾经做过司空的官。

⑬弁纠：即栾纠。

⑭使训勇力之士时使：叫他教训勇敢有力量的人，以备临时的使用。

⑮立军尉以摄之：设立军尉来代理他。

⑯魏绛：是魏犨的儿子。

⑰铎遏寇：铎遏是双姓，名字叫寇。

⑱程郑：是荀氏族中的一个人。

⑲官不易方：官都守着他的事业，不变他的常度。

⑳爵不逾德：官爵不超过他的德性。

㉑民无谤言：人民没有毁谤的话。

㉒所以复霸也：所以回复了晋国的霸业。

㉓朝嗣君也：这是为朝见新即位的晋悼公。

【译文】

二月乙酉初一这天，晋悼公在朝廷上，行即位典礼。开始命令各官施恩惠，舍除劳役，停止债务，加恩给鳏夫同寡妇，并且把有贤才而废除在家里的人，使他从新做官，救贫乏困苦的人，并且救受灾患的人，禁止淫邪的坏人，减税收，赦免犯罪的人，节省各种用物，按时节来用人民，不纵私欲来侵犯民时，派魏相、士鲂、魏颉、赵武做卿的官，荀家、荀会、栾黡、韩无忌皆做公族大夫的官，使他们教训卿的儿子或兄弟，恭敬同俭省孝弟；使士渥浊做大傅，修整范武子从前的法令，右行辛做司空的官，使他修整从前士蒍的法令；弁纠驾戎车，凡是主持马政的官皆属他管，叫他训练凡驾车的人全知道节义；荀宾做车右，凡做车右的官全归他管，使他训勉勇力的人，按时候来使令；省去卿的戎御，立了一个军尉的官，以代理他。祁奚做中军的尉官，羊舌职做他的副佐，魏犨的儿子魏绛做司马的官；张老做候奄的官，铎遏寇做上军的尉官，籍偃做司马，使他们训练兵卒同战车，互相的亲近，以听候上边的命令。程郑做乘马御的官，六种的马全都归他管，使他训练各种马官全都知道礼节。凡是六官的首领，全是得人民所称誉的人，凡是所举的人全很合于他的职守，每个官也不能改变他的方式，爵位皆合于他的德行，每一个将帅，不能够欺凌他的正帅，一旅是五百人，他的主帅也不能逼陵二千五百人的师帅，人民没有毁谤的话，悼公之所以再称霸主,就是如此。

鲁成公到晋国去,就是为的朝见晋悼公。

【原文】

[经]夏楚子、郑伯伐宋,宋鱼石复入于彭城。

[传]夏六月,郑伯侵宋,及曹门外①,遂会楚子伐宋,取朝郏②,楚子辛郑皇辰侵城郏③,取幽丘④,同伐彭城,纳宋鱼石、向为人、鳞朱、向带、鱼府焉⑤,以三百乘戍之而还。书曰复入。凡去其国,国逆而立之曰入,复其位曰复归。诸侯纳之曰归,以恶曰复入⑥,宋人患之,西鉏吾⑦曰:"何也?若楚人与吾同恶⑧,以德于我,吾固事之也,不敢贰矣。大国无厌,鄙我犹憾⑨。不然而收吾憎,使赞其政⑩,以间吾衅,亦吾患也。今将崇诸侯之奸而披其地⑪,以塞夷庚⑫,逞奸而携服⑬,毒诸侯而惧吴晋,吾庸多矣,非吾忧也。且事晋何为?晋必恤之。"

[经]公至自晋。

[传]晋侯使士匄来聘。

[传]公至自晋。晋范宣子来聘,且拜朝也⑭。君子谓晋于是乎有礼。

[经]秋杞伯来朝。

[传]秋杞桓公来朝,劳公,且问晋故,公以晋君语之⑮,杞伯于是骤朝于晋,而请为昏⑯。

【注释】

①曹门外:是宋国都城的西北面门。

②朝郏:宋邑,在今河南省夏邑县境。

③城郏:宋邑,在今江苏省萧县西南境。

④幽丘:宋邑,在今江苏省萧县境内。

⑤纳宋鱼石、向为人、鳞朱、向带、鱼府焉:这五个人皆在鲁成公十五年逃奔到楚国去。

⑥以恶曰复入:意思说要是反叛的就写成复入。

⑦西鉏吾:西鉏是双姓名吾,是宋大夫。

⑧与吾同恶:和我们相同恨鱼石他们。

⑨大国无厌鄙我犹憾:大国根本对我们仍旧有怨恨,把我们当作一个属国,那还不

满意。

⑩使赞其政：要不然他就收买我们憎恨的人，使辅佐他的政治。

⑪崇诸侯之奸而披其地：掌握诸侯的奸恶，而分散他们的疆土。

⑫以塞夷庚：堵塞晋国同吴国的要道。

⑬逞奸而携服：使奸人快乐，而使服从的国家分散。

⑭且拜朝也：且拜谢鲁成公往晋国的朝见。

⑮公以晋君语之：鲁成公把晋悼公的德政告诉他。

⑯而请为昏：同时要求和晋国做婚姻。

【译文】

夏天六月，郑伯侵犯宋国，到了宋国的都城西北方面的曹门，就同楚王伐宋国，得到朝郏这地方，楚国的令尹子辛同郑国大夫皇辰，侵了城郜这地方，又取得幽丘，一同去讨伐彭城，纳入从前逃奔到楚国的鱼石、向为人、鳞朱、向带、鱼府这五个人，楚王派三百辆军车去戍守，就回去了。《春秋》上写着他们又回来了。凡是离开他的国，迎接他回来就叫着入，恢复他的位子就写上复归。诸侯使他回来就写上叫归，反叛的进来，叫着复入。宋国人很害怕，宋国的大夫西鉏吾说："这有什么呢？要是楚国人和我们全都恨鱼石他们，用以见好于我们，那么我们就事奉楚国不敢有二心了。假设楚国有无厌的要求，拿我们当作属国尚不满意；要不然他收留我们不满意的人，使他帮助楚国的政权，利用我们的坏处，这才是我们的祸患。现在利用诸侯的奸恶而分裂他的地方，以堵塞吴晋两国的要塞，这是使奸人快心，而使服从楚国的离心。毒害诸侯并且使吴晋惧怕，我们的好处很多了，这不是我们的忧患，并且我们事奉晋国为什么呢？晋国必然来帮恤我们。"

鲁成公从晋国回到鲁国。晋大夫范宣子到鲁国来聘问，并且拜谢鲁成公往晋国的朝见。君子说晋国是很有礼了。

秋天，杞桓公来朝见，慰劳鲁成公，并且问晋国的新闻，成公把晋悼公的德政告诉他，于是杞桓公就马上到晋国去朝见，并且请求婚姻。

【原文】

[经]八月邾子来朝。

[传]七月宋老佐华喜围彭城，老佐卒焉①。八月邾宣公来朝，即位而来见也。

[经]筑鹿囿。

[传]筑鹿囿。书不时也②。

[经]己丑,公薨于路寝。

[传]己丑,公薨于路寝,言道也③。

[经]冬楚人郑人侵宋。

[经]晋侯使士鲂来乞师。

[传]冬十一月,楚子重救彭城伐宋。宋华元如晋告急。韩献子为政,曰:"欲求得人,必先勤之④,成霸安疆,自宋始矣。"晋侯师于台谷⑤以救宋,遇楚师于靡角之谷⑥,楚师还。晋士鲂来乞师,季文子问师数于臧武仲⑦。对曰:"伐郑之役,知伯实来,下军之佐也。今彘季⑧亦佐下军,如伐郑可也。事大国无失班爵而加敬焉,礼也。"从之。

[经]十有二月仲孙蔑会晋侯宋公卫公邾子齐崔杼同盟于虚杅。

[传]十二月孟献子会于虚杅⑨,谋救宋也。宋人辞诸侯而请师以围彭城。孟献子请于诸侯而先归会葬。

[经]丁未葬我君成公。

[传]丁未,葬我君成公,书顺也⑩。

【注释】

①老佐卒焉:老佐死在那里,所以没能攻下彭城。

②书不时也:这是记载不合于建筑的时候。

③言道也:这是很合于正道的。

④欲求得人,必先勤之:想得到旁国拥戴,必须对他先勤劳。

⑤台谷:在今山东省曹县东南。

⑥靡角之谷:靡角是宋地。《方舆纪要》说:"永城县东北有磨山,为砀山之别阜,是时属于宋。"

⑦臧武仲:是臧宣叔的儿子。

⑧彘季:就是士鲂。

⑨虚杅:据说就是宋国的虚。在今河南省柘城县境。

⑩书顺也:在记载上说是很顺时的。

【译文】

七月,宋国大夫老佐同华喜以军队包围彭城,老佐死在那里了。八月,邾宣公到鲁国朝见，他方才即君位，所以来朝见。

修筑养鹿的园子，这是记载不合于建筑的时间。

己丑这天，鲁成公死在路寝，这是说他很合于为君的道理。

冬天十一月，楚国令尹子重派兵救彭城，讨伐宋国，宋国的华元到晋国去告诉危急，这时韩厥当政权，就说："想求得到旁人拥戴，必定要先对他的急难勤恤。成霸主，安定疆业，必定由宋国打仗开始。"晋国的军队就到台谷这地方以救援宋国，到靡角之谷这地方遇见楚国军队。楚军害怕就回去了。晋国的士鲂来请求鲁国出兵，季文子问臧武仲出多少兵。他回答说："上回讨伐郑国的时候，知伯来过，他是晋国下军佐。现在士鲂也是下军佐，可以跟讨伐郑国那次战事一样。事奉大国不要弄错爵位，再加上恭敬，这是合于礼的。"就听从了他。

十二月，孟献子到虚打去开会，这是计谋救宋国，宋国人辞谢各诸侯，只请求各国的军队包围彭城。孟献子向诸侯们申请先回来葬成公。

丁未这天葬鲁成公，这是表示很顺时的。

【讲评】

晋厉公对外屡次失信于诸侯，对内与卿大夫关系紧张，致使晋国霸业中衰，自己也被臣下杀死。即位的悼公年轻有为，一心复兴霸业，当时晋国战略上的对手有四个，即狄、秦、齐、楚。狄、秦、齐都弱于晋，只有楚国能与之抗衡，所以晋悼公复兴霸业的主要目标是对付楚国，其方略主要是保宋、和戎、联吴、服郑。同意与诸戎和好以稳定后方，牢牢掌握旧盟友宋国以为缓冲地带，积极结交和援助吴国牵制楚国，致力于制服依附于楚国而又有重要战略地位的郑国。悼公的治国和治军都颇有可取处，他大力推行魏绛提出的减轻劳役、改革经济的建议，出现了"国无滞积，亦无困人，公无禁例，亦无贫民"的富强局面。把上、中、下、新四军分作上、下、新三军，每军均配合一定的诸侯军队，轮番南下作战，要求速进速退，不求取胜，旨在疲劳敌人。晋悼公的努力促成了晋国的中兴局面，他本人得到后代史家的高度评价，如清高士奇《左氏纪事本末》卷二九："平公而下，晋伯无足观矣。如悼公，不诚贤君哉。"近人韩席筹《左传分国集注》卷六说："悼公者，桓、文后终春秋之世一人而已"。

襄公

襄公元年

【原文】

[经]元年春,王正月,公即位。仲孙蔑会晋栾黡、宋华元、卫宁殖、曹人、莒人、邾人、滕人、薛人围宋彭城。夏,晋韩厥帅师伐郑,仲孙蔑会齐崔杼、曹人、邾人、杞人次于鄫。秋,楚公子壬夫帅师侵宋。九月辛酉,天王崩。邾子来朝。冬,卫侯使公孙剽来聘。晋侯使荀罃来聘。

【原文】

[传]元年春己亥,围宋彭城。非宋地,追书也。于是为宋讨鱼石,故称宋,且不登叛人也,谓之宋志。彭城降晋,晋人以宋五大夫在彭城者归,置诸瓠丘。齐人不会彭城,晋人以为讨。二月,齐太子光为质于晋。

夏五月,晋韩厥、荀偃帅诸侯之师伐郑,入其郛,败其徒兵于洧上。于是东诸侯之师次于鄫以待晋师。晋师自郑以鄫之师侵楚焦夷及陈。晋侯、卫侯次于戚,以为之援。

秋,楚子辛救郑,侵宋吕、留。郑子然侵宋,取犬丘。

九月,邾子来朝,礼也。冬,卫子叔、晋知武子来聘,礼也。

凡诸侯即位,小国朝之,大国聘焉,以继好、结信、谋事、补阙,礼之大者也。

【译文】

元年春天正月二十五日,诸侯军队围困宋国彭城。彭城已经不是宋国的地方,《春秋》所以如此记录,这是追记。那时为了宋国去讨伐鱼石,故而举出宋国,而且不记录叛变者的名字。这是宋国人的意志。彭城投降晋国,晋人带了在彭城的五个宋国大夫回去,安置在瓠丘。齐人没有在彭城集会,晋国人故而征讨齐国。二月,齐国太子光到晋国作人质。

夏五月,晋国韩厥、荀偃领着诸侯的军队进攻郑国,进入它的外城,在洧水边上击败了它的步兵。在这时候东方各诸侯国的军队屯驻在鄟地,等着晋军。晋军从郑国带领驻在地的军队入侵楚国的焦地、夷地跟陈国。晋悼公、卫献公住在戚地,以作为后援。

秋天,楚国子辛救助郑国,入侵宋国的吕地和留地。郑国子然侵略宋国,占取了犬丘。

九月,邾宣公来鲁国朝见,这是合乎礼的。冬天,卫国子叔、晋国知武子来鲁国聘问,这是合乎礼的。

但凡诸侯即位,小国前来朝见,大国就来聘问,以继续友好、获得信任、商量国事、救补缺失,这是礼仪中的大事。

【讲评】

郑国是晋、楚双方争霸的风向标,晋悼公的复霸过程中最大的成就就是制伏了郑国,并使郑国服从晋国二十余年。

襄公二年

【原文】

[经]二年春王正月,葬简王①。

[经]郑师伐宋。

[传]郑师侵宋,楚令也②。

[传]齐侯伐莱,莱人使正舆子赂夙沙卫③以索马牛皆百匹,齐师乃还,君子是以知齐灵公之为灵也④。

[经]夏五月庚寅夫人姜氏薨。

[传]夏齐姜薨⑤。初,穆姜使择美槚⑥。以自为椟与颂琴⑦,季文子取以葬。君子曰:"非礼也,礼无所逆⑧,妇养姑者也。亏姑以成妇⑨,逆莫大焉。诗曰:'其惟哲人,告之话言,顺德之行⑩。'季孙于是为不哲矣。且姜氏君之妣也。诗曰:'为酒为醴,烝畀祖妣,以洽百礼,降福孔偕⑪。'"

[传]齐侯使诸姜宗妇来送葬,召莱子,莱子不会,故晏弱城东阳⑫以偪之。

[传]郑成公疾,子驷请息肩于晋。公曰:"楚君以郑故,亲集矢于其目⑬,非异人任,寡人也⑭。若背之,是弃力与言,其谁昵我?免寡人唯二三子。"

【注释】

①此经无传。

②楚令也：这是楚国所命令的。

③夙沙卫：是齐国太监。

④是以知齐灵公之为灵也：谥法说灵是乱而不损。意思说他的行为同他的谥号相同。

⑤齐姜薨：齐姜是成公的夫人。

⑥穆姜使择美槚：穆姜是成公的母亲选择一种好的槚树。

⑦自为椟与颂琴：包已做了棺木同殉葬的颂琴。

⑧礼无所逆：凡事不可逆礼而行。

⑨亏姑以成妇：亏待了婆婆以成就儿媳妇。

⑩其惟哲人，告之话言，顺德之行：这是《诗经·大雅·抑》之篇的话。意思是说明哲的人告诉他的好话，他就顺从德性来做。

⑪为酒为醴，烝畀祖妣，以洽百礼，降福孔偕：这是《诗经·周颂》的一句诗。意思是说做酒同做好的酒，敬忌祖先同祖母，这是合于百种礼节的，而鬼神会降很大的福禄。

⑫东阳：今山东省临朐县东边。

⑬亲集矢于其目：谓鄢陵之战楚共王被射中眼睛。

⑭非异人任，寡人也：这不是为的别人而是为我自己。

【译文】

二年春，正月葬周天子简王。

郑国的军队侵略宋国，这是受楚国的命令。

齐侯讨伐莱国，莱国人使莱国的大夫正舆子贿赂齐国的太监夙沙卫，用精选的马同牛各一百匹，齐国军队就回去了。君子所以知道齐灵公很合于他的谥法的称谓。

夏天，鲁成公的夫人齐姜死了。在最初的时候，成公的母亲穆姜使人选了好的槚木，自己做了贴身的棺木，送终的颂琴，季文子就拿了这些来给齐姜下葬。君子说："这是不合于礼的，凡事不可逆礼而行，而媳妇是为养婆婆的，亏待了婆婆以成全了媳妇，这种违礼没有再比这更大的。《诗经·大雅》说：'唯独明智的人，告诉他好的话，他就能够顺着德性来做。'季孙这样就是不明哲了。并且姜氏是襄公的嫡母。《诗经·周颂》也说过：

'做酒,做好酒给祖妣用,这是合乎各种礼节的,他就能够降给很多福禄。'"

齐侯使姜姓的宗妇皆来送齐姜的葬,召莱子去,莱子不来,所以晏弱修筑齐国边境的东阳城来逼迫莱国。

郑成公有病了,郑国大夫子驷请求与晋国要好,以免除事奉楚国的负担。郑成公就说:"楚王因为郑国的缘故,他自己的眼睛受了箭的伤害,这不是为的旁人,而是为着我。要是违背他,这是丢掉他的力量同话,以后谁还敢亲近我? 只有你们几个人可以纠正我的阙失,使我免于罪过。"

【原文】

[经]六月庚辰郑伯睔卒。

[经]晋师宋师卫宁殖侵郑。

[经]秋七月仲孙蔑会晋荀罃宋华元卫孙林父曹人邾人于戚。己丑葬我小君齐姜。

[传]秋七月,庚辰,郑伯睔卒。于是子罕当国①,子驷为政,子国为司马。晋师侵郑,诸大夫欲从晋,子驷曰:"官命未改②。"会于戚,谋郑故也。孟献子曰:"请城虎牢以偪郑③。"知武子曰:"善。鄬之会,吾子闻崔子之言,今不来矣④。滕、薛、小邾之不至,皆齐故也。寡君之忧不唯郑,罃将复于寡君而请于齐,得请而告⑤,吾子之功也。若不得请,事将在齐⑥。吾子之请,诸侯之福也,岂唯寡君赖之。"

[经]叔孙豹如宋。

[传]穆叔聘于宋,通嗣君也⑦。

[经]冬仲孙蔑会晋荀罃、齐崔杼、宋华元、卫孙林父、曹人、邾人、滕人、薛人、小邾人于戚,遂城虎牢。

[传]冬,复会于戚,齐崔武子及滕、薛、小邾之大夫皆会,知武子之言故也⑧。遂城虎牢⑨,郑人乃成。

[经]楚杀其大夫公子申。

[传]楚公子申为右司马,多受小国之赂,以偪子重子辛,楚人杀之。故书曰楚杀其大夫公子申。

【注释】

①子罕当国:子罕是郑穆公的儿子,主持政权。

②官命未改:成公还没有下葬,所以说是先君的政见还没有改。

③请城虎牢以偪郑:请把虎牢这个城修整以逼迫郑国。虎牢是从前郑国的城,现已归属晋国。在今河南省汜县西。

④今不来矣:现在已经不再来开会。

⑤得请而告:得请假设齐人答应来开会,就告诉各国来筑虎牢城。

⑥事将在齐:那么我们将对齐国实行讨伐。

⑦通嗣君也:这是为着来会通宋国的嗣君。

⑧知武子之言故也:这是因为知武子所说的话。

⑨遂城虎牢:就修理虎牢的城。

【译文】

秋七月,庚辰郑成公死了。于是子军就管着君政,子驷做正卿,子国做管军队的官。晋国军队来侵略郑国,郑国的大夫们全要服从晋国,子驷说:"现在成公还没有下葬,不能够改他的意思。"于是诸侯在戚这地方会盟,这是为着谋算郑国的缘故。孟献子就说:"请把虎牢这地方的城修理好,以逼迫郑国。"晋国知武子说:"很好。在鄟这地方开会的时候,你听见过齐国崔杼的话,果然他不再来了。滕薛同小邾各国的不来,皆是因为齐国不来的缘故。我们君的忧虑不只是郑国,我将报告我的君,而请齐国来开会,要是齐国接受,而告诸侯城虎牢,这完全是你的功劳。要是我们请求齐国不听,我们将讨伐齐国,你这个请求是诸侯全体的福禄,岂止我们君能够仰赖他吗?"

叔孙穆叔到宋国去聘问,这是为的通宋国的嗣君。

冬天,再在戚开会,齐国崔杼同滕薛小邾各大夫全来开会,这是因为知武子的话的缘故。就修筑虎牢城,郑国人就服从了。

楚国公子申做右司马,很常接受小国的贿赂,以压迫子重同子辛,楚国人把他杀了。所以写在竹简上说楚国杀了他大夫公子申。

【讲评】

莱国是东夷古国,据《史记·齐太公世家》记载,在周初姜太公刚被封到齐地时,莱国势力很盛,一度与太公争夺营丘,到春秋中后期齐国国力强盛,不断扩张,在多次交战后最终吞并了莱国,客观上促进了东夷与华夏的融合。

襄公三年

【原文】

[经]三年:春,楚公子婴齐帅师伐吴。

公如晋。

夏.四月壬戌,公及晋侯盟于长樗。

公至自晋。

六月,公会单子、晋侯、宋公、卫侯、郑伯、莒子、邾子、齐世子光。己未,同盟于鸡泽。

陈侯使袁侨如会。

戊寅,叔孙豹及诸侯之大夫及陈袁侨盟。

秋,公至自会。

冬,晋荀罃帅师伐许。

【原文】

[传]三年,春,楚子重伐吴,为简之师。克鸠兹①,至于衡山。使邓廖帅组甲三百,被练三千,以侵吴。吴人要而击之②,获邓廖。其能免者,组甲八十③,被练三百而已。子重归,既饮至,三日,吴人伐楚,取驾。驾,良邑也。邓廖,亦楚之良也④。君子谓"子重于是役也,所获不如所亡。"楚人以是咎子重,子重病之,遂遇心病而卒⑤。

公如晋。始朝也。夏,盟于长樗。孟献子相。公稽首。知武子曰:"天子在,而君辱稽首,寡君惧矣。"孟献子曰:"以敝邑介在东表⑥,密迩仇雠⑦,寡君将君是望,敢不稽首?"

【注释】

①鸠兹:春秋吴邑,在今安徽芜湖县东四十里。

②要:同"腰",指拦腰截断。

③组甲:身着丝绳带联缀皮革或金属的甲片的士兵。

④良:良将,良材。

⑤心病:心中忧虑而引起疾病。

⑥东表:东方边界之外。指临近东海。

⑦密迩:靠近;贴近。

【译文】

三年春季,楚国的子重入侵吴国,组织了一支经过挑选的军队。攻下鸠兹,到达衡山。派遣邓廖率领三百名穿着用丝带连缀甲片制成铠甲的车兵和三千名穿着用熟丝连缀甲片制成铠甲的步兵以侵袭吴国。吴军拦腰攻击楚军,俘虏了邓廖。逃脱的只有车兵八十人、步兵三百人而已。子重回国,在太庙中举行了庆祝胜利的饮至礼仪,三天后,吴国人攻打楚国,占取了驾地。驾地,是上等的城邑。邓廖,也是楚国的良将。君子认为:"子重在这次战役中,所得到的不如所失去的。"楚国人因此归罪于子重。子重感到忧虑,就得了脑病而死去。

鲁襄公到晋国,这是即位后第一次去朝见。夏季,襄公和晋悼公在长樗会盟。孟献子作为襄公的相礼。襄公向晋悼公行叩头礼。知武子说:"有周天子在那里,而屈辱地让君王叩头,寡君感到害怕。"孟献子说:"由于敝邑地近东海,紧挨着仇敌,寡君将要仰望贵君协助,岂敢不行叩头大礼?"

【原文】

[传]晋为郑服故,且欲修吴好,将合诸侯。使士匄告于齐曰:"寡君使匄,以岁之不易,不虞之不戒,寡君愿与一二兄弟相见,以谋不协。请君临之,使匄乞盟。"齐侯欲勿许,而难为不协,乃盟于耏外①。

祁奚请老②,晋侯问嗣焉③。称解狐④,其仇也,将立之而卒。又问焉,对曰:"午也可⑤。"于是羊舌职死矣⑥。晋侯曰:"孰可以代之⑦?"对曰:"赤也可⑧。"于是使祁午为中军尉⑨,羊舌赤佐之。君子谓:"祁奚于是能举善矣⑩。称其仇,不为谄⑪;立其子,不为比⑫;举其偏⑬,不为党。《商书》曰:'无偏无党,王道荡荡。'⑭其祁奚之谓矣!解狐得举,祁午得位,伯华得官,建一官而三物成,能举善也夫!唯善,故能举其类。《诗》云⑮:'惟其有之,是以似之。'祁奚有焉。"

【注释】

①耏:耏水,即今山东临淄县之时水。

②祁奚:字黄羊,晋国大臣,曾任晋国中军尉。请老:告老,请求退休。

③晋侯:指晋悼公。嗣:指接替职位的人。

④称:推举。解狐:晋国的大臣。

⑤午：祁午，祁奚的儿子。

⑥于是：在这个时候。羊舌职：姓羊舌，名职，晋国的大臣，当时任中军佐。

⑦孰：谁。

⑧赤：羊舌赤，字伯华，羊舌职的儿子。

⑨中军尉：中军的军尉。

⑩于是：在这件事情上。举：推举。善：指贤能的人。

⑪谄：谄媚，讨好。

⑫比：偏爱，袒护。

⑬偏：指副手，下属。党：勾结。

⑭出自《尚书·洪范》。王道：君主以仁义治天下，以德政安抚臣民的统治方法。荡荡：宽广无边的样子，指公正无私。

⑮出自《诗·小雅·裳裳者华》。

【译文】

晋国由于郑国顺服的原因，又想要和吴国修好，打算会合诸侯。派遣士匄向齐国报告说："寡君派我前来，是由于近年来各国还不平定，对意外的事情又没有戒备，寡君愿意和几位兄弟国家的国君相见，来商讨解决彼此的不和。请求君王参加，派我来请求结盟。"齐灵公想不答应，而又不好表示不和，就在耏水外面结盟。

祁奚请求告老退休，晋悼公问他谁来接替他。祁奚称道解狐。解狐，是祁奚的仇人，晋悼公打算任命解狐，他却死了。晋悼公又问祁奚，祁奚回答说："祁午也可以胜任。"这时羊舌职死了，晋悼公说："谁可以接替他？"祁奚回答说："羊舌赤可以胜任。"因此，晋悼公就派遣祁午做中军尉，羊舌赤为副职。君子认为："祁奚在这种情况下能够推举有德行的人。举荐他的仇人而不是谄媚，安排他的儿子而不是勾结，推举他的副手而不是结党。《商书》说：'不偏私不结党，君王之道浩浩荡荡。'这说的就是祁奚啊。解狐能被荐举，祁午得到了禄位，羊舌赤能有官位，建立一个官位而成全三件事，这是因为能够推举好人的缘故啊。唯其有德行，才能推举类似他的好人。《诗》说：'正因为具有美德，推举的人才能和他相似。'祁奚就是这样的人。"

【原文】

[传]六月，公会单顷公及诸侯。己未，同盟于鸡泽①。晋侯使荀会逆吴子于淮上②。

吴子不至。

楚子辛为令尹,侵欲于小国。陈成公使袁侨如会求成。晋侯使和组父告于诸侯。秋,叔孙豹及诸侯之大夫及陈袁侨盟,陈请服也。

【注释】

①鸡泽:地名,在河北永年县西南。

②淮上:淮水边上。

【译文】

六月,鲁襄公会见单顷公和诸侯。二十三日,在鸡泽会盟。晋悼公派遣荀会在淮水边上迎接吴国国君,吴国国君没有来。

楚国的子辛做令尹,侵害小国以满足自己欲望。陈成公派遣袁侨到会请求和好。晋悼公派遣和组父告诉诸侯。秋季,叔孙豹和诸侯的大夫同陈国的袁侨结盟,这是因为陈国请求服从晋国的缘故。

【原文】

[传]晋侯之弟扬干乱行于曲梁①,魏绛戮其仆。晋侯怒,谓羊舌赤曰:"合诸侯,以为荣也。扬干为戮,何辱如之?必杀魏绛,无失也!"对曰:"绛无贰志②,事君不辟难,有罪不逃刑,其将来辞③,何辱命焉?"言终,魏绛至,授仆人书,将伏剑④。士鲂、张老止之。公读其书曰:"日君乏使,使臣斯司马⑤。臣闻师众以顺为武,军事有死无犯为敬。君合诸侯,臣敢不敬?君师不武,执事不敬,罪莫大焉。臣惧其死,以及扬干,无所逃罪,不能致训,至于用钺⑥。臣之罪重,敢有不从,以怒君心⑦?请归死于司寇。"公跣而出⑧,曰:"寡人之言,亲爱也。吾子之讨⑨,军礼也。寡人有弟,弗能教训。使干大命⑩,寡人之过也。子无重寡人之过,敢以为请。"

【注释】

①乱行:扰乱行列。

②贰志:二心。

③辞:陈述,辩解。

④伏剑:即自刎,自杀。

⑤斯:此,这里是担任此职的意思。

⑥钺:斧钺,指大斧子。

⑦怒:惹怒,激怒。

⑧跣:没有穿鞋,光着脚。

⑨讨:讨罪,指杀戮,诛杀。

⑩干:触犯。

【译文】

　　晋悼公的弟弟扬干在曲梁扰乱军队的行列,魏绛杀了他的驾车人。晋悼公发怒,对羊舌赤说:"会合诸侯,是以此为光荣。扬干受到侮辱,还有什么侮辱比这更大?一定要杀掉魏绛,千万不要耽误了。"羊舌赤回答说:"魏绛一心为国,侍奉国君不避危难,有了罪过不避惩罚,恐怕会来辩解的,何必劳动君王发布命令呢?"话刚说完,魏绛来了,把一封信交给仆人,准备抽剑自杀。士鲂、张老劝阻了他。晋悼公打开他的信,信上说:"以前君王缺乏役使的人,让下臣担任司马的职务。下臣听说军队里的人服从军纪叫作勇武,在军队里做事宁死也不犯军纪叫作恭敬。君王会合诸侯,下臣哪里敢不恭敬?君王的军队不勇武,办事的人不恭敬,没有比这再大的罪过了。下臣害怕犯下这一大罪,所以连累到扬干,罪责无可逃避。下臣不能够事先教导全军,以至于动用了斧钺,下臣的罪过很重,岂敢不服从惩罚来激怒君王呢?请把我交给司寇处死。"晋悼公光着脚赶紧走出来,说:"寡人的话,是出于对兄弟的亲爱;大夫的诛戮,是出于按军法从事。寡人有弟弟,没有能够好好教导他,而让他触犯了军令,这是寡人的过错。您不要加重寡人的过错,谨以此作为请求。"

【原文】

　　[传]晋侯以魏绛为能,以刑佐民矣①。反役②,与之礼食,使佐新军。张老为中军司马,士富为候奄。

　　楚司马公子何忌侵陈,陈叛故也。许灵公事楚,不会于鸡泽。冬,晋知武子帅师伐许。

【注释】

　　①刑佐:法治,即用刑罚治理。

②反役:从行役返回,此指回国。

【译文】

晋悼公认为魏绛能够采用刑罚来治理百姓了,从盟会回国,在太庙设宴招待魏绛,派他为新军副帅。张老做中军司马,士富做候奄官。

楚国的司马公子何忌率军进攻陈国,这是由于陈国背叛了楚国的缘故。许灵公侍奉楚国,不参加鸡泽的会见。冬季,晋国的知武子领兵讨伐许国。

【讲评】

晋悼公能重兴晋国的霸业,除了他本人有雄才大略以外,身边围绕的贤者众多也是一个重要原因,而这进一步说明了晋悼公作为领导的才能,他能向贤人虚心求教,能任用贤人,并能使贤人为我所用。这些贤人中有几位是颇被后人称道的。一个是祁奚,这个人外举不避仇,内举不避亲,大胆地向国君举荐自己的仇人和儿子,公事公办,并不考虑人选与自己的关系,有人说祁奚是假公济私,明知道仇人重病活不长了,所以假装先推荐仇人,再推荐自己的儿子继任,不露痕迹。这种说法从人人都有私心的出发点来看,并非没有道理。但仔细想想,这种说法又很不合理,一是未免低估了晋悼公和周围大臣的智商,如果祁奚是如此小人,晋君怎么会只听他的建议行事?二是未免低估了祁奚,作为老臣,他有圆熟的政治智慧和很强的洞察力,能理解国君向他问贤的心意,完全没有必要如此作秀,落人话柄。事实上,祁奚举荐的行为在当时和后来都受到了人们的好评,其出于公心是有定论的。不过正因为历史上少有人有如此胆识,能像祁奚这样做得光明磊落,因此他才更令后人尊敬。另一个贤人是魏绛,他执法严明,冒犯了国君,历史上这样的忠臣也有不少,如汉光武帝时的"强项令",等等。忠臣魏绛可敬,而幸运的是他遇到的是一个通情达理、以国事为重的君主,贤君得贤臣,晋国的复兴可想而知,这应该也是作者选取典型事例加以记载的用意。

襄公四年

【原文】

[传]四年:春,王三月己酉,陈侯午卒。

夏,叔孙豹如晋。

秋,七月戊子,夫人姒氏薨。

葬陈成公。

八月辛亥,葬我小君定姒。

冬,公如晋。

陈人围顿。

【原文】

[传]四年,春,楚师为陈叛故,犹在繁阳。韩献子患之,言于朝曰:"文王帅殷之叛国以事纣,唯知时世①。今我易之,难哉!"

三月,陈成公卒。楚人将伐陈,闻丧乃止。陈人不听命②。臧武仲闻之曰:"陈不服于楚,必亡。大国行礼焉③,而不服,在大犹有咎,而况小乎?"夏,楚彭名侵陈,陈无礼故也。

【注释】

①知时:知道时机未到。

②听命:从命。

③行礼:实行的礼仪。

【译文】

四年春季,楚军因为陈国背叛的缘故,军队一直驻扎在繁阳。这使韩献子深为忧虑,他在朝廷上说:"周文王率领背叛商朝的国家去侍奉纣,这是由于他知道时机未到。现在我们正相反,想要称霸,难哪!"

三月,陈成公死了。楚国人正准备进攻陈国,听到陈国有丧事,就停止进攻。陈国仍不听楚国的命令,臧武仲听说这种情况,说:"陈国对楚国不服从,一定灭亡。大国在陈国国丧期间不攻打,这是讲究礼仪,即使这样还不顺服。这样对大国来说尚且有灾难,更何况是小国呢?"夏季,楚国的彭名攻打陈国,这是因为陈国缺乏礼仪的缘故。

【原文】

[传]穆叔如晋,报知武子之聘也。晋侯享之,金奏《肆夏》之三,不拜。工歌《文王》之三,又不拜。歌《鹿鸣》之三,三拜①。韩献子使行人子员问之,曰:"子以君命辱于敝邑,先君之礼,借之以乐,以辱吾子。吾子舍其大,而重拜其细,敢问何礼也?"对曰:"三

周文王

《夏》，天子所以享元侯也。使臣弗敢与闻。《文王》，两君相见之乐也，使臣不敢及。《鹿鸣》，君所以嘉寡君也，敢不拜嘉？《四牡》，君所以劳使臣也，敢不重拜？《皇皇者华》，君教使臣曰'必谘于周②'。臣闻之，访问于善为咨，咨亲为询，咨礼为度，咨事为诹③，咨难为谋。臣获五善，敢不重拜？"

【注释】

①三拜：长跪后两手相拱至地，俯首至手为拜。重复三次，谓之三拜。

②谘：咨询，询问。

③诹：商议。

【译文】

穆叔去晋国，回报知武子的聘问。晋悼公设宴礼招待他。乐器演奏《肆夏》的三章，穆叔没有答拜。乐工歌唱《文王》三曲，穆叔又没有答拜。歌唱《鹿鸣》三曲，穆叔三次答拜。韩献子派行人官子员去问他，说："您奉着君王的命令光临敝邑，敝邑按先君之礼用音乐来招待大夫。大夫抛弃重大的而三拜其中细小的，请问这是什么礼仪？"穆叔回答说："《三夏》，是天子用来招待诸侯领袖的，使臣不敢听到。《文王》，是两国国君相见的音乐，使臣不敢参与。《鹿鸣》，是君王用来嘉奖寡君的，哪里敢不拜谢这种嘉奖？《四牡》，是君王用来慰劳使臣的，哪里敢不再拜？《皇皇者华》，君王教导使臣说：'一定要向忠信的人咨询。'使臣听说：'向善人访求询问就是咨，咨询亲戚就是询，咨询礼仪就是度，咨询事情就是诹，咨询祸难就是谋。'我得到这五种善良的教导，岂敢不再三拜谢？"

【原文】

[传]秋，定姒薨，不殡于庙，无椁①，不虞。匠庆谓季文子曰："子为正卿，而小君之丧不成，不终君也。君长，谁受其咎？"

初，季孙为己树六槚于蒲圃东门之外②，匠庆请木③，季孙曰："略④。"匠庆用蒲圃之槚，季孙不御⑤。君子曰：《志》所谓'多行无礼，必自及也'，其是之谓乎！

冬,公如晋听政⑥。晋侯享公,公请属鄫。晋侯不许。孟献子曰:"以寡君之密迩于仇雠,而愿固事君,无失官命。鄫无赋于司马,为执事朝夕之命敝邑,敝邑褊小,阙而为罪,寡君是以愿借助焉。"晋侯许之。

楚人使顿间陈而侵伐之⑦,故陈人围顿。

【注释】

①椟:古时指空棺,泛指棺材。

②槚:楸树的别称。

③请木:请求用其做棺椁木料。

④略:通"掠"。抢劫,夺取。

⑤御:阻止。

⑥听政:听取政令。

⑦顿:周国名,姬姓,子爵,春秋时灭于楚,即今河南项城县北五址里之南顿故城。

【译文】

秋季,襄公的母亲定姒死。没有在祖庙内停放棺木,没有用内棺,也没有举行虞祭。官府中的木匠匠庆于是对季文子说:"您做正卿,但是国君生母的丧礼没有按夫人的规格办理,这是让国君不能为他生母送终。国君长大后,谁将会受到责备?"

起初,季孙为自己在蒲圃的东门外边种植六棵楸木,匠庆请求用它做定姒的棺椁木料,季孙说:"您自己去偷盗吧。"匠庆还是使用了蒲圃的楸木,季孙也未阻止。君子说:"《志》所说的'多做不合礼仪的事,祸患一定会来到自己身上',说的恐怕就是季孙这种情况吧!"

冬季,鲁襄公去到晋国听取晋国的要求。晋悼公设享礼招待襄公,襄公请求把鄫国归属鲁国,晋悼公不答应。孟献子说:"由于寡君紧靠着仇敌,还是愿意坚决侍奉君王,没有耽误君王的命令。鄫国并没有向晋国的司马交纳贡赋,而君王的左右执事却经常要我国交纳赋税,我国褊窄狭小,无法交纳赋税就是罪过,寡君因此希望得到鄫国以为帮助。"晋悼公便允许了。

楚国人让顿国乘陈国有事的空子进攻陈国,为此陈国人包围了顿国。

【原文】

[传]无终子嘉父使孟乐如晋,因魏庄子纳虎豹之皮,以请和诸戎。晋侯曰:"戎狄无

亲而贪,不如伐之。"魏绛曰:"诸侯新服,陈新来和,将观于我①。我德则睦,否则携贰②。劳师于戎,而楚伐陈,必弗能救,是弃陈也,诸华必叛。戎,禽兽也。获戎失华,无乃不可乎?《夏训》有之曰:'有穷后羿③。'"公曰:"后羿何如?"对曰:"昔有夏之方衰也,后羿自鉏迁于穷石,因夏民以代夏政。恃其射也,不修民事,而淫于原兽④。弃武罗、伯因、熊髡、龙圉,而用寒浞。寒浞,伯明氏之谗子弟也⑤,伯明后寒弃之,夷羿收之,信而使之,以为己相。"

【注释】

① 观于我:观察晋国的情况。

② 携:离。

③ 有穷:夏代国名,在今河南。后:君主。羿:君主的名字,羿擅长射箭。

④ 淫:滥,指滥纵其射猎之欲。

⑤ 谗:奸谗。

【译文】

　　山戎建立的无终国国君嘉父派遣孟乐去到晋国,依靠魏庄子的关系,奉献了虎豹的皮革,以请求晋国和各部戎人讲和。晋悼公说:"戎狄不知道亲属相互亲敬而且贪婪,不如攻打他们。"魏庄子说:"诸侯亲近顺服,陈国亲近前来讲和,都将观察我们的行动。我们有德,就亲近我们;否则,就背离我们。在戎人那里去用兵,楚国进攻陈国,我们肯定不能去救援,这实际上是丢弃陈国了。中原诸国一定背弃我们。戎人,不过是禽兽。得到戎人而失去中原,我想恐怕得不偿失吧!《夏训》有这样的话'有穷部落的首领的后羿。'"晋悼公说:"后羿怎么样?"魏庄子回答说:"从前夏朝刚刚衰落的时候,后羿从鉏地迁到穷石,依靠夏朝的百姓取代了夏朝政权。后羿仗着他擅长射箭,不致力于治理百姓而沉溺于打猎,抛弃了武罗、伯因、熊髡、龙圉等贤臣而任用寒浞。

　　寒浞,是伯明氏的奸诈子弟,伯明后寒丢弃了他,后羿加以收养,相信他并且任用他,作为自己的辅助。

【原文】

　　[传]浞行媚于内①',而施赂于外②,愚弄其民,而虞羿于田,树之诈慝③,以取其国家,外内咸服。羿犹不悛④,将归自田,家众杀而亨之,以食其子。其子不忍食诸,死于穷门。

靡奔有鬲氏。浞因羿室,生浇及豷,恃其谗慝诈伪,而不德于民。使浇用师,灭斟灌及斟寻氏。处浇于过,处豷于戈。靡自有鬲氏,收二国之烬⑤,以灭浞而立少康。

少康灭浇于过,后杼灭豷于戈,有穷由是遂亡,失人故也。昔周辛甲之为大史也,命百官,官箴王阙⑥,于《虞人之箴》⑦,曰:'芒芒禹迹⑧,画为九州,经启九道。民有寝庙,兽有茂草,各有攸处,德用不扰⑨。在帝夷羿,冒于原兽,忘其国恤,而思其麀牡。武不可重,用不恢于夏家⑩。兽臣司原,敢告仆夫。'《虞箴》如是,可不惩乎?"于是晋侯好田,故魏绛及之。

【注释】

①内:内室,指后宫的女人。

②施赂:广施财物。

③慝:恶。诈慝:奸诈邪恶。

④悛:悔改。

⑤烬:灰烬,指遗民。

⑥箴:规诫,劝诫。

⑦《虞人之箴》:亦称《虞箴》。虞人:掌管田猎之人。

⑧芒芒:远的样子。

⑨德:本性。扰:乱,扰乱。

⑩恢:大,恢弘。

【译文】

寒浞在宫内对女人献媚,在外边广施财物,愚弄百姓而使后羿沉溺于打猎。扶植了奸诈邪恶,以此取得了后羿的国家,外部和内部都顺从归服。后羿还是不肯改悔,打算从打猎的地方回来,他的手下人把他杀了煮熟,让他的儿子吃,他的儿子不忍心吃,被杀死在穷国的城门口。靡逃亡到有鬲氏。寒浞和后羿的妻姜生了浇和豷,仗着他的奸诈邪恶,对百姓不施恩德,派浇带兵,灭了斟灌和斟寻氏。让浇住在过地,让豷住在戈地。靡从有鬲氏那里收集两国的遗民,以此灭亡了寒浞而立了少康。

少康在过部落灭亡了浇,他的儿子后杼在戈地灭亡了豷,有穷部落从此就死亡了,这是因为失去贤良的缘故。从前周朝的辛甲做太史官时,命令百官,每人都劝诫天子的过失。在《虞人之箴》里说:'辽远的夏禹遗迹,分为九州,开通了无数大道。百姓有屋有庙,野兽有丰茂的青草,各有居住的地方,他们因此互不干扰。后羿身居帝位,贪恋着打猎,忘记了国家的忧患,想到的只是飞禽走兽。武事不能太多,太多就不能使夏朝强盛。主管禽兽的臣,谨以此报告君王左右的人。'《虞箴》是这样,难道能不警戒吗?"当时晋悼公喜欢打猎,因此魏庄子提到这件事。

【原文】

[传]公曰:"然则莫如和戎乎?"对曰:"和戎有五利焉:戎狄荐居①,贵货易土,土可贾焉,一也。边鄙不耸②,民狎其野③,稼人成功④,二也。戎狄事晋,四邻振动,诸侯威怀,三也。以德绥戎,师徒不勤,甲兵不顿⑤,四也。鉴于后羿⑥,而用德度,远至迩安⑦,五也。君其图之!"公说,使魏绛盟诸戎,修民事,田以时。

冬,十月,邾人、莒人伐鄫。臧纥救鄫,侵邾,败于狐骀。国人逆丧者皆髽⑧。鲁于是乎始髽。国人诵之曰:"臧之狐裘,败我于狐骀。我君小子,朱儒是使。朱儒朱儒,使我败于邾。"

【注释】

①荐:草,水草。

②鄙:野外。耸:恐惧。

③狎:熟习。

④稼人:稼穑之人,指农民。

⑤顿:坏。

⑥鉴:镜子。

⑦迩:近。

⑧髽:接丧用麻系发。

【译文】

晋悼公说:"然而就没有比跟戎人媾和更好的办法了吗?"

魏庄子回答说:"跟戎人讲和有五种利益:戎狄逐水草而居,重财货而轻土地,他们的土地可以收买,这是一。边境不再有所警惧,百姓安心在田野里耕作,收获五谷的人可以完成任务,这是二。戎狄侍奉晋国,引起邻国震动,诸侯因为我们的威严而慑服,这是三。用德行安抚戎人,将士不辛劳,武器不损坏,这是四。有鉴于后羿的教训,而利用道德法度,远国前来而近国安心,这是五。君王还是慎重谋划吧!"晋悼公听了很高兴,派遣魏庄子跟各部戎人媾和。又致力于治理百姓,打猎也按照时令。

冬十月,邾国人、莒国人联合进攻鄫国,臧纥救援鄫国,攻打邾国,在狐骀被击败。国内的人们去接丧的都用麻系发,鲁国从这时开始有了用麻系发的习俗。国内的人们讽刺说:"姓臧的身穿狐皮袄,使我们在狐骀战败了。我们的国君小子(国君在丧期称为小子),把个侏儒当差使。侏儒人,侏儒人,使我们败给邾国人。"

【讲评】

春秋时期的晋国可以说是与戎狄打交道最多的诸侯国。春秋霸主晋文公的母亲就是来自戎狄的女子。晋国与戎狄关系密切,不仅有战争,也有联姻,还有利用。晋悼公时,魏绛提出的和戎政策无疑是高明之举,一举多得,既可以用钱财向戎人换取土地,又可以安定晋国后方,使晋致力于与楚争夺霸主地位。这件事无论在晋悼公恢复霸业上,还是在戎狄与华夏族的融合上都发挥了积极影响。

襄公五年

【原文】

[经]五年春,公至自晋。夏,郑伯使公子发来聘。叔孙豹、鄫世子巫如晋。仲孙蔑、卫孙林父会吴于善道。秋,大雩。楚杀其大夫公子壬夫。公会晋侯、宋公、陈侯、卫侯、郑伯、曹伯、莒子、邾子、滕子、薛伯、齐世子光、吴人、鄫人于戚。公至自会。冬,戍陈。楚公子贞帅师伐陈。公会晋侯、宋公、卫侯、郑伯、曹伯、莒子、邾子、滕子、薛伯、齐世子光救陈。十有二月,公至自救陈。辛未,季孙行父卒。

【原文】

[传]五年春,公至自晋。

王使王叔陈告诉戎于晋,晋人执之。士鲂如京师,言王叔之贰于戎也。

夏,郑子国来聘,通嗣君也。

穆叔觌鄫①大子于晋,以成属鄫。书曰"叔孙豹、鄫大子巫如晋",言比诸鲁大夫也。

吴子使寿越如晋,辞不会于鸡泽之故,且请听诸侯之好。晋人将为之合诸侯,使鲁、卫先会吴,且告会期。故孟献子、孙文子会吴于善道。

秋,大雩,旱也。

楚人讨陈叛故,曰:"由令尹子辛实侵欲焉。"乃杀之。书曰"楚杀其大夫公子壬夫",贪也。

君子谓"楚共王于是不刑。《诗》曰:'周道挺挺,我心扃扃。讲事不令,集人来定。'己则无信,而杀人以逞,不亦难乎?《夏书》曰:'成允②成功。'"

九月丙午,盟于戚,会吴,且命戍陈也。

穆叔以属鄫为不利,使鄫大夫听命于会。

楚子囊为令尹。范宣子曰:"我丧陈矣。楚人讨贰而立子囊,必改行,而疾讨陈。陈近于楚,民朝夕急,能无往乎?有陈,非吾事也,无之而后可。"

冬,诸侯戍陈。子囊伐陈。十一月甲午,会于城棣以救之。

季文子卒。大夫入敛,公在位。宰庀③家器为葬备,无衣帛之妾,无食粟之马,无藏金玉,无重器备。君子是以知季文子之忠于公室也。相三君矣,而无私积,可不谓忠乎?

【注释】

①觌:相见。

②允:信用。

③庀:具备。

【译文】

五年春天,鲁襄公从晋国抵达鲁国。

周天子派遣王叔陈生向晋国控告戎人,晋国人把他抓了起来。士鲂去到京师,报告说王叔跟戎人有勾结。

夏天,郑国的子国来鲁国聘问,这是因为为新立的国君来通好。

穆叔带领鄫国的太子去到晋国进见,以完成鄫国归属鲁国的手续。《春秋》记录说:"叔孙豹、太子巫如晋",这便是把国的太子巫比作鲁国的大夫。

吴子派遣寿越去到晋国,解释没有参与鸡泽会见的原因,同时请求听从命令与诸侯友好。晋人将为吴国会合诸侯,让鲁国、卫国先会面吴国,同时告诉吴国会面的日期。故而孟献子、孙文子在善道会见了吴人。

秋天,举行盛大的雩祭,这是因为天旱的原因。

楚国人质问陈国反叛的缘故,陈人说:"因为令尹子辛侵害小国以满足他个人欲望。"

楚国就杀害了子辛。《春秋》记录说："楚杀其大夫公子壬夫"，是因为子辛贪婪的原因。

君子觉得："楚共王在这件事情上惩处不当。《诗》说：'大道笔直笔直，我的心里清楚。主意出得不灵，招集贤人决定。'自己便没有信用，反倒杀人以快意不也是很难了吗？《夏书》讲：'完成信用之后才能完成功业。'"

九月二十三日，鲁襄公跟晋悼公、宋平公、陈哀公、卫献公、郑僖公、曹成公、莒子、邾子、腾成公、薛伯、齐国世子光、吴国人、鄫国人在戚地会盟，这是为了会见吴人，而且由晋悼公命令诸侯出兵镇守陈国。

穆叔觉得鄫国的归属对鲁国不利，便让鄫国的大夫以独立国家的身份参加见面听取命令。

楚国的子囊做令尹，范宣子讲："我们失去陈国了。楚国人征讨三心二意的国家而又立了子囊，必定会改变子辛的所作所为而很快征讨陈国。陈国接近楚国，民众时时害怕兵患，可以不归向楚国吗？保有陈国，不是我们的事情；抛弃陈国，以后反而好办。"

冬天，诸侯派兵防守陈国。子囊攻击陈国。十一月十二日，鲁襄公和晋悼公、宋平公、卫献公、郑僖公、曹成公、齐国世子光在城棣会合以救助陈国。

季文子死。依据大夫入殓的礼仪，鲁襄公亲自看视。家臣收集家里的器物作为葬具。家里没有穿丝绸的妾，没有吃粮食的马，没有收藏铜器玉器，一切用具没有重份。君子从这儿晓得季文子对公室的忠心：辅佐过三位国君而没有私人积蓄，难道能够不认为是忠心吗？

【讲评】

吴国本来偏居东南，在晋楚争夺霸主的拉锯战中，它被晋国扶持成为牵制楚国的重要力量，给楚国造成了极大的威胁。当然大国的衰落主要是内耗，外因还不是最主要的，正是楚国统治集团的数次严重内讧给吴国的崛起提供了难得的机会，第一次是申公巫臣叛楚，楚军主帅"一岁七奔命"，第二次是伍子胥投吴，楚国更是险些灭国。在晋楚相争的时代背景下，吴国逐步登上中原争霸的历史舞台，并一展雄图。

襄公六年

【原文】

[经]六年春王三月壬午杞伯姑容卒。

[传]六年春杞桓公卒,始赴以名①,同盟故也。

[经]夏,宋华弱来奔。

[传]宋华弱与乐辔,少相狎,长相优②,又相谤也。子荡③怒以弓梏④华弱于朝。平公见之曰:"司武而梏于朝,难以胜矣⑤。"遂逐之。夏,宋华弱来奔。司城子罕曰:"同罪异罚非刑也,专戮于朝,罪孰大焉。"亦逐子荡。子荡射子罕之门曰:"几日而不我从⑥?"子罕善之如初。

[经]秋葬杞桓公⑦。

[经]滕子来朝。

[传]秋滕成公来朝,始朝公也⑧。

[经]莒人灭鄫⑨。

[传]莒人灭鄫,鄫恃赂也⑨。

【注释】

①始赴以名:开始用名字在赴文上。

②长相优:年长了以后就互相开玩笑。

③子荡:就是乐辔。

④以弓梏:拿弓当作枷戴在华弱的颈上。

⑤难以胜矣:就难打胜仗了。

⑥几日而不我从:过不了几天你就跟我一样的会出奔。

⑦此经无传。

⑧始朝公也:滕成公开始来朝见鲁襄公。

⑨恃赂也:鄫是对鲁国有贡赋的贿赂,所以他依仗鲁国。

【译文】

六年春天,杞桓公死了,头一次用名字来赴告,因为是同盟的缘故。

宋国的华弱同乐辔少时很要好,长大以后就时常互相开玩笑,但是又互相毁谤。乐辔发怒就用弓在朝上夹了华弱的脖子。宋平公看见了说:"军令部长而被夹在朝廷上,这很难打胜仗。"就把华弱驱逐出国。夏天,宋华弱逃到鲁国来。宋国的司城乐喜说:"同样的罪状而不同的法责这是不合于刑律的,在朝上专杀,这个罪过没有比这再大的。"也驱逐了乐辔。乐辔射乐喜的门说:"过几天你就会跟着我走了。"但是乐喜仍旧对乐辔很好。

秋天,给杞桓公行葬礼。

滕成公来朝见鲁襄公,这是头一次来朝见。

莒国人灭了鄫国,因为鄫国仗着鲁国的缘故。

【原文】

[经]冬叔孙豹如邾。

[传]冬,穆叔如邾聘,且修平①。

[经]季孙宿如晋。

[传]晋人以鄫故来讨曰:"何故亡鄫②?"季武子如晋见,且听命③。

[经]十有二月齐侯灭莱。

[传]十一月,齐侯灭莱,莱恃谋也④,于郑子国之来聘也,四月,晏弱城东阳而遂围莱⑤,甲寅堙之环城傅于堞⑥。及杞桓公卒之月⑦,乙未,王湫帅师及正舆子棠人军齐师⑧,齐师大败之⑨,丁未,入莱,莱共公浮柔奔棠⑩,正舆子王湫奔莒,莒人杀之。四月,陈无宇献莱宗器于襄宫⑪,晏弱围棠,十一月丙辰而灭之,迁莱于郳⑫。高厚⑬崔杼定其田。

【注释】

①且修平:而且为襄公四年狐骀战争后修和平。

②何故亡鄫:你为什么使鄫灭亡。

③且听命:且听受晋国的处分。

④莱恃谋也:因为莱国仗着贿赂凤沙卫的计谋。

⑤晏弱城东阳而遂围莱:此事在五年四月。

⑥堙之环城傅于堞:在环绕着莱的四面筑了一个小土山同莱的城墙一般高。

⑦杞桓公卒之月:这在此年三月。

⑧王湫帅师及正舆子棠人军齐师:王湫率领着军队同莱的大夫正舆子及棠的军队一起攻打齐国的军队。

⑨齐师大败之:齐国军队反把王湫的军队打败了。

⑩莱共公浮柔奔棠:莱国的君名浮柔逃到棠的地方。棠据《汇纂》说:"在今山东省即墨县西南八十里。"

⑪陈无宇献莱宗器于襄宫:陈无宇是陈完的玄孙,他把莱国所有的宝器献到齐襄公的庙里。(我在所著的《中国古代社会新研》中说古代同一辈的人只有一个庙,所以齐襄

⑫郳:山东黄县志说:"县南十里有归城,土人曰灰城,齐迁莱于郳,即止。"

⑬高厚:高固的儿子。

【译文】

冬天,叔孙豹到邾国去聘问,并且修整在狐骀打仗以后的和平。

晋国人因为鄫国的缘故来讨鲁国说:"为什么使鄫国灭亡了?"季孙到晋国去见晋国的君,并且听候晋国的处分。

十一月,齐侯灭了莱国,因为莱国依仗着贿赂夙沙卫的计谋,在郑子国来聘问鲁国那年的四月,齐国的晏弱修理齐莱两国边境上的东阳城,就围了莱国都城。甲寅这天,在这都城的四围,修了一个土山和他的城墙那么高,到了杞桓,公死的那月乙未那天,王湫率领军队同莱国的大夫正舆子以及棠人攻击齐国的军队,齐国军队把他们打得大败,丁未这天就进入莱国的都城。莱共公叫浮柔逃到棠这地方,正舆子同王湫逃到莒国,莒人把他们杀了。四月,齐国的大夫陈无宇把莱国宗庙的器皿献到齐襄公的庙中。晏弱将棠包围了,十一月丙辰这天把他灭了,把莱国君迁到郳国去。齐大夫高厚同崔杼划定他的田地的疆界。

【讲评】

春秋时期大国积极扩张,兼并小国,客观上促进了民族和文化的融合。莱国是东夷族大国。齐国灭莱以后,不仅国土扩大了一倍,势力向东延伸到胶东地区,而且莱地冶炼业、丝织业发达,擅鱼盐之利,经济富庶,对齐国国力的强盛十分有利。

襄公七年

【原文】

[经]七年春,郯子来朝。夏四月,三卜郊,不从,乃免牲。小邾子来朝。城费。秋,季孙宿如卫。八月,螽。冬十月,卫侯使孙林父来聘。壬戌,及孙林父盟。楚公子贞帅师围陈。十有二月,公会晋侯、宋公、陈侯、卫侯、曹伯、莒子、邾子于郲。

郑伯髡顽如会,未见诸侯。丙戌,卒于鄵。

陈侯逃归。

【原文】

[传]七年春,郯子来朝,始朝公也。

夏四月,三卜郊,不从,乃免牲。

孟献子曰:"吾乃今而后知有卜筮。夫郊,祀后稷以祈农事也。是故启蛰而郊,郊而后耕。今既耕而卜郊,宜其不从也。"

南遗为费宰。叔仲昭伯为隧正,欲善季氏而求媚于南遗,谓遗:"请城费,吾多与而役。"故季氏城费。

小邾穆公来朝,亦始朝公也。

秋,季武子如卫,报子叔之聘,且辞缓报,非贰也。

冬十月,晋韩献子告老。公族穆子有废疾,将立之。辞曰:"《诗》曰:'岂不夙夜,谓行多露。'又曰:'弗躬弗亲,庶民弗信。'无忌不才,让,其可乎?请立起也!与田苏游,而曰好仁。《诗》曰:'靖共尔位,好是正直。神之听之,介尔景福。'恤民为德,正直为正,正曲为直,参和为仁。如是,则神听之,介福[1]降之。立之,不亦可乎?"

庚戌,使宣子朝,遂老。晋侯谓韩无忌仁,使掌公族大夫。

卫孙文子来聘,且拜武子之言,而寻孙桓子之盟。公登亦登。叔孙穆子相,趋进曰:"诸侯之会,寡君未尝后卫君。今吾子不后寡君,寡君未知所过。吾子其少安!"孙子无辞,亦无悛容。

穆叔曰:"孙子必亡。为臣而君,过而不悛,亡之本也。《诗》曰:'退食自公,委蛇委蛇。'谓从者也,衡而委蛇必折。"

楚子囊围陈,会于郲以救之。

郑僖公之为大子也,于成之十六年,与子罕适晋,不礼焉。又与子丰适楚,亦不礼焉。及其元年,朝于晋。子丰欲愬诸晋而废之,子罕止之。及将会于郲,子驷相,又不礼焉。侍者谏,不听,又谏,杀之。及郲,子驷使贼夜弑僖公,而以疟疾[2]赴于诸侯,简公生五年,奉而立之。

陈人患楚。庆虎、庆寅谓楚人曰:"吾使公子黄往而执之。"楚人从之。二庆使告陈侯于会,曰:"楚人执公子黄矣!君若不来,群臣不忍社稷宗庙,惧有二图。"陈侯逃归。

【注释】

①介福:大福。

②疟疾：暴疾。

【译文】

七年春天，郯子来鲁国朝见，他是首次朝觐襄公。

夏天四月，鲁国为举办郊祭占卜三次，都不吉利，就决定免除使用祭牺牲。

孟献子说："我到如今才晓得占卜和占筮的作用了。举行郊祭就是祭祀后稷，以祈求农业丰收。故而在启蛰这一节气举办郊祭，然后开始耕种。现在已经耕种完毕，再占卜郊祭之事，当然上天就不同意了。"

南遗担任弗邑的县宰。叔仲昭伯出任隧正一职。他想巴结季氏，便先向南遗讨好，对南遗讲："请季氏在费邑修城，我多派给您劳役。"故而季氏决定在费邑修城。

小邾国的穆公来鲁国朝觐，他也是首次朝觐襄公。

秋天，季武子到卫国回报子叔对鲁国的聘问，并且解释迟至现在才去答谢并非有了二心。

冬天十月，晋国的韩厥告老退休。他的长子穆子患有残疾。悼公要立他为卿，穆子推辞说："《诗经》讲：'难道是我不想早晚都来，只因途中露水太多'。又说：'要是不能亲躬政事，民众便不会信服。'我韩无忌没有才干，让别人来干，能不能够呢？请求国君立我弟弟韩起吧。韩起跟田苏经常交往，田苏说他好行仁义。《诗经》讲：'忠于你的职守，起用正直的人。神灵知道之后，将会降给你福祥。'同情关怀民众是为德，循直而行是为正，匡正他人是为直，三者统一为一体是为仁。这样则神灵帮助，降给您福禄吉祥。任用这样的人为卿是可以的吧？"

九日，让韩起朝觐悼公，而且宣布韩厥退休。悼公觉得韩无忌讲究仁义，便让他统管公族大夫。

卫国的孙文子来鲁国聘问，而且对季式子的解释进行答谢，又重温了孙桓子聘问鲁国时订立的盟约。主客双方入内时，襄公每登一级台阶，孙文子也同时登一级台阶。叔孙穆子作为相礼，急忙赶过去讲："当初诸侯会盟时，寡君并没有走在贵君后面，由于两国地位平等。如今您不略后一步，寡君不懂得究竟有什么过错使您这样轻视他。您还是稍微慢一点吧。"孙文子没有解释，也没有悔改的样子。

穆叔说："孙文子一定会灭亡。他本为臣子却摆出国君的架势，有了过错又不知悔改，这便是消亡的根本缘故。《诗经》中'办完公务回家吃饭，神态从容谦恭和蔼。'即是说要顺从国君。要是专横无理又洋洋自得，一定会遭受摧折。"

楚国的子囊包围了陈国，襄公跟晋悼公、宋平公、陈哀公、卫献公、曹成公、莒子、邾子在郧地会合,救助陈国。

郑僖公还是太子时,在鲁成公十六年跟郑国的子罕一块到了晋国,行为很不礼貌。不久又与子丰到了楚国,也很无礼。等到郑僖公元年,又去晋国朝觐。子丰想要向晋国控告把僖公废掉,被子罕制止。这次在郧地见面时,子驷作为相礼,僖公还是很不礼貌。侍者劝谏他,不听,再次进谏,居然把侍者杀了。到了鄵地,子驷便派人在夜里杀了僖公,之后给诸侯发讣告说是僖公患了急病而死。简公那时年仅五岁,被立为国君。

陈国人由于楚国的围攻而寝食不安。陈国执政大夫庆虎、庆寅对楚国人讲:"我们派国君的弟弟公子黄前去贵国,你们把他抓起来。"楚国人照他们的话做了。二庆就通知正在参加诸侯大会的陈哀公:"楚国已经把公子黄抓了起来。国君要是再不赶紧回来,群臣由于不忍心看到国家沦于灭亡,或许会有别的想法。"陈哀公就急忙赶了回来。

【讲评】

韩无忌知己识人,辞澍了权位利禄,举荐韩宣子继承献子的正卿之位。此举不仅利于晋国、韩氏家族,也为自己赢得晋君的好评。

襄公八年

【原文】

[经]八年春王正月,公如晋。

[传]八年春,公如晋朝,且听朝聘之数①。

[经]夏葬郑僖公②。

[传]郑群公子以僖公之死也,谋子驷,子驷先之。夏四月庚辰,辟杀子狐、子熙、子侯、子丁③,孙击、孙恶④出奔卫。

【注释】

①听朝聘之数:打听应该有多少数目的朝同聘。

②此经无传。

③辟杀子狐、子熙、子侯、子丁:订刑法来杀戮这四个人。

④孙击、孙恶:这二人全是子狐的儿子。

【译文】

八年春正月，鲁襄公到晋国去朝见，并且打听应该有多少的朝同聘的数目。

夏天，郑僖公下葬。

郑国的很多公子，因为僖公的突然死去，计谋子驷，子驷就抢先对付他们。夏天四月庚辰就以罪为名杀了子狐、子熙、子侯、子丁这四个人，子狐的儿子孙击和孙恶逃奔到卫国。

【原文】

[经]郑人侵蔡，获蔡公子燮。

[传]庚寅郑子国、子耳侵蔡，获蔡司马公子燮①。郑人皆喜，唯子产不顺②，曰："小国无文德而有武功，祸莫大焉，楚人来讨，能勿从乎？从之，晋师必至。晋楚伐郑，自今郑国不四五年弗得宁矣。"子国怒之曰："尔何知，国有大命，而有正卿，童子言焉③，将为戮矣。"

[经]季孙宿会晋侯、郑伯、齐人、宋人、卫人、邾人于邢丘。

[传]五月甲辰，会于邢丘④，以命朝聘之数，使诸侯之大夫听命，季孙宿、齐高厚、宋向戌、卫宁殖、邾大夫会之。郑伯献捷于会⑤，故亲听命。大夫不书，尊晋侯也。

【注释】

①公子燮：是蔡庄公的儿子。

②唯子产不顺：唯子产不随着他们一起喜欢。

③童子言焉：童子为什么这样说话。

④邢丘：晋地，在今河南省温县东二十里。

⑤献捷于会：他贡献战胜蔡国的胜利品到会里。

【译文】

庚寅那天，郑国的子国子耳率领军队侵略蔡国，捕获了蔡国司马公子燮。郑国人都喜欢了，只有子产不如此，就说："小的国家没有文德而只有武功，这种灾祸没有比这再大的。楚国人来讨伐能不顺从吗？要顺从楚国，晋国军队必定要来。晋国同楚国来讨伐郑国，从今以后四五年的工夫，郑国不得安宁。"他的父亲子国生气地说："你又知道什么，国家所有的大事情皆由正卿来主持，小孩子又知道什么呢？将要被杀戮了。"

五月甲辰这天，在邢丘开会，命令诸侯们朝同聘的数目，使诸侯的大夫们进来听命，鲁国季孙宿、齐国高厚、宋国向戌、卫国宁殖、邾国大夫都来开会。郑伯献蔡捷到会中，所以亲自来听晋国的号令，《春秋》上不写大夫们，是尊敬晋悼公的缘故。

【原文】

[经]公至自晋①。

[经]莒人伐我东鄙。

[传]莒人伐我东鄙，以疆鄫田②。

[经]秋九月，大雩。

[传]秋九月，大雩，旱也。

[经]冬，楚公子贞帅师伐郑。

[传]冬，楚子囊伐郑讨其侵蔡也。子驷、子国、子耳欲从楚，子孔、子蟜、子展欲待晋。子驷曰："周诗有之曰：'俟河之清，人寿几何？兆云询多，职竞作罗③。'谋之多族，民之多违④，事滋无成。民急矣，姑从楚以纾吾民。晋师至吾又从之，敬共币帛，以待来者，小国之道也。牺牲玉帛，待于二竟⑤，以待强者而庇民焉。寇不为害，民不罢病，不亦可乎？"子展曰："小所以事大，信也。小国无信，兵乱日至，亡无日矣。五会之信⑥，今将背之，虽楚救我，将安用之？亲我无成⑦，鄙我是欲⑧，不可从也⑨，不如待晋，晋君方明，四军无阙，八卿和睦，必不弃郑。楚师辽远，粮食将尽，必将速归，何患焉？舍之⑩闻之，杖莫如信，完守以老楚，杖信以待晋，不亦可乎？"子驷曰："诗云：'谋夫孔多，是用不集，发言盈庭，谁敢执其咎？如匪行迈谋，是用不得于道⑪。'请从楚，騑⑫也受其咎。"乃及楚平。使王子伯骈⑬告于晋曰："君命敝邑修而车赋，儆而师徒，以讨乱略。蔡人不从，敝邑之人不敢宁处，悉索敝赋⑭，以讨于蔡，获司马燮，献于邢丘。今楚来讨曰：'女何故称兵于蔡？'焚我郊保⑮，冯陵我城郭⑯，敝邑之众，夫妇男女，不遑启处以相救也。翦焉倾覆无所控告⑰，民死亡者非其父兄，即其子弟，夫人愁痛⑱，不知所庇，民知穷困而受盟于楚，孤也与其二三臣不能禁止，不敢不告。"知武子使行人子员对之曰："君有楚命⑲，亦不使一介行李⑳告于寡君，而即安于楚，君之所欲也，谁敢违君。寡君将帅诸侯以见于城下，唯君图之。"

[经]晋侯，使士匄来聘。

[传]晋范宣子来聘，且拜公之辱㉑，告将用师于郑。公享之，宣子赋摽有梅㉒。季武子曰："谁敢哉㉓？今譬于草木，寡君在君，君之臭味也㉔。欢以承命，何时之有。"武子赋

角弓[25]。宾将出,武子赋彤弓[26],宣子曰:"城濮之役,我先君文公献功于衡雍,受彤弓于襄王,以为子孙藏[27]。匄也先君守官之嗣也,敢不承命。"君子以为知礼。

【注释】

①此经无传。

②以疆鄫田:为划鄫国田地的界线。

③兆云询多,职竞作罗:占卜也很多,计谋也很多,所以也就没有成功的希望。

④谋之多族,民之多违:计谋出于多家族,人民也多有违拗。

⑤待于二竟:等待在晋国同楚国的两个边境上。

⑥五会之信:这是指着三年会鸡泽,五年会戚,又会城棣,七年会郧,八年会邢丘。

⑦亲我无成:亲我的国家不能成功,指着晋国而言。

⑧鄙我是欲:把我当作偏僻的地方反同我要好,指着楚国而言。

⑨不可从也:意思说子驷的话,不可以听从。

⑩舍之:是子展的名字。言盈庭,谁敢执其咎?如匪行迈。

⑪谋夫孔多,是用不集,发言盈庭,谁敢执其咎?如匪行迈谋,是用不得于道:这是《诗经·小雅·小旻》的诗句,意思是说计谋的人愈多就愈不能成功,满庭中的人全都发言,谁敢担任不是的呢?如同在路上,随便问人道路,终究不能达到。

⑫腓:驷的名字。

⑬伯骈:是郑大夫。

⑭悉索敝赋:用尽了我们的军队。

⑮焚我郊保:焚烧我郊外保护的小城池。

⑯冯陵我城郭:并欺迫我们的内城同外城。

⑰翦焉倾覆,无所控告:完全地被他们毁灭,没有地方可以去告诉。

⑱夫人愁痛:每个人全发愁痛苦。

⑲君有楚命:你得到楚国讨郑国的命令。

⑳一介行李:一个使者。

㉑拜公之辱:来道谢襄公春天到晋国朝见。

㉒赋摽有梅:是《诗经·召南》的一篇诗。

㉓谁敢哉:谁敢不从晋国的命令呢?

㉔君之臭味也:这意思言同晋君趣味相同。

㉕武子赋角弓:范武子就歌唱《诗经·小雅·角弓》这篇诗。

㉖彤弓:也是《诗经·小雅》的一篇诗。

㉗以为子孙藏:这是收藏以示子孙观看。

【译文】

鲁襄公从晋国回来。

莒国人伐鲁国的东面,他为着是划鄫国田地的疆界。

秋九月,行求雨的典礼,是鲁国旱灾的缘故。

冬天,楚国的公子贞带兵去伐郑国,是讨他侵掠蔡国的罪。子驷子国子耳要想服从楚国,子孔子蟜子展要等着晋兵来救。子驷说:"周诗上有的说:'要等到黄河的清,人的寿命能有多少?既然占卜了,却又主谋的多,难以成功的。'我们郑国主谋的有很多家族,人民又多了违拗的事情,越发难成功了。如今人民已经很着急了。姑且服从了楚国,宽缓我们人民眼前的急,等晋兵到来,我便再服从他,恭恭敬敬的备办了礼物,接待哪来的大国,这就是小国服侍大国的道理呢。把牺牲和玉帛摆在晋楚二国的境界上,等那强的国家来,便可庇护我们人民了。他们来寇掠的,可以不遭他害,我们国内的人民又不至于受着累,不也是可以的吗?"子展说:"小国所以服侍大国的,全靠着信用,要是小国没有信用,那么兵乱一天天的到来,灭亡没有日子了!从前同晋国五次会盟的信约,不能算不多了,如今却要违背他,虽是楚国肯来救我,有什么用处呢?晋国和我有同姓的亲属,却不和他要好,楚国要想把我做边鄙的,却专同他两相愿意、合作,怎说得过去呢?子驷的话是不可听的;不如等晋国来救的好。现在晋君非常贤明,他们四支兵没有缺少;八个卿又很和睦;一定不肯抛弃我们郑国的。楚兵离开我们郑国很远,粮食要吃完的当儿,一定立刻就要回去的,有什么忧患呢?我舍之听见过的,做人最靠得住,没有像信用二字的了,完了了守备的事,等楚兵日久疲劳起来,靠了信用,等候晋兵来救,不也是应该的吗?"子驷说:"《诗经》上说:'谋算的人太多了就会因此不成功的。发言的满庭,有哪个敢担当过失?好像是同过路人商量一般,就会因此不知依了哪个好呢?'请你们服从了楚国,让我騑来担当这过失吧!"便同楚国讲和。一面又差王子伯骈告诉晋国说:"你君吩咐我敝邑说:'修你的兵车,叮嘱你们的士卒,预备可去讨伐扰乱侵略的人!'只因蔡国人不依你的吩咐,我这里的人不敢安顿住着,便一概起了敝邑的兵车,去讨伐蔡人,捉到个司马燮,献于邢丘那里;现在楚国却又来讨伐我说:'你为什么举兵伐蔡呢?'便烧掉我们郊外的屋宇,围困我们的城池;我这里的百姓,无论夫妇男女,都不能安居,只是互相救护。怕要像翦掉坍倒下去,没有地方可去申冤呢!人民死亡的,不是他们的父兄,便是他们的子弟,个个人都愁着痛苦着,不知怎么才可庇护。人民穷苦得没法可想,只得受楚国的盟约,我

《春秋左传》原典详解

寡人和二三个臣子，不能禁止他们，所以不敢不来告诉一声。"晋国的知武子便派行人子员回答说："你君既有了楚国讨伐的消息，也不赶紧派个使臣来通告我寡君一声，却擅自同楚国和好，这原来是你愿意的呀，还有哪个拗强你呢？不过我寡君却要带领诸侯，同你君见面在城下呢！只请你君想想吧！"

晋国士匄来鲁国聘问，并且拜谢鲁襄公到晋国的朝见，并且告诉鲁国，晋国将同郑国打仗。鲁襄公就请他吃饭，士匄就歌唱《诗经·召南·摽有梅》这篇诗。季孙宿就说："谁敢不服从晋国的命令？譬如草木一样，我们鲁国的君对于晋国的君是气味相同的。喜欢来接受命令，不论什么时候全可以。"季孙宿就歌唱《角弓》这篇诗。客人将走出的时候，季孙宿又歌唱了《彤弓》这篇诗，士匄就说："在城濮打仗

子产

时，我晋国的先君文公到衡雍这地方去献功劳给周天子，周襄王就赏给他彤弓，这是藏在宫中给予孙看的，我士匄是从前守宫官吏的后人，敢不接承你的命令。"君子以为士匄很懂得礼。

【讲评】

子产是被孔子称誉的一代贤相，少年便异于凡响，不仅为国事担忧，而且对局势的判断非常准确。郑国是晋、楚中原争霸的风向标，总是被双方争来争去，晋强则从晋，楚强则从楚。此时晋、楚实力差不多，晋国不务修德，对诸侯索取的保护费高，诸侯不堪重负，楚国"非我族类"，不是正统的华夏国家，都不是让人心服的霸主。所以郑国大臣在从晋和从楚之间意见不一，摇摆不定，只好采取谁来讨伐就听从谁的做法，目的都是为郑国求得生存和发展的空间。

襄公九年

【原文】

[经]九年春，宋灾。夏，季孙宿如晋。五月辛酉，夫人姜氏薨。秋八月癸未，葬我小君穆姜。冬，公会晋侯、宋公、卫侯、曹伯、莒子、邾子、滕子、薛伯、杞伯、小邾子、齐世子光

伐郑。十有二月己亥:同盟于戏。楚子伐郑。

【原文】

[传]九年春,宋灾。乐喜为司城以为政。使伯氏司里,火所未至,彻小屋,涂大屋;陈畚挶,具绠缶,备水器;量轻重,蓄水潦①,积土涂;巡丈城,缮守备,表火道。使华臣具正徒,令隧正纳郊保,奔火所。使华阅讨右官,官庀②其司。向戌讨左,亦如之。使乐遄庀刑器,亦如之。使皇郧命校正出马,工正出车,备甲兵庀武守。使西鉏吾庀府守。令司宫、巷伯儆宫。二师令四乡正敬享,祝宗用马于四墉,祀盘庚于西门之外。

晋侯问于士弱曰:"吾闻之,宋灾于是乎知有天道,何故?"对曰:"古之火正,或食于心,或食于咮,以出内火。是故咮为鹑火,心为大火。陶唐氏之火正阏伯居商丘,祀大火,而火纪时焉。相土因之,故商主大火。商人阅其祸败之衅,必始于火,是以日知其有天道也。"公曰:"可必乎?"对曰:"在道。国乱无象,不可知也。"

【注释】

①水潦:犹言水塘。
②庀:治理,准备。

【译文】

鲁襄公九年春季,宋国出现火灾。乐喜做司城执掌国政。乐喜派伯氏管理城内街巷,火没有抵达的地方,拆除小屋,用泥涂抹大屋;摆列盛土和运土的器具,具备汲水桶上的绳索跟汲水的瓦罐,准备盛水的器具;估量任务的轻重,储满水塘,堆积泥土;巡视城郭,修缮防守设备,立标指明火的趋向。乐喜派华臣调集常备的役徒,华臣命令隧正调集郊堡的徒卒到国都,奔赴着火地点。乐喜派华阅管理右师的属官,官属督促他的下属。向戌管理左师,也跟华阅一样。乐喜派乐遄准备刑具,也跟华阅一样。乐喜派皇郧命令校正牵出马匹,工正推出战车,准备盔甲兵器做好武力守卫。乐喜派西鉏吾保护国库,西吾命令司宫、巷伯在宫内警戒。右师跟左师命令四乡之长恭敬地祭奠神灵,祝宗用马祭奠四城的神灵,在宋都西门外祭奠盘庚。

晋侯向士弱询问讲:"我听说,宋国遭了火灾从此才懂得天道,是什么原因?"士弱答复说:"古代的火正,祭祀时或用心宿陪祭,或用柳宿陪祭,而放火或禁止放火。故而柳宿即是鹑火星,心宿即是大火星。陶唐氏的火正阏伯居住商丘,祭祀大火星,而用火星来确定时节。相土沿袭此种办法,故而殷商以大火星为祭祀的主星。殷商之人观察他们祸乱失败的预兆,必定从火灾开始,故而过去自以为掌握了天道。"晋侯说:"能肯定吗?"士弱答复说:"在于治国有道。国家动乱而没有预兆,便不能预知了。"

【原文】

[传]夏,季武子如晋,报宣子之聘也。

穆姜薨于东宫。始往而筮之,遇艮☰☰之八。史曰:"是谓艮之随☰☰。随,其出也。君必速出。"姜曰:"亡。是于《周易》曰:'随,元亨利贞,无咎,'元,体之长也①。亨,嘉之会也。利,义之和也。贞,事之干也。体仁足以长人,嘉德足以合礼,利物足以和义,贞固足以干事。然,故不可诬也,是以虽随无咎。今我妇人而与于乱。固在下位而有不仁,不可谓元。不靖国家,不可谓亨。作而害身,不可谓利。弃位而姣,不可谓贞。有四德者,随而无咎。我皆无之,岂随也哉?我则取恶,能无咎乎?必死于此,弗得出矣。"

秦景公使士雃乞师于楚,将以伐晋,楚子许之。子囊曰:"不可。当今吾不能与晋争。晋君类能而使②之,举不失选,官不易方。其卿让于善,其大夫不失守,其士竞于教,其庶人力于农穑。商工皂隶,不知迁业。韩厥老矣,知罃禀焉以为政。范匄少于中行偃而让之,使佐中军。韩起少于栾黡,而栾黡、士鲂上之,使佐上军。魏绛多功,以赵武为贤而为之佐。君明臣忠,上让下竞。当是时也,晋不可敌,事之而后可。君其图之!"王曰:"吾既许之矣,虽不及晋,必将出师。"

秋,楚子师于武城以为秦援。

秦人侵晋,晋饥,弗能报也。

冬十月,诸侯伐郑。庚午,季武子、齐崔杼、宋皇郧从荀罃、士匄门于鄟门。卫北宫括、曹人、邾人从荀偃、韩起门于师之梁。滕人、薛人从栾黡、士鲂门于北门。杞人、郳人从赵武、魏绛斩行栗。甲戌,师于氾,令于诸侯曰:"修器备,盛餱粮,归老幼,居疾于虎牢,肆眚,围郑。"

郑人恐,乃行成。中行献子曰:"遂围之,以待楚人之救也而与之战。不然,无成。"知武子曰:"许之盟而还师,以敝楚人。吾三分四军,与诸侯之锐以逆来者,于我未病,楚不能矣,犹愈于战。暴骨以逞,不可以争。大劳未艾,君子劳心,小人劳力,先王之制也。"诸侯皆不欲战,乃许郑成。十一月己亥,同盟于戏,郑服也。

将盟,郑六卿公子騑、公子发、公子嘉、公孙辄、公孙虿、公孙舍之及其大夫、门子皆从郑伯。晋士庄子为载书,曰:"自今日既盟之后,郑国而不唯晋命是听,而或有异志者,有如此盟。"公子騑趋进曰:"天祸郑国,使介居二大国之间。大国不加德音而乱以要之,使其鬼神不获歆其禋祀，其民人不获享其土利，夫妇辛苦垫隘③，无所厎告。自今日既盟之后，郑国而不唯有礼与强可以庇民者是从，而敢有异志者，亦如之。"荀偃曰："改载书。"公孙舍之曰："昭大神，要言焉，若可改也，大国亦可叛也。"知武子谓献子曰："我实不德，而要人以盟，岂礼也哉！非礼，何以主盟？姑盟而退，修德息师而来，终必获郑，何必今日？我之不德，民将弃我，岂唯郑？若能休和，远人将至，何恃于郑？"乃盟而还。

【注释】

①元，体之长也：元，首。首为身体最高处。

②类能而使：量才适用。

③垫隘：困乏瘦弱。

【译文】

夏天，季武子到晋国答谢士匄对鲁国的聘问。

穆姜在东宫逝世。当初她搬到东宫时，曾做了占筮，获得艮卦变为八，太史说："这便是说艮卦变为随卦。随表示出走。您必须要尽快出去。"穆姜讲："不必了。这卦象在《周易》中的卦辞是'随、元、亨、利、贞，无灾无祸。'元是身体的最高处，就是头；亨表示主宾相会；利是道义的总和；贞是事物的本体。自身的行为体现了仁便可以领导别人，美好的德行能够协调礼义，对一切事物有利就能够统揽道义，本体坚强就可以成就事业。有了这四种德行，就不算欺妄，故而就算遇到随卦也没有灾祸。而如今我这样一个女人却制造了动乱。本来女人就地位低下，再加上有了不仁的行为，不能说是元。让国家动荡不安，不能说是亨。所作所为害及自身，不能说是利。不守妇德而讲究修饰，不能说是贞。具备了这四种德行，就算遇到随卦也没有灾祸，我没有这四种德行，如何能符合随卦的卦辞呢？我自取邪恶，能没有灾祸吗？我一定要死在这儿，出不去了。"

秦景公派士到楚国请求出兵，准备进攻晋国，楚共王同意了。子囊却说："不行。如今我们不能与晋国争雄。晋侯量才使用，选拔的人都能胜任其职，官员都能坚决执行政策。他的卿都甘愿把职位让给贤人，大夫都可以恪尽职守，士都可以致力于教化，农民可以能努力生产粮食，工商皂隶都可以安于本业。韩厥已告老退休，荀罃代替他接掌政权。士匄比中行偃年轻，中行偃却让他位居自己之上，出任中军副帅。韩起比栾黡年轻，栾黡跟士鲂却让他位居自己之上，担任上军副帅。魏绛屡建奇功，但他觉得赵武贤能，便甘心做他的副手。国君贤明，臣子忠诚，上面谦让，下面努力。在此种情形下，是不能与晋国为敌的,只有侍奉他们才行。国君还是认真思考一下!"共王讲:"我既然已经答应出兵了,就算赶不上晋国,也必定要出兵。"

秋天,楚共王进兵武城,作为对秦国的支援。

秦国人侵犯晋国,晋国正发生饥荒,故而没有能予以回击。

冬季十月,诸侯联军进攻郑国。十一日,季武子、齐国的崔杼、宋国的皇郧随同荀䓨、士匄进攻郑都东门门。卫国的北宫括、曹国人、邾国人随同荀偃、韩起进攻郑都西门师之梁。滕国人、薛国人随同栾黡、士鲂攻击郑都北门。杞国人、郳人随同赵武、魏绛负责砍伐路边的栗树。十五日,联军驻扎在氾水之滨,晋悼公传令诸侯:"整顿武器,预备干粮,把年老年幼者送回去,让有病的人住到虎牢,对无意中犯错误的人要从宽赦免,准备攻击郑国。"

郑国人害怕了,派人求和。荀偃讲:"要迅速完成对郑国的包围,以便等候楚军来救,和他们作战。不这样,便不可能真正讲和。"知䓨说:"能够同意与郑国结盟然后撤兵,让楚军进攻郑国,使其疲惫不堪。随后我们把四军分成三个部分,再加上其他诸侯的精锐部队,轮番迎击楚军。对我军来讲,轮番作战并不困乏,不过楚军得不到休整,就受不了了。这种办法要比包围郑国或等候跟楚军决战更好,决一死战以图一时痛快,不能以此种办法和敌人争胜。更大的劳苦还在后面,应当注意养精蓄锐。君子以智慧取胜,小人靠力气取胜,这是前代君王的遗训。"于是诸侯都不想作战了,答应和郑国讲和。十一月十日,双方在戏地会盟,表明郑国已经顺服。

盟会正在开始,郑国的六位卿公子騑、公子发、公子嘉、公孙辄、公孙虿、公孙舍之及其大夫、卿的嫡子都跟随郑简公来了。晋国的士弱起草了盟书,内容是:"从现在盟誓后,郑国要是不对晋国绝对服从或有二心,要据此盟约惩处!"公子上前一步说:"上天降祸给郑国,让我们夹在两个大国之间。大国不只不给我们带来恩德,反倒以战乱相要挟,使我们的神灵得不到祭祀,民众享受不到土地的利益,男女老少辛苦劳作却依然瘦弱不堪,而且无处诉说。从今日盟誓之后,郑国要是不对有礼且能保护我国民众的国家绝对服从,并有其他念头的话,甘心受此处罚!"荀偃讲:"要再修改一下盟书!"公孙舍之说:"已经对着神灵宣读过了,要是还能修改的话,即是说我们也能够背叛大国了。"荀䓨对荀偃讲:"我们自己缺少德行,却又以盟约要挟人家,难道合于礼吗?不合礼,如何能主持盟会呢?不如暂且结盟后退兵,待修养德行,休整军队后再来。最终一定能获得郑国,又何必急着要今天得到呢?要是我们没有德行,连民众都将弃我们而去,哪儿仅仅是郑国呢?要是我们既有美好的德行又很和睦,远方的诸侯将自动前来依附,又何必只指望郑国呢?"就跟郑国结盟,然后撤退回国了。

【原文】

晋人不得志于郑，以诸侯复伐之。十二月癸亥，门其三门。闰月戊寅，济于阴阪，侵郑。次于阴口而还。子孔曰："晋师可击也，师老而劳，且有归志，必大克之。"子展曰："不可。"

公送晋侯。晋侯以公宴于河上，问公年。季武子对曰："会于沙随之岁，寡君以生。"晋侯曰："十二年矣，是谓一终，一星终也。国君十五而生子，冠而生子，礼也。君可以冠矣。大夫盍为冠具？"武子对曰："君冠，必以裸享之礼行之，以金石之乐节之，以先君之祧处之。今寡君在行，未可具也。请及兄弟之国而假备焉。"晋侯曰："诺。"公还及卫，冠于成公之庙。假钟磬焉，礼也。

楚子伐郑，子驷将及楚平。子孔、子蟜曰："与大国盟，口血未干而背之，可乎？"子驷、子展曰："吾盟固云'唯强是从'。今楚师至，晋不我救，则楚强矣。盟誓之言，岂敢背之？且要盟无质，神弗临也，所临唯信。信者，言之瑞也，善之主也，是故临之。明神不蠲①要盟，背之可也。"乃及楚平。公子罢戎入盟，同盟于中分。楚庄夫人卒，王未能定郑而归。

晋侯归，谋所以息民。魏绛请施舍，输积聚以贷。自公以下，苟有积者，尽出之。国无滞积，亦无困人。公无禁利，亦无贪民。祈以币更，宾以特牲。器用不作，车服从给。行之期年，国乃有节。三驾②而楚不能与争。

【注释】

①蠲：清洁，干净。

②三驾：三次兴师，即出兵三次。

【译文】

晋国人在郑国未能实现愿望，领着诸侯再次进攻郑国。十二月初五，攻击郑国三面城门。攻击了五天，十二月二十日，在阴阪渡河，偷袭郑国。屯驻在阴口然后回去。子孔说："晋军能够袭击，军队士气衰落而疲劳，而且有回去的念头，必定能大胜他们。"子展说："不行。"

鲁襄公送晋侯，晋侯为襄公在黄河边上设宴，问起襄公的年岁。季武子答复说："在沙随盟会那一年，寡君出生。"晋侯讲："十二岁了，这称为一终，是岁星运行一圈。国君十五岁而生子，举行冠礼以后生子，是合乎礼仪的。您能够举行冠礼了。大夫何不准备冠礼的用具?"季武子答复说:"国君举行冠礼,必定要用裸享的礼仪为序幕,用钟磬的音乐表示节度,在先君的宗庙里举办。如今寡君正在行役,不能准备冠礼的用具。请到达兄弟的国家此后借用这些用具。"晋侯讲:"好。"鲁襄公回国路经卫国,在卫成公的庙里举办冠礼,借用了钟磬,这是合乎礼仪的。

楚王进攻郑国,子驷要和楚国讲和。子孔、子蟜说:"和大国结盟,嘴里的歃血没有干便背离了它,行吗?"子驷、子展说:"我们盟誓本来就说'惟强国是从'。今楚军到来,晋国不救助我国,那么楚国即是强国了。盟誓的话,如何敢违背?何况要挟的盟誓没有诚信,神灵不会降临,神灵所降临的只是有诚信的盟会。信,是语言的凭证,善良的主体,故而神灵降临。明神认为要挟的盟誓不洁净,背弃它是行的。"于是便跟楚国讲和。公子罢戎进到郑国结盟,共同在中分盟誓。楚庄王夫人死,楚共王没有能安定郑国便回国了。

晋侯回国,计议让民众休养生息的方法。魏绛请求施恩惠舍劳役,把积聚的财物转运出借给民众。从晋侯以下,要是有积聚的财物,全部拿出来。国内没有不流通的财物,也没有困乏的民众。公家不禁止民众牟利,也没有贪婪的民众。祈祷用币帛代替牺牲,招待宾客只用一样牲畜。不制作新的器物,车马服饰只求够用。这些方法推行一年,国家便有了节制。三次兴兵而楚国不能跟晋国争胜。

【讲评】

春秋时期晋、楚两国争霸的焦点在于郑国的顺服,晋军中军元帅荀罃用彼出我归、彼归我出的计谋疲惫楚军。楚军入郑国迫使其屈服而撤退,晋军再乘机出发深入郑境。等楚军匆匆赶来,还没有接触,晋军就主动后撤,一驾之役结束。次年,晋军主动侵入郑国。楚国急忙派军北上,但是到郑境后,晋军已去无踪影。楚军再次迫使郑国屈服南返,晋国却大会诸侯,挥师入郑,实施三驾之役。此时,楚军已经疲惫不堪,无力再北上抗争,晋军夺取三驾之役的全胜。这种拖垮敌人的战术给后来的军事家留下了宝贵的经验。

襄公十年

【原文】

[经]春,公会晋侯、宋公、卫侯、曹伯、莒子、邾子、滕子、薛伯、杞伯、小邾子、齐世子光,会吴于柤。

[传]十年春,会于柤①,会吴子寿梦也②。三月癸丑,齐高厚相大子光,以先会诸侯于

钟离③,不敬。士庄子曰:"高子相大子以会诸侯,将社稷是卫,而皆不敬④,弃社稷也,其将不免乎?"夏四月,戊午,会于柤。

【注释】

①柤:宋地,在今江苏省邳县西北九十里。

②寿梦:是吴国王。因为在吴国有时间将名字缓念,就叫做寿梦,急着念就变成乘。

③钟离:楚地,在今安徽省凤阳县东四里。

④皆不敬:高厚同太子光全都不恭敬。

【译文】

十年春天,在柤这地方开会,这是为的会见吴王寿梦。三月癸丑这天,齐国高厚为太子光相礼,在钟离这地方,先会见诸侯,不恭敬。晋国的士庄子就说:"高厚为齐太子相礼以会见诸侯,这是为的保护齐国的社稷,而高厚和太子光全不恭敬,这是放弃他们的社稷了,恐怕他们全将不免于遭受祸难。"夏四月戊午,在柤再会盟。

【原文】

[经]夏五月甲午,遂灭偪阳。

[传]晋荀偃、士匄请伐偪阳,而封宋向戌焉①,荀罃曰:"城小而固,胜之不武,弗胜为笑。"固请,丙寅围之,弗克。孟氏之臣秦堇父辇重如役②,偪阳人启门,诸侯之士门焉③,县门发④,郰人纥抉之以出门者⑤。狄虒弥⑥,建大车之轮,而蒙之以甲,以为橹⑦,左执之,右拔戟以成一队。孟献子曰:"诗⑧所谓有力如虎者也。"主人县布,堇父登之,及堞而绝之,队,则又县之,苏,而复上者三⑨,主人辞焉,乃退。带其断以徇于军三日⑩。诸侯之师久于偪阳,荀偃、士匄请于荀罃曰:"水潦将降,惧不能归,请班师。"知伯怒⑪,投之以机,出于其间⑫,曰:"女成二事,而后告余,余恐乱命以不女违。女既勤君而兴诸侯,牵帅老夫以至于此,既无武守,而又欲易余罪曰:'是实班师,不然克矣⑬。'余赢老也,可重任乎⑭?七日不克,必尔乎取之⑮。"五月庚寅,荀偃士匄帅卒攻偪阳,亲受矢石⑯,甲午灭之。书曰遂灭偪阳⑰,言自会也⑱。以与向戌,向戌辞,曰:"君若犹辱镇抚宋国,而以偪阳光启寡君,群臣安矣,其何贶如之? 若专赐臣,是臣兴诸侯以自封也,其何罪大焉,敢以死请。"乃予宋公。

【注释】

①封宋向戌焉：是为的拿偪阳来封宋国向戌。

②孟氏之臣秦堇父辇重如役：这是孟献子的家臣名叫秦堇父步行推着车子，载有重器物到阵前。

③士门焉：军队全去攻打城门。

④县门发：在城门里头，有一个拿机器动作的门，有时可以上升，有时可以下降。

⑤郰人纥抉之以出门者：鲁国郰邑的大夫。郰邑在山东省曲阜市东十里，有西郰集。他把县门用力举起，使攻打的人可以出来。

⑥狄虒弥：是鲁国人。

⑦以为橹：做一个大楯。

⑧诗：是《诗经·邶风》。

⑨苏而复上者三：晕过去又醒来，再爬上城三次。

⑩带其断以徇于军三日：带着断的布去给军队看三天的工夫。

⑪知伯怒：荀罃生气了。

⑫出于其间：在荀罃同士匄的中间。

⑬是实班师，不然克矣：说是荀偃想着班师回去，要不然我们就可以把偪阳城攻克了。

⑭余赢老也，可重任乎：我已经很老了，我敢担任这种重大的责任吗？

⑮必尔乎取之：必定把你们杀掉。

⑯亲受矢石：亲自不躲避箭同石块。

⑰偪阳：妘姓国，《山东通志》说："在今山东峄县西南五十里有偪阳故城。"

⑱言自会也：从开会中就灭了偪阳。

【译文】

　　晋大夫荀偃士匄请求去伐偪阳，说是要把那地方封宋国的向戌呢。荀罃说："偪阳城池虽小，却很坚固，打胜了，算不得威武，打不胜，倒反被人家好笑！"他们俩却再三要求，便只得应许了他。四月九日那天，便围住偪阳，果然攻打不破。鲁国孟氏的家臣，有个叫秦堇父的，他一手拉了很重的车子到兵中来，偪阳人故意开着城门骗他们，诸侯的士卒看见城门门开了，便赶进去，哪知到了那里，守城的闸板门忽然放下来，攻城的兵士，有关在里面的。耶地方人叫叔梁纥，便两手撑起那闸板，放出门内的人来；又有个狄虒弥竖起大车的轮盘，外面包了铁甲，当作大藤牌用，左手搣着，右手又拔了一枝戟，独自当那一队去了。孟献子说："这真是《诗经》上说的：'有力像老虎'的了！"偪阳人又荡着一匹布在城外，秦董父便拉着那匹布爬上城去，等到快要到女墙的时候，却忽然翦断那布，董父便掉了下去；而却又荡布在城外。董父醒了过来故意再爬上去。总共爬了三次，偪阳人便不敢再让他上去。他于是退了回来，带着那断布，走在兵中给人们看，共走了三天工夫。诸侯的军队，长久围在偪阳那里。荀偃士匄便请求荀罃说："快要落黄梅雨了！怕不得回去，请你发令退兵吧！"知伯便大发雷霆把茶几搋他们两人，从两人中间搋了出来，口中大骂："你们完成伐偪阳封向戌二事，再来和我讲话！我为的怕乱了君命，才不拗强你们的，你们既会在君主那里献勤，却兴着诸侯的兵，又带累了我老夫到这地步！你们既然没有武力能守，却又要卸这罪名给我！只说'这都是他要退兵啦！不然，早已破城了'。但你们须知我现在已是不中用的老头儿了，哪里还担当得起这种重责任呢？倘再过了七天攻不破，我定要向你们要命的！"五月初四那天，荀偃士匄无法，只得带兵去攻打偪阳。亲自不躲避石头同箭，甲午这天灭了偪阳。《春秋》上写着说："遂灭偪阳。"说他是因会盟而被灭的。后来便把偪阳送给向戌，向戌推辞说："你君如果还肯照应我宋国的，便把这偪阳宠荣着我寡君，使他开辟些土地，那么我们许多臣子，心上也便安顿了！还有什么赏赐能比这更好的？如果专门赐给我臣，这便是我臣兴了诸侯的兵，专为自己要封地去了，还有什么罪过比这更大的呢？就是死，也不敢要的。"便把偪阳送给宋公。

【原文】

[经]公至自会①。

[传]宋公享晋侯于楚丘，请以桑林②，荀罃辞。荀偃、士匄曰："诸侯宋鲁于是观礼③，鲁有禘乐，宾祭用之，宋以桑林享君，不亦可乎？"舞师题以旌夏④，晋侯惧而退入于房，去旌，卒享而还。及著雍疾⑤，卜桑林见⑥，荀偃、士匄欲奔请祷焉⑦，荀罃不可曰："我辞礼矣，彼则以之⑧。犹有鬼神，于彼加之⑨。"晋侯有间⑩，以偪阳子归献于武官谓之夷俘。偪阳妘姓也，使周内史选其族嗣纳诸霍人⑪，礼也。师归，孟献子以秦董父为右，生秦丕兹，事仲尼。

[经]楚公子员，郑公孙辄帅师伐宋。

[传]六月楚子囊郑子耳伐宋师于訾母⑫，庚午围宋，门于桐门⑬。

[经]晋师伐秦。

[传]晋荀罃伐秦报其侵也⑭。

【注释】

①此经无传。

②桑林：是因为成阳曾在这地方祷过雨。所以后来宋国都城也有桑林，并且有一种音乐叫做桑林。

③诸侯宋鲁于是观礼：对诸侯，只有宋国同鲁国他们的礼乐可以观看。

④舞师题以旌夏：舞师是奏乐的首长，拿旌夏大旗来表示奏乐的次序。

⑤及著雍疾：到了著雍这地方，晋悼公病了。著雍是晋地，《释地》说在今河南省沁阳县东。

⑥卜桑林见：占卜以后发现有桑林的现象。

⑦欲奔请祷焉：他们想着回到宋国去祷告。

⑧彼则以之：是宋国强用之。

⑨于彼加之：就对宋国加给罪。

⑩晋侯有间：晋侯渐好了。

⑪霍人：是晋邑，在今山西省繁峙县东南。

⑫訾母：宋地，在今河南省鹿邑县境内。

⑬桐门：宋都城门。《纪要》说："宋城的北门叫桐门。"

⑭报其侵也：秦侵略晋国在鲁襄公九年。

【译文】

襄公从开会回来。

宋公于是宴享晋侯在楚丘地方，请奏《桑林》的乐，荀罃推辞不敢当。荀偃士匄就说："诸侯中间，只有宋鲁二国都是用着天子的礼乐，可以看得的，鲁国有三年大祭的乐，待宾客时候应用的；宋国便把《桑林》宴享我们国君，不也是应该的吗？"因此乐师便用面很大的旗做行列的表示，晋侯忽然看见了，心中一吓，便退进换衣的房中去。宋公命乐师撤去大旗，晋侯方才再出来完了事回去。到了著雍地方，晋侯害起病来，吩咐太史占卜一下子，说是桑林作怪呢。荀偃士匄要赶回去祈祷，荀罃不许说："我起先已经推辞过了，是他们宋国一定要用这礼。如果真有鬼神的，自然应该让他们受去。"后来晋侯的病果然好了些，便带了偪阳子回国，把他献俘在武宫中，叫他夷俘。偪阳是姓妘的，便派周的内史拣选他族中的子孙，叫他住到霍人那里去。这是合理的！鲁兵回国来，仲孙蔑便派秦堇父做车右。后来生一个儿子，名叫秦丕兹，便是拜仲尼做先生的。

六月，楚公子贞同郑子耳伐宋国军队在訾母这地方，庚午这天就围了宋国都城，攻打桐门。

晋国荀䓖伐秦国，报复他的侵略。

【原文】

[传]卫侯救宋师于襄牛①。郑子展曰："必伐卫，不然，是不与楚也。得罪于晋，又得罪于楚，国将若之何？"子驷曰："国病矣②。"子展曰："得罪于二大国必亡，病不犹愈于亡乎？"诸大夫皆以为然，故郑皇耳③，帅师侵卫，楚令也④。孙文子卜追之，献兆于定姜。姜氏问繇⑤，曰："兆如山陵，有夫出征，而丧其雄。"姜氏曰："征者丧雄，御寇之利也⑥，大夫图之。"卫人追之，孙蒯⑦获郑皇耳于犬丘⑧。

[传]秋七月，楚子囊，郑子耳伐我西鄙，还围萧⑨，八月丙寅克之。九月，子耳侵宋北鄙。孟献子曰："郑其有灾乎，师竞已甚。周犹不堪竞，况郑乎？有灾其执政之三士乎？"

【注释】

①襄牛：江永以为就是卫国的襄丘。在今山东省蒲县东南。

②国病矣：国家因为屡次打仗很疲倦了。

③皇耳：是郑大夫皇成子。

④楚令也：受到楚国的命令。

⑤繇：卜兆的文辞。

⑥御寇之利也：这是抵抗敌人的利益。

⑦孙蒯：是孙林父的儿子。

⑧犬丘：卫地，在今山东省荷泽县北三十里。

⑨萧：宋邑，在今江苏省，萧县北十里。

【译文】

卫侯在襄牛这地方救宋国军队，郑大夫子展说："必定伐卫国，不然就是不跟楚国合作了，得罪了晋国，又得罪了楚国，那国家怎么办呢？"郑国另一位大夫子驷就说："郑国因为屡次出兵，已经疲倦了。"子展就说："得罪了两个大国，郑国必定要灭亡，病不比死亡较

春秋左传

《春秋左传》原典详解

好吗?"各位大夫全都以为这话对,所以郑国的皇耳率领着军队,去侵略卫国,这是服从楚国命令。孙林父就占卜追郑国的军队,把所得的卜辞献给卫夫人定姜。定姜问卜辞怎么说,回答说:"卜辞说好像山林一样,有一个男子出征,而丢掉他的雄。"定姜就说:"来侵犯的人丢掉雄,这是抵抗敌人得到利益,大夫们可以仔细想想。"卫国人就追郑国的军队,孙林父的儿子孙蒯在犬丘这地方,捕获郑国的皇耳。

秋七月,楚公子贞,郑国子耳侵犯鲁国的西鄙,在回去的时候,把宋国的萧邑包围了。八月丙寅得到。九月,子耳又侵略宋国北方,鲁国的仲孙蔑说:"郑国恐怕要遇到灾难了。军队竞争的过甚,周王尚且不堪竞争,何况郑国呢? 郑国有灾难,恐怕就是执掌政权的三位。"

【原文】

[经]秋,莒人伐我东鄙。

[传]莒人间诸侯之有事也①,故伐我东鄙。

[经]公会晋侯、宋公、卫侯、曹伯、莒子、邾子、齐世子光、滕子、薛伯、杞伯、小邾子伐郑。

[传]诸侯伐郑,齐崔杼使大子光先至于师,故长于滕。己酉归于牛首②。

[经]冬,盗杀郑公子騑、公子发、公孙辄。

【注释】

①间诸侯之有事也:乘着诸侯讨伐郑国的事情。

②牛首:郑地,在今河南省,陈留县西南十一里。

【译文】

莒人乘着诸侯有事的时候,就侵略鲁国的东方。

诸侯去讨伐郑国,齐国的崔杼,叫齐太子光先到军队去,所以《春秋》上将他写在滕国的上面。己酉这天军队会在牛首这地方。

【原文】

[传]初子驷与尉止有争,将御诸侯之师而黜其车①。尉止获,又与之争②,子驷抑尉止曰:"尔车非礼也。"遂弗使献③。初,子驷为田洫,司氏,堵氏,侯氏,子师氏皆丧田焉。

故五族聚群不逞之人因公子之徒以作乱④。于是子驷当国，子国为司马，子耳为司空，子孔为司徒。冬十月戊辰，尉止、司臣、侯晋、堵女父、子师仆帅贼以入，晨攻执政于西宫之朝⑤，杀子驷、子国、子耳，劫郑伯以如北宫，子孔知之故不死。书曰盗，言无大夫焉⑥。子西⑦闻盗，不儆而出⑧，尸而追盗⑨，盗入于北宫，乃归授甲，臣妾多逃，器用多丧。子产⑩闻盗，为门者⑪、庀群司⑫，闭府库，慎闭藏，完守备，成列而后出⑬，兵车十七乘，尸而攻盗于北宫，子蟜帅国人助之，杀尉止、子师仆，盗众尽死，侯氏奔晋，堵女父、司臣、尉翩、司齐奔宋。子孔当国⑭，为载书以位序听政辟⑮，大夫诸司门子弗顺，将诛之⑯，子产止之，请为之焚书⑰。子孔不可曰："为书以定国，众怒而焚之，是众为政也，国不亦难乎⑱?"子产曰："众怒难犯，专欲难成，合二难以安国，危之道也。不如焚书以安众，子得所欲⑲，众亦得安，不亦可乎? 专欲无成，犯众兴祸，子必从之。"乃焚书于仓门之外，众而后定。

【注释】

①黜其车：减少他的车辆。

②尉止获又与之争：尉止得到囚俘，子驷又跟他争。

③遂弗使献：就不许他献俘虏。

④因公子之徒以作乱：因为鲁襄公八年，子驷所杀的公子熙的党羽。

⑤西宫之朝：西宫是郑君上朝的地方，在今河南省新郑市西北。

⑥无大夫焉：意思说全都是士，不是大夫。

⑦子西：公孙夏是子驷的儿子。

⑧不儆而出：不警诫就出去。

⑨尸而追盗：他到他父亲那儿看尸首，然后再追强盗。

⑩子产：公孙侨是子国的儿子。

⑪为门者：布置看门的人。

⑫庀群司：把各官员全安排好。

⑬成列而后出：摆成战列，而后再出去。

⑭子孔当国：子孔替子驷管理郑国政权。

⑮为载书以位序听政辟：做盟书各按着次序以管理政权。

⑯将诛之：子孔想要诛杀不听他的话的。

⑰焚书：请把盟书烧掉。

⑱国不亦难乎：国家就难治理了。

⑲子得所欲：你也得到政权。

【译文】

　　最初的时候,郑国的子驷跟尉止有争夺,将抵抗诸侯在牛首的军队时,就把尉止的车减少。尉止得到敌人,子驷又与他争。子驷对尉止说:"你的车过于华丽,不合于礼节。"就不使他上献所捕获的敌人。更早的时候,子驷管田洫的事,司氏、堵氏、侯氏、子师氏各族,都丢失了田地,所以这五个族又聚多了很不满意的人,利用以前子驷所杀害的公子熙的党羽做起乱事。这时,子驷掌着郑国的政权,子国做司马,子耳做司空,子孔做司徒。冬天十月戊辰,尉止、司臣、侯晋、堵女父、子师仆帅着贼人进入,早晨就攻执政官在西宫上朝的地方,杀了子驷、子国、子耳,劫了郑国君到北宫去,因为子孔先就知道这件事,所以没有死。《春秋》上写着说是盗,意思是说没有大夫的官。子驷的儿子子西听见盗乱,他不警诫就出去了,他先到他父亲子驷的尸首前,然后才追盗贼。盗逃到北宫去了。然后回来,召军队,下级的官吏,同子驷的妾,全都逃了,器物全部丧失。子国的儿子子产听见盗难发生,他就先派人守他的宅门,具备了各官吏,把府库全都封闭,把所有的物件,全都慎重的把守,预备好了看守的人,摆成了阵势,然后出去,共有兵车十七辆,先去看他父亲的尸首,然后到北宫去攻击群盗。子耳的儿子子蟜,率领着贵族帮助他,杀了尉止、子师仆,强盗全都死了。余下了侯晋逃到晋国去,堵女父、司臣、尉止的儿子翩、司臣的儿子司齐逃到宋国去了。于是子孔掌郑国政权,立了一个章程,按着次序来听政权,大夫们不顺从子孔,子孔就想把他们杀掉,子产就拦止他,请求把章程烧掉。子孔不肯就说:"定章程以安定国家,众人不高兴就烧掉它,这就是众人来当政了,这种治理国家,不也很难吗?"子产说:"众人的怒气很难侵犯他,个人的欲望也就难成功,合两种难事以定安国家,这是危险的道理。我想不如焚了章程以安定众人的心。你就得到所希望的掌政权,众人的心也得安宁,这不也是可以的吗?一个人的欲望没有方法成功,侵犯了众人,必定兴起祸患,你必须听从我的办法。"就在仓门的外面,把定章烧掉,众人看见,然后心就安定了。

【原文】

　　[经]戍郑虎牢。

　　[传]诸侯之师城虎牢而戍之,晋师城梧及制[①],士鲂魏绛戍之。书曰戍郑虎牢,非郑地也,言将归焉[②]。郑及晋平。

　　[经]楚公子贞帅师救郑。

　　[传]楚子囊救郑。十一月,诸侯之师还郑,而南至于阳陵[③],楚师不退。知武子[④]欲

退曰："今我逃楚，楚必骄，骄则可与战矣。"栾黡曰："逃楚，晋之耻也，合诸侯以益耻，不如死，我将独进。"师遂进，己亥，与楚师夹颍而军⑤。子蟜曰："诸侯既有成行⑥，必不战矣。从之将退，不从亦退，退⑦，楚必围我，犹将退也。不如从楚，亦以退之。"宵⑧涉颍与楚人盟。栾黡欲伐郑师，荀罃不可曰："我实不能御楚，又不能庇郑，郑何罪？不如致怨焉⑨，而还。今伐其师，楚必救之。战而不克，为诸侯笑，克不可命，不如还也。"丁未，诸侯之师还，侵郑北鄙而归⑩。楚人亦还。

[经]公至自伐郑⑪。

[传]王叔陈生与伯舆争政⑫，王右伯舆。王叔陈生怒，而出奔，及河，王复之，杀史狡以说焉⑬，不入遂处之。晋侯使士匄平王室，王叔与伯舆讼焉，王叔之宰与伯舆之大夫瑕禽⑭坐狱于王庭，士匄听之。王叔之宰曰："筚门闺窦之人而皆陵其上⑮，其难为上矣。"瑕禽曰："昔平王东迁，吾七姓从王⑯，牲用备具，王赖之而赐之骍旄之盟⑰曰：'世世无失职。'若筚门闺窦其能来东底乎？且王何赖焉？今自王叔之相也，政以贿成，而刑放于宠⑱，官之师旅不胜其富⑲，吾能无筚门闺窦乎？唯大国图之。下而无直，则何谓正矣⑳。"范宣子曰："天子所右，寡君亦右之，所左亦左之。"使王叔氏与伯舆合要，王叔氏不能举其契。王叔奔晋，不书不告也。单靖公为卿士，以相王室。

【注释】

①城梧及制：梧同制全是郑国的旧地方，《汇纂》说："按今河南省荥阳市南有梧通涧，大概就是梧这地方。"制在今河南省汜水县东十里，现在叫着上街镇。

②言将归：意思是说将来还给郑国。

③阳陵：郑地，《汇纂》说："在今河南省许昌市西北。"

④知武子：是荀罃。

⑤夹颍而军：在颍水的两面摆军队。

⑥诸侯既有成行：诸侯既然有离开的意思。

⑦退：我们要退了。

⑧宵：夜晚。

⑨不如致怨焉：不如使他们怨恨然后再回国。

⑩侵郑北鄙而归：侵略郑国的北边就回到晋国去，这就是所谓招致怨恨。

⑪此经无传。

⑫王叔陈生与伯舆争政：王叔陈生与伯舆全是周王的卿士，互相争夺政权。

⑬杀史狡以说焉：周王就杀掉史狡以对王叔有解释。

⑭瑕禽：是伯舆属下大夫。

⑮筚门闺窦之人，而皆陵其上：筚门是材木做的门，闺窦是小门，这种下贱的人，全都欺负他的上面的人。

⑯七姓从王：伯舆的祖先同旁的六姓跟随着平王东迁。

⑰辛旄之盟：是用赤色的牛来做盟誓。

⑱而刑放于宠：刑法全随着宠来做，就是不听从刑律。

⑲官之师旅不胜其富：司旅的长官，受的贿赂没法形容有多少。

⑳下而无直，则何谓正矣：下面没有直爽的人就怎么算是正呢？

【译文】

诸侯的军队，把虎牢这城修好，加以戍守。晋国军队也把梧同制两城修好，晋国的士鲂同魏绛来戍守它。《春秋》上写着说，戍守郑国的虎牢，这不是郑国的地方。这样的说法，是表示将归还给郑国。郑国于是与晋和平了。

楚国令尹公子贞救郑国。十一月，诸侯的军队回到郑国，往南走到了阳陵这地方，楚国军队不退回，晋国荀䓨想退就说："我现在逃了楚国，楚国必定要骄傲，就可以跟他打仗了。"栾黡就说："逃了楚国是晋国的羞耻，联合诸侯，而增加羞耻，还不如死，我将独自往前进。"军队因此也就往前进。己亥这天，与楚国的军队，各占了颍水的一边，而成阵势。郑国的子蟜说："诸侯既有走的意思，必定不会打仗。服从他们将退，不服从他们也会退，等到他们退了以后，楚国必定围了郑国，也等于是退。不如现在就服从了楚国，也是使楚国可以退。"夜里渡过颍水与楚人会盟。栾黡就想讨伐郑国的军队，荀䓨不肯就说："我实不能抵抗楚国，也不能庇护郑国，郑国有什么罪？不如使他们怨恨，然后回晋国。现在伐郑国的军队，楚国必救援他，这战必不能胜，这会令诸侯笑，但是没有方法必定战胜，不如回晋国。"丁未这天，诸侯的军队，侵略郑国的北边，就回晋国，楚国人也回去了。

鲁襄公从伐郑国回来。

周王的两个卿士王叔陈生与伯舆争政权，周王帮助伯舆，王叔陈生甚不愉快，就出奔，想到晋国，到了黄河，周王就叫他回来，把史狡杀了，以作为解说，但是王叔陈生，仍旧不肯回来，就住在黄河边上。晋悼公派士匄去给王室讲和，王叔同伯舆争讼，王叔的家臣同怕舆所属的大夫瑕禽，在王庭中争讼，士匄听他的曲直。王叔的家臣说："柴门小户的这种人，而全都欺负他的上面，这真难做上面的人了。"瑕禽说："以前周平王东迁的时候，我们一共七个姓从王来，各种祭祀用的牲畜，全由我们预备的，平王很仰赖我们，而用赤色的牛做盟誓，就说'每一代每一代的不要失掉职位'。要是柴门小户的人还能随着平王东迁吗？并且平王为何仰赖我们？现在自从王叔掌政权以后，政治全是以贿赂成功，有宠的臣专管刑法，师旅的官富得不成样子，我们能够不是柴门小户吗？希望大国细想想。下边没有直爽的人，就怎么样叫作正呢？"士匄说："周天子所愿意帮助的，我们晋国君也愿意帮助，他所不愿帮助，我们晋国君也不愿帮助。"叫王叔同伯舆将他们的讼词对比，王叔这人不能提出他的证据。王叔就逃到晋国去了。春秋上没有写，因为周朝没有告诉我国，单靖公就替代王叔为卿士，执掌王室的政权。

【讲评】

子产是先秦著名的贤相，其为人及政治能力受到时人和后来史家的高度称赞。孔子称他为"古之遗爱"。司马迁称他为"仁人"。韩席筹《左传分国集注》称他为"诸葛孔明、王景略之流亚"。早在童子时，对郑国侵蔡战争的胜利，子产的言论与众不同，很有远见，显露出过人的才智。在处理郑国内乱的过程中，与子驷儿子的鲁莽对比，子产临危不乱，沉着冷静，迅速平息祸难，又一次显示出他的治政能力。在子产当政后，面对郑国的内忧外患，他于内政外交上都积极采取了一系列有利于国家的举措，对内宽猛相济，择能而使，爱护民力；对外审时度势，娴于辞令，有力地保证了郑国的延续。

襄公十一年

【原文】

[经]十有一年春，王正月，作三军。

夏四月，四卜郊，不从，乃不郊。郑公孙舍之帅师侵宋。公会晋侯、宋公、卫侯、曹伯、齐世子光、莒子、邾子、滕子、薛伯、杞伯、小邾子伐郑。

秋七月己未，同盟于亳城北。公至自伐郑。楚子、郑伯伐宋。公会晋侯、宋公、卫侯、曹伯、齐世子光、莒子、邾子、滕子、薛伯、杞伯、小邾子伐郑，会于萧鱼。公至自会。楚人执郑行人良霄。

冬，秦人伐晋。

【原文】

[传]十一年春，季武子将作三军，告叔孙穆子曰："请为三军，各征其军。"穆子曰："政将及子，子必不能。"武子固请之。穆子曰："然则盟诸?"乃盟诸僖闳，诅诸五父之衢。

正月，作三军，三分公室而各有其一。三子各毁其乘。季氏使其乘之人，以其役邑人者无征，不入者倍征。孟氏使半为臣，若子若弟。叔孙氏使尽为臣，不然不舍。

郑人患晋、楚之故，诸大夫曰："不从晋，国几亡。楚弱于晋，晋不吾疾也。晋疾，楚将辟之。何为而使晋师致死于我？楚弗敢敌，而后可固与①也。"子展曰："与宋为恶，诸侯必至，吾从之盟。楚师至，吾又从之，则晋怒甚矣。晋能骤来。楚将不能，吾乃固与晋。"大夫说之，使疆场之司恶于宋。宋向戌侵郑，大获。子展曰："师而伐宋可矣。若我伐宋，诸侯之伐我必疾；吾乃听命焉，且告于楚。楚师至，吾又与之盟，而重赂晋师，乃免矣。"

夏，郑子展侵宋。四月，诸侯伐郑。己亥，齐大子光、宋向戌先至于郑，门于东门。其莫，晋荀罃至于西郊，东侵旧许。卫孙林父侵其北鄙。六月，诸侯会于北林，师于向。右还，次于琐。围郑，观兵于南门，西济于济隧。郑人惧，乃行成。

秋七月，同盟于亳。范宣子曰："不慎，必失诸侯。诸侯道敝而无成，能无贰乎？"乃盟。载书曰："凡我同盟，毋蕴年，毋壅利，毋保奸，毋留慝，救灾患，恤祸乱，同好恶，奖王室。或间②兹命，司慎司盟、名山名川、群神群祀、先王先公、七姓十二国之祖，明神殛之！俾失其民，队命亡氏，踣其国家。"

楚子襄乞旅于秦。秦右大夫詹帅师从楚子，将以伐郑。郑伯逆之。丙子，伐宋。

九月，诸侯悉师以复伐郑。郑人使良霄、大宰石㚟如楚，告将服于晋，曰："孤以社稷之故，不能怀君。君若能以玉帛绥晋；不然则武震以摄威之，孤之愿也。"楚人执之。书曰"行人"，言使人也。

【注释】

①固与：与元坚决结好。
②间：触犯。

【译文】

十一年春天，季武子准备编制三个军，告诉叔孙穆子讲："请编三个军，每家各管一个军"。穆子说："政权要是要轮到您来掌握，您必定做不好的。"季武子坚决请求。叔孙穆子讲："是否要为这件事举办盟誓呢？"于是便是僖公宗庙的大门口盟誓，在五父之衢发誓。

正月，编定三个军，把公室的军队一分为三，季孙、叔孙、孟孙每族掌握一个军。三家各自撤销原来的私家军。季氏让他私家军的成员参加军队的，免除家里的税收，不参加的加倍征税。孟氏让他私邑兵士中的一半做奴隶兵，不这样，便不并入所分的公室军队里。

郑国的大夫担忧晋楚两国，大夫们讲："不顺从晋国，国家接近灭亡。楚国比晋国的力量弱，而晋国并不怨恨我们。要是晋国急需我们，楚国将会避开他们的。有什么方法使晋国的军队拼死命进攻我们？楚国不敢抵御，然后我们就能够坚决亲附晋国。"子展说："向宋国挑衅，诸侯一定来到，届时我们便同他结盟。楚军来到，我们又顺从楚国，如此晋国就要生气了。晋国的军力能够不断前来，楚国将会不能抗击，到时候我们便坚决依靠晋国。"大夫们对这个策略表示高兴，派边境的官吏对宋国进行挑衅。宋国的向戍侵袭郑国，俘虏很多人。子展说："能够出兵攻击宋国了。要是我们攻击宋国，诸侯攻打我们会奋力死战；我们便听从命令，同时向楚国报告。楚军来到，我们又和他们结盟，并对晋军重重地给予贿赂，便能够免掉祸患了。"

夏季，郑国的子展侵袭宋国。四月，诸侯进攻郑国。己亥日，齐国太子光、宋国向戍先到郑国，驻守在东门外。傍晚，晋国的荀罃到达西郊，向东袭击许国的旧地。卫国的孙林父袭击郑国的北部边境。六月，诸侯在北林见面，军队驻扎向地。又转向西北，驻扎在琐地。包围郑国后，在南门外阅兵显示军力，又有军队从西边越过济隧。郑国人畏惧，便向诸侯军求和。

秋季七月，各诸侯一块在亳地结盟。范宣子说："盟书要是不谨慎，一定会失去诸侯。诸侯在途中疲劳不堪却没有获得成功，可以没有二心吗？"于是盟誓。盟书说："但凡我们的同盟国家，不要囤积粮食，不要垄断利益，不要庇护别国的罪人，不要收留奸邪坏人，救助灾荒，安抚祸难，以统一善恶标准，辅佐王室。有人背离这些命令，司慎、司盟之神，名山、名川之神，各位天神，先王、先公、七姓十二国的祖宗，明察一切的神灵诛戮他！让他失去民众，丧君灭族，灭亡国家。"

范宣子

楚国的子囊向秦国请求出兵。秦国的右大夫詹领着军队跟从楚王，由楚王领着进攻郑国。郑伯前去迎接。丙子日，进攻宋国。

九月，诸侯出动全部军队进攻郑国。郑国人派良霄、太宰石㚟前去楚国，告诉他们郑国准备顺从晋国，说："我由于国家的原因，不能怀念君王了。君王最好用玉帛安定晋国；

不这样,那便用武力让他们畏惧,这都是我的愿望。"楚国人拘禁了他们。《春秋》记录说"行人",是说他们是使者,没有罪过。

【原文】

诸侯之师观兵于郑东门,郑人使王子伯骈行成。甲戌,晋赵武入盟郑伯。冬十月丁亥,郑子展出盟晋侯。十二月戊寅,会于萧鱼。庚辰,赦郑囚,皆礼而归之;纳斥侯,禁侵掠。晋侯使叔肸告于诸侯。公使臧孙纥对曰:"凡我同盟,小国有罪,大国致讨;苟有以藉手①,鲜不赦宥:寡君闻命矣。"

郑人赂晋侯以师悝、师触、师蠲;广车、轱车淳十五乘,甲兵备,凡兵车百乘;歌钟二肆,及其镈、磬;女乐二八。

晋侯以乐之半赐魏绛,曰:"子教寡人和诸戎狄以正诸华,八年之中九合诸侯,如乐之和,无所不谐。请与子乐之。"辞曰:"夫和戎狄,国之福也。八年之中九合诸侯,诸侯无慝,君之灵也,二三子之劳也。臣何力之有焉?抑臣愿君安其东而思其终也。《诗》曰:'乐只君子,殿天子之邦。乐只君子,福禄攸同。便蕃左右,亦是帅从。'夫乐以安德,义以处之,礼以行之,信以守之,仁以厉之,而后可以殿邦国、同福禄、来远人,所谓乐也。《书》曰:'居安思危。'思则有备,有备无患。敢以此规!"公曰:"子之教,敢不承命?抑微子,寡人无以待戎,不能济河。夫赏,国之典也;藏在盟府,不何废也。子其受之!"魏绛于是乎始有金石之乐,礼也。

秦庶长鲍、庶长武帅师伐晋以救郑。鲍先入晋地。士鲂御之。少秦师而弗设备。壬午,武济自辅氏,与鲍交伐晋师。己丑,秦、晋战于栎,晋师败绩,易秦②故也。

【注释】

①藉手:借助。
②易秦:轻视秦军。

【译文】

诸侯的军队在郑国东门显示军威,郑国人派王子伯骈求和。甲戌日,晋国的赵武进城跟郑伯会盟。冬季十月丁亥日,郑国的子展出城跟晋悼公结盟。十二月戊寅日,在萧鱼见面。庚辰日,赦免郑国的俘虏,全部以礼相待放了回去;召回巡逻兵,禁止掳掠。晋侯派叔向向诸侯通告。襄公派臧孙纥答复说:"但凡我们同盟国家,小国有了罪过,大国出兵前往征讨；要是稍有所得，没有不进行赦免的：寡君听到命令了。"

郑国人赠给晋悼公师悝、师触、师蠲；成对的横阵车、屯守车各十五辆，盔甲武器配备齐全，连同别的战车共一百乘；悬列成排的歌钟两架还有和它相配的小钟、磬；能歌善舞的美女两俏共十六人。

晋悼公将乐队的一半赐给魏绛，说："您教寡人跟各部落戎人讲和来管理中原各国，八年中间九次会合诸侯，如同音乐的和谐一样，没有地方不协和，请和您共同享用它们。"魏绛辞谢说："讲到同戎狄讲和，这是国家的福分。八年中间九次会合诸侯，诸侯听从，这是君主的威灵，也是其他人员的功劳。下臣有什么功劳呢？不过下臣希望君主既安于这种快乐，又想到它的终了。《诗》讲：'快乐啊君子，镇抚天子的家邦。快乐啊君子，福禄和别人同享。管理左右邻邦，邻近诸国都随着来服从。'音乐用来巩固德行，用道义处置它，用礼仪推行它，用信用守住它，用仁爱激励它，然后就能够镇抚国家、同享福禄、使远方的人归顺，这便是所说的快乐。《书》讲：'在安全时想到危险。'想到了便有防备，有防备便没有祸患。谨以此向君主劝谏！"晋悼公讲："您的教言，岂敢不承受教诲！不过要是没有您，寡人没有办法对付戎狄，不能渡过黄河。奖赏，是国家的典章；收藏在盟库里，是不可以废除的。您还是接受吧！"魏绛从这时候开始有了金石音乐，这是合乎礼制的。

秦国的庶长鲍、庶长武领着军队攻击晋国以救助郑国。鲍先进晋国境内，士鲂抗击他。认为秦军人少而不加防备。壬午日，武从辅氏越过黄河，和鲍夹攻晋军。己丑日，秦军、晋军在栎地打仗，晋军大败，这是轻视秦军的原因。

【讲评】

晋悼公为人贤明，晋国霸业在他手里得以复兴。郑国君臣为投靠晋国而精心设计策应对楚国，此举如同风向标，表明此时的楚国已经没有实力跟晋国争霸，晋国成为实至名归的诸侯盟主。晋悼公能够振兴霸业的一条重要原因就是善于运用人才，虚心听取有用的意见，因此在内政外交各方面都取得了显著的成就。魏绛就是这样的一位人才，他有政治远见和谋略，在劝导晋悼公和戎以安定后方和让百姓休养生息等方面都有功劳，难得的是他虽功劳卓著而为人谦逊稳重，处处遵循礼制，在晋悼公赐予他乐队时还不忘记提醒君主居安思危。有明主贤臣如此，上下团结，忧乐与共，无怪乎当时的晋国在国际上既有强盛的实力，又享有良好的声誉。

襄公十二年

【原文】

[经]十有二年春王二月,莒人伐我东鄙,围台。季孙宿帅师救台,遂入郓。

【原文】

[传]春,莒人伐我东鄙,围台①。季武子救台,遂入郓②。取其钟以为公盘③。

[经]夏,晋侯使士鲂来聘。

[传]夏,晋士鲂来聘,且拜师④。

[经]秋九月吴子乘卒。

[传]秋,吴子寿梦卒,临于周庙⑤,礼也。凡诸侯之丧,异姓临于外,同姓于宗庙⑥,同宗于祖庙⑦,同族于祢庙⑧,是故鲁为诸姬临于周庙,为邢、凡、蒋、茅、胙、祭临于周公之庙⑨。

【注释】

①台:《山东通志》说:"今山东省费县南,有台亭。"

②郓:是为莒郓,在山东省沂水县东北四十里。

③取其钟以为公盘:把郓这地方的钟,做成鲁襄公用的铜盘。

④且拜师:并且来道谢前年鲁国伐郑的军队。

⑤临于周庙:到周文王的庙中去哭临。

⑥同姓于宗庙:同姓的人就到宗庙里。

⑦同宗于祖庙:同一个宗的就到祖庙中去哭临。

⑧同族于祢庙:凡是同高祖以下的,就到父亲的庙去哭临。

⑨邢、凡、蒋、茅、胙、祭临于周公之庙:这六个全都是周公的儿子,所以就到周公的庙中哭临。

【译文】

春天,莒国人讨伐鲁国东边,围了台的地方。季孙宿救台,就侵入莒国的郓城,拿了他的铜钟熔化了做成鲁襄公所用的铜盘。

　　夏天,晋国派士鲂来聘问,且来谢前年鲁国参加伐郑国的军队。

　　秋天,吴王寿梦死了,到周文王的庙中哭临,这是很合于礼的。凡是诸侯死了以后,不同姓的就哭临到都城以外,同姓的就到宗庙哭临,同宗的人就到始封的君的庙中哭,同高祖的就到父亲庙中哭,所以鲁国为姬姓,到周庙中去哭临,邢、凡、蒋、茅、胙、祭六国,到周公庙那儿哭临。

【原文】

　　[经]冬,楚公子贞帅师侵宋。

　　[传]冬,楚子囊,秦庶长无地伐宋师于杨梁①,以报晋之取郑也。

　　[传]灵王求后于齐,齐侯问对于晏桓子②,桓子对曰:"先王之礼辞有之,天子求后于诸侯,诸侯对曰:'夫妇所生若而人③,妾妇之子若而人,无女而有姊妹及姑姊妹,则曰先守某公之遗女若而人。'"齐侯许昏,王使阴里④逆之。

　　[经]公如晋。

　　[传]公如晋朝,且拜士鲂之辱,礼也⑤。

【注释】

　　①杨梁:宋地。《一统志》说:"今河南省商邱县东南三十里有阳亭,即杨梁。"

　　②晏桓子:是晏弱。

　　③若而人:这些个人,指女儿。

　　④阴里:周大夫。

　　⑤此经无传。

【译文】

　　冬天,楚国令尹公子贞,秦国的庶长无地讨伐宋国,出兵到杨梁这地方,以报复晋国取郑国。

　　周灵王到齐国去求王后,齐侯就问怎么样回答的方式,晏弱就回答说:"从前我们周先王的礼词有一句话,天子要对诸侯求皇后,就回答说:'我们夫妇所生的这些女儿,妾妇的这些女儿,没有女儿而有姊妹同姑姊妹等,就说我们先守某公的这些遗女。'"齐侯答应这段婚姻,周王就派周大夫阴里去迎亲。

鲁襄公到晋国朝见，并且拜谢士鲂的聘问，这是很合于礼节的。

【原文】

[传]秦嬴归于楚①，楚司马子庚②聘于秦，为夫人宁，礼也。

【注释】

①秦嬴归于楚：秦景公的妹妹到楚国为楚共王的夫人。
②子庚：是楚庄王的儿子子午。

【译文】

秦景公的妹妹秦嬴嫁给楚共王，楚国的司马子庚到秦国聘问，这是为的楚国夫人归宁，这是很合于礼的。

【讲评】

《左传》对春秋时期贵族社会生活形态有很多生动翔实的记叙，如婚礼习俗等。周代婚礼制度已经比较完备，如六礼：纳采、问名、纳吉、纳徵、请期、亲迎等，这些程式在《左传》的记述中都有反映，而且天子、诸侯、卿大夫和士在六礼的具体操作上有等级差别，可以从作者关于"礼"或"非礼"的评论中看出。天子一般娶异姓诸侯公室的女子为王后，所以天子称异姓诸侯为"舅氏"。而且迎娶王后的礼仪特别突出了天子的尊贵地位。如襄公十二年周灵王向齐国求婚，齐君专门询问应对的礼仪。齐君许婚后，周大夫来定婚。天子不亲迎，委托同姓诸侯主持迎娶礼仪，由王室卿士充当迎接王后的婚使。但春秋后期王室衰微，不合礼仪的现象也多了。如灵王娶后，没有提到诸侯主婚，且"卿不行，非礼也"。

襄公十三年

【原文】

[经]十有三年春，公至自晋。夏，取邿。秋九月庚辰，楚子审卒。冬，城防。

[传]十三年春,公至自晋。孟献子书劳于庙,礼也。

夏,邿乱,分为三,师救邿,遂取之。凡书"取",言易也;用大师焉曰"灭",弗地曰"入"。

荀罃、士鲂卒。晋侯蒐①于绵上以治兵,使士匄将中军,辞曰:"伯游长。昔臣习于知伯,是以佐之,非能贤也。请从伯游。"荀偃将中军,士匄佐之。使韩起将上军,辞以赵武。又使栾黡,辞曰:"臣不如韩起。韩起愿上赵武,君其听之。"使赵武将上军,韩起佐之。栾黡将下军,魏绛佐之。新军无帅,晋侯难其人,使其什吏率其卒乘官属以从于下军,礼也。晋国之民是以大和,诸侯遂睦。

君子曰:"让,礼之主也。范宣子让,其下皆让。栾黡为汰,弗敢违也。晋国以平,数世赖之,刑善也夫!一人刑善,百姓休和,可不务乎?《书》曰:'一人有庆,兆民赖之,其宁惟永。'其是之谓乎!周之兴也,其诗曰:'仪刑文王,万邦作孚。'言刑善也。及其衰也,其诗曰:'大夫不均,我从事独贤。'言不让也。世之治也,君子尚能而让其下,小人农力以事其上,是以上下有礼而谗慝黜远,由不争也,谓之懿德。及其乱也,君子称其功以加小人,小人伐其技以冯君子,是以上下无礼,乱虐并生,由争善也,谓之昏德。国家之敝,恒必由之。"

楚子疾,告大夫曰:"不榖不德,少主社稷。生十年而丧先君,未及习师保之教训而应受多福,是以不德,而亡师于鄢以辱社稷,为大夫忧,其弘多矣。若以大夫之灵,获保首领以殁于地,唯是春秋窀穸之事,所以从先君于祢庙者,请为'灵'若'厉'。大夫择焉!"莫对。及五命乃许。

秋,楚共王卒。子囊谋谥。大夫曰:"君有命矣。"子囊曰:"君命以共,若之何毁之?赫赫楚国而君临之,抚有蛮夷、奄②征南海以属诸夏,而知其过,可不谓共乎?请谥之'共'!"大夫从之。

吴侵楚。养由基奔命,子庚以师继之。养叔曰:"吴乘我丧,谓我不能师也,必易我而不戒。子为三覆以待我,我请诱之。"子庚从之。战于庸浦,大败吴师,获公子党。

君子以吴为不吊。《诗》曰:"不吊昊天,乱靡有定。"

冬,城防。书事,时也。于是将早城,臧武仲请俟毕农事,礼也。

郑良霄、大宰石㚟犹在楚。石㚟言于子囊曰:"先王卜征五年而岁习其祥,祥习则行,不习则增修德而改卜。今楚实不竞,行人何罪?止郑一卿以除其逼,使睦而疾楚,以固于晋,焉用之?使归而废其使,怨其君以疾其大夫,而相牵引也,不犹愈乎?"楚人归之。

【注释】

①蒐：田猎并训练军队。

②奄：大。

【译文】

十三年春天，襄公从晋国回来。孟献子在宗庙里记录功劳，这是合乎礼制的。

夏季，邰国发生动乱，分裂成三部分，出兵救助邰国，乘机占领了它。凡是《春秋》记录"取"，就是说事情办得容易；使用大量军队称为"灭"，即使灭掉了国家但不占有它的土地称为"入"。

荀罃、士鲂卒。晋悼公在绵上打猎并检阅军队，派士匄领着中军，士匄辞谢说："荀偃合适，先前下臣与知武子相互了解，故而我辅佐他，不是我贤能啊。请派遣荀偃。"于是派荀偃做中军统帅，士匄辅助他。派韩起做上军统帅，他辞让给赵武。又派栾黡，栾黡辞谢说："下臣比不上韩起。韩起愿意让赵武在上面，君王就听从他吧。"于是派赵武统领上军，韩起辅助他。栾黡统领下军，魏绛辅助他。新军没有统帅，晋悼公为统帅的人选感到为难，让新军的官吏十人领着徒兵、车兵和所属官员，附属在下军里面，这是合乎礼制的。晋国的民众由此非常和睦，诸侯也由此和睦。

君子说："谦让，是礼的主体。士谦让，他的下级也都随着谦让。栾黡是个专横的人，也不敢违反。晋国故而彼此团结，几代人都得到好处，这是因为取法于善啊！一个人取法于善，百官各族都好协调，难道能够不努力做到这一点吗？《书》说：'一个人有善行，亿万人都获得利益，国家能够长治久安。'讲的即是这个吧！周朝兴起的时候，有诗说：'学习文王，万国信赖。'讲的是取法于善。等到周朝衰弱的时候，有诗说：'大夫不公平，我办事最贤能。'讲的是不谦让的意思。当天下大治的时候，君子尊敬贤能而对下面谦让，小人努力服侍他的上司，故而上下以礼相待，奸邪被废黜远离，是因为不相争夺的缘故，这称为美德。等到天下动乱的时候，君子称赞他的功劳以凌驾于小人之上，小人夸耀他的技能以欺凌君子，故而上下都不讲礼，动乱暴虐一块发生，是因为争相自以为善的缘故，这称为昏德。国家的败坏，常常都是从这产生的。"

楚共王患病，告诉大夫说："我没有德行，年幼的时候便做了国家的君主。出生只有十岁便失去了先君，没有来得及学习师保的教导便接受了君位，故而缺乏德行，在鄢陵之战中失去了军队，让国家蒙受了耻辱，让大夫们担忧，这真的是很严重的了。要是凭着大夫们的福气，我可以保全全尸善终，在祭奠安葬事情方面，能够在祢庙里追随先君，只能请求谥作'灵'或者'厉'了。大夫们选择吧！"没有人答复。等到五次命令之后，才答应了。

秋季，楚共王卒。子囊跟大家商量谥号的事。大夫说："国君已经有过命令了。"子囊说："国君是用'共'来命令的，如何能够毁掉呢？声威赫赫的楚国，国君在上面主政，安抚了蛮夷各族，大举征伐南部边疆，让它们从属于中原诸国，并且国君又知道自己的过错，难道不可以说是'共'吗？请谥作'共'！"大夫们听取了这个意见。

吴国侵犯楚国。养由基奔赴迎战，子庚领着兵马跟着去。养由基说："吴国乘我们有丧事，觉得我们不能出兵，一定轻视我们而不戒备。您设下三处伏兵等我，我去引诱他们。"子庚听从了。两军在庸浦作战，大败吴军，抓捕了公子党。

君子觉得吴国不善。《诗》说："上天觉得你不好，灾难就不能完结。"

冬季，在防地筑城。《春秋》记录这件事，是因为合乎农时。那时准备早些时候修城，臧武仲请求等农活结束后再动工，这是合乎礼制的。

郑国的良霄、太宰石㚟还在楚国。石㚟对子囊说："先王为征讨大事要接连占卜五年，每年重复吉兆便出兵，要是有一年卜征不吉利，那就更加修养德行，重新开始占卜。如今楚国自己不自强，使者有什么过错？留下郑国一个卿，却为郑国君臣去除了威逼。让他们相互和睦转而怨恨楚国坚决服从晋国，这对楚国有什么好处？让良霄回去而不能完成出使任务，他会怨恨和仇恨大夫，故而彼此不和而相互牵制，如此不是还好一点吗？"于是楚国人将良霄放了回去。

【讲评】

古人姓名中有一个特殊类别就是谥号。先秦的谥号还比较务实，一般能够体现谥号主人生前的品行，跟后来封建帝王的谥号大多是歌功颂德的溢美之词不同。楚共王临死前自感惭愧，要臣下给予恶谥，这种自责精神，说明他未忘记先祖霸业。子囊寥寥数语，既充分肯定了楚共王的霸绩，也指出他失而知过，看来是十分中肯的。

襄公十四年

【原文】

[经]十有四年春，王正月，季孙宿、叔老会晋士匄、齐人、宋人、卫人、郑公孙虿、曹人、

莒人、邾人、滕人、薛人、杞人、小邾人会吴于向。

二月乙朱朔,日有食之。

夏四月,叔孙豹会晋荀偃、齐人、宋人、卫北宫括、郑公孙虿、曹人、莒人、邾人、滕人、薛人、杞人、小邾人伐秦。

己未,卫侯出奔齐。莒人侵我东鄙。秋,楚公子贞帅师伐吴。冬,季孙宿会晋士匄、宋华阅、卫孙林父、郑公孙虿、莒人、邾人于戚。

【原文】

[传]十四年,春,吴告败于晋。会于向①,为吴谋楚故也。范宣子数吴之不德也,以退吴人。执莒公子务娄,以其通楚使也。

【注释】

①向:春秋吴地,在今安徽怀远县西四十里。

【译文】

十四年春季,吴国到晋国报告战败的消息。鲁国季孙宿、叔老和晋国士匄、齐人、宋人、卫人、郑公孙虿、曹人、莒人、邾人、滕人、薛人、杞人、小邾人在向地和吴人会见,这是替吴国策划进攻楚国。范宣子责备吴国乘楚国有国丧出兵进攻不道德,用这样理由拒绝了吴人的要求。逮捕了莒国的公子务娄,是因为他私通楚国的使者。

【原文】

[传]将执戎子驹支,范宣子亲数诸朝①,曰:"来!姜戎氏!昔秦人迫逐乃祖吾离于瓜州②,乃祖吾离被苫盖③,蒙荆棘④,以来归我先君。我先君惠公有不腆之田,与女剖分而食之。今诸侯之事我寡君不如昔者,盖言语漏泄⑤,则职女之由。诘朝之事,尔无与焉。与,将执女。"对曰:"昔秦人负恃其众,贪于土地,逐我诸戎。惠公蠲其大德,谓我诸戎是四岳之裔胄也⑥。毋是剪弃,赐我南鄙之田,狐狸所居,豺狼所嗥。我诸戎除剪其荆棘,驱其狐狸豺狼,以为先君不侵不叛之臣,至于今不贰。昔文公与秦伐郑,秦人窃与郑盟,而舍戍焉⑦,于是乎有殽之师。晋御其上,戎亢其下,秦师不复,我诸戎实然。譬如捕鹿,晋人角之,诸戎掎之,与晋踣之⑧。戎何以不免?自是以来,晋之百役,与我诸戎相继于时,以从执政,犹殽志也,岂敢离遏?今官之师旅,无乃实有所阙,以携诸侯,而罪我诸戎!我

诸戎饮食衣服不与华同,贽币不通⑨,言语不达,何恶之能为? 不与于会,亦无瞢焉。"赋《青蝇》而退。宣子辞焉,使即事于会,成恺悌也⑩。于是子叔齐子为季武子介以会,自是晋人轻鲁币,而益敬其使。

【注释】

①亲数:亲自数落、责备。

②迫逐:驱逐。瓜州:古瓜州,亦月氏戎地。

③苫盖:茅草编的覆盖物。亦特指草衣、茅屋。比喻贫贱。

④蒙:头戴着。

⑤漏泄:泄露。

⑥裔胄:后裔。

⑦舍戍:驻守。

⑧踣:扑倒,推倒。

⑨贽币:泛指各种礼品、财物。

⑩恺悌:亦作"恺弟",和乐平易。

【译文】

　　晋国打算逮捕戎子驹支,范宣子亲自在朝廷上责备他,说:"过来,姜戎氏! 从前秦国人强行赶走你的祖父吾离到瓜州,你祖父吾离身披茅草衣、头戴荆条帽,前来归附我们先君。我们先君惠公虽然田地不多,却和你们平分而享用它。现在诸侯侍奉我们寡君不如以前了,这是因为说话泄漏了秘密,应当是你的原因。明天早上的事,你不要参加了。参加了,将要把你抓起来!"戎子回答说:"从前秦国人仗着他们人多,贪求土地,驱逐我们各部戎人。惠公显示了他的大德,说我们各部戎人都是四岳的后裔,不能抛弃。赐给我们南部边境的土地,那里是狐狸居住的地方,豺狼在那里号叫。我各部戎人砍去田里的荆棘,赶走狐狸豺狼,认为先君不侵犯不背叛的臣下,直到现在还没有二心。从前文公和秦国讨伐郑国,秦国人私下和郑国结盟,安置好防守的兵力,因此就有了殽地的战役:晋国在上边抵挡,戎人在下边抗击,秦国的军队不能全部撤回去,实在是我们各部戎人使秦国被打败的。这就像捕鹿,晋国人抓住它的角,戎人拖住它的腿,我们和晋国一起把它摔倒。为什么我们戎人还要受到责备呢? 从殽地战役以来,晋国的多次战役,我们各部戎人都按时参战,以追随执政的官员们,如同殽地战役全力支援一样,岂敢背离? 现在各部门官员恐怕确实存在着过失,因而使各诸侯出现三心二意,反而归罪于我们各部戎人!我们各部戎人饮食服装和中原不同,彼此没有财物往来,语言不通,能够做什么坏事呢?不参加会见,我也没有什么不高兴的!"赋了《青绳》这首诗退下。宣子表示道歉,让他参加了会见的事宜,显示了和善亲切的美德。

当时子叔齐子作为季武子的副手参加会见,从此以后,晋国人减轻了鲁国的财物贡赋,更加敬重它的使者。

【原文】

[传]吴子诸樊既除丧,将立季札。季札辞曰:"曹宣公之卒也,诸侯与曹人不义曹君,将立子臧。子臧去之,遂弗为也,以成曹君。君子曰:'能守节。'君,义嗣也①,谁敢奸君?有国,非吾节也。札虽不才,愿附于子臧,以无失节②。"固立之。弃其室而耕,乃舍之。

【注释】

①义嗣:理所当然的继承者。
②失节:不能保持气节,失去自己的本分。

【译文】

吴国国君诸樊已经结束三年之丧,准备立季札为国君。

季札辞谢说:"曹宣公死的时候,诸侯和曹国人都不赞成曹成公,打算拥立子臧。子臧离开了曹国,诸侯和曹国人就取消了以前的打算,成全了曹成公,君子把这叫作'能够保持节操'。君王,是合法的继承人,谁敢冒犯君位?享有国家,不是适宜约束我的名位。我尽管没有才能,却愿意追随子臧,以不失自己的本分。"诸樊坚决立他为国君,季札抛弃了他的妻子儿女和家产而去种田,于是便不再勉强他了。

【原文】

[传]夏,诸侯之大夫从晋侯伐秦,以报栎之役也①。晋侯待于竟,使六卿帅诸侯之师以进。及泾②,不济。叔向见叔孙穆子,穆子赋《匏有苦叶》。叔向退而具舟③,鲁人、莒人先济。郑子蟜见卫北宫懿子曰:"与人而不固,取恶莫甚焉,若社稷何?"懿子说。二子见诸侯之师而劝之济,济泾而次。秦人毒泾上流,师人多死。郑司马子蟜帅郑师以进,师皆从之,至于棫林,不获成焉。荀偃令曰:"鸡鸣而驾④,塞井夷灶⑤,唯余马首是瞻。"栾黡

曰:"晋国之命,未是有也。余马首欲东。"乃归。下军从之。左史谓魏庄子曰:"不待中行伯乎?"庄子曰:"夫子命从帅。栾伯,吾帅也,吾将从之。从帅,所以待夫子也。"伯游曰:"吾令实过,悔之何及,多遗秦禽。"乃命大还⑥。晋人谓之"迁延之役"。

【注释】

①栎:晋国地名,在山西境内。

②泾:源出安徽绩溪县微岭山,名曰微水。

③具舟:准备船只。

④驾:指套车。

⑤塞井夷灶:填井平灶。谓做好布阵的准备。亦表示决心战斗,义无反顾。

⑥大还:谓全军撤回。

【译文】

夏季,诸侯的大夫跟随晋国进攻秦国,为报复栎地一役。晋悼公在国境上等待,派六卿率领诸侯的军队前进。到达泾水,各诸侯军不肯渡河。晋国的叔向进见鲁国叔孙穆子,穆子赋《匏有苦叶》这首诗,意思是鲁国要渡河了。叔向退出后准备船只。鲁国人、莒国人先渡河。郑国的子蟜进见卫国的北宫懿子说:"亲附别人但不坚决,最令人憎恶,对国家怎么办?"懿子感到高兴。他们两人去见诸侯的军队,劝他们渡河。军队渡过泾水后驻扎了下来。秦国人在泾水上游投放毒药,诸侯军被毒死的很多。郑国司马子蟜率领郑国的军队继续前进,别的国家的部队也都跟了上去。到达棫林,没有能够议和,荀偃下令说:"鸡叫时就套车,填井平灶,大家看着我的马首行动!"栾黡说:"晋国的命令,从来就没有这样的,我的马头可要往东呢。"就领兵回去了,下军跟着他一起回国。左史对魏庄子说:"不等中行伯了吗?"庄子说:"他老人家命令我们跟从主将,栾黡,是我的主将,我打算跟他。跟从主将,这是对待他老人家的合理办法。"荀偃说:"我的命令确有错误,后悔哪里来得及,这样做正好是给秦国人做俘虏。"于是下令全军撤退。晋国人把这次战役称为"迁延之役"。

【原文】

[传]栾鍼曰:"此役也,报栎之败也。役又无功,晋之耻也。吾有二位于戎路,敢不耻乎?"与士鞅驰秦师,死焉。士鞅反,栾黡谓士匄曰:"余弟不欲往,而子召之。余弟死,而

子来,是而子杀余之弟也。弗逐^①,余亦将杀之。"士鞅奔秦。

于是,齐崔杼、宋华阅、仲江会伐秦。不书。惰也^②。向之会亦如之。卫北宫括不书于向,书于伐秦,摄也。

【注释】

①弗逐:意为不赶走他。

②惰:怠惰,怠慢。

【译文】

栾鍼说:"这次战役,是为了报复栎地的失败。发动战役却没有功劳,是晋国的耻辱。我们这一族中在将帅所乘的兵车里占有两个位子,哪能不觉得耻辱?"便和士鞅冲进秦军战死。士鞅活着回来。栾黡对士匄说:"我弟弟不想去,是你儿子叫他去的。我弟弟战死,你儿子却回来了,这是你儿子杀了我的弟弟。若不赶走他,我也要杀死他。"士鞅于是逃到秦国。

当时,齐国崔杼、宋国华阅、仲江共同攻打秦国。《春秋》没有记载他们的名字,是由于他们怠慢。在向地会见的记载也是这样。卫国的北宫括在向地会见时没有记载,在这次攻打秦国的战争中记载了,这是由于积极的缘故。

【原文】

[传]秦伯问于士鞅曰:"晋大夫其谁先亡?"对曰:"其栾氏乎!"秦伯曰:"以其汰乎^①?"对曰:"然。栾黡汰虐已甚,犹可以免。其在盈乎!"秦伯曰:"何故?"对曰:"武子之德在民,如周人之思召公焉,爱其甘棠,况其子乎?栾黡死,盈之善未能及人。武子所施没矣,而黡之怨实章^②。将于是乎在。"秦伯以为知言,为之请于晋而复之。

卫献公戒孙文子、宁惠子食,皆服而朝。日旰不召^③,而射鸿于囿。二子从之,不释皮冠而与之言。二子怒。

【注释】

①汰:通"泰"。骄泰,骄横。

②章:通"彰",彰显,明显。

③日旰:天色晚,日暮。

④囿：园囿，园林。

【译文】

秦景公向士鞅询问说："晋国的大夫中谁先灭亡？"士鞅回答说："恐怕是栾氏吧！"秦景公说："是由于他骄横吗？"士鞅回答说："对，栾黡太骄横，但还可以免掉祸患。祸患恐怕要发生在栾盈身上吧？"秦景公说："什么原因？"士鞅回答说："栾书的恩德一直留在百姓中间，好比周朝人想念召公，人们就爱护他的甘棠树，何况栾书的儿子呢？将来栾黡死了，栾盈的善行没有能够施及别人；栾书所施舍的恩惠又逐渐消失了，而对栾黡的怨恨又十分明显，因此灭亡将会落在栾盈身上。"秦景公认为他的话很有道理，为他向晋国请求恢复了他的职位。

卫献公约请孙文子、宁惠子吃饭。两人都穿上朝服在朝廷上等着。太阳快落了还未被召见，献公却在园林里射鸿雁。他们两人跟到园林里。卫献公不脱去皮帽就跟他们谈话，两个人都非常生气。

【原文】

[传]孙文子如戚①，孙蒯入使。公饮之酒，使大师歌《巧言》之卒章。大师辞，师曹请为之。初，公有嬖妾，使师曹诲之琴，师曹鞭之。公怒，鞭师曹三百。故师曹欲歌之，以怒孙子，以报公。公使歌之，遂诵之②。

蒯惧，告文子。文子曰："君忌我矣。弗先，必死。"并帑于戚，而入，见蘧伯玉，曰："君之暴虐，子所知也。大惧社稷之倾覆，将若之何？"对曰："君制其国，臣敢奸之？虽奸之，庸知愈乎③？"遂行，从近关出。

【注释】

①戚：春秋卫邑，今河北省濮阳县北有戚城。
②诵：朗诵。
③庸：岂，怎么。愈：超过。

【译文】

孙文子前往戚地，孙蒯入朝请命。卫献公招待他饮酒，让太师歌唱《巧言》的最后一章，太师辞谢，乐人师曹请求歌唱它。起初，卫献公有一个宠妾，让师曹教她弹琴，师曹鞭打过她,献公为此发怒,抽打了师曹三百鞭,因此这次师曾想歌唱这一章,借以激怒孙蒯,报复卫献公。卫献公让他歌唱,师曹作了朗诵。

孙蒯听了感到害怕,回去告诉了孙文子。孙文子说:"国君记恨我了。如果不动手,必死无疑!"孙文子把家人集中在戚地然后进入国都。遇见蘧伯玉,说:"国君的暴虐,您是知道的。我很害怕国家的灭亡,您准备怎么办?"蘧伯玉回答说:"国君控制他的国家,下臣岂敢冒犯? 即使冒犯了,立了新君,难道能知道一定比现任国君好吗?"于是出走,从最近的关口出国。

【原文】

[传]公使子蟜、子伯、子皮与孙子盟于丘宫,孙子皆杀之。四月,己未.子展奔齐。公如鄄①。使子行于孙子,孙子又杀之。公出奔齐,孙氏追之,败公徒于阿泽②,鄄人执之。

初,尹公佗学射于庚公差②,庚公差学射于公孙丁。二子追公,公孙丁御公。子鱼曰:"射为背师,不射为戮,射为礼乎。"射两鞁而还。尹公佗曰:"子为师,我则远矣。"乃反之。公孙丁授公辔而射之,贯臂④。

【注释】

①鄄:春秋卫国鄄邑。在今山东濮县东二十里。

②阿泽:地名,在山东阳谷县东。

③学射:学习射箭。

④贯:穿过。

【译文】

卫献公派子蟜、子伯、子皮和孙文子一同在丘宫结盟,孙文子把他们全杀了。四月,二十六日,子展逃往齐国。卫献公去鄄地,派子行向孙文子请求和解,孙文子又把他杀了。卫献公逃往齐国,孙氏家众追赶上去,在阿泽打败了卫献公的亲兵,鄄地人抓住了败兵。

起初,尹公佗到庚公差那里学射箭,庚公差的箭术则是从公孙丁那里学来的。尹公佗和庚公差追击卫献公,公孙丁为卫献公驾车。庚公差说:"如果射,是背叛老师;不射,将会被杀,还是射合乎礼制的吧!"射中了车轫两边的曲木然后回来。尹公佗说:"你为了老师不忍射中,我和他的关系就远了。"便回头再追上去。公孙丁把马缰绳递给卫献公然后射向尹公佗,一箭穿过他的胳膊。

【原文】

[传]子鲜从公。及竟,公使祝宗告亡,且告无罪。定姜曰:"无神,何告? 若有,不可诬也。有罪,若何告无? 舍大臣而与小臣谋,一罪也。先君有冢卿以为师、保,而蔑之,二罪也。余以巾栉事先君,而暴妾使余,三罪也。告亡而已,无告无罪!"

公使厚成叔吊于卫,曰:"寡君使瘠,闻君不抚社稷,而越在他竟①,若之何不吊? 以同盟之故,使瘠敢私于执事②,曰:'有君不吊,有臣不敏。君不赦宥③,臣亦不帅职,增淫发泄,其若之何?'"卫人使大叔仪对,曰:"群臣不佞,得罪于寡君。寡君不以即刑而悼弃之,以为君忧。君不忘先君之好,辱吊群臣,又重恤之。敢拜君命之辱,重拜大贶。"厚孙归,复命,语臧武仲曰:"卫君其必归乎! 有大叔仪以守,有母弟鱄以出,或抚其内,或营其外④,能无归乎?"

【注释】

①越:指流亡。
②执事:掌管某项事情的人。
③赦宥:宽恕,赦免。
④营:经营。

【译文】

子鲜跟随卫献公。到达国境时,卫献公派祝宗向祖先神灵报告逃亡的事,并且说自己是无罪的。但献公的母亲定姜说:"若没有神灵,报告什么? 如果有,就不能够欺骗。有罪,怎么报告说没有? 抛开大臣而和小臣商量,这是第一件罪过;先君有正卿作为师傅和保傅,你却轻视他们,这是第二件罪过;我以妻子的身份侍奉先君,你却像对待婢妾一样残暴地对待我,这是第三件罪过。只报告逃亡算了,不要报告没有罪!"

襄公派厚成叔到卫国慰问,说:"寡君派瘠前来,听说君主失掉了国家,流亡在别国境内,怎么能不来慰问? 因为同盟的缘故,特派遣瘠来私下对执事说:'国君不善良,臣下不通达事理;国君不宽恕,臣下也不恪尽职守,上下嫌怨积累很久,一旦爆发出来,怎么办?'"卫国人让太叔仪回答:"下臣们没有才能,得罪了寡君。寡君不用刑罚惩治,反而逃亡在外。君王没有忘掉先君的友好,蒙您来慰问下臣们,并再加哀怜。谨拜谢君王的命

【原文】

[传]齐人以郲寄卫侯。及其复也,以郲粮归。右宰穀从而逃归,卫人将杀之。辞曰:"余不说初矣。余狐裘而羔袖①。"乃赦之。卫人立公孙剽,孙林父、宁殖相之,以听命于诸侯。

卫侯在郲,臧纥如齐唁卫侯②。卫侯与之言,虐。退而告其人曰:"卫侯其不得人矣!其言粪土也。亡而不变,何以复国?"子展、子鲜闻之,见臧纥,与之言,道。臧孙说,谓其人曰:"卫君必入。夫二子者,或挽之,或推之,欲无入,得乎?"

师归自伐秦。晋侯舍新军,礼也。成国不过半天子之军。周为六军,诸侯之大者,三军可也。于是知朔生盈而死,盈生六年而武子卒,彘裘亦幼,皆未可立也。新军无帅,故舍之。

【注释】

①羔袖:羊皮袖子。

②唁:慰问。

【译文】

齐国人把郲地让给卫献公寄居。

等到他回国复位的时候,还带了郲地的粮食回去。大夫右宰穀先跟随卫献公出逃后又返回国去,卫国人准备杀掉他。他解释说:"我对过去的事情并不是乐意做的,我穿的虽是狐狸衣却是羊皮袖子。"于是赦免了他。卫国人立公孙剽为新君,孙林父、宁殖辅佐他,以听取诸侯的命令。

卫献公在郲地,臧纥到齐国慰问卫献公。卫献公与他谈话的时候,表现粗暴。臧纥退出后告诉他的下属说:"卫侯也许不能回国了。他的话如同粪土。逃亡在外却不悔改,怎么可以恢复国君的地位呢?"子展和子鲜听说了,进见臧纥,和他谈话的时候,通情达理。臧纥感到高兴,对他的下属说:"卫献公一定能够回国,这两个人,有的拉他,有的推他,想不回国,能行吗?"

各诸侯国的军队进攻秦国回来，晋悼公撤掉新军，这是合乎礼的。大国不超过周天子军队的一半。周室编定六个军，强大的诸侯国，三个军就可以了。

当初知武子的儿子知朔生下知盈后就死了，知盈出生六年知武子就死了。士鲂的儿子彘裘年龄还小，都不能继承禄位。新军没有主将，所以将它取消了。

【原文】

[传]师旷侍于晋侯①。晋侯曰："卫人出其君②，不亦甚乎？"对曰："或者其君实甚。良君将赏善而刑淫，养民如子，盖之如天．容之如地。民奉其君，爱之如父母，仰之如日月，敬之如神明，畏之如雷霆。其可出乎？夫君，神之主而民之望也。若困民之主，匮神乏祀③，百姓绝望，社稷无主，将安用之？弗去何为？天生民而立之君，使司牧之④，勿使失性。有君而为之贰⑤，使师保之⑥，勿使过度。是故天子有公⑦，诸侯有卿⑧，卿置侧室⑨，大夫有贰宗⑩，士有朋友⑪，庶人、工、商、皂、隶、牧、圉⑫，皆有亲昵，以相辅佐也。善则赏之⑬，过则匡之，患则救之，失则革之⑭。自王以下，各有父兄子弟以补察其政。史为书，瞽为诗⑮，工诵箴谏⑯，大夫规诲⑰，士传言，庶人谤⑱，商旅于市⑲，百工献艺⑳。故《夏书》曰：'遒人以木铎徇于路㉑，官师相规㉒，工执艺事以谏。'正月孟春㉓，于是乎有之㉔，谏失常也㉕。天之爱民甚矣，岂其使一人肆于民上，以从其淫㉖，而弃天地之性？必不然矣！"

【注释】

①师旷：晋国乐师，名旷。

②出：驱逐。

③匮：缺乏。

④司牧：统治，治理。

⑤贰：辅佐大臣。

⑥师保：本指教育和辅导天子的师傅，这里的意思是教导保护。

⑦公：爵名，五等之首曰公，其余大国称侯；小国称伯、子、男。

⑧卿：诸侯的执政人臣。

⑨侧室：指侧室之官。

⑩大夫：比卿低一等的爵位。贰宗：官名，大夫之庶弟任之。

⑪士：大夫以下、庶民以上的人。朋友：指志同道合的人。

⑫皂、隶：都是奴隶中的一个等级。牧：养牛人。圉：养马的人。

⑬赏：赞扬。

⑭革：改。

⑮瞽：古时用盲人作乐师。为诗：作诗讽谏。

⑯工：乐工。诵：唱或诵读。箴谏：规诫劝谏的话，规诫劝谏。

⑰规诲：规劝开导。

⑱谤：公开议论。

⑲商旅：商人。

⑳百工：古代泛指各种手工工匠。

㉑遒人：古代帝王派出去了解民情的使臣。木铎：以木为舌的大铃，铜质。古代宣布政教法令时，巡行振鸣以引起众人注意。徇：巡行宣令。

㉒官师：官员。

㉓孟春：初春。

㉔有之：指有遒人宣令。

㉕失常：丢掉常规。

㉖从：同"纵"，放纵。

【译文】

师旷随侍在晋悼公身边。晋悼公说："卫国人赶走他们的国君，不是太过分了吗？"师旷回答说："可能是他们的国君太过分了。好的国君奖赏善良，惩罚邪恶，抚养百姓有如儿女，覆盖他们有如苍天，容纳他们有如大地；百姓侍奉自己的国君，爱戴他好像父母，敬仰他好像日月，尊敬他好像神灵，害怕他好像雷霆，哪能赶走？国君，祭神的主持者和百姓的希望。如果让百姓的生计困乏，神灵祭祀匮乏，百姓断绝希望，国家失去了依靠，哪里会用得着他？不赶走他做什么？上天生下百姓并且立他们的国君，让他统治他们，不使他们失掉天性；有了国君还为他设置卿大夫辅佐，让他们去教诲保护他，不使他做事过分。因此天子有公，诸侯有卿，卿设立

师旷雕像

侧室，大夫有贰宗，士有朋友，庶人、工、商、皂、隶、牧、圉都有亲近的人，用来互相帮助。

善良就赞扬,过分就纠正,患难就救助,错误就改正。从君王以下,各有自己的父兄子弟来补救观察他们政令的过失。太史给以记载,乐师写作诗歌,乐工诵读箴谏,大夫规劝开导,士传话,庶人指责,商人在市场上议论,各种工匠奉献技艺。所以《夏书》说:'宣布教化的官员摇着木铎在大路上巡行,官长规劝,工匠奉献技艺以劝谏。'正月初春,这时就有官员在大道上摇动木铎,这是因为劝谏失去了常规的缘故。上天爱护百姓是非常周到的!难道会让一个人在百姓头上任意非为,放纵他的邪恶而失去天地的本性吗?一定不会这样的!"

【原文】

[传]秋,楚子为庸浦之役故,子囊师于棠以伐吴①,吴不出而还。子囊殿②,以吴为不能而弗儆。吴人自皋舟之隘③,要而击之,楚人不能相救。吴人败之,获楚公子宜穀。

王使刘定公赐齐侯命,曰:"昔伯舅大公右我先王,股肱周室,师保万民。世胙大师④,以表东海。王室之不坏,繄伯舅是赖。今余命女环,兹率舅氏之典,纂乃祖考,无忝乃旧。敬之哉,无废朕命!"

【注释】

①棠:春秋楚地,今江苏六合具。
②殿:行军时走在队伍的最后面。
③隘:险要的地方。
④世胙:世代享有封爵。

【译文】

秋天,楚康王因为庸浦战役的缘故,派子囊在棠地出兵,攻打吴国。吴国人不出战,楚军就回去了。子囊存军队的后头,以为吴国的军队无能而不加戒备。吴国人从皋舟的险道拦腰截击楚军,楚军不能前后相救。吴人打败了他们,俘虏了楚国公子宜穀。

周天子派刘定公为齐灵公赐命,说:"从前伯舅太公吕尚帮助我先王,辅佐周室,教导保护广大百姓。世世代代酬谢太师的功勋,使他在东海光大。王室不衰败的原因,所依赖的就是伯舅。如今我命令你环(齐灵公名环),孜孜不倦地依照历代祖先的常法,继承你的祖宗和父辈,不要玷污你的先人。要恭敬啊,不要废弃我的命令!"

【原文】

[传]晋侯问卫故于中行献子,对曰:"不如因而定之,卫有君矣①,伐之未可以得志而勤诸侯。史佚有言曰:'因重而抚之'②仲虺③有言曰:'亡者侮之,乱者取之。'推亡固存,国之道也④。君其定卫以待时乎。"冬,会于戚,谋定卫也⑤。

[传]范宣子假羽毛于齐而弗归⑥齐人始贰。

【注释】

①卫有君矣:卫国已经立了剽为君。

②因重而抚之:不如就此安抚他。

③仲虺:是成汤的左相。

④亡者侮之,乱者取之,推亡固存,国之道也:有灭亡之道的就侮之,国家乱的就拿他,使该亡的亡国,该存的强固,这是治国家的道理。

⑤谋定卫也:这是为的计谋安定公孙剽为君。

⑥假羽毛于齐而弗归:他向齐国借的羽毛旗子而不还给他。

【译文】

晋悼公问荀偃卫国驱逐献公的缘故,他就回答说:"不如因为这个缘故,就安定他,卫国已经立了剽为君,要讨伐卫国,必劳动诸侯们,不一定能达到愿望。从前吏佚说过:'不如因为不可改易就安抚他。'仲虺也说过这话:'有灭亡之道的就侮之,乱者就取他的国家,使该亡的亡国,该存的强固,这是治国家的道理。'你何不安定卫国,等着他有混乱的时候再讨伐他。"冬天,在戚这地方开会,这是为的安定卫国,立了公孙剽。

士匄向齐国借用羽毛的旗子,而很久不归还,齐国人开始有了二心。

【原文】

[传]楚子囊还自伐吴卒。将死遗言谓子庚必城郢。君子谓子囊忠,君薨不忘增其名①,将死不忘卫社稷,可不谓忠乎? 忠民之望也,诗曰:"行归于周,万民所望②。"忠也。

【注释】

①增其名:楚共王死了,他忘不了给他做好的谥号。

②行归于周，万民所望：这是《诗经·小雅·都人士》这篇的诗句，意思是说德行要归到忠信。这就是万民所瞻望的。

【译文】

楚国令尹公子贞从讨伐吴国回来就死了。将要死以前，告诉子庚说必定把楚国的都城郢，修好城池。君子说公子贞很忠，楚王死了以后，不忘增美他的谥号。他将要死时，又不忘保卫他的国家，这可以不说是忠吗？忠是人民的仰望。《诗经·小雅·都人士》这篇说："德行要归到忠信，这是老百姓们所仰望的。"这就是忠的缘故。

【讲评】

乐师在先秦有着重要的地位，是一类特殊的人群，他们精通乐理，又因为礼乐关系紧密，他们中的许多人往往也熟悉礼制，深谙政治。《左传》中塑造了一批智慧远见、颇有哲人意味的乐师形象。其中，晋师旷是后来史家印象深刻的一位，他以"师旷之聪"闻名于世，又具有当时的进步思想。如他与晋悼公由卫献公被国人赶走的国际事件引起的关于良君与困民之主的议论，强调了爱民的重要性，反映出他的民本思想和政治理想。

襄公十五年

【原文】

[经]十有五年春，宋公使向戌来聘。二月己亥，及向戌盟于刘。刘夏逆王后于齐。夏，齐侯伐我北鄙，围成。公救成，至遇。季孙宿、叔孙豹帅师城成郛。秋八月丁巳，日有食之。邾人伐我南鄙。冬十一月癸亥，晋侯周卒。

【原文】

[传]十五年春，宋向戌来聘，且寻①盟。见孟献子，尤其室，曰："子有令闻，而美其室，非所望也。"对曰："我在晋，吾兄为之。毁之重劳，且不敢间。"

官师从单靖公逆王后于齐。卿不行，非礼也。

楚公子午为令尹，公子罢戎为右尹，蒍子冯为大司马，公子橐师为右司马，公子成为左司马，屈到为莫敖，公子追舒为箴尹，屈荡为连尹，养由基为宫厩尹，以靖国人。君子谓楚于是乎能官人。官人,国之急也。能官人,则民无觊心[2]。《诗》云:"嗟我怀人,置彼周行。"能官人也。王及公、侯、伯、子、男、甸、采、卫、大夫,各居其列,所谓周行也。

郑尉氏、司氏之乱,其馀盗在宋。郑人以子西、伯有、子产之故,纳赂于宋,以马四十乘与师茷、师慧。三月,公孙黑为质焉。司城子罕以堵女父、尉翩、司齐与之;良司臣而逸之,托诸季武子,武子置诸卞,郑人醢之三人也。

师慧过宋朝,将私[3]焉。其相曰:"朝也。"慧曰:"无人焉。"相曰:"朝也,何故无人?"慧曰:"必元人焉!若犹有人,岂其以十乘之相易淫乐之矇?必无人焉故也。"子罕闻之,固请而归之。

夏,齐侯围成,贰于晋故也。于是乎城成郛。

秋,邾人伐我南鄙,使告于晋。晋将为会以讨邾、莒,晋侯有疾,乃止。冬,晋悼公卒,遂不克会。郑公孙夏如晋奔丧,子蟜送葬。

宋人或得玉,献诸子罕。子罕弗受。献玉者曰:"以示玉人,玉人以为宝也,故敢献之。"子罕曰:"我以不贪为宝,尔以玉为宝。若以与我,皆丧宝也;不若人有其宝。"稽首而告曰:"小人怀璧,不可以越乡,纳此以请死也。"子罕置诸其里,使玉人为之攻之,富而后使复其所。十二月,郑人夺堵狗之妻而归诸范氏。

【注释】

①寻:重温。

②觊心:非分之心。

③私:小便。

【译文】

十五年春天,宋国的向戌来鲁国聘问,而且重温从前结盟的友好。见了孟献子,批评他的房子太过漂亮,说:"您有美好的名声却把房子修饰得太华丽,这不是人们所希望的。"孟献子答复说:"是我在晋国的时候,我哥哥修建的。毁弃它又加重劳力负担,何况不敢说哥哥做的事不对。"

官师跟着单靖公在齐国迎接王后。卿没有去,这是不合乎礼的。

楚国的公子午做令尹,公子罢戎做右尹,蒍子冯做大司马,公子橐师做右司马,公子成做左司马,屈到做莫敖,公子追舒做箴尹,屈荡做连尹,养由基做宫厩尹,以安定国都的人心。君子觉得楚国在这个时候可以恰当地任命官员。任命官员,是国家最急切的事情。可以恰当地任用,那么民众就没有非分的念头。《诗》说:"嗟叹我所怀念的贤人,要将他们都放在合适的地方。"这就是可以恰当地任命官员。天子和公、侯、伯、子、男、甸、采、卫及各级大夫,各自都在他们的位置,这便是所说的"周行"了。

郑国以前尉氏、司氏的叛乱中,余下的叛乱分子留在宋国。郑国人由于子西、伯有、子产的原因,向宋国赠送马一百六十匹和师茷、师慧作为财礼。三月,公孙黑前往宋国做人质。司城子罕把堵女父、尉翩、司齐送交给郑国;认为司臣贤能而放走了他,交托给鲁国的季武子,武子把他安放在下地。郑国人把这三个人剁成了肉酱。

师慧经过宋国朝廷,准备小便。扶持他的人说:"这里是朝廷。"师慧说:"没有人在这儿啊。"扶持他的人说:"朝廷,为何没有人?"师慧说:"必定没有人啊,要是还有人,难道会用拥有千辆战车的大国的相国去交换一个演唱淫乐的盲人吗?必定是由于这里没有人的原因。"子罕听到了师慧的话,坚决向宋平公请求让师慧回国。

夏季,齐灵公包围鲁国的成池,是由于对晋国有了二心的原因。鲁国此时就在成地修建外城。

秋天,邾国人进攻鲁国南部边境,鲁国派人向晋国报告。晋国准备举行会见以征讨邾国、莒国,因晋悼公生病,停止下来。冬季,晋悼公卒,就没有能举行见面。郑国的公孙夏前去晋国奔丧吊唁,子蟜参加送葬。

宋国有人获得一块美玉,献给子罕。子罕不接受。献玉的人讲:"拿给玉工看过,玉工觉得是宝物,故而才进献。"子罕说:"我把不贪婪作为宝物,你把玉作为宝物。要是把玉给了我,我们两人都丢失了宝物;还不如各人保有自己的宝物。"献玉的人叩头告诉子罕说:"小人带着玉璧,不可以越过乡里,送给您是用来请求免于一死的。"子罕把美玉放在自己的乡里,让玉工替他雕琢,卖了出去,让献玉的人富有之后才让他回到家里。十二月,郑国人抢夺堵狗的妻子。并让她回到娘家范氏去。

【讲评】

子罕不贪婪,拒绝了美玉,而又替献玉的人安排周全,宅心仁厚,不愧"仁人"之称。

襄公十六年

【原文】

[经]十有六年春王正月,葬晋悼公。

[经]三月公会晋侯、宋公、卫侯、郑伯、曹伯、莒子、邾子、薛伯、杞伯、小邾子于溴梁，戊寅，大夫盟。晋人执莒子、邾子以归。

[传]十六年春，葬晋悼公。平公即位①，羊舌肸为傅②，张君臣③为中军司马，祁奚、韩襄、栾盈④、士鞅为公族大夫，虞丘书为乘马御⑤，改服修官，烝于曲沃，警守而下，会于溴梁⑥，命归侵田，以我故，执邾宣公，莒犁比公⑦，且曰通齐楚之使。晋侯与诸侯宴于温，使诸大夫舞，曰："歌诗必类⑧。"齐高厚之诗不类，荀偃怒，且曰："诸侯有异志矣。"使诸大夫盟高厚，高厚逃归。于是叔孙豹、晋荀偃、宋向戌、卫宁殖、郑公孙虿、小邾之大夫盟曰："同讨不庭⑨。"

[经]齐侯伐我北鄙⑩。

[经]夏，公至自会⑪。

[经]五月甲子，地震⑫。

【注释】

①平公即位：是悼公的儿子公子彪。

②羊舌肸为傅：羊舌肸即叔向替代士渥浊。

③张君臣：是张老的儿子。

④栾盈：栾书的儿子。

⑤虞丘书为乘马御：替代程郑。

⑥溴梁：《一统志》说："在今河南省济源市西北。"

⑦犁比公：江永说："莒国君多半以地方名为号，犁比也是地名，当在今山东省莒县境内。"

⑧歌诗必类：歌唱诗必定合于题材。

⑨同讨不庭：一同讨伐不尊敬周天子的国家。

⑩此经无传。

⑪此经无传。

⑫此经无传。

【译文】

春天，给晋悼公行葬礼。悼公的儿子平公即位。叔向替代士渥浊做傅的官，张君臣做中军司马，祁奚、韩襄、栾盈、士鞅这几人做公族大夫，虞丘书做驾车的官，改了丧服选任贤能之后就到曲沃去祭祀晋国的祖庙,警备了守卫,顺着黄河东而下到溴梁这地方开会,把诸侯所侵略的田地,都归还原主,因为鲁国的缘故,逮住了邾宣公,莒国的犁比公,并且责备他们说互相通过齐楚的使臣。晋平公和诸侯们在温这地方宴会,使各国大夫舞蹈说:"歌唱诗必定相类。"齐国高厚的诗不相类,晋大夫荀偃恼怒,并且说:"诸侯们有旁的心了。"叫各位大夫对高厚盟誓,高厚吓得逃回齐国。于是叔孙豹同晋国荀偃,宋国向戌,卫国宁殖,郑国公孙虿,小邾大夫盟誓说:"一同讨伐不尊重周王室的国家。"

齐侯讨伐鲁国北边。

夏天,鲁襄公从开会回来。

五月甲子这天鲁国有地震。

【原文】

[经]叔老会郑伯、晋荀偃、卫宁殖、宋人伐许。

[传]许男请迁于晋,诸侯遂迁许。许大夫不可,晋人归诸侯①,郑子蟜闻将伐许,遂相郑伯以从诸侯之师。穆叔从公,齐子帅师会晋荀偃。书曰会郑伯,为夷故也②。夏六月次于棫林③。庚寅伐许④次于函氏⑤。

[传]晋荀偃栾黡帅师伐楚,以报宋杨梁之役⑥,楚公子格帅师及晋师战于湛阪⑦,楚师败绩,晋师遂侵方城之外,复伐许而还。

【注释】

①晋人归诸侯:因为许不肯迁,所以叫诸侯回国去。

②为夷故也:为的是平夷的关系。

③棫林:秦地,《方舆纪要》说:"在今陕西省华县。"

④伐许:讨伐许国。

⑤函氏:许地。在今河南省叶县北。

⑥杨梁之役:此役在襄公十二年。

⑦湛阪:《一统志》说:"在今河南省叶县北三十里。"

【译文】

许男请迁到晋国去,诸侯就去迁许国。许国的大夫们认为不可以,晋国人就使诸侯各回国。郑国大夫子蟜听说晋国要讨伐许国,他就随着郑伯从着诸侯的军队。叔孙豹就随着鲁襄公回国,齐子就帅着军队会晋国的荀偃。《春秋》上写着与郑伯相会,为平夷的缘故。六月停住在械林这地方,庚寅这天讨伐许国,军队到了函氏。

晋国的荀偃、栾黡率着军队去讨伐楚国,以报复杨梁的战役,楚国公子格率领军队同晋军在湛阪作战,楚军被打败,晋军就侵略到方城的外边,再次讨伐许国才回国。

【原文】

[经]秋齐侯伐我北鄙,围郕。

[传]秋,齐侯围郕①,孟孺子速徼之②。齐侯曰:"是好勇,去之以为之名。"速遂塞海陉③而还。

[经]大雩④。

[经]冬叔孙豹如晋。

[传]冬,穆叔如晋聘,且言齐故⑤。晋人曰:"以寡君之未禘祀⑥,与民之未息⑦,不然不敢忘。"穆叔曰:"以齐人之朝夕释憾于敝邑之地,是以大请。敝邑之急,朝不及夕,引领西望曰:'庶几乎⑧?'比执事之间恐无及也。"见中行献子,赋圻父⑨,献子曰:"偃知罪矣,敢不从执事以同恤社稷,而使鲁及此!"见范宣子,赋鸿雁之卒章⑩。宣子曰:"匄在此,敢使鲁无鸠乎⑪?"

【注释】

①郕:是鲁国孟孙氏的封邑。

②孟孺子速徼之:孟孺子是孟献子的儿子,名字叫速,来截断他。

③遂塞海陉:海陉是鲁国地方的近海窄路。遂塞是堵塞。

④此经无传。

⑤且言齐故:并且说道齐国两次侵略鲁国的缘故。

⑥未禘祀:禘祀是三年丧完了以后,吉祥的祭祀。

⑦与民之未息:因为人民的没有休息,最近曾经侵伐许国及楚国。

⑧庶几乎:庶几晋国来救鲁国。

⑨圻父:是《诗经·小雅》中的一篇诗。

⑩鸿雁之卒章:《诗经·小雅》末了一章说:"鸿雁于飞,哀鸣嗷嗷。"

⑪鲁无鸠乎:鲁国还没有集合的地方吗?

【译文】

秋天，齐侯又围了鲁国的郕这地方，仲孙蔑的儿子仲孙速来截断齐国军队。齐侯就说："这个人很勇敢，我们不如离开他，使他成名。"仲孙速就把几个险要的道路堵塞了，而回去了。

有旱灾，行求雨的礼。

冬天，叔孙豹到晋国聘问，并且说齐国屡次伐鲁国的原因。晋国人说："因为我们君还没有举行禘祀，与人民没有休息，要不是这些事，我们不敢忘记。"叔孙豹说："因为齐国人早晚会到我们鲁国来出气，所以请求的很厉害。我们的急难，早晨不能到晚上，伸长了脖子从西边盼望说：'庶几能来援救我们吧！'等到你们有闲工夫的时候，恐怕已经来不及了。"看见荀偃，就歌唱《圻父》这篇诗，荀偃说："我知道罪状了，我敢不同执事一样来怜恤鲁国的社稷，而使鲁国到如此地步。"见了士匄，歌《鸿雁》末了这章。士匄说："我尚在这儿，能让鲁国无地集止吗？"

【讲评】

晋国虽然是强国，但是内外矛盾都十分尖锐。国内卿大夫专权，彼此勾心斗角，组成了多个权力集团；国外因为对盟国要求贡赋太重而关系紧张，小国怀有二心，又有楚国、秦国、齐国等大国明争暗斗，威胁其霸主地位。晋平公即位后，为确立霸权，召集诸侯在溴梁会盟。齐灵公只派大夫高厚赴会，因为害怕而中途逃盟。许国国君见晋国强盛而弃楚从晋，却遭到大夫反对，于是晋国伐许，并攻打楚国，以报复楚国攻打宋国的杨梁之役。

襄公十七年

【原文】

[经]十有七年春，王二月庚午，邾子轻卒，宋人伐陈。夏，卫石买帅师伐曹。秋，齐侯伐我北鄙，围桃。齐高厚帅师伐我北鄙，围防。九月，大雪。宋华臣出奔陈。冬，邾人伐我南鄙。

【原文】

[传]十七年春，宋庄朝伐陈，获司徒卬，卑宋也。

卫孙蒯田于曹隧,饮马于重丘,毁其瓶。重丘人闭门而诟之,曰:"亲逐而君,尔父为厉。是之不忧,而何以田为?"

夏,卫石买、孙蒯伐曹,取重丘。曹人愬于晋。

齐人以其未得志于我故,秋,齐侯伐我北鄙。围桃。高厚围臧纥于防。师自阳关逆臧孙,至于旅松。耶叔纥、臧畴、臧贾帅甲三百,宵犯齐师,送之而复。齐师去之。

齐人获臧坚。齐侯使夙沙卫唁之,且曰:"无死!"坚稽首曰:"拜命之辱!抑君赐不终,姑又使其刑臣礼于士。"以杙抉其伤而死。

冬,邾人伐我南鄙,为齐故也。

宋华阅卒。华臣弱皋比之室,使贼杀其宰华吴。贼六人以铍杀诸卢门合左师之后。左师惧曰:"老夫无罪!"贼曰:"皋比私有讨于吴。"遂幽其妻,曰:"畀余而大璧!"宋公闻之,曰:"臣也,不唯其宗室是暴,大乱宋国之政,必逐之!"左师曰:"臣也,亦卿也。大臣不顺,国之耻也。不如盖之。"乃舍之。左师为己短策,苟过华臣之门,必聘。

十一月甲午,国人逐瘈狗①,瘈狗入于华臣氏,国人从之。华臣惧,遂奔陈。宋皇国父为大宰,为平公筑台,妨于农收。子罕请俟农功之毕,公弗许。筑者讴曰:"泽门之皙,实兴我役。邑中之黔,实慰我心。"子罕闻之,亲执扑,以行筑者,而抶其不勉者,曰:"吾侪小人,皆有阖庐以辟燥湿寒暑。今君为一台而不速成,何以为役?"讴者乃止。或问其故,子罕曰:"宋国区区,而有诅有祝,祸之本也。"

齐晏桓子卒。晏婴粗缞斩,苴绖、带、杖,菅屦②,食粥,居倚庐,寝苫③,枕草。其老曰:"非大夫之礼也。"曰:"唯卿为大夫。"

【注释】

①瘈狗:狂犬。
②屦:草鞋。
③苫:草席。

【译文】

十七年春天,宋国的庄朝进攻陈国,抓捕了司徒。这是陈国小瞧宋国的结果。

卫国的孙蒯在曹隧打猎,又在重丘饮马,不小心摔破了汲水的瓶子。重丘人关起门来咒骂他:"你自己赶走了你的国君,你的父亲又作恶多端。这些事你不担心,还来打什么猎?"

夏天，卫国的石买、孙蒯进攻曹国，夺取了重丘。曹国人向晋国人告状。

齐国人由于没有可以获得鲁国的成地，就在秋天，由齐灵公亲率军队进攻鲁国北部边境，包围了桃地。高厚在防地包围了臧纥。鲁军从阳关出发接应臧纥，行至旅松。耶叔纥、臧畴、臧贾领着甲士三百人，趁夜里偷袭齐军，保护臧纥冲出防城，送至旅松，而后又回到防城。齐军离开了鲁国。

齐国人抓捕了臧坚。齐灵公派夙沙卫去安慰他，并讲："不要寻死"。臧坚叩头感谢说："感谢国君的命令。不过国君不让我死，却又让一个宦官来安慰我，这是对我的侮辱。"就抓起一根木棍刺进伤口而死。

冬天，邾国人进攻鲁国南部边境，这是为了齐国。

宋国的华阅逝世。华臣认为皋比软弱可欺，就派刺客去杀皋比家的总管华吴。六个刺客用铍这种凶器把华吴杀害在卢门向戍家的后边。向戍十分害怕，讲："老夫没有罪啊。"刺客讲："这是皋比自己要杀死华吴的。"把华吴的妻子也关了起来，威胁她讲："把你们家的大宝玉交出来。"宋平公知道此事后说："华臣不仅对他的宗室这样残暴，还会让宋国大乱，必定要把他驱赶出去。"左师向戍讲："华臣也是一个卿。大臣不够和顺，也是国家的耻辱。不如把此事遮盖起来。"便把华臣放了。向戍为自己做了一个短马鞭，只要经过华臣家门口，就一定要打马快跑。

十一月二十二日，国人追着一只疯狗，疯狗逃往华臣家中，人们追了进去。华臣十分害怕，便逃亡到了陈国。宋国的皇国父做了太宰，他为了给平公修建一座台子而影响了收割粮食。子罕请求等农忙结束后再修建，平公不答应。修台的民工唱道："白面孔的皇国父，让我们兴土木；子罕虽是黑面孔，体贴我心暖融融。"子罕听见后，自己拿着鞭子监督施工，并鞭打那些不愿出力的人，他说："我们这些小人都有房子躲避干湿热冷。如今国君要建一个台子，要是不尽快完成，还能再干什么呢？"那些唱歌的人就不再唱了。有人问子罕为何这么做，子罕说："宋国这么一个小国家，居然也有咒骂，有歌颂，这全是祸乱的根源。"

齐国的晏桓子逝世。晏婴身穿粗布丧服，头上跟腰间束着麻带，手拿竹仗，脚穿草鞋，每日只喝稀粥，住草棚，睡在干草上，枕头也是用草捆成的。他的总管讲："这不是大夫之礼啊。"不过他说："只有卿才能行大夫之礼，我还不够行大夫之礼的资格啊。"

襄公十八年

【原文】

[经]十有八年春,白狄来。

[传]春,白狄始来①。

[经]夏晋人执卫行人石买。

[传]夏,晋人执卫行人石买于长子②,执孙蒯于纯留③,为曹故也。

[经]秋,齐师伐我北鄙。

【注释】

①白狄始来:白狄是狄人之一种,他初次到鲁国来。

②长子:在今山西省长子县。

③纯留:在今山西省纯留县。

【译文】

春,白狄开始到鲁国来。

夏天,晋国人在长子地方逮住了卫国行人石买,又在纯留这地方逮住了孙蒯,这是为着曹国的缘故。

【原文】

[经]冬十月公会晋侯、宋公、卫侯、郑伯、曹伯、莒子、邾子、滕子、薛伯、杞伯、小邾子同围齐。

[传]秋,齐侯伐我北鄙,中行献子将伐齐,梦与厉公讼弗胜,公以戈击之,首队于前,跪而戴之,奉之以走,见梗阳之巫皋①。他日见诸道,与之言同。巫曰:"今兹主必死,若有事于东方,则可以逞②。"献子许诺。晋侯伐齐,将济河,献子以朱丝系玉二毂③。而祷曰:"齐环怙恃其险,负其众庶,弃好背盟,陵虐神主,曾臣彪将率诸侯以讨焉,其官臣偃实先后之。苟捷有功,无作神羞,官臣偃无敢复济,唯尔有神裁之。"沈玉而济。冬十月会于鲁济④,寻溴梁之言,同伐齐⑤。齐侯御诸平阴⑥,堑防门而守之广里⑦,夙沙卫曰:"不能战莫

如守险⑧。"弗听。诸侯之士门焉,齐人多死。范宣子告析文子⑨曰:"吾知子,敢匿情乎?鲁人,莒人,皆请以车千乘,自其乡入,既许之矣。若入,君必失国,子盍图之。"子家以告公,公恐。晏婴闻之曰:"君固无勇,而又闻是,弗能久矣。"齐侯登巫山⑩以望晋师,晋人使司马斥山泽之险,虽所不至,必旆而疏陈之⑪,使乘车者左实右伪,以旆先⑫,舆曳柴而从之⑬。齐侯见之,畏其众也,乃脱归。丙寅晦,齐师夜遁。师旷告晋侯曰:"乌乌之声乐⑭,齐师其遁。"邢伯⑮告行中伯曰:"有班马之声⑯,齐师其遁。"叔向告晋侯曰:"城上有乌,齐师其遁⑰。"十一月丁卯朔,入平阴,遂从齐师,夙沙卫连大车以塞隧而殿⑱。殖绰郭最曰:"子殿国师,齐之辱也。子姑先乎。"乃代之殿。卫杀马于隘以塞道⑲。晋州绰及之,射殖绰中肩,两矢夹脰⑳,曰:"止,将为三军获;不止,将取其衷㉑。"顾曰:"为私誓。"州绰曰:"有如日。"乃弛弓而自后缚之。其右具丙㉒,亦舍兵而缚郭最,皆衿甲面缚㉓,坐于中军之鼓下。晋人欲逐归者,鲁卫请攻险㉔。己卯,荀偃、士匄以中军克京兹㉕。乙酉,魏绛、栾盈,以下军克邿㉖,赵武、韩起以上军围卢㉗,弗克。十二月戊戌,及秦周伐雍门之萩㉘,范鞅门于雍门,其御追喜以戈杀犬于门中,孟庄子斩其橁以为公琴㉙。己亥,焚雍门及西郭、南郭,刘难、士弱㉚率诸侯之师焚申池之竹木。壬寅,焚东郭、北郭。范鞅门于扬门㉛,州绰门于东闾㉜,左骖迫还于东门中,以杖数阖㉝。齐侯驾,将走邮棠㉞,大子与郭荣㉟,扣马曰:"师速而疾,略也㊱,将退矣,君何惧焉。且社稷之主不可以轻,轻则失众,君必待之。"将犯之,大子抽剑断鞅乃止。甲辰,东侵及潍南及沂。

【注释】

①梗阳之巫皋:梗阳是晋国地方,《括地志》说:"梗阳故城,在清源县南百二十步,汾晋阳县置。"那里头有一个巫人,名叫皋。

②则可以逞:就可以得意。

③二縠:一对玉叫作縠,二縠是四块玉。

④鲁济:济水在鲁国的,叫作鲁济。

⑤寻溴梁之言,同伐齐:溴梁之盟在鲁襄公十六年,一同讨伐齐国。

⑥平阴:《续山东考古录》说:"以平阴防门故地,现划归肥城,在肥城西北六十里,今称广里铺。"

⑦堑防门而守之广里:在防门外做一个地道,横行宽一里。

⑧莫如守险:没有再比守险要的更好了。

⑨析文子:齐大夫子家。

⑩巫山:齐地,《汇纂》说:"今山东肥城市西北七十五里有孝堂山,即齐侯望晋师之巫山。"

⑪必旆而疏陈之:必定在那儿摆上大旗,远远的一个一个摆成阵。

⑫以旆先:用大旗列在车前面。

⑬舆曳柴而从之:车后面拴的柴木,使尘土飞扬。

⑭鸟乌之声乐:鸟同乌鸦得到一个空营棚,鸣声很乐。

⑮邢伯:是晋大夫。

⑯有班马之声:是一队一队的马回去的声音。

⑰城上有乌齐师其遁:城上边有乌鸦,齐国军队必定要逃走。

⑱连大车以塞隧而殿:他把很多大车连在一块堵住隧道,而夙沙卫在军队的后面。

⑲卫杀马于隘以塞道:夙沙卫把马杀到隘道中加以堵塞。

⑳两矢夹脰:两个箭夹住脖子。

㉑不止将取其衷:你要不听话,我将再用箭射两箭的中间。

㉒其右具丙:州绰的车右叫具丙。

㉓衿甲面缚:不去掉盔甲,脸冲到前边被捕。

㉔攻险:攻险固的城。

㉕京兹:《续山东考古录》说:"在肥城市西境。"

㉖邿:《一统志》说:"平阴县西十二里有邿山,今名亭山。"

㉗卢:在今山东省长清区东南。

㉘秦周伐雍门之荻:《方舆纪要》说:"古齐城周五十里,有十三门,其可考者,西曰雍门,南曰稷门,亦作棘门,西南曰申门,门外有申池,西北曰扬门,东南曰鹿门,一作武鹿门,又有郭关,则齐郭门也。"秦周是鲁大夫同赵武一同伐雍门的荻草。

㉙孟庄子斩其橚以为公琴:孟庄子即孺子速,把那橚树砍掉,作为鲁襄公的琴。

㉚刘难,士弱:这二人全是晋大夫。

㉛扬门:是齐国都城西门。

㉜东闾:是齐国都城东门。在今临淄县北。

㉝以杖数阖:用马鞭子数几扇门。

㉞邮棠:今山东即墨县南八十里有甘棠社即古邮棠。

㉟郭荣:是齐大夫。

㊱略也:这是侵略而没有占领地方的意思。

【译文】

秋天,齐候讨伐了鲁国的北边。荀偃将要讨伐齐国,梦见与晋厉公打官司,没有胜诉。晋厉公用刀来攻击他,苟偃的脑袋就掉到前,跪下来戴上去,抱着它往前走,看见梗阳的巫人皋。后来就在路上碰见这个巫人,巫人也梦见同样的梦,巫人说:"今年你必定要死,你若在东方打仗就可以成功。"苟偃就答应。晋平公伐齐国,将过黄河的时候,苟偃用红丝把两对玉石系在一块祷告说:"齐环仰仗着他的险要,又仗着他的人多,放弃了和好,违背了盟约,又欺负旁国的人民,陪臣彪将率领诸侯去讨伐齐国,守臣苟偃是追随着这件事,假设能够战胜有功,不要为神明的羞耻,苟偃不敢渡回黄河,只是听从你神的命令。"把玉石扔在河里就渡过去了。冬十月,在鲁国的济水旁边相会,这是重申以前澳梁盟誓的话,一同讨伐齐国。齐庄公在平阴这地方防御他们,把防门做一个战壕,长一里。凤沙卫说:"不能够打仗,最好守险要。"齐侯不听。诸侯的军队攻击各门,齐人多被战死。士匄告诉齐大夫析文子说:"我认识你,敢对你隐藏我们的军情吗?鲁国人同莒国人皆要求用兵车一千辆,从他们的国里攻齐国,晋国已经答应他们了,若他们的兵进入齐国,齐庄公必定丧失了国家,你何不细想想。"析文子告诉了齐庄公,庄公害怕了。晏婴听见就说:"君王本来就没有勇气,又听见了这种话,不能支持长久了。"齐庄公到巫山上远望晋国军队,晋国人叫司马凡山泽的险要地方,就是军队不到,必定挂上大旗,表示军队已经到了,叫每个车上左边有军官,右边假做军官,用了一个大旗做前导,军后拴着木柴在后面追随着发扬尘土。齐庄公看见了,怕晋国军队很众多,就去掉了旗子,逃归齐国。丙寅这天,齐国军队,夜里逃走。晋国的师旷告诉晋平公说:"飞的鸟同乌鸦鸣声很乐,齐国军队必定要逃走。"晋国大夫邢伯告诉苟偃说:"有回去的马声,齐国军队必定逃走。"叔向告诉晋平公说:"城上有乌鸦,齐国军队必定逃走。"十一月丁卯朔,晋国军队进入平阴,追逐齐国的军队,凤沙卫连着很多大车堵塞隧道,他并在军队的后面。殖绰同郭最说:"你做齐国军队的殿后,这是齐国的羞辱。你何不在前面呢?"他们说了这句话,就替他殿后。凤沙卫就将马匹杀在隘道中来堵塞。晋国的州绰赶上了,射殖绰中他两肩,两个箭全夹住他的脖子,就说:"你要站住就一定被捕,你要不站住我再射这两箭的中间。"殖绰回头说:"我们可以做私下的盟誓。"州绰就说:"如果杀你,就对太阳发誓。"放下弓从后面拴上他。州绰的车右具丙也扔下兵器,把郭最拴上,全都不弃掉甲,坐在中军的鼓下面。晋国想着追逐齐国逃走的人,鲁国卫国请求攻打险要的城池。己卯,苟偃、士匄用中军占领京兹。乙酉魏绛、栾盈用下军占领部,赵武、韩起用上军围了卢,没能战胜。十二月戊戌,赵武同鲁国大夫秦周砍伐雍门外的荻树,范鞅攻打雍门,他的驾车的追喜用枪在门中杀狗,孟孙速把那里的檍木毁掉给襄公做琴。已亥,烧掉雍门及齐都城的西郭、南郭,刘难同士弱率领着诸侯的军队烧掉申池的竹同树木。壬寅,又烧掉齐都城的东外郭,北外郭。范鞅攻打都城的西门扬门,州绰攻打齐都城东门东间,他左边的马匹在门中往还,用马鞭子数他城门上的树木，表示不惧。齐庄公将逃走到邮棠去，大子同齐大夫郭荣拉着马说："晋国的军队到得很快，这是略地的作用，晋国军队将要退了，你又何必害怕呢？并且一个国家的人，是不可以轻举的，轻举必定失掉众心，你一定要等候。"齐庄公还想逃，大子就抽剑将马颈革带砍断，才阻止。甲辰，晋国军队侵略东边到潍水，南边到沂水。

【原文】

[经]曹伯负刍卒于师①。

[经]楚公子午帅师伐郑。

[传]郑子孔欲去诸大夫，将叛晋而起楚师以去之，使告子庚②，子庚弗许。楚子闻之，使杨豚尹宜告子庚曰："国人谓不谷主社稷，而不出师，死不从礼。不谷即位于今五年，师徒不出，人其以不谷为自逸而忘先君之业矣。大夫图之，其若之何？"子庚叹曰："君王其谓午怀安乎？吾以利社稷也。"见使者稽首而对曰："诸侯方睦于晋，臣请尝之③。若可，君而继之，不可，收师而退，可以无害，君亦无辱。"子庚帅师治兵于汾④。于是子蟜、伯有、子张从郑伯伐齐，子孔、子展、子西守。二子⑤知子孔之谋，完守入保⑥，子孔不敢会楚师。楚师伐郑次于鱼陵⑦，右师城上棘⑧，遂涉颍，次于旃然⑨，蒍子冯、公子格率锐师侵费滑、胥靡、献于、雍梁⑩，右回梅山⑪侵郑东北至于虫牢而反。子庚门于纯门，信于城下而还，涉于鱼齿⑫之下，甚雨及之，楚师多冻，役徒几尽。晋人闻有楚师，师旷曰："不害，吾骤歌北风，又歌南风，南风不竞⑬多死声，楚必无功。"董叔曰："天道多在西北，南师不时必无功。"叔向曰："在其君之德也⑭。"

【注释】

①此经无传。

②子庚：楚令尹公子午。

③臣请尝之：我请试一试。

④汾：在今河南襄城县东北。

⑤二子：子展、子西。

⑥完守入保：守着城内加以保守。

⑦鱼陵：郑地，即鱼齿山，在南阳犨县北。

⑧上棘：《一统志》说："上棘城在河南禹县西北。"

⑨旃然：《一统志》说："在今河南荥阳市东南。入汴水。"

⑩胥靡、献于、雍梁：全是郑国的邑。《汇纂》说："胥靡在今河南偃师县东南四十里，雍氏城在禹县东北，梁县城在河南临汝县西南四十里。"程发轫教授说："案芴子冯子格，率锐师由费滑向东南侵郑，胥靡即在偃师，雍梁在禹县，则献于应在登封市境矣。"可供参考。

⑪梅山：《一统志》说："在今河南郑县西南三十里，与密县新郑接界。"

⑫鱼齿：鱼齿山的下边。

⑬南风不竞：南方的音调不能竞争。

⑭在其君之德也：这还是在他君的德性。

【译文】

曹伯负刍在军队中死了。

郑国的子孔要想去掉旁的大夫，他想先背叛晋国，领取楚国的军队，使他们去掉，派人去告诉楚国令尹公子午，公子午不答应。楚王听了就派杨豚尹宜告诉公子午说："国人说是我主持国家以后，并不出兵，我若死了以后，不能照着先君的礼节来埋葬，我现在即位已经五年了，不出军队，人家必定说我自己安逸而忘记了先君的事业。大夫细想想怎么样办呢？"公子午叹息着说："君王还是说我午只想安宁吗？我这是以为国家有利。"见了楚王所派去的使者，稽首而对答说："诸侯对于晋国正在和睦，我请尝试一下。若可以，君王就继续着，不可以就集合军队后退，这还没有害处，在君王亦无羞辱。"公子午于是率着军队到汾这地方去训练。这时候子蟜、伯有、子张随从郑伯去讨伐齐国，子孔、子展、子西留守。子展子西知道子孔的计谋，完备城郭里边的保守。子孔就不敢去会合楚国军队。楚国军队伐郑国，屯在郑国鱼陵这地方，楚的右师修上棘这城，就渡过颍水，屯在旃然，楚国的芴子冯、公子格率精锐的军队侵了郑地费滑、胥靡、献于、雍梁四地，右边转回梅山，侵略郑国的东北部到了虫牢这地方就回去了。公子午攻打郑国都城的纯门，在城下住了两天就回楚国去了，在鱼齿山的下边渡过水，天还下着大雨，楚国军队全受冻，随从的人员，几乎全没有了。晋国人听见有楚国军队来，晋国的太师师旷说："不要紧，我方才歌唱北风，然后歌唱南风，南风很微弱多有死声音，楚国必定不能成功了。"董叔又说："天道都在西北，南方的军队不合于时宜，必不能成功。"叔向说："这要看他的君的德行啊！"

【讲评】

齐、晋平阴之战以晋国大胜、齐国溃逃为结束。这次战争中，晋人充分运用了诈敌之法，虚张声势，吓倒了胆怯的齐灵公。而晋军师旷从乌鸦的叫声判断齐军逃逸的事例，被后来的军事家孙武总结在其相敌征候中，即"鸟集者，虚也""鸟起者，伏也"，成为战场助胜的宝贵经验。

襄公十九年

【原文】

[经]十有九年春，王正月，诸侯盟于祝柯。晋人执邾子。公至自伐齐。取邾田，自漷水。季孙宿如晋。葬曹成公。夏，卫孙林父帅师伐齐。秋七月辛卯，齐侯环卒。晋士匄帅师侵齐，至谷，闻齐侯卒，乃还。八月丙辰，仲孙蔑卒。齐杀大夫高厚。郑杀大夫公子嘉。冬，葬齐灵公。城西郛。叔孙豹会晋士匄于柯。城武城。

【原文】

[传]十九年春，诸侯还自沂上，盟于督扬，曰："大毋侵小。"执邾悼公，以其伐我故。遂次于泗上，疆我田。取邾田，自漷水归之于我。

晋侯先归。公享晋六卿于蒲圃，赐之三命之服；军尉、司马、司空、舆尉、侯奄皆受一命之服。贿荀偃束锦、加璧、乘马，先吴寿梦之鼎。

荀偃瘅疽，生疡于头。济河，及著雍，病，目出。大夫先归者皆反。士匄请见，弗内。请后，曰："郑甥可。"二月甲寅，卒，而视，不可含。宣子盥而抚之，曰："事吴敢不如事主。"犹视。栾怀子曰："其为未卒事于齐故也乎？"乃复抚之曰："主苟终，所不嗣事于齐者，有如何。"乃瞑，受含。宣子出，曰："吾浅之为丈夫也。"

晋栾鲂帅师从卫孙文子伐齐。

季武子如晋拜师，晋侯享之。范宣子为政，赋《黍苗》，季武子兴①，再拜稽首，曰："小国之仰大国也，如百谷之仰膏雨焉。若常膏之，其天下辑睦，岂唯敝邑。"赋《六月》。

季武子以所得于齐之兵作林钟而铭鲁功焉。臧武仲谓季孙曰："非礼也。夫铭，天子令德，诸侯言时计功，大夫称伐。今称伐则下等也，计功则借人也，言时，则防民多矣，何以为铭？且夫人伐小，取其所得，以作彝器，铭其功烈，以示子孙，昭明德而惩无礼也。今将借人之力以救其死，若之何铭之？小国幸于大国，而昭所获焉以怒之，亡之道也。"

齐侯娶于鲁，曰颜懿姬，无子。其侄鬷声姬，生光，以为太子。诸子仲子、戎子，戎子嬖。仲子生牙，属诸戎子，戎子请以为太子，许之。仲之曰："不可。废常不祥，间诸侯，难。光之立也，列于诸侯矣。今无故而废之，是专黜诸侯，而以难犯不祥也。君必悔之。"

公曰："在我而已。"遂东太子光,使高厚傅牙以为太子,夙沙卫为少傅。

齐侯疾,崔杼微逆光,疾病而立之。光杀戎子,尸诸朝,非礼也。妇人无刑。虽有刑,不在朝市。

夏五月壬辰晦,齐灵公卒。庄公即位。执公子牙于句渎之丘,以夙沙卫易己,卫奔高唐以叛。

晋士匄侵齐,及穀,闻丧而还,礼也。

于四月丁未,郑公孙虿卒,赴于晋大夫。范宣子言于晋侯,以其善于伐秦也。六月,晋侯请于王,王追赐之大路,使以行,礼也。

秋八月,齐崔杼杀高厚于洒蓝而兼其室。书曰"齐杀其大夫",从君于昏也。

郑子孔之为政也专,国人患之,乃讨西宫之难与纯门之师。子孔当罪,以其甲及子革、子良氏之甲守。甲辰,子展、子西率国人伐之,杀子孔,而分其室。书曰"郑杀其大夫",专也。子然、子孔,宋子之子也;士子孔,圭妫之子也。圭妫之班亚宋子,而相亲也。二子孔亦相亲也。僖之四年,子然卒。简之元年,士子孔卒。司徒孔实相子革、子良之室,三室如一,故及于难。子革、子良出奔楚,子革为右尹。郑人使子展当国,子西听政,立子产为卿。

齐庆封围高唐,弗克。冬十一月,齐侯围之。见卫在城上,号之,乃下。问守备焉,以无备告。揖之,乃登。闻师将傅②,食高唐人。殖绰、工偻会夜缒纳师,醢卫于军。

城西郛,惧齐也。

齐及晋平,盟于大隧。故穆叔会范宣子于柯。穆叔见叔向,赋《载驰》之四章。叔向曰："肸敢不承命。"穆叔归,曰："齐犹未也,不可以不惧。"乃城武城。

卫石共子卒,悼子不哀。孔成子曰："是谓蹶其本,必不有其宗。"

【注释】

①兴:从座位上立起。
②傅:附着,即贴着城墙爬去。

【译文】

十九年春天,诸侯从沂水边上回来,在督阳结盟,讲:"大国不要入侵小国。"抓捕了邾悼公,这是由于攻击我国的缘故。诸侯的军队便驻扎在泗水边上,划定我国的疆界。获得了邾国的土田,从水以西的地方都归属我国。

晋平公先回国。鲁襄公在蒲圃设享招待晋国的六卿，赐予他们华丽的三命车服。军尉、司马、司空、舆尉、候奄都接受一命车服。交给荀偃五匹束锦，加上玉璧，四匹马，再交给他吴寿梦的铜鼎。

荀偃长了恶疮，痈疽生在头部。越过黄河，抵达著雍，病危，眼珠子都鼓了出来。大夫先回去的都赶回来。士匄请求进见，荀偃不接见。派人问立谁为继承人，荀偃讲："郑国的外甥行。"二月十九日，死，眼睛不闭，口闭紧不能放进珠玉。士洗而后抚摸尸体讲："事奉吴如何敢不像事奉您！"荀偃的尸体还是没有闭眼。栾怀子讲："是为了齐国的事情没有完成的原因吗？"便又抚摸着尸体说："您要是死去以后，我不继续从事于齐国的事情，有河神为证！"荀偃尸体这才闭了眼，接受了放进嘴里的含玉。士出去。讲："作为一个男人，我真的是浅薄啊。"

晋国的栾鲂带兵跟从卫国的孙文子攻击齐国。

季武子去到晋国拜谢领兵，晋平公设享礼款待他。范宣子执政，赋《黍苗》这首诗。季武子站起来，再拜叩头，讲："小国的仰望大国，如同各种谷物仰望润泽的雨水。要是常常润泽，天下将会和睦，岂独是我国？"便赋了《六月》这首诗。

季武子把在齐国获得的武器制作了林钟并用铭文记录鲁国的武功，臧武仲对季武子讲："这是不合乎礼的。铭文，天子用来记录德行，诸侯用来记录举动合乎时令和建立的功劳，大夫用来记录征伐。现在记载征伐，那是降了一等了，记录功劳，那是借助别人的力量；记录合于时，那么对民众的妨碍又很多，用什么来载入铭文？并且大国攻打小国，拿他们所获得的东西来制作宗庙器具，记录他们的功劳，以此让子孙看到，这是为了宣扬明德而惩处无礼。如今是借助了别人的力量来拯救自己的死亡，如何能记载这个呢？小国侥幸战胜大国，反倒宣扬所得到的战利品以激怒敌人，这是亡国之道啊。"

齐灵公从鲁娶妻，名叫颜懿姬，没有生孩子，她的侄女鬷声姬生了光，齐灵公把他立为太子。姬妾中有仲子、戎子，戎子获得宠爱。仲子生了牙，把他交托给戎子，戎子请求立牙为太子，齐灵公同意了。仲子说："不行。废弃常规，不吉祥；触犯诸侯，很难成功。光立为太子，已经参加诸侯盟会的行列了。如今没有大罪而废掉他，这是专横而轻视诸侯，而拿很难成功的事去触犯不吉祥的事。君王必定会后悔。"齐灵公说："全都由我。"便把太子光迁迁往东部边境，派高厚任牙的太傅，立牙任太子，让夙沙卫任少傅。

齐灵公患病了，崔杼偷偷地把光接来，趁着齐灵病危的时候，立光为太子。光杀了戎子，把尸体摆在朝廷上，这是不合乎礼的。对妇女没有专门的惩罚，就算用刑，也不能把尸体摆到朝廷上。

夏五月二十九日，齐灵公死。齐庄公就位，在句渎之丘逮捕了公子牙。齐庄公觉得夙沙卫出主意废除自己，夙沙卫便逃亡到高唐而且据以叛变。

晋国的士匄入侵齐国，到达穀地，听见齐国的丧事就回去了，这是合乎礼的。

四月十三日，郑国的公孙虿死，向晋国的大夫发出讣告。范宣子告诉了晋平公，由于他在攻击秦国的战役中表现很不错。六月，晋平公向周天子请求，周天子追赐给他大路的车，让他随着葬车行走，这是合乎礼的。

秋八月，齐国崔杼在洒蓝杀了高厚，而后兼并了他的家财采邑。《春秋》记录说："齐杀其大夫"，这是因为高厚顺从了国君昏聩的命令。

郑国的子孔执政独断专行，国内的人们很担忧，就追究西宫那次灾难和纯门那次出兵的罪责。子孔应该抵罪，就领了他的甲士和子革、子良的甲士为保卫自己。十一日，子展、子西领着国内的人们攻击，杀了子孔，瓜分了他的家财采邑。《春秋》记录说"郑杀其大夫"，这是由于子孔独断专行。子然、子孔，是宋子

司母戊鼎

的儿子；士子孔，是圭妫的儿子。圭妫的位置在宋子之下，不过相互亲近，两个子孔也相互亲近。郑僖公四年，子然死；郑简公元年，士子孔死。子孔辅佐子革、子良两家，三家像一家一样，故而都遭到祸难。子革、子良逃跑到楚国。子革做了右尹。郑国人让子展掌握国事，子西主持政事，立子产做卿。

齐国的庆封领兵包围高唐，没有攻下。冬十一月，齐庄公自己带兵包围高唐。看见夙沙卫在城墙上，大声喊他，他便下来了。齐庄公问夙沙卫防守的情形，夙沙卫告诉他说没有什么防守力量，而后两人相互作揖登上城墙。他知道齐军将要贴着城墙攻击，就让高唐城里的人饱吃一顿。殖绰、工偻会在晚上垂下城去，迎接齐军进城，把夙沙卫在军中剁成肉酱。

鲁国在外城西边修建城墙，这是因为畏惧齐国入侵。

齐国跟晋国讲和。在大隧结盟。故而穆叔和范宣子在柯地会见。穆叔进见叔向，赋《载驰》这首诗的第四章。叔向讲："岂敢不接受命令！"穆叔回国，说："齐国还没停止侵略，不能不害怕。"便在武城修城。

卫国的石共子死了，他的儿子悼子并不悲哀。孔成子说："这称为拔掉了根本，一定不能保有他的宗族。"

【讲评】

商周时期青铜器铸造技术已经相当先进,除了兵器、工具之外,作为礼器的青铜器很多。礼器被广泛使用于祭祀、享宴、赏赐、记功、随葬等用途。如季武子用缴获的齐国兵器作钟以纪念鲁国的武功就是一例。臧武仲劝阻季武子此举,以"非礼"统括之,认为鲁国跟随他国去作战而侥幸得到兵器,不足为夸,反而招致怨怒。

襄公二十年

【原文】

[经]春王正月辛亥,仲孙速会莒人盟于向。

[传]春及莒平,孟庄子会莒人盟于向①,督扬之盟故也。

[经]夏六月庚申,公会晋侯、齐侯、宋公、卫侯、郑伯、曹伯、莒子、邾子、滕子、薛伯、杞伯、小邾子盟于澶渊。

[传]夏盟于澶渊②齐成故也。

[经]秋公至自会③。

[经]仲孙速帅师伐邾。

【注释】

①向:莒地,在今山东省莒县南七十里。

②澶渊:江永说:"澶渊之地,当在内黄之南,河北省濮阳县的西北"。

③此经无传。

【译文】

春天,鲁国与莒国和平,仲孙速和莒国人在向这地方盟会,这是因为督扬的盟会,诸侯对于鲁国同莒国和解的缘故。

夏,在澶渊盟会,因为齐国同晋国和平的关系。

秋天,鲁襄公从盟会后回来。

【原文】

[传]邾人骤至①,以诸侯之事,弗能报也。秋孟庄子伐邾以报之②。

[经]蔡杀其大夫公子米燮,蔡公子履出奔楚。

[传]蔡公子燮欲以蔡之晋③,蔡人杀之。公子履④其母弟也,故出奔楚。

[经]陈侯之弟黄出奔楚。

[传]陈庆虎、庆寅,畏公子黄之偪⑤,愬诸楚曰:"与蔡司马同谋。"楚人以为讨。公子黄出奔楚。初,蔡文侯欲事晋,曰:"先君与于践土之盟⑥,晋不可弃,且兄弟也。"畏楚不能行而卒⑦。楚人使蔡无常⑧,公子燮求从先君以利蔡,不能而死。书曰蔡杀其大夫公子燮,言不与民同欲也。陈侯之弟黄出奔楚,言非其罪也⑨。公子黄将出奔,呼于国曰:"庆氏无道,求专陈国,暴蔑其君,而去其亲,五年不灭是无天也!"

[经]叔老如齐。

[传]齐子初聘于齐,礼也⑩。

[经]冬十月丙辰朔,日有食之⑪。

[经]季孙宿如宋。

[传]冬,季武子如宋,报向戌之聘也⑫。褚师段⑬逆之以受享,赋常棣之七章以卒⑭,宋人重贿之。归复命,公享之,赋鱼丽之卒章⑮,公赋南山有台⑯,武子去所⑰曰:"臣不堪也。"

[传]卫宁惠子疾,召悼子⑱曰:"吾得罪于君,悔而无及也,名藏在诸侯之策曰:'孙林父、宁殖出其君。'君入则掩之,若能掩之则吾子也,若不能,犹有鬼神,吾有馁而已,不来食矣⑲。"悼子许诺,惠子遂卒。

【注释】

①邾人骤至:邾人屡次来侵犯鲁国。

②伐邾以报之:就讨伐邾国以报怨恨。

③欲以蔡之晋:想背叛楚国,同晋国要好。

④公子履:是公子燮的弟弟,因为与他有同样的计谋。

⑤畏公子黄之偪:畏惧公子黄的压迫。

⑥先君与于践土之盟:先君是指着蔡文侯的父亲庄侯甲午。践土之盟在鲁国僖公二十八年。

⑦畏楚不能行而卒：畏惧楚国，所以不敢如此办，就死了。蔡文公死在鲁宣公十七年。

⑧楚人使蔡无常：楚国对蔡国征集夫役及军需品没有常律。

⑨言非其罪也：意思说这不是他的罪状，只是陈侯同庆虎、庆寅的罪状。

⑩礼也：这是很合礼的。

⑪此经无传。

⑫报向戌之聘也：是报答向戌的聘问，在襄公十五年。

⑬褚师段：是宋公的儿子子石。

⑭常棣之七章以卒：《常棣》是《诗经》上的一篇。七章以卒是连第八章也唱完。

⑮鱼丽之卒章：《鱼丽》是《诗经·小雅》的诗篇。意思是说对于聘问宋国是合于时候。

⑯南山有台：是《诗经·小雅》的一篇。意思是说季武子奉使能为国争光。

⑰去所：离开所坐的地方。表示不敢当的意思。

⑱悼子：是宁喜。

⑲吾有馁而已，不来食矣：我只能挨着饿，也不能来吃。

【译文】

邾国人屡次来侵犯鲁国，因为与诸侯会盟的关系，所以尚没有能报复。秋天仲孙速讨伐邾国，用以报复。

蔡国的公子燮，想把蔡国叛楚国与晋国联合，蔡国人把他杀掉。公子履是他的同母弟弟，所以逃奔楚国。

陈国的卿庆虎，同庆寅畏惧公子黄的压迫，告诉楚国说："与蔡国的司马同一个计谋。"楚国人因为这事讨责陈国。公子黄就逃奔到楚国去了。最初的时候，蔡文侯想事奉晋国，说："先君曾经参加践土的盟会，所以晋国不可以舍弃，并且是兄弟的国家。"但是他怕楚国，不能办理这件事，就死了。楚国人对于蔡国，征集夫役及军需品没有常律，公子燮想着顺着先君的办法，对于蔡国有利，不能成功，也死了。《春秋》上写着说蔡国杀他的大夫公子燮，这表示与人民不同欲望，又写着说陈侯的弟弟黄逃奔到楚国去，意思说他没有罪。公子黄要出奔的时候，在国里大喊叫说："庆氏没有道理，求专陈国的政权，欺负他的君，而去掉他的君的亲戚，五年若不灭他，这是上边没有天。"

叔老初次聘问齐国，这是合于礼的。

冬天十月丙辰朔，鲁国有日蚀。

冬天，季孙宿到宋国去，这是报答向戍聘问的缘故，褚师段迎接他并设享宴，季孙宿歌唱《常棣》全诗，宋国人重重贿赂他。回到鲁国回复命令，鲁襄公以宴享他，季孙宿歌唱《鱼丽》末了一篇诗，鲁襄公歌唱《南山有台》这篇诗。季孙宿避席说："我不敢当。"

卫国的宁殖有病，叫他的儿子宁喜，对他说："我得罪了君，后悔也来不及了，我的名字藏在诸侯的简策上，说：'孙林父、宁殖出其君。'君若再回到国家，你就可以掩盖我的恶名，若能够掩盖，你就真正是我的儿子；要是不能够掩盖，假设仍旧有鬼神，我只能忍着饿也不来吃了。"宁喜就答应他了，宁殖就死了。

【讲评】

齐国在平阴战败，与晋国通好，因此诸侯在澶渊会盟。

襄公二十一年

【原文】

[经]二十有一年春，王正月，公如晋。邾庶其以漆、闾丘来奔。夏，公至自晋。秋，晋栾盈出奔楚。九月庚戌朔，日有食之。冬十月庚辰朔，日有食之。曹伯来朝。

公会晋侯、齐侯、宋公、卫侯、郑伯、曹伯、莒子、邾子于商任。

【原文】

[传]二十一年春，公如晋，拜师及取邾田也。

邾庶其以漆、闾丘来奔。季武子以公姑姊妻之，皆有赐于其从者。于是鲁多盗。李孙谓臧武仲曰："子盍诘盗①？"武仲曰："不可诘也，纥又不能。"季孙曰："我有四封，而诘其盗，何故不可？子为司寇，将盗是务去，若之何不能？"武仲曰："子召外盗而大礼焉，何以止吾盗？子为正卿而来外盗，使纥去之，将何以能？庶其窃邑于邾以来，子以姬氏妻之，而与之邑，其从者皆有赐焉。若大盗，礼焉以君之姑姊与其大夫邑，其次皂牧舆马，其小者衣裳剑带，是赏盗也。赏而去之，其或难焉纥也闻之，在上位者，洒濯其心，壹②以待人，轨度其信，可明征也，而后可以治人。夫上之所为，民之归也。上所不为而民或为之，是以加刑罚焉，而莫敢不惩。若上之所为而民亦为之，乃其所也，又可禁乎？《夏书》曰：'念兹在兹，释兹在兹，名言兹在兹，允出兹在兹，惟帝念功。'将谓由己壹也。信由己壹，而后功可念也。"

庶其非卿也，以地来，虽贱必书，重地也。

齐侯使庆佐为大夫，复讨公子牙之党，执公子买于句渎之丘。公子鉏来奔。叔孙还奔燕。

夏，楚子庚卒，楚子使薳子冯为令尹。访于申叔豫，叔豫曰："国多宠而王弱，国不可为也。"遂以疾辞。方暑，阙地，下冰而床焉。重茧衣裘，鲜食而寝。楚子使医视之，复曰："瘠则甚矣！而血气未动。"乃使子南为令尹。

栾桓子娶于范宣子，生怀子。范鞅以其亡也，怨栾氏，故与栾盈为公族大夫而不相能。桓子卒，栾祁与其老州宾通，几亡室矣。怀子患之。祁惧其讨也，愬诸宣子曰："盈将为乱，以范氏为死桓主而专政矣，曰：'吾父逐鞅也，不怨而以宠报之，又与吾同官而专之，吾父死而益富。死吾父而专于国，有死而已！吾蔑从③之矣。'其谋如是，惧害于主，吾不敢不言。"范鞅为之征。怀子好施，士多归之。宣子畏其多士也，信之。怀子为下卿，宣子使城著而遂逐之。秋，栾盈出奔楚。宣子杀箕遗、黄渊、嘉父、司空靖、邴豫、董叔、邴师、申书、羊舌虎、叔罴，囚伯华、叔向、籍偃。

人谓叔向曰："子离于罪，其为不知乎？"叔向曰："与其死亡若何？《诗》曰：'优哉游哉，聊以卒岁。'知也。"

乐王鲋见叔向曰："吾为子请！"叔向弗应。出，不拜。其人皆咎叔向。叔向曰："必祁大夫。"室老闻之，曰："乐王鲋言于君无不行，求赦吾子，吾子不许。祁大夫所不能也，而曰：'必由之。'何也？"叔向曰："乐王鲋，从君者也，何能行？祁大夫外举不弃雠，内举不失亲，其独遗我乎？《诗》曰：'有觉德行，四国顺之。'夫子，觉者也。"

晋侯问叔向之罪于乐王鲋，对曰："不弃其亲，其有焉。"于是祁奚老矣，闻之，乘驲而见宣子，曰："《诗》曰：'惠我无疆，子孙保之。'《书》曰：'圣有谟勋，明征保定。'夫谋而鲜过，惠训不倦者，叔向有焉，社稷之固也。犹将十世宥之，以劝能者。今壹不免其身，以弃社稷，不亦惑乎？鲧殛而禹兴。伊尹放大甲而相之，卒无怨色。管、蔡为戮，周公右王。若之何其以虎也弃社稷？子为善，谁敢不勉？多杀何为？"宣子说，与之乘，以言诸公而免之。不见叔向而归。叔向亦不告免焉而朝。

初，叔向之母妒叔虎之母美而不使，其子皆谏其母。其母曰："深山大泽，实生龙蛇。彼美，余惧其生龙蛇以祸女。女，敝族也。国多大宠，不仁人间之，不亦难乎？余何爱焉！"使往视寝，生叔虎。美而有勇力，栾怀子嬖之，故羊舌氏之族及于难。

【注释】

①诘：治，禁。

②壹：专诚。

③蔑从：不从。

【译文】

二十一年春天，襄公前去晋国，对晋国帮助征讨齐国和夺取邾国田地表示感谢。

邾国的庶其带着漆地跟闾丘逃亡来到鲁国。季武子把襄公的姑姑嫁给他做妻子，对跟着他出逃的人也都各有奖赏。此时鲁国盗贼很多。季武子对臧武仲说："您如何不下决心惩治盗贼呢？"臧武仲讲："盗贼不好对付，我也惩治不了。"季武子讲："我国有四方边界，惩办国内的盗贼，有什么治不了的？您作为司寇，理应致力于惩办盗贼呢？为何说不能呢？"臧武仲说："您把国外的盗贼请来，又给以隆重地接待，我还如何来治理国内的盗贼呢？您作为正卿，收容国外的强盗，却让我铲除国内的盗贼，如何能做到呢？庶其从邾国把两座城邑偷来，您把姬氏送给他做妻子，又送与他城邑，跟他来的人都有奖赏。要是用国君的姑姑和大片土地对大盗表达尊重，用皂隶车马、衣服剑带对其随从表示鼓励，这无疑就是奖励盗贼。一方面要奖赏，一方面又要铲除，令人无所适从。我曾听说：身居上位的人要时刻保持心地清洁，待人要始终如一，使其诚信合于法度，令人信服，如此才能有资格治理别人。上面的所作所为，是民众效法的榜样。要是上面的人没有干坏事而下面的民众干了，就要进行惩罚，使其他人引以为戒。要是上面的人做了坏事，下面的民众也做了坏事，这是理所当然的，又如何禁得住呢？《夏书》中讲：'干什么要根据这个标准，不干什么也要根据这个标准，发号施令要根据这个标准，讲究信用要根据这个标准。只有帝王才能建立如此功德。'意即自己的言行要保持一致。言行一致才可以建立功劳。"

庶其不是邾国的卿，只由于他带着土地前来，即使他地位卑贱，《春秋》也一定要加以记录，其缘由就是看重这两座城邑。

齐庄公让庆佐出任大夫，再次征讨公子牙的党徒，在句渎之丘抓住了公子买。公子鉏逃跑来到鲁国，叔孙还逃跑到燕国。

夏天，楚国的子庚逝世，楚康王任用蒍子冯为令尹。子冯前去征求申叔豫的意见，叔豫讲："国家宠臣太多，而国君又年轻软弱，国家不好管理。"子冯就以有病为由拒绝接任令尹一职。这时正值天气炎热，他在地下挖了个洞，洞里放上冰块，在冰块上放张床，再穿上两层绵袍，又穿上皮大衣，只吃一点饭便睡觉了。康王派医生探望他，医生回去报告说："他身体十分瘦弱，不过血气很正常。"康王只好另派子南做令尹。

栾黡娶士匄的女儿为妻，生了怀子。士鞅由于曾被栾逼迫逃亡而对栾氏怀恨在心，跟栾盈即使同为公族大夫,不过不能很好地相处。栾黡逝世后,他的妻子栾祁跟总管家州宾私通,州宾几乎要把他们的家产全都侵吞。栾盈很担忧。栾祁怕他惩处自己,就先到士匄那里诬告说:"栾盈准备叛乱,他觉得是你们家族弄死了栾黡从而要独揽大权,他说:'我父亲赶走士鞅,士鞅回来后我父亲不只没有惩处他反而宠信重用他,又让他出任和我同样的官职,更加专横跋扈。我父亲死后他们家族更加富贵起来。分明是他们将我父亲弄死,从而独揽国家大权。我宁愿一死也不能再听从他们了。'这便是他的阴谋,我生怕伤害您,故而不敢不告诉。"士鞅也在旁边为栾祁作证。栾盈平时一向喜好施舍,很多士人都愿意跟随他。士匄正担忧栾盈笼络了这么多人后患无穷,便相信了他们的话。栾盈当时是下卿,士匄派他去著地修城,把他赶出都城。秋季,栾盈逃往楚国,士匄杀了他的党羽箕遗、黄渊、嘉父、司空靖、邴豫、董叔、邴师、申书、羊舌虎、叔罴,将伯华、叔向、籍偃三人囚禁起来。

有人对叔向说:"您遭到如此的惩罚,不觉得太不明智了吗?"叔向讲:"和那些死去和逃亡的相比,又如何呢?《诗经》中讲:'逍遥自在,终此一生',这即是明智啊!"

乐王鲋看见叔向说:"我去为您求情吧。"叔向没说话。客人走时,也没有感谢。他的家人都怨恨他。叔向说:"必须要让祁奚为我讲情"。他的家臣听见后说:"乐王鲋在国君面前说的话,没有不被采纳的,他请求去赦免您,您不答应。祁奚做不到,您却说必须要让他,这是为何?"叔向说:"乐王鲋对国君百依百顺,如何能救得了我?祁奚外举不避仇,内举不避亲,他能不管我吗?《诗经》讲:'有正直德行的人,天下人都会听从他。'祁奚便是一个正直的人。"

晋平公向乐王鲋问起叔向的罪过,乐王鲋答复说:"他一向不抛弃自己的亲人,很可能一块参加了叛乱。"此时祁奚已告老退休,知道此事后,乘坐驿车赶到国都求见士匄,他说:"《诗经》讲:'先王赐予我们无穷的恩惠,子孙永远享用不尽。'《书经》讲:'圣明的人有谋略有训诲,子孙才能获得安宁和保护。'参加谋划国家大事而又很少犯错误,教育别人而又不知疲倦,只有叔向能做到,如此的人是国家的柱石。就算他的后代子孙犯了罪也应当进行赦免,以鼓励那些有能力的人。如今他偶尔获罪一次,连他本人也不宽恕,从而置国家利益于不顾,不是很糊涂的做法吗?先前鲧被处死,他的儿子禹却获得重用;伊尹曾流放过太甲,后来又辅助他,太甲却始终对他面无怨色;管叔、蔡叔被杀死,而他们的兄弟周公却能继续辅助天子。如何能够由于一个羊舌虎便置国家于不顾呢?您要是推行善政,谁能不更加勤勉呢?何必多杀人呢?"士匄十分高兴,和他一块乘车劝说平公,平公便赦免了叔向。事后祁奚没有看见叔向就回家了,叔向也没有向祁奚表达感谢就上朝了。

先前，叔向的母亲嫉妒羊舌虎的母亲美丽而不让她服侍丈夫，她的儿子都劝她不要这样。不过她说："深山大泽之中，难保能生龙生蛇。她长得那么漂亮，我忧虑她一旦生出龙蛇来会给你们带来灾难。你们是日趋没落的家族。现在国家宠臣又多，一旦有人从中挑拨是非，你们的处境就艰难了？我自己有什么可爱惜的?"便答应羊舌虎的母亲跟丈夫同房。后来生下羊舌虎，漂亮并且勇猛有力，栾盈很喜欢，也正由于这个使得羊舌氏受到株连。

【原文】

栾盈过于周，周西鄙掠之。辞于行人曰："天子陪臣盈，得罪于王之守臣，将逃罪。罪重于郊甸，无所伏窜，敢布其死。昔陪臣书能输力于王室，王施惠焉。其子黡，不能保任其父之劳。大君若不弃书之力，亡臣犹有所逃。若弃书之力，而思黡之罪，臣戮余也，将归死于尉氏，不敢还矣。敢布四体①，唯大君命焉。"王曰："尤而效之，其又甚焉。"使司徒禁掠栾氏者，归所敢焉。使候出诸辕辕。

冬，曹武公来朝，始见也。

会于商任，锢栾氏也。齐侯、卫侯不敬。叔向曰："二君者，必不免。会朝，礼之经也②；礼，政之舆也；政，身之守也。怠礼失政，失政不立，是以乱也。

知起、中行喜、州绰、刑蒯出奔齐，皆栾氏之党也。

乐王鲋谓范宣子曰："盍反州绰、邢蒯？勇士也。"宣子曰："彼栾氏之勇也，余何获焉?"王鲋曰："子为彼栾氏，乃亦子之勇也。"

齐庄公朝，指殖绰、郭最曰："是寡人之雄也。"州绰曰："君以为雄，谁敢不雄？然臣不敏，平阴之役，先二子鸣。"

庄公为勇爵，殖绰、郭最欲与焉。州绰曰："东闾之役，臣左骖迫还于门中，识其枚数，其可以与于此乎?"公曰："子为晋君也。"对曰："臣为隶新，然二子者，譬如禽兽，臣食其肉而寝处其皮矣。"

【注释】

①布四体：无所隐言，即直言不讳。

②经：规范。

【译文】

栾盈路过周地，周王朝西部边境的人抢夺他的财物。栾盈对周王室的使者诉说："天子陪臣盈,得罪了天子的守臣,想要逃避惩处。又重新在天子的郊外获罪,没有处所能够隐匿藏身,谨敢冒死上言。先前陪臣书能为王室效力,天子赐予了恩惠。他的儿子黡,不能保全他父亲的辛劳。天王要是不丢弃书的尽力,亡臣还有可逃避的地方。要是丢弃书的尽力,而想到黡的罪过,陪臣本来便是刑戮余生的人,即将回国死在尉氏那里,不敢再回来了。谨敢直言不讳,只听天王的命令了。"周王将:"别人有了过失而去效仿,过失就更大了。"派司徒制止那些抢夺栾氏的人,让他们归还抢夺的东西。派候人将栾盈送出辕辕山。

冬季,曹武公来鲁国朝觐,是第一次朝觐襄公。

鲁襄公跟晋侯、齐侯、宋公、卫侯、郑伯、曹伯、莒子、邾子在商任见面,是为了禁锢栾盈。齐侯、卫侯表现不恭慎。叔向讲:"这二位国君,必定不免于祸难。见面和朝见,是礼仪的规范;礼仪,是政事的车子;政事,是身体的寄托。轻慢礼仪便会丧失政事,丧失政事便不能立身,故而才出现祸乱。

知起、中行喜、州绰、邢蒯逃往齐国,都是栾氏的同党。

乐王鲋对范宣子讲:"何不让州绰、邢蒯回来?他们是勇士啊。"范宣子讲:"他们都是栾氏的勇士,我如何能获得他们?"乐王鲋说:"您做他们的栾氏,那也便是您的勇士了。"

齐庄公上朝,指着殖绰、郭最讲:"这是寡人的雄鸡。"州绰讲:"君王觉得他们是雄鸡,谁敢不觉得是雄鸡?不过臣下不才,在平阴的战役中,可比他们二位先打鸣了。"

齐庄公设置勇士的爵位,殖绰、郭最想要获得一份。州绰讲:"东闾那次战役,臣下的左边套马窘迫盘旋在门里不能前进,记下了门扇上的乳钉数字,大概在这里能够获得一份吧?"庄公说:"您是为晋君卖力气啊。"州绰答复说:"臣下做仆隶不久,不过这二位,要是用禽兽做比喻,臣下早已吃了他们的肉并睡在他们的皮上了。"

【讲评】

季武子赏赐邾国带着土地叛逃来鲁的邾大夫,受到鲁司寇臧武仲的讥评,认为导致鲁国盗贼猖獗的根源在于统治者对于窃国行为的鼓励和宣扬,所谓上行下效。《春秋》对窃国求荣的人物总是庄重地记下其人名字,即"虽贱必书,重地也",意谓留下恶名。

晋国栾氏家族的覆灭深刻地反映出统治阶级内部的权力倾轧。六卿专权,借机进一步铲除了公室势力,公室更加衰微。叔向作为公室的残支,早已明知其命运,所以静待问罪。而围绕叔向待罪的事情,众人的表现各异,祁奚勇于为叔向解释出脱,乐王鲋出尔反尔、随声附和。《左传》通过典型事例刻画了不同的人物个性,祁奚大公无私,乐王鲋见风使舵,叔向明练洞达。

襄公二十二年

【原文】

[经]春王正月,公至自会①。

[传]春,臧武仲如晋,雨,过御叔②,御叔在其邑将饮酒,曰:"焉用圣人③? 我将饮酒而已。雨行何以圣为?"穆叔闻之曰:"不可使也,而傲使人④,国之蠹也。"令倍其赋⑤。

[经]夏四月。

[传]夏晋人征朝于郑⑥,郑人使少正公孙侨⑦对曰:"在晋先君悼公九年,我寡君于是即位⑧,即位八月⑨,而我先大夫子驷从寡君以朝于执事⑩,执事不礼于寡君,寡君惧。因是行也,我二年六月朝于楚,晋是以有戏之役⑪。楚人犹竞,而申礼于敝邑,敝邑欲从执事而惧为大尤,曰晋其谓我不共有礼,是以不敢携贰于楚。我四年三月⑫,先大夫子蟜又从寡君以观衅于楚⑬,晋于是乎有萧鱼之役⑭,谓我敝邑迁在晋国,譬诸草木,吾臭味也⑮,而何敢差池。楚亦不竞,寡君尽其土实⑯,重之以宗器⑰,以受齐盟,遂帅群臣随于执事以会岁终⑱,贰于楚者子侯石盂⑲,归而讨之。湨梁之明年⑳,子蟜老矣,公孙夏从寡君以朝于君,见于尝酎㉑,与执燔焉。间二年闻君将靖东夏,四月又朝以听事期,不朝之间,无岁不聘,无役不从,以大国政令之无常,国家罢病,不虞荐至,无日不惕,岂敢忘职? 大国若安定之,其朝夕在庭,何辱命焉? 若不恤其患,而以为口实,其无乃不堪任命,而翦为仇雠,敝邑是惧,其敢忘君命,委诸执事,执事实重图之。"

【注释】

①此经无传。

②御叔:是鲁国御邑的大夫。

③焉用圣人:圣人有什么用。

④而傲使人:御叔不能够做派出去的使人,因为他骄傲。

⑤令倍其赋:使他邑中的税收加倍以表示处罚。

⑥晋人征朝于郑:晋平公叫郑国君到晋国朝见。

⑦少正公孙侨:少正是郑国的卿,公孙侨即子产。

⑧即位:郑君即位在鲁襄公八年。

⑨即位八月:就是那年的八月。

⑩朝于执事：因为谦让，不敢直称晋侯，所以称他左右的官。

⑪有戏之役：这是在鲁襄公九年。

⑫四年三月：这是郑简公的四年三月。

⑬观衅于楚：意思是说看楚国有什么信息，实在是往楚国朝见。

⑭萧鱼之役：在鲁襄公十一年。

⑮譬诸草木吾臭味也：这是讲晋国同郑国全是同姓。

⑯寡君尽其土实：贡献郑国土地所生产的物品。

⑰重之以宗器：再加以上郑国宗庙所用的钟磬之类的物品。

⑱以会岁终：岁终就是朝正。

⑲石孟：即石㲄。

⑳溴梁之明年：溴梁之盟在鲁襄公十六年，明年是十七年。

㉑见于尝酎：尝酎是尝新酒，在这时间见晋平公。

【译文】

春正月，鲁襄公从开会回来。

春天，臧孙纥到晋国去，天下雨，过访御叔。御叔在他的封邑里面，正将喝酒就说："何必用圣人？我只是将喝酒。经过大雨天而行路，这指着能称圣人吗？"叔孙豹听见就说："这种人不能够派去做使节，对人骄傲，这是国家的蠹害。"令加倍他的封邑中赋税。

夏天，晋人招郑伯去朝见，郑人派少正公孙侨回答说："在你晋先君悼公九年时，我寡君才即位，即位那年八月里，我先大夫子驷，便跟着寡君来朝见你执事，因你执事不以礼节待我寡君，寡君心中害怕，因此次朝晋不顺遂，我在二年六月中，朝贡于楚，晋国所以有戏的那次战事。那时楚国还很强盛，却来向敝国要规章，敝国虽然想服从你晋国，却恐怕成为大罪过，料想着：'晋国难道会责备我不恭顺有礼的国家吗？'所以不敢背叛楚国。我四年三月中，先大夫子娇又跟着寡君去看楚国的情形，晋国因此就有萧鱼的那回事，我方说：'我们敝国，靠近晋国，好比草木，我就是他的气味，怎敢不同心呢？'这时候楚国也渐渐地衰弱，寡君把土地上所有的东西，加上宗庙中的器具，来加入你的同盟，率领了臣跟着执事，在岁末时会齐，预备正月朝贺晋君。有二心向楚国的，只有子侯石孟，寡君回国后，便治他们的罪。溴梁那回事的第二年，我们的子蟜年纪老了，便叫公孙夏跟着寡君来朝你晋君，是在尝新酒的时节朝见的，还预闻执着膰肉呢！隔了二年，又听得晋君将要安靖东夏了，四月中便又来朝聘，探听会合的时期，在不朝期间，没有一年不遣使聘问；没一次战争不跟去。只因大国政令的没有一定，国家疲倦，人民病苦，不测的灾祸，一次次的频仍而来,没一天不惊心,哪里敢忘却职守呢? 你大国如果安定我敝国,敝国自然早晚在廷听命,为什么还要你来招呢! 若不体惜他的为难,只拿他做个话柄,那么恐怕他担当不起这吩咐,却要割开做仇敌了。敝国是这么的忧惧着,怎敢忘掉君命? 现在所以只把这事委托你执事,请执事好好打算一番!"

【原文】

[经]秋七月辛酉,叔老卒①。

[传]秋栾盈自楚适齐。晏平仲言于齐侯曰:"商任之会受命于晋,今纳栾氏,将安用之? 小所以事大信也,失信不立,君其图之。"弗听,退告陈文子曰:"君人执信,臣人执共,忠信笃敬,上下同之,天之道也,君自弃也,弗能久矣?"

【注释】

①此经无传。

【译文】

秋天七月,辛酉这天,叔老死了。

栾盈从楚国逃到齐国去,晏婴对齐侯说:"在商任开会的时候,曾受晋国的命令,不准栾氏入境,现在如果接纳栾氏,那怎么办呢? 小国能够事奉大国就是仗着信用,失掉了信用,就没有方法立国,你何不仔细想想。"齐庄公不听,晏婴退下以后,就告诉陈无忌说:"君以信为标准,臣子以恭敬为标准,忠信笃敬是上下相同的,这是天的道理。君王自己舍弃自己,这是不能长久的。"

【原文】

[传]九月,郑公孙黑肱①有疾,归邑于公,召室老宗人立段②,而使黜官薄祭③,祭以特羊,殷以少牢④,足以共祀。尽归其余邑曰:"吾闻之,生于乱世,贵而能贫,民无求焉,可以后亡。敬共事君与二三子,生在敬戒,不在富也。"己巳,伯张卒。君子曰:"善戒。诗曰:'慎尔侯度,用戒不虞⑤。'郑子张其有焉。"

【注释】

①黑肱:就是子张。

②立段：立他的儿子段即子石。

③使黜官薄祭：叫他少受官职，祭祀所用的物品也甚少。

④殷以少牢：每三年特祭的时候用羊猪为少牢。

⑤慎尔侯度，用戒不虞：这是《诗经·大雅》的一句诗。意思是说戒慎你的法度，以防备未想到的事发生。

【译文】

九月，郑国的公孙黑肱有病，把他的封邑归到公室，他叫室老同宗人立他儿子段，使他不要多受官职，祭祀以微薄，祭祀只用羊，每三年用羊同猪来祭祀，足以供给祭祀就够了，把他剩下的封邑全都归还。他说："我曾听说，生在乱的世界，地位贵重而能够安贫，使人民对他无所要求，如此就可以最后灭亡。恭敬的事奉君同各大夫，人生长在敬戒，不在富有。"己巳这天，子张死了。君子说："他很善于敬戒。《诗经·大雅》说过：'慎用你的法度，以戒备未曾想到的事情。'郑国子张就能如此。"

【原文】

[经]冬公会晋侯、齐侯、宋公、卫侯、郑伯、曹伯、莒子、邾子、薛伯、杞伯、小邾子于沙随。

[传]冬会于沙随①，复锢栾氏也②。栾盈犹在齐，晏子曰："祸将作矣！齐将伐晋，不可以不惧。"

[经]公至自会③。

[经]楚杀其大夫公子追舒。

[传]楚观起有宠于令尹子南，未益禄而有马数十乘，楚人患之，王将讨焉。子南之子弃疾为王御士④，王每见必泣。弃疾曰："君三泣臣矣，敢问谁之罪也？"王曰："令尹之不能，尔所知也，国将讨焉，尔其居乎？"对曰："父戮子居，君焉用之？泄命重刑，臣亦不为。"王遂杀子南于朝，轘观起于四竟。子南之臣谓弃疾，请徙子尸于朝⑤，曰："君臣有礼，唯二三子⑥。"三日，弃疾请尸，王许之。既葬，其徒曰："行乎？"曰："吾与杀吾父，行将焉入？"曰："然则臣王乎？"曰："弃父事雠，吾弗忍也。"遂缢而死。复使薳子冯为令尹，公子齮为司马，屈建⑦为莫敖。有宠于薳子者八人，皆无禄而多马。他日朝，与申叔豫言，弗应而退，从之，入于人中，又从之，遂归。退朝见之⑧，曰："子三困我于朝，吾惧，不敢不见。吾过，子姑告我，何疾我也？"对曰："吾不免是惧，何敢告子？"曰："何故？"对曰："昔观起有

宠于子南,子南得罪,观起车裂,何故不惧?"自御而归,不能当道⑨,至谓八人者曰:"吾见申叔夫子,所谓生死而肉骨也⑩。知我者如夫子则可,不然请止。"辞八人者而后王安之。

[传]十二月,郑游贩⑪将归晋,未出竟,遭逆妻者,夺之以馆于邑⑫。丁巳,其夫攻子明⑬杀之,以其妻行。子展废良而立大叔⑭,曰:"国卿,君之贰也,民之主也,不可以苟,请舍子明之类⑮。求亡妻者使复其所,使游氏勿怨。"曰:"无昭恶也⑯。"

【注释】

①沙随:在今河南省宁陵县西。

②复锢栾氏也:这是为的更加禁止各国接受栾氏。

③此经无传。

④弃疾为王御士:弃疾是楚康王赶车的人。

⑤请徙子尸于朝:叫弃疾不得到楚国的命令,就去将他父亲的尸首出殡。

⑥君臣有礼,唯二三子:有君臣的礼节,我不愿违反楚国的命令。

⑦屈建:即子木。

⑧退朝见之:蔿子冯退朝以后,就到申叔豫家中见他。

⑨自御而归,不能当道:自己赶着车回来,不能够顺着道路而走。

⑩生死而肉骨:就是所说叫死者再生,而使白骨再生出肉来。

⑪游贩:是公孙蛮的儿子。

⑫以馆于邑:就是在他的邑中不再前进。

⑬子明:即游贩。

⑭废良而立大叔:他把游贩的儿子良废掉,而立了游贩的弟弟大叔游吉。

⑮请舍子明之类:请把子明这一种类的人舍掉。

⑯无昭恶也:不要显明怨恨。

【译文】

冬,鲁襄公同各诸侯在沙随会盟,是为的更加禁止各国接受栾氏。这时栾盈还在齐国,晏婴说:"祸乱将要发生了,齐国就要讨伐晋国,不可以不害怕。"

鲁襄公从沙随开完会回来。

楚人观起,受宠于令尹子南,所以官俸虽没有增加,但却有了马几十匹。楚人都因此忌患他,楚王将要治他的罪。子南的儿子弃疾,当时正做楚王驾车的官,王每次看见他,必定要哭,弃疾说:"君王三次在臣的面前哭,敢问到底是谁的罪过?"王说:"令尹的无能是你素来就知道的。现在国家快要治他的罪了,你仍肯留在此服侍我吗?"弃疾答说:"父亲做了死囚,儿子还在这里,这样的臣子,你还用他做什么? 不过泄漏了君命,犯第二重罪,却也不肯做的。"楚王就杀子南于朝,用车子把观起分尸示众四境上。子南的家臣向弃疾说:"派人到朝中搬你的父亲的尸身回来吧!"弃疾说:"君的杀臣,臣的事君,都有一定的礼制,请你们稍耐烦些!"过了三天,弃疾便在王面前请求收尸,王允许了他。埋葬后,他的家臣说:"走吧!"弃疾说:"我知道王要杀我父亲,却没告诉他,这等于我也参与杀父,还走到什么地方去呢?"他们说:"那么难道还做王的臣子不成?"弃疾说:"丢开父亲,去服侍仇人,我心中反是不忍的。"便自己吊死。子南既死,楚王便再派蒍子冯做令尹,公子齮做司马,屈建做莫敖。一时被蒍子宠用的有八个人,都是没有官俸,却有许多马匹的。有一天蒍子在朝上,和申叔豫谈天,申叔不理他,便退下去,蒍子便跟着他走,申叔就走进人丛中远避他,蒍子却再跟他走,申叔便回家去了。蒍子退朝后,到申叔家中去见他,便说:"你三次窘得我在朝上无可如何,我心中害怕,不敢不来见你;不过我有了若干差处,你不妨告诉我,为什么生我的气呢?"申叔豫答说:"怕的连我都不免受罪,哪里还敢告诉你呢?"蒍子说:"为什么呢?"申叔豫答说:"从前观起受子南宠用,子南为他而受罪,观起自己弄得车裂四肢,为什么还不害怕呢?"蒍子听了这话,心中吓得不得了,自己驾了车子回家,竟至不能走在路中央。回到家中,对那八人说:"我见了申叔夫子,真是如俗语所说的:救活了死人,白骨上生起肉来了。和我知己的,要像申叔夫子,方才可以算得上,否则便请罢休!"就辞掉了那八个人,楚王才对他放了心。

十二月,郑国游贩将回晋国,没有出郑国边境就碰见迎接妻子的,游贩就把他的妻夺走,住到他的封邑里。丁巳这天,她的丈夫就攻杀游贩,将他的妻子带走。子产就把游贩的儿子废掉,而立游贩的弟弟游吉,说:"一国的卿是君的副贰,人民的主人,不可以随便的立,请放弃游贩这类的人。寻求丢掉妻子那个人,使回到他的原位置,叫游氏不要怨恨。"说:"不要宣张恶毒。"

【讲评】

申叔豫算是政治圆熟、善于审时度势之人,他对蒍子冯运用了巧妙的劝诫方法,引起对方的重视,欲扬反抑,蒍子冯也算是谦虚谨慎之人,虽然开始不自知危险,但听从申叔豫的劝告,马上改正错误,避免重蹈子南的覆辙。劝的人善于劝导,听的人善于听取,成就了"三困蒍子冯"的佳话。